Anthony Sampson

Die Waffenhändler

Von Krupp bis Lockheed
Die Geschichte eines tödlichen Geschäfts

Rowohlt

Die Originalausgabe erscheint 1977 unter dem Titel
The Arms Bazaar im Verlag Hodder and Stoughton, London
Deutsch von Margaret Carroux
Einband- und Schutzumschlagentwurf Werner Rebhuhn
Fotos Süddeutscher Verlag

1. Auflage September 1977

Gesamtherstellung Clausen & Bosse, Leck/Schleswig
Printed in Germany
ISBN 3 498 06118 6

Für Barbara Wootton

Inhalt

	Vorwort	9
Kapitel 1	Tödliches Spielzeug	13
Kapitel 2	Der Glaube des Waffenschmieds	35
Kapitel 3	Die große Internationale	57
Kapitel 4	Der Glaube des Pazifisten	68
Kapitel 5	Die Entstehung eines Komplexes	88
Kapitel 6	Lockheed und die Schlacht um Europa	110
Kapitel 7	Northrop und der Renaissance-Mensch	136
Kapitel 8	Das britische Dilemma	148
Kapitel 9	Israel gegen Araber	164
Kapitel 10	Kungelei in der Dritten Welt	173
Kapitel 11	Der saudiarabische Mittelsmann	181
Kapitel 12	Die kalifornische Krise	198
Kapitel 13	Japan: Hinter dem schwarzen Vorhang	213
Kapitel 14	Die Bewaffnung des Schahs	231
Kapitel 15	Das Jahrhundertgeschäft	249
Kapitel 16	Die Skandale	259
Kapitel 17	Die Kontrolleure	276
Kapitel 18	Welt in Waffen	296
Kapitel 19	Die Herausforderung	312
	Anmerkungen	326
	Namenregister	341

Vorwort

Dieses Buch berichtet vom Waffenhandel und seiner Entwicklung in den letzten hundert Jahren, die im gegenwärtigen Boom der Waffenverkäufe gipfelt. Es berichtet von den Firmen, die die Waffen herstellen, und von den Einstellungen und Methoden der Männer, die sie kaufen und verkaufen oder zu überwachen versuchen. Es erhebt nicht den Anspruch, die Waffen selbst oder die Art der Kriegsführung, für die sie bestimmt sind, zu analysieren. Das Waffenthema überschneidet sich mit vielen anderen wichtigen Problemen – dem zentralen Wettrüsten zwischen den Supermächten, der Verteidigung der NATO oder der Kontrolle der Kernwaffen –, die über den Rahmen dieses Buches hinausgehen. Doch haben die Exporte konventioneller Waffen, insbesondere die Lieferungen an die Dritte Welt, immer spezielle moralische und diplomatische Probleme aufgeworfen. Viele waren schon im 19. Jahrhundert akut. Ich habe versucht, diese Probleme so aufzuzeigen, wie sie an kritischen Punkten in der Entwicklung des Gewerbes von den Beteiligten auf beiden Seiten gesehen wurden.

Es liegt im Wesen des Gewerbes, daß es auf heimliche Weise betrieben wird, und daher ist es nicht leicht, es zu durchschauen. Doch hat es kurze Perioden gegeben, in denen die Szene blitzartig erhellt wurde – in den Jahren 1913, 1934 und neuerdings 1975–76. Die sukzessiven Enthüllungen über Lockheed und Northrop sind nicht deswegen historisch wichtig, weil Bestechungen ans Licht kamen, die den unmittelbaren Skandal auslösten, sondern wegen der ausführlichen Dokumentation und Zeugenaussagen, die einmalige Einblicke in die tagtägliche Arbeitsweise und Einstellung von Rüstungsfirmen und Waffenhändlern überall auf der Welt gewährten. Keine frühere Untersuchung hat eine vergleichbare Menge verläßlicher Dokumentation zutage gefördert. Inwieweit andere Firmen in Amerika oder in anderen Ländern sich auf ähnliche Weise verhalten haben, weiß man nicht genau. Der Dassault-Skandal von 1976 rückte die französische Firma kurz ins Scheinwerferlicht, aber ohne daß Einzelheiten erkennbar wurden. Die britischen Firmen bleiben in Geheimnis gehüllt, während die Tätigkeiten russischer oder tschechischer Waffenexporteure außer der Reichweite westlicher Fahnder sind. So treten in der zweiten Hälfte dieses Buches die Methoden von Lockheed und Northrop in den Vordergrund. Das mag nicht ganz der Rolle entsprechen, die sie in der Welt spielen, doch verdienen beide Firmen Aufmerksamkeit, ganz abgesehen davon, daß sie unfreiwillig ins Blickfeld gerieten, denn Lockheed ist die größte Rüstungsfirma der Welt und Northrop der aggressivste Exporteur.

Da es sich um ein Gewerbe handelt, an dem 150 Staaten und Hunderte von Firmen beteiligt sind, entschuldige ich mich nicht dafür, daß ich nicht versucht habe, alles zu erfassen. Statistiken und ausführliche Darstellungen über einzelne Länder findet der Leser in den Veröffentlichungen von SIPRI in Stockholm*. Ich glaube, daß die Beschreibung bestimmter Episoden und der daran beteiligten Persönlichkeiten dazu beitragen kann, ein anderes Licht auf das Problem zu werfen. Wenn ein emotionales Thema auf diese Weise personifiziert wird, besteht allerdings immer die Gefahr, daß nach Sündenböcken gesucht und die Probleme allzu sehr vereinfacht werden, was sich bei früheren Entrüstungsausbrüchen über die «Todeslieferanten» gezeigt hat. Doch habe ich mich bemüht, beide Seiten des Gewerbes zu zeigen und den Standpunkt der Firmenvertreter und Manager so fair wie möglich darzustellen.

Ich habe die Personen und Situationen nach Möglichkeit für sich selbst sprechen lassen und nur auf Ähnlichkeiten und Gegensätze hingewiesen. Insbesondere war es mein Ziel, die Atmosphäre des Gewerbes wiederzugeben, wie sie von den Händlern und Herstellern der Waffen und von denjenigen, die sie kontrollieren sollen, empfunden wird. Und ich habe mir das Vorrecht des Journalisten, vorgelassen zu werden und zu reisen, zunutze gemacht, weil ich versuchen wollte, die Probleme so zu zeigen, wie sie in verschiedenen Teilen der Welt von verschiedenen Leuten gesehen werden.

Mein Interesse an dem Thema war durch zwei Tendenzen geweckt worden. Ich hatte bereits zwei Studien über multinationale Konzerne geschrieben, *Weltmacht ITT* und *Die sieben Schwestern*, ein Buch über die gewaltige Ölindustrie; so erregten die Rüstungsfirmen, die zu den frühesten und größten der globalen Unternehmen gehören, natürlich meine Neugier. Gleichzei-

* siehe rororo aktuell 4186, Rüstung und Abrüstung im Atomzeitalter, Reinbek, 1977

tig hatte mich mein Interesse an den Ölfirmen auf die Folgen der Ölkrise von 1973, auf die Probleme im Nahen Osten und auf die Verwandlung von Öl in Waffen hingewiesen. Als ich den Iran besuchte und mit dem Schah sprach, war ich bestürzt über die Eskalation der Waffenverkäufe; und bei mehreren Besuchen in Washington zeigte sich mir der Verlust der Kontrolle immer deutlicher. Während ich das Buch vorbereitete, eskalierten ringsum das Problem und die Skandale.

Da ich über ein globales Thema schrieb, habe ich mit Menschen in verschiedenen Teilen der Welt Kontakt gewonnen, die mir großzügig ihre Zeit geopfert und Beistand geleistet haben. Besonderen Dank schulde ich Jerome Levinson in Washington, dem Chefberater des Senats-Unterausschusses für multinationale Konzerne, dessen Unterstützung und Freundschaft ein ständiger Antrieb waren. Die drei Bände der Anhörungen dieses Unterausschusses erwiesen sich als eine ergiebige Fundgrube an verläßlichem Material. Auch zwei seiner Mitarbeiter, Karin Lissakers und Geoff Shields, haben mir unschätzbaren Rat erteilt und Anregungen gegeben. Allen, die mir ihre Zeit und ihren Rat zur Verfügung stellten, bin ich zu großem Dank verpflichtet. In Washington waren es: James Akins, David Calleo, Shahram Chabin, Fritzy Cohen, Thomas Corcoran, General Howard Fish, Jane Frank, Thomas Halstead, Senator Gary Hart, Thomas Hughes, Amos Jordan, Nat Kearn, Geoffrey Kemp, Priscilla Klapp, Joseph Kraft, Henry Kuss, William Lewis, Robert Mantel, Judith Miller, Richard Moose, Robert Murray, Charles Naas, Paul Nitze, James Noyes, Kermit Roosevelt Sr., George Sherman, Laurence Stern, Thomas Stern, Paul Warnke, Bob Woodward und Ardeshir Zahedi.

In New York gewährten mir Beistand: George Ball, Igor Gordevitch, Michael Jensen, Guy de Jonquières, Walter Levy, Pete Oram, Jay Palmer und Emma Rothschild. Und in Los Angeles: Del Bowman, John Brizendine, Les Daly, Al Delugach, Charles Foley, Ken Hull, Michael Klare, Carl Kotchian, Matthew MacKendrick, Garry Near, Peter Nehemkis, Barney Oldfield, William Perreault, Rowena Rathbone, Brent Rushforth, Derek Shearer, Lloyd Shearer, Natalie Shiras, John Simon, Ronald Sobell, Raymond Towne und John Whittles.

In London fand ich Rat und Hilfe bei Michael Addams, Lord Armstrong, Lord Balogh, Bill Bernhardt, Christoph Bertram, Lord Briggs, Alan Brothers, Sir Raymond Brown, Alain Camu, Andrew Cockburn, Herbert Coleman, Robin Cook MP, Mike Cooley, Jim Corfield, Sam Cummings, Geoffrey Edwards, Sir Harold Evans, Bassam Freiha, Charles Glass, Sir Arnold Hall, P. A. Hearne, Michael Holroyd, Adnan Kaschoggi, Nazem Kodmani, Gavin Lyall, Michael MacDonald, Sandy Merritt, Tom Mullins, Herman Nickel, William Rodgers MP, Patrick Seale, J. D. Scott, Harry Simmons,

John Stanley MP, Robert Stephens, Sir Lester Suffield, Louis Turner, William Wallace, Sir Fred Warner, Andrew Wilson und Pierre Young.

In Paris bei: General de Bénouville, Bernard Cassen, Eric Gerdan, Jim Hoagland, Martine Marie, Christine Ockrent, Claude Riviere, Robin Smythe, Anthony Terry, Sam White und Gavin Young; in Bonn und Hamburg bei: Nicholas Colchester, Freimut Duve, Gerhard Mertins und George Vine; in Stockholm bei: Dr. Frank Barnaby, Ingemar Dörfer, Per Gedin, Curt Mileikowsky, Lars Persson und Baron Ramel; im Haag und in Amsterdam: Sue Masterman und Joop van Tijn. In Beirut, auf Zypern und in Athen halfen mir Dany Chamoun, Tony Clifton, Joseph Fitchett, Jim Muir, Ian Seymour und James Skinner; in Jerusalem: Irwin Fraenkel, Dan Horowitz, Eric Silver und Leah van Leer. Vielen Helfern in Tokio bin ich zu Dank verpflichtet; ich nenne: Hideo Aoki, Keiichi Ito, Bernard Krisher, Yoshio Murakami, Hiroshi Ota, James Phillips, Paul Rubin, Jutaro Sakimoto, Murray Sayle, Charles Smith, Richard Smith, Takasui Tachibana, Jiro Tokuyama und Joichi Watanabe.

Weil es sich um ein aktuelles Buch handelt und ich mich bemühte, auf dem laufenden zu bleiben, mußte ich schnell arbeiten, und ich bin Verlegern, Agenten und Übersetzern besonders dankbar, die geholfen haben, das Tempo durchzuhalten. Per Gedin von Wahlström und Widstrand in Stockholm, Freimut Duve von Rowohlt in Reinbek, Jean Rosenthal von Laffont in Paris und mein Agent in Tokio, Hideo Aoki, waren alle sehr hilfsbereit und ermutigend. In New York waren mir die taktvollen und scharfsinnigen Kommentare meines Lektors Alan Williams von Penguin Viking und die gelassene Tüchtigkeit meines Agenten Sterling Lord sehr nützlich. Wie immer bin ich meinen langmütigen Verlegern in London, Hodder and Stoughton, und meinen Lektoren Alan Gordon Walker, Rivers Scott und Jane Hourston sehr dankbar. Michael Sissons von der Agentur A. D. Peters hat mich wiederum angespornt. Robert Urwin hat zum sechstenmal mit äußerster Geschwindigkeit das Register angefertigt. Bettie du Toit hat wertvollen Rat und Ermutigung beigesteuert. Unermeßlichen Dank schulde ich meiner Assistentin Wendy Stephenson für ihre Nachforschungen, das Tippen und abermals Tippen und die Gestaltung des ganzen Projekts; und schließlich meiner Frau Sally, die gelesen und Rat erteilt und mir bei diesem ganzen Vorhaben die Stange gehalten hat.

März 1977

Kapitel 1

Tödliches Spielzeug

Geschütze sind die ultima Ratio des Geldes.

Stephen Spender

Wir sehen Waffen nicht als ein Mittel an, um einen Krieg zu beginnen, sondern als ein Mittel, um einen Krieg zu verhindern.

Sir Raymond Smith (britischer Waffenhändler in Venezuela), 1975 [1]

Eines Nachmittags im Mai 1976 kam ich in Washington an, um über den Waffenhandel zu recherchieren. Ich fand das einzig verfügbare Hotelzimmer der Hauptstadt in einer Unterkunft, die zu jenen Messe- und Ausstellungshallen gehörte, die man heute überall findet. Die Halle dröhnte von lauten Begrüßungen und Schulterklopfen, jeder Gast trug ein großes Namensschild, das sich über sein halbes Jackett erstreckte. Vom Flughafen war ich mit einem Engländer in die Stadt gefahren, der ein ruhiges, professorales Gebaren hatte und mir zu meiner Überraschung erklärte, er sei Waffenhändler: er sei nach Washington gekommen zu einer Hubschrauber-Tagung in eben diesem Hotel, und er fragte, ob ich Lust hätte, an dem Eröffnungsspektakel teilzunehmen. So geriet ich unversehens in den Reklamerummel des Gewerbes.

Es war nicht schwer zu finden. An einem Ende der Halle wies ein mit dem Symbol eines Eisvogels geschmücktes Transparent auf die Helicopter Association hin. Zwei Rolltreppen führten hinunter in die Unterwelt des Tiefgeschosses, wo sich mir ein Anblick bot, der an eine phantasievolle Kinderzeichnung erinnerte. An den Wänden der höhlenartigen, strahlend hell erleuchteten Halle waren Stände aufgebaut, voll von Geschützen, Torpedos und elektronischen Geräten. In der Mitte der Halle, schimmernd unter den hellen Lampen, standen einige Hubschrauber, die hier so merkwürdig und gestrandet wirkten wie Haie in einem Naturkundemuseum. Da war ein komischer kleiner Bell-Helikopter, eine dicke Blase mit Flügeln oben drauf wie eine Libelle. Da war eine luxuriöse «Kaffeemühle», bequem mit zweifarbigen Polstersitzen, passend für Direktoren großer Firmen. Und in der Mitte unter dem blauen Firmenzeichen von Boeing, war ein weißer Wal von Helikopter, der Boeing LAMPS, mit langen Rotorblättern über einem fetten

Bauch, der völlig unbeweglich aussah. Auf jeder Seite hatte er einen glänzenden Torpedo, und ringsum plauderten und tranken die Verkäufer und die Kunden, während ihre Frauen sich an die Torpedos lehnten und die Kinder dauernd in die Kabine kletterten.

Das ganze Untergeschoß sah wie ein riesiger Spielzeugladen oder Rummelplatz aus, und an den Ständen der bedeutendsten Hersteller – Boeing, Hughes, Sikorsky oder Bell – boten Angestellte den Gästen Getränke und Köstlichkeiten vom kalten Buffet an. Am Stand der Air Force Association machte ein Mann in einer hellroten Jacke, der ständig lächelte, die Gäste auf einen Preis aufmerksam, den sie gewinnen könnten, wenn sie Bohnen durch einen Irrgarten schleusen. Am Stand von Hughes drehten sich langsam große Rotorblätter über den leitenden Herren der Firma, im maßgeschneiderten, dunklen Blazer, die Aristokraten dieses Industriezweiges. Je später der Abend, um so mehr Gäste fanden sich bei den Cocktailparties ein, und alle trugen große Schilder, als ob sie selbst Ausstellungsstücke wären. Da waren Armee-, Marine- und Luftwaffenangehörige mit ihren Frauen; da waren Kongreßabgeordnete, von beflissenen Lobbyisten begleitet; und da waren einsame und ernst dreinblickende Offiziere und Militärattachés aus dem Ausland. Zwei untersetzte iranische Offiziere, die zusammenstanden, betrachteten aufmerksam die Motoren und die komplizierte Ausrüstung. Nur mit Mühe konnte der Mann im roten Rock sie dazu verleiten, ihr Glück beim Bohnenspiel zu versuchen. Der brasilianische Luftattaché inspizierte die Unterseiten der Hubschrauber, und der australische Luftattaché war fasziniert von den Hughes-Maschinengewehren.

Die Rummelplatz-Atmosphäre war ansteckend. Die Namen der Hubschrauber – Sea Knight, Chinook, Sea Stallion – unterstrichen ihre Verspieltheit, und die Fernseh-Bildschirme an den Ständen zeigten ihre unheimlichen Leistungen. Die «Incredible Lifting Machine» konnte Balken auf Brücken absenken, die «Big Mother» konnte Truppen an unmöglichen Orten retten, und ein Film zeigte zwei riesige Helikopter, die nach Ballettmusik rückwärts und vorwärts umeinander herumwirbelten wie Elefanten, die in der Luft Walzer tanzen. Offenbar waren die Hubschrauberleute durch eine besondere, heroische Kameradschaft verbunden. Mir wurde eine grüne Broschüre in die Hand gedrückt mit einem Zitat von Harry Reasoner vom ABC-Fernsehen, das erklärt, warum Hubschrauberpiloten anders seien:

«Im großen und ganzen sind Flugzeugpiloten aufgeschlossene, blauäugige, fröhliche Extravertierte, und Helikopterpiloten sind Grübler, introspektiv und von bösen Ahnungen erfüllt. Sie wissen: Wenn noch nichts Schlimmes passiert ist, wird es wohl gleich soweit sein.»

Gewiß, die schiere Plumpheit der Kiste und das Faszinierende an ihr, ihre Fähigkeit, der Schwerkraft zu trotzen, zu schweben, Menschen und Dinge hochzuheben, ließen den Helikopter als einen Gegenstand erscheinen, der die Phantasie eines jeden Jungen beflügeln mußte. Doch war kein Mißverständnis möglich: Der wirkliche Zweck des Hubschraubers war das Töten. Um keinen Zweifel aufkommen zu lassen, richtete am Eingang der Halle eine 30-mm-Kanone ihre drei Läufe direkt auf jeden Besucher, und eine Broschüre erklärte in fachwissenschaftlicher Sprache genau, was sie konnte. Ihre Feuergeschwindigkeit ließ sich bis auf 2000 Schuß steigern; sie ließ sich als Flächenwaffe einsetzen; sie bot ein Optimum für die Verbindung zwischen Feuerleitstelle und Flugzeug. Der Hughes-Stand pries eine ganze Familie von Geschützen an: Da war ein schloßloses, leichtes Maschinengewehr, das nur 18 Pfund wog und 420 Schuß in der Minute abgab, «ein wichtiger Fortschritt auf dem Gebiet der Handfeuerwaffen», und da war eine durch Munitionsgürtel zu ladende Kanone vom Kaliber 7.62, die 800 Schuß pro Minute verfeuern konnte und die bei allen Feuergeschwindigkeiten ein Höchstmaß an Zuverlässigkeit bot.

Auf den Fernsehschirmen wurden die friedlichen Mätzchen der Hubschrauber plötzlich von Ausbrüchen der Mordlust abgelöst. Eben karriolten die Dinger noch drollig in der Luft umher, und im nächsten Augenblick feuerten sie in einem kurzen Feuerstoß Geschosse ab, die orangenfarben leuchtend explodierten. Die Broschüren vergrößerten die Verwirrung über die Rollen: Der große Sikorsky-Helikopter, wurde uns gesagt, war als das «gemächliche Dromedar» bekannt, und im Vietnam-Krieg wurde er wegen seiner menschenfreundlichen Taten die «Große Mutter» genannt, weil er Soldaten aus den Händen des Feindes rettete; aber er sei auch «ein aktiver Killer, nicht nur ein passiver Jäger». Der Vietnam-Krieg kennzeichnete den Triumph des Helikopters in beiden Rollen: sowohl bei der Bergung als auch bei verheerenden Angriffen auf die Vietcong. Dank seiner Fähigkeit, zu schweben, aufzuklären und aus nächster Nähe Bomben abzuwerfen, war der Helikopter eine unschätzbare Waffe im Guerillakrieg und gegen Rebellen. Nicht umsonst sind Hubschrauber jetzt besonders beliebt bei all den Regierungen, die von Aufständen im eigenen Lande bedroht sind.

In der Ausdrucksweise der Branche gab es wenig zu unterscheiden zwischen den friedlichen und den kriegerischen Verwendungszwecken; dieselben Häufungen von Substantiven – die sich auf Fähigkeiten, Systeme oder Steuergeräte bezogen – beschrieben beide. Sogar das Wort «Waffe» schien ungebräuchlich zu werden, und einige Firmen, zum Beispiel General Nucleonics oder System Research, gaben keinerlei Hinweise, wofür ihre Erzeugnisse bestimmt sind. Ohne eine Änderung des Tonfalls gingen die Verkäufer von Firmen-«Kaffeemühlen» zum gliederlosen Munitionszuführungssystem über, welches Möglichkeiten zur Steigerung der Feuerkraft böte. Das gewundene Vokabular war deutlich darauf abgestellt, jede Erwähnung von Mord oder Krieg oder Zerstörung zu vermeiden. Sikorsky hatte eine ganze Broschüre herausgebracht über die «Überlebensfähigkeit» ihrer Hubschrauber mit einer offiziellen Definition des Begriffes Überlebensfähigkeit: «die Fähigkeit eines Flugzeugs, einer von Menschen geschaffenen feindlichen Umwelt auszuweichen und sich gegen sie zu behaupten, ohne Beeinträchtigung seines Vermögens, seine geplante Aufgabe zu erfüllen».

Aber der einzige wirkliche Test, um die Tauglichkeit des Hubschraubers zu erproben, ist der Krieg. Vietnam hat der Branche einen nützlichen Auftrieb gegeben. «Es hat die Feuerprobe bestanden», versicherte mir ein Elektronik-Verkäufer von seinem System, das in Hubschraubern über Vietnam angewandt worden war, und die Worte «kampferprobt in Südostasien» waren bei jedem Verkaufsgespräch wichtig. Die Mätzchen, die schnellen Starts und die spektakulären Beförderungsleistungen auf den Bildschirmen waren schön und gut, aber die plötzlichen Feuerstöße, der Bombenhagel und das Rauschen der Torpedos waren das, was die Kunden kitzelte.

Da es zur Zeit keinen amerikanischen Krieg gab, sahen sich die Hubschrauber-Verkäufer zwangsläufig aktiver nach Absatzmöglichkeiten im Ausland um; ausländische Abnehmer boten nicht nur zusätzlichen Gewinn, sondern auch zusätzliche Erfahrung und eine weitere Erprobung. Natürlich waren die bei weitem wichtigsten Kunden immer noch die Amerikaner selbst, Marine, Armee und Luftwaffe; in den Broschüren werden taktvoll die engen, erfreulichen Beziehungen betont («Eine Geschichte großer Leistungen: US Marine und Sikorsky Aircraft . . .»). Aber die Iraner, Brasilianer oder Peruaner boten aufregende Alternativaussichten, der Iran war das Traumland der Verkäufer. Bell Helicopters lieferte 1975 an den Iran die ersten von dreihundert sechzehnsitzigen Hubschraubern, die drei Tage später einen neuen Höhenrekord aufstellten. Der Schah von Persien war ein Kunde der Art, wie Verkäufer ihn sich erträumten – ein Kriegsherr, der mit ihnen fachsimpeln konnte und sich für dieselben raffinierten Ausrüstungen begeisterte wie sie.

Nachdem ich aus dieser sorglosen Unterwelt wieder heraufgekommen war, standen mir die leuchtenden Bilder noch einige Tage vor Augen, vor allem als ich im Pentagon und im Außenministerium mit Beamten über Waffenverkäufe redete. Die Rüstungsindustrie, erkannte ich, besaß eine Verve und einen Schwung, die ihre Überzeugungskraft ausmachten, über alle Argumente von Strategie und Diplomatie hinaus, und sie ließ es nicht gelten, daß sie sich ihrer Art nach von anderen Industriezweigen unterschied: sie war nur unternehmungslustiger und erfindungsreicher. Was ich gesehen hatte, war also letztlich nur eine Vertretertagung wie jede andere gewesen.

Ein kleiner Krieg

Ein paar Monate später folgte ich der Spur des Waffenhandels in den Nahen Osten.Ich besuchte die Stadt Beirut kurz vor dem Ende des schon achtzehn Monate währenden libanesischen Bürgerkrieges, als er noch heftig wütete. Vom Standpunkt des internationalen Waffenhandels ein sehr unbedeutender Krieg: er erforderte keine Flugzeuge oder Raketen, und für die größeren Waffenhändler war er kaum der Aufmerksamkeit wert. Ein Krieg «aus zweiter Hand», der mit Handfeuerwaffen und Artillerie ausgefochten wurde. Aber er zeigte, was mit Feuerkraft und Zerstörungsfähigkeit gemeint war. Der Zerstörungsmaßstab hatte sich allmählich vergrößert – von Karabinern über Maschinengewehre und Mörser bis zu schwerer Artillerie, so daß zum Schluß die ganze Innenstadt in Trümmern lag und zwischen 40000 und 60000 Menschenleben zu beklagen waren – mehr als in allen vier arabisch-israelischen Kriegen. Die Großstadt Beirut, einst der Nabel des nahöstlichen Handels, war zu einem verstümmelten Gerippe geworden. Die ausgebrannten Wolkenkratzer starrten mit ihren leeren Fensterhöhlen hinunter auf den verwüsteten Hafen. Sie war ein Todeslaboratorium des Waffenhandels der Welt geworden. Mit seiner Weltoffenheit und seinem Freihandel hatte Beirut immer eine einzigartige Stellung im Nahen Osten innegehabt: es war die Stadt, in der man alles kaufen konnte. Es war nur folgerichtig, daß sie zum Zentrum des Freihandels mit Waffen wurde, die aus allen Teilen der Welt hierherströmten. Geld verwandelte sich rasch in Waffen. Die blühendste Stadt im Nahen Osten wurde die mörderischste.

Im Februar 1975, kurz vor Ausbruch des Krieges, war Beirut auf dem Höhepunkt seiner Prosperität und Kultiviertheit, reich geworden durch den Zustrom der gewaltigen Ölerlöse seiner arabischen Nachbarn. In seinen Wolkenkratzer-Hotels drängten sich Touristen und Geschäftsleute. Die Stadt war mit allen Fasern ihres Seins für die Weltmärkte aufgeschlossen: auf dem Suk konnten die Geldwechsler in ihren winzigen Buden Währungen annehmen, von denen Londoner Banken noch nie gehört hatten. Im Vergleich zu den trostlosen Ölstädten am persischen Golf mit ihren reichen, aber isoliert lebenden Bewohnern erschien Beirut mehr denn je wie ein Wunder. Seine alte levantinische Rolle als Warenumschlagsplatz zwischen dem arabischen Hinterland und dem Westen erschien jetzt um so wichtiger, als es den nahöstlichen Reichtum aufzunehmen vermochte: der Angelpunkt der arabischen Welt war der Beiruter Flughafen, auf dem sich Maschinen aus aller Herren Länder drängten, wo sich Stetson-Hüte, Jaschmaks und Burnusse anrempelten.

Achtzehn Monate später war schon die Reise eine Mahnung daran, wie schwach die Lebensadern jeder modernen Stadt sind. Früher hatte der Flug von London vier Stunden gedauert, jetzt mußte man nach Zypern fliegen, dort lange auf ein Schiff warten und dann zu einem Wucherpreis in zwölf Stunden nach Dschunia schippern, etwa fünfzehn Kilometer nördlich von Beirut; dann kam im Morgengrauen eine zermürbende Autofahrt durch das verwüstete Niemandsland zwischen Ost- und West-Beirut mit den zickzackförmig angelegten Barrikaden, durch die man sich hindurchschlängeln mußte, und den öffentlichen Gebäuden im neoklassizistischen Stil, die kaum von römischen Ruinen zu unterscheiden waren. So erreichte man schließlich das Stadtzentrum von Beirut. Es war nicht wiederzuerkennen, genau wie alle anderen zerstörten Städte – wie Portsmouth in England 1944, wie Hamburg 1946, wie Port Said 1956. Auf der Hauptgeschäftsstraße, der Hamra, gab es nur wenige Buden auf dem Bürgersteig, die Whisky und Zigaretten verkauften – außer Feuerwaffen die einzigen Waren, die ständig vorrätig waren. Die Wolkenkratzer sahen aus der Ferne ganz solide aus, erwiesen sich aber wie Chirico-Häuser mit nichts als Schwärze innen. Beirut erlebte seine Geschichte noch einmal bis zurück zu den Religionskriegen des Mittelalters. Die fröhlichen Werbesprüche und leuchtenden Ladenschilder wirkten wie bittere Ironie in einer von der Außenwelt abgeschnittenen Stadt. Die alten Filmplakate mit den blanken, auffallenden Revolvern waren überklebt mit palästinensischen Rekrutierungsplakaten, wieder mit Revolvern.

Schießeisen, wohin man blickte. Der große Beiruter Basar schien sich nur noch auf eine einzige Ware zu beschränken – Feuerwaffen aller Formen, Größen und Nationalitäten, von Pistolen, Gewehren und Maschinengewehren bis zu Mörsern, Bazookas und schwerer Artillerie. An einer Straßensperre zückten die Milizionäre mit der einen Hand ihre amerikanischen M 16 genau so keß wie auf den Filmplakaten, während sie mit der anderen die Pepsi-Flasche an den Mund setzten. In einer Bar saß eine Gruppe Geschäftsleute mittleren Alters, an deren dicken Bäuchen große Pistolen baumelten, während die jungen Männer schicke, chromschimmernde Pistolen in Halftern zur Schau trugen, texanischer Stil. Die Truppen fuhren auf Lastwagen durch die Gegend und schwenkten die großen russischen Maschinengewehre, die Duschkas oder «kleinen Lieblinge», die Läufe gen Himmel gerichtet. Der Handelsgeist der Beiruter hatte sich rasch auf den Waffenmarkt eingestellt, und jedermann kannte den gegenwärtigen Preis einer Kalaschnikow-Maschinenpistole oder eines Browning-Revolvers, der von Woche zu Woche schwankte, je nach Angebotslage oder den Friedensaussichten. Die normalen Geräusche der Stadt – Hupen und Geschrei – waren abgelöst worden durch Geschützfeuer, und Knallen, Dröhnen, Orgeln, Wummern und Bummern waren die Begleitmusik jeder Unterhaltung.

Während meines Aufenthalts wurden auf beiden Seiten hundert Menschen an einem einzigen Tag getötet – fast ausschließlich Zivilisten. An den Straßenecken klebten an den Wänden schmucklose Plakate mit Photographien von toten Jugendlichen oder Kindern. Es war, wie jedermann sagte, ein Krieg der Feiglinge: nur zwischen fünf und zehn Prozent der Opfer waren Soldaten.

Die Libanesen mit ihren unterschiedlichen religiösen und Stammesloyalitäten hatten seit eh und je einen besonderen Hang zu eigenen Waffen. Im 19. Jahrhundert pflegten sie kunstvoll verzierte Pistolen aus Smyrna zu kaufen, denen sie einen Ehrenplatz in ihren Häusern einräumten. Es war Sitte, bei Hochzeiten und anderen Feierlichkeiten Schüsse in die Luft abzugeben. Ihre privaten Waffenlager waren mit jeder neuen Herausforderung gewachsen. Die Krise von 1958, als amerikanische Marineinfanterie im Libanon landete, brachte neue Mengen an Waffen, und später erwarben viele Libanesen amerikanische M-16-Maschinenpistolen, die sie zu Hause bereithielten. Das empfindliche Gleichgewicht zwischen Christen und Moslems war gestört worden durch den Zustrom moslemischer palästinensischer Flüchtlinge, die ihre eigenen Waffenlager aufbauten, und durch die militante Reaktion der Christen, die den größten Teil der wohlhabenden Bourgeoisie ausmachten. Jeder arabisch-israelische Brandherd erhöhte die Spannung. Die Angst der Christen nahm 1970 nach dem Bürgerkrieg in Jordanien noch zu, als die Palästinenser fast das Regime von König Hussein stürzten. In den folgenden fünf Jahren bewaffneten sich die Christen rasch, schmuggelten M-16-Gewehre, tschechische M-58-Gewehre und jede andere Handfeuerwaffe, die sie auftreiben konnten, ins Land und verbrachten ihre Abende mit Schießübungen. Doch obwohl sich auf allen Seiten die Waffen häuften und in den Palästinenserlagern vereinzelt Kämpfe ausbrachen, erwarteten wenige Libanesen einen wirklichen Bürgerkrieg.

Noch im April 1975 schien es zuerst ein sehr begrenztes Scharmützel zu sein. Die Christen und Palästinenser begannen den Kampf in einem Vorort mit Karabinern und Maschinengewehren, und im übrigen Beirut ging das Leben so ziemlich wie eh und je weiter. Dann griff die Schießerei plötzlich auf die Stadtmitte über: die christlichen Falangisten eroberten das Hotel Holiday Inn, und fünf Monate lang führten Scharfschützen zwischen den Hotel-Hochhäusern Krieg. Auf die Maschinengewehre folgten Mörser, die die Wolkenkratzer zerstörten und das ganze Gebiet unbewohnbar machten. Schwerere Feldgeschütze erschienen auf der Bildfläche und ermöglichten eine stetige und unterschiedslose Bombardierung des gesamten Stadtkerns, während Massaker auf beiden Seiten die Wut schürten. Die Kampflinien erstarrten. Die Stadt war in Ost und West geteilt durch das Niemandsland zerstörter Gebäude. Der Flughafen wurde bombardiert, wobei ein Pilot in den Flammen umkam, und wurde dann geschlossen. Beirut war von seiner Lebensader abgeschnitten, und nur mit Jachten oder kleinen Booten konnten sich die Libanesen aus ihrer verwüsteten Stadt nach Zypern in Sicherheit bringen.

Nach der Zerstörung durch Waffen kam die Stunde der Plünderer und Vandalen: die Geschütze hatten der Anarchie den Weg gebahnt. Die aus Banktresoren, Warenlagern, Kaufhäusern und Antiquitätengeschäften geraubten Werte wurden später auf eine Milliarde Dollar geschätzt; allein in einer einzigen englischen Bank sollen den Christen hundert Millionen Dollar in die Hände gefallen sein. An einem Großteil der Beute bereicherten sich einzelne Plünderer und kamen rasch zu einem Vermögen in Juwelen oder Bargeld; doch ein Teil wurde von den Führern des rechten Flügels dazu verwendet, mehr Waffen zu kaufen, so daß Beiruts Reichtum ständig wieder in Geschützen angelegt wurde.[2]

Aber wie groß die Beute auch war, sie reichte nicht aus, um die Kosten des Krieges zu decken, dessen Finanzierung das große Rätsel war. Zweifellos überstiegen die Kosten die Mittel von Privatpersonen, ja selbst des Libanon. Der Krieg konnte nur von ausländischen Regierungen finanziert werden. Es lag auf der Hand, wer die Palästinenser unterstützte: in ihren Lagern hatten sie ihre eigenen Waffen, die sie von den eher radikalen arabischen Regimen in Syrien, Irak und Libyen erhalten hatten. Dank dem hohen Ölpreis waren Libyen und Irak, vor allem aber Libyen, in der Lage, in gewaltigem Ausmaß Waffen zu kaufen und wieder zu verkaufen, während im Hintergrund der reichste aller Ölstaaten, Saudi-Arabien, die Syrer finanzierte, die ihrerseits die Palästinenser mit Waffen versorgten. Die meisten Waffen der Palästinenser stammten aus Rußland oder Osteuropa und trafen auf dem Weg über ihre linksgerichteten arabischen Verbündeten ein; ihre Standardwaffe, die automatische Kalaschnikow-Maschinenpistole, AK 47, hatte den Karabiner oder die Pistole als persönliche Waffe der Soldaten ersetzt. Wurden sie ihnen nicht zur Verfügung gestellt, konnten sie sie von Händlern auf dem freien Markt zum Tagespreis kaufen. Aus Syrien konnten die Palästinenser Waffen über die gemeinsame Grenze bekommen, während in den Häfen Sidon und Sur große Schiffsladungen aus Libyen und noch ferneren Ländern gelöscht wurden. Ihre Gewehre und Maschinengewehre wurden ergänzt durch Gewehrgranaten, Mörser, Bazookas, schwere Duschka-MGs, Katuscha-Raketen und einen neuen Sprengkörper mit Namen Grad. Sie erhielten in Rußland hergestellte Panzer, Spähwagen und Flakgeschütze, mit denen sie auf Panzer und Truppen schossen; als die libanesische Armee sich spaltete, bekamen sie ein neues Arsenal an schwerer Artillerie. Die Kugeln verwandelten sich in Granaten und wurden mit derselben Hemmungslosigkeit abgefeuert.

Auf der christlichen Seite war das Problem des Waffennachschubs schwieriger, denn die Christen hatten keine gemeinsame Grenze mit einem befreundeten Land, und sie mußten rasch im Ausland Waffen auftreiben und sie auf dem Seeweg importieren. Eine Chance für den internationalen Waffenhandel. Angesichts der palästinensischen Siege flogen die zuständigen christlichen Militärs nach London, Paris, Teheran und Washington, um rasche Waffenkäufe in die Wege zu leiten: einer ihrer ersten Aufträge belief sich allein auf zehn Millionen Dollar. Es war ein Vorteil für sie, daß viele ihrer Landsleute ausgewandert waren; im Ausland verstreut lebten fünf Millionen Libanesen gegenüber zwei Millionen im Land selbst. Viele der Emigranten halfen der christlichen Seite nur zu gern. So forderte zum Beispiel in der Maronitenkirche Unserer lieben Frau vom Berg Libanon in Beverley Hills der Priester seine Gemeinde zu Spenden für die Sache der libanesischen Christen auf.

In dem von Touristen vielbesuchten Ort Acquamarina in der Nähe von Dschunia, das fest in christlicher Hand war, gibt es eine kleine Bucht, die des Nachts unauffällig von Schiffen angelaufen werden kann. Sechs Monate nach Ausbruch des Krieges, im September 1975, wurde beobachtet, daß ein Schiff unbekannter Nationalität, dessen Besatzung, wie man glaubte, Türkisch sprach, bei Acquamarina landete und Kisten mit Kalaschnikow-Maschinenpistolen löschte. Es stellte sich heraus, daß die Pistolen bei der bulgarischen staatlichen Handelsagentur Texim gekauft worden waren, die bekanntlich besonders erpicht auf Devisen war. Die Bulgaren hatten sich (wenn ihnen der Bestimmungsort überhaupt bekannt war) von dem Geschäft nicht durch die Tatsache abhalten lassen, daß sowjetische Waffen gegen die Palästinenser eingesetzt werden sollten.

Beirut wurde der Magnet für den Handel mit Handfeuerwaffen aus der ganzen Welt. Der Westdeutsche Günther Leinhäuser, der, wie es heißt, Waffen in den Kongo, nach Biafra und an die Kurden geliefert hatte, soll 300 Tonnen Waffen aus Marokko beschafft haben, darunter spanische Maschinengewehre und amerikanische und russische Mörser. Ein armenischer Libanese, Sarkis Soghanalian, mit Sitz in New York, kam als Vertreter verschiedener amerikanischer Rüstungsfirmen, darunter Colt, nach Beirut zurück; er verkaufte unter anderem 3 000 verchromte Pistolen und hielt eine Pressekonferenz ab, für die die amerikanische Botschaft die Werbetrommel rührte. Sogar der groteske «Oberst» Hubert Julian, «der schwarze Adler von Haarlem», kam nach Beirut: der langjährige und erfolglose Waffenhändler, mittlerweile achtundsiebzig Jahre alt, hatte für den Negus von Äthiopien gearbeitet, Waffen für Guatemala gekauft und war «Sonderbotschafter» für Moise Tshombe in Katanga gewesen; er erklärte, er sei gekommen, um Zucker zu verkaufen, aber er sah sich auch auf dem Waffenmarkt um.

Der Waffenhandel in Beirut war der Ersatz für alle anderen Geschäfte geworden, die zum Erliegen gekommen waren; der Preis einer Kalaschnikow oder M 16 löste die Börsenwerte als Warenindex ab. Pistolen aller Größen und Formen, oft eher Schaustücke als wirkliche Waffen überfluteten den Markt, und als die erste arabische Friedenstruppe in Beirut erschien, erfreute sich der Pistolenmarkt durch die fremden Soldaten eines neuerlichen Booms.

Die Reisewege der Waffen in den Libanon waren umständlich und oft gefährlich, aber sie ließen den ganzen alten Internationalismus und die Gewinnsucht des Waffenhandels erkennen. Die Händler und Seeleute des östlichen Mittelmeers, seit den Kreuzzügen erfahrene Waffenschmuggler, stellten von neuem ihre Geschicklichkeit unter Beweis; und griechische Reeder verdienten mit Schmuggelfahrten, wie sie sie schon in den napoleonischen Kriegen unternommen hatten, kleine Vermögen. Im Hafen von Halkida, nördlich von Athen, wurde festgestellt, daß die *Destiny* 1800 Mauser-Gewehre an Bord hatte; in Piräus wurden sechzig Kisten mit belgischen Selbstladegewehren von einem libanesischen Schiffskapitän übernommen; auf dem Athener Flughafen fand man in den im Transit stehengebliebenen Koffern von zwei christlichen Libanesen, die auf dem Weg nach Zypern waren, sechs Maschinenpistolen und dreizehn Revolver. Aber häufiger wurden die Waffen auf offener See umgeladen und nachts an Land gebracht; viele wurden zuerst in Öltankern transportiert, wo das zusätzliche metallhaltige Ladegut so getarnt werden konnte, daß die amerikanische Sechste Flotte es nicht entdeckte. Dann wurde auf kleinere Schiffe umgeladen; besonders zweckmäßig waren die ehemaligen Rettungsbarkassen der RAF mit Packard-Motoren, die mit 45 Knoten zur libanesischen Küste rasen konnten. Einige Waffen kamen über Marokko, einige über Spanien, einige über Marseille, einige (wie mir ein falangistischer Agent in Dschunia erzählte) sogar von der Mafia und waren in Italien übergeben worden. Eine wichtige Waffenquelle war Westafrika, wo viele libanesische Emigranten in Ländern lebten, die nur zu gern mit Gewinn Waffen verkauften. Ghana hatte von Nigeria einen Posten Kalaschnikows gekauft. Die Biafra-Armee hatte sie seinerzeit von Israel erhalten, das sie im Krieg von 1967 von den Ägyptern und Syrern erbeutet hatte. Ghana war jetzt froh, sie mit Gewinn an die libanesischen Christen zu verkaufen. So kehrten sie in den Nahen Osten zurück.

Einer der wichtigsten Waffenkäufer auf christlicher Seite war Dani Chamoun; er war ein gutgebauter junger Mann mit dem Gebaren eines Zöglings der englischen Eliteschulen alten Stils, Sohn des rechtsextremistischen ehemaligen Präsidenten Camille Chamoun und Kommandeur der «Tiger»-Miliz. Im Hotel Montemar, das Aussicht auf den Hafen von Dschunia gewährt, sprach er mit jungenhafter Begeisterung vom Waffenkauf, als ob er einen Supermarkt beschriebe. Er habe, sagte er, sein erstes Maschinengewehr im Alter von fünf Jahren bekommen und gelernt, es zu zerlegen und wieder zusammenzusetzen: «Ich weiß es zu würdigen, was ein Gewehr alles kann.»

Es sei nur natürlich, erklärte er, daß Beirut ein großes Betätigungsfeld für den Waffenhandel biete: «Es war immer der Ort, wo jeder alles bekommen konnte; das ist der Grund, warum ihr alle die Stadt immer geliebt habt – ihr Charme war ihre Gesetzlosigkeit. Die Libanesen kaufen gern Waffen. Sie kaufen Revolver, um sich gegenseitig zu imponieren, und sie sind auf ihre Revolver stolzer als auf ihre Nation. Die Leute hier werden nie ihre persönlichen Waffen aufgeben – das wäre, als ob sie ihre Frau verlören.»

Es habe nie große Schwierigkeiten bereitet, die Waffen zu bekommen, die man haben wollte, fuhr er fort, vorausgesetzt, man hatte Geld. Zu Anfang kauften die Christen sogar russische Gewehre von den Palästinensern, die diese von den Syrern bekommen hatten: die Soldaten verkauften sie privat, wenn sie Geld brauchten. «Dann kauften wir weitere russische Gewehre von Bulgarien, was wir über Westeuropa einfädelten. Wir konnten ohne Schwierigkeiten deutsche G3 kaufen – sie werden in vielen Ländern in Lizenz hergestellt. Und auf dem Weg über Europa konnten wir israelische Waffen kaufen. Was Panzer betrifft, so wurden uns M 41 und M 48 angeboten, aber wir entschieden uns schließlich für Shermans, weil sie dieselbe Munition verwenden wie die französischen AMX-Panzer. Französische Zünder kauften wir über Libyen. Natürlich kamen die meisten Waffen von Regierungen, nicht von privaten Händlern; die Vorstellung, daß private Händler einen Krieg in die Wege leiten können, ist wirklich viktorianisch.»

Ob es keine Schwierigkeiten mit den Exportkontrollen der Herstellungsländer gegeben habe, fragte ich. Er lachte und erklärte, es sei sehr einfach, ein «end-use certificate» zu kaufen, die von einer erwerbenden Regierung unterzeichnete Garantie-Erklärung, daß sie die Waffen nicht wieder exportieren werde. «Wir brauchen nur zu einem befreundeten Land zu gehen und es zu bitten, Waffen zu bestellen, die dann an uns weitergeschickt werden. Es steht alles in Thayers Buch.» (Er erweckte den Eindruck, als habe ihm George Thayers klassisches Buch über den Handel mit Handfeuerwaffen, *The War Business*, als Führer zum Waffenkaufen gedient.)[3] «Aber», fügte er hinzu, «man muß immer das Elfte Gebot befolgen: Du sollst dich nicht erwischen lassen.»

Ebenso wie andere wich Chamoun der Frage aus, wo all das Geld hergekommen sei. Die Schätzungen der Gesamtkosten für Waffen und Munition, die die Christen gekauft hatten, schwankten zwischen 200 und 600 Millionen Dollar. Obwohl viele libanesische Christen reich waren, konnten sie allein nicht einmal den niedrigeren Betrag aufgebracht haben. Es waren Gerüchte über die Geldquellen in Umlauf – die Mittel stammten aus den geplünderten Banken, vom CIA, von den Israelis, von westdeutschen Geldgebern, vom Vatikan, vom Iran. Es gab sogar Hinweise aus Paris, daß ein Teil der zwei Millionen Dollar, die der Firma Dassault von ihrem Finanzchef de Vathaire gestohlen worden waren, über den absonderlichen Söldner Jean Kay an die libanesischen Christen gegangen sei.[4] Einige oder alle diese Gelder mögen zum christlichen Waffenarsenal beigetragen haben, doch ein Großteil war den Christen auch von den Saudi-Arabern zugeflossen, die die Palästinenser ebenfalls finanziert hatten. Es war nicht eine erklärte Politik der Saudis, beide Seiten gegeneinander auszuspielen, aber als konservative Moslems waren sie zwangsläufig in einer Zwickmühle – als Moslems neigten sie den Palästinensern zu, als Konservative zählten sie auf die Christen. Während einige der Prinzen die Palästinenser unterstützten, waren andere beunruhigt über die Gefahr eines palästinensischen Siegs und finanzierten heimlich die Christen. Die große Flut von Öl-Geldern, die Saudi-Arabien überspülte auf der Suche nach Einsatzmöglichkeiten und Machtausübung, konnte sich rasch in die Waffenwährung verwandeln – so wurde Öl auf beiden Seiten zu Geschossen.

Die Herkunft der Waffen war von Anfang an unklar gewesen; aber nach einem Jahr des Kampfes, als Anzeichen dafür sprachen, daß die Palästinenser den Sieg über die Christen davontragen würden, änderten sich die Bündnisse spektakulär, und die Lage wurde noch unklarer. Das syrische Regime, das ursprünglich die Palästinenser bewaffnet hatte, fürchtete jetzt einen totalen palästinensischen Sieg, der womöglich seine Stabilität im eigenen Land unterminieren würde; dieselben Befürchtungen hegten die Saudis und Kuwaitis, die ebenfalls unzufriedene palästinensische Minderheiten hatten. Die syrische Armee vollzog also einen Seitenwechsel und rückte mit starken Kräften in den Libanon ein, um die Christen mit Panzern und schwerer Artillerie zu unterstützen; die syrischen Soldaten kämpften plötzlich gegen ihre ehemaligen Verbündeten, gegen Waffen aus ihrem eigenen Arsenal.

Kurz danach tauchten Hinweise auf eine neue Waffenquelle auf. Schon Anfang 1976 hatte ein Waffenhändler in Großbritannien zu seiner Überraschung eine Anfrage der Christen nach Munition für russische Mörser erhalten, denn er wußte, daß die Mörser nur aus Israel gekommen sein konnten. Dann wurde im Mai 1976 eine ungewöhnliche Geschäftigkeit in der Bucht bei Acquamarina bemerkt, wo große Leichter und auch kleinere Schiffe in den Häfen anlegten. Die christlichen Soldaten ließen sich bald mit allen möglichen neuen Waffen sehen, darunter belgische FAL-Karabiner, Duschka-Maschinengewehre und sogar Super-Sherman-Panzer, die nur an Israel geliefert worden waren. Dann wurde das neue Bündnis offenkundig: Die Israelis versorgten die Christen mit Waffen, die im Schutz israelischer Küstenwachboote direkt nach Dschunia verschifft wurden, und unterstützten sie an der Südgrenze des Libanon militärisch. Aus ihrem «Gemischtwarenladen» lieferten sie den Christen alle möglichen Waffen, darunter viele, die sie im Krieg von 1973 von den Ägyptern und Syrern erbeutet hatten. Und jede neue

Waffenlieferung machte sich bald in einer neuen Offensive der Christen bemerkbar.

Die Palästinenser hatten jetzt wenig Aussicht auf Sieg, und die Saudis, die geholfen hatten, beide Seiten zu bewaffnen, erkannten nun die Gefahren eines wahren Massakers. Im Oktober 1976 wurde auf ihre Veranlassung hin eine Gipfelkonferenz der arabischen Führer in Riad abgehalten, die einen Waffenstillstand beschloß, dessen Einhaltung von einer arabischen Friedenstruppe überwacht werden sollte. Der Krieg war theoretisch beendet, aber das Morden ging sporadisch weiter.

In der ganzen Zeit, in der das Gemetzel andauerte und die Bündnisse sich wandelten, hielten die beiden großen Mittelmeerflotten der Amerikaner und Russen, jede mit etwa sechzig Schiffen, die gebührende Distanz ein. Die Palästinenser flehten die Russen an, ihnen behilflich zu sein, ihre Waffen durch die Blockade zu bringen, oder ihre Unterstützung durch eine Landung in Sidon zu bekunden; die Russen beobachteten und überwachten, griffen aber nicht ein. Die amerikanische Flotte, die achtzehn Jahre zuvor Marineinfanterie im Libanon gelandet hatte, vermied es jetzt sogar, sich überhaupt an der Küste sehen zu lassen.

Der Krieg war, wie alle Kriege, ein ganz besonderer Fall, im Kreuzfeuer so vieler anderer Rivalitäten außerhalb seiner Grenzen und mit privaten Armeen in seiner Mitte. Doch veranschaulichte er auf grausige Weise, wie leicht Waffen außer Rand und Band geraten und ihre eigene Anarchie herbeiführen können. Die Waffen, die die Großmächte ursprünglich einem Land für einen bestimmten Zweck geliefert hatten, wurden von einem anderen Land für einen ganz entgegengesetzten Zweck verwendet; Geschütze und Länder wechselten die Seiten, während die Supermächte nicht eingreifen konnten oder wollten. Der Zustrom neuen Reichtums in ein Gebiet, das so konstruktive Möglichkeiten besaß, hatte dazu gedient, die Zerstörung seiner zivilisiertesten Stadt zu finanzieren, und die Tradition des *laissez faire* verwandelte sich in eine Hinnahme des *laissez détruire*. Dieser Krieg der Handfeuerwaffen stellte eine besonders ominöse Warnung dar, denn er wurde in einer Weltgegend ausgefochten, die, wie wir noch sehen werden, von allen Großmächten in noch nie dagewesenem Ausmaße mit schweren Waffen beliefert wurde. Der Krieg war vorüber. Vereinzelt wurde noch geschossen, aber der Zustrom an Waffen nahm ab. Kurz darauf wurde einem europäischen Waffenhändler eine Partie Waffen aus Bulgarien angeboten, die nach dem Libanon unterwegs gewesen war. «Da waren prächtige Dinge dabei», sagte der Händler zu mir, «aber der Preis war zu hoch: der libanesische Krieg hatte die Bulgaren zu geldgierig gemacht.»

Der Wolf im Schafspelz

Der größte Teil der etwa hundert Kriege seit dem Zweiten Weltkrieg, vom Libanon bis Biafra, vom Jemen bis Katanga, war mit Handfeuerwaffen ausgefochten worden, und sie verursachten den größten Verlust an Menschenleben. Der Handel mit Karabinern, Maschinengewehren und Mörsern enthüllt das kalte Herz einer Branche, in der Diplomatie und Kriege in Aufträge, Bilanzen und Gewinne übersetzt werden. Das ist die Branche, in der die tagtägliche Nebeneinanderstellung von Tod und Handel ganz beiläufig erscheint und der Verkauf von Feuerwaffen so banal aussieht wie jedes andere Geschäft. Um mich in diese Branche hineinversetzen zu können, machte ich mich auf den Weg zu einem Besuch ihres ungekrönten Königs und fand ihn in einer erstaunlichen Umgebung.

Nicht weit vom Stadtzentrum von Manchester, inmitten des industriellen Englands der viktorianischen Zeit, steht ein unscheinbares Lagerhaus aus Ziegelsteinen an einem Kanal in der Nachbarschaft einer schönen gotischen Kirche. Das Lagerhaus war nach dem Ersten Weltkrieg gebaut worden, ursprünglich als Zeitungspapierlager für die Londoner *Sunday Times.* Seine einzigen charakteristischen Merkmale sind eine schwere Tür aus rostfreiem Stahl und eine riesige Inschrift über dem Gebäude: INTERARMS. Doch ist es nicht leicht, hineinzukommen: in der Stahltür ist ein Guckloch; es gibt zwei Sprechanlagen und eine Fernsehkamera an der Außenwand. Man muß lange warten, bis sich die Tür öffnet. Ist man erst einmal drinnen, wird einem der Grund klar, denn hier ist das größte private Waffenarsenal in Europa. Es ist die britische Hauptgeschäftsstelle des erfolgreichsten aller Händler mit Handfeuerwaffen, Sam Cummings, des Vorstandsvorsitzenden und Hauptaktionärs der *Interarms Company.* In sechs Stockwerken des Lagerhauses befinden sich nicht weniger als 300000 Waffen, so dicht aufeinandergestapelt wie Weinflaschen in einem Keller, die darauf warten, derjenigen Regierung oder Firma geschickt zu werden, die sie haben möchte. Innerhalb des Gebäudes ist ein Schießstand, wo die Waffen getestet werden: gelegentlich stört ein scharfer Knall den Frieden der Büchsenmacher, die die Waffen wieder zusammenbauen.

Im oberen Stockwerk liegt eine Reihe freundlicher Büros mit einer kleinen Ausstellung von Maschinengewehren auf dem Fußboden neben dem Eingang: Und hierher kommt Sam Cummings selbst einmal im Monat aus Monte Carlo, um sein Reich in Augenschein zu nehmen. Er ist ein umgänglicher, pausbäckiger Mann, dem man seine neunundvierzig Jahre nicht ansieht; er gibt sich jovial und arglos; er hat ein strahlendes Lächeln wie ein Junge, der ganz versessen auf Schießeisen gewesen war und plötzlich merkt, daß alle seine Wünsche in Erfüllung gegangen sind – eben das ist Cummings mehr oder weniger. Er liebt Publizität: Seine Wände sind mit Photographien berühmter Leute geschmückt, die mit seinen Waffen hantieren, oder mit Zeitungsartikeln über ihn. Seine persönliche Rolle hat er gut einstudiert. Er spricht leise und verbindlich und trägt einen priesterlich schwarzen Anzug mit weißem Hemd und diskreter Krawatte. Er raucht und trinkt nicht, reist sowenig wie möglich, und wenn, dann Touristenklasse. Er und sein Geschäftsführer, Mr. Spence, beide in ihren dunklen Anzügen, gehen zum Mittagessen in eine nahe gelegene Kneipe in Manchester, wo sie so untadelig, so vollendet höflich auftreten, daß ein Beobachter vielleicht gerade deshalb annehmen könnte, daß etwas an ihrem Gewerbe ungewöhnlich sei.

Cumming schenkt, wenn er von seinem Geschäft spricht, Einzelheiten und technischen Besonderheiten eine so liebevolle Aufmerksamkeit, daß es ihm wie allen guten Waffenhändlern gelingt, es so langweilig klingen zu lassen wie Werkzeugmaschinen oder Nockenwellen. Doch bietet er sich auch als der Philosoph des Gewerbes an, wie ein griechischer Chor, der zu seiner Betrübnis die Geheimnisse der menschlichen Motivation entdeckt hat. Er macht seinen Standpunkt gern in Aphorismen klar.

«Das Waffengeschäft», sagte Cummings zu mir, wie er es auch zu Senatoren und Kongreßabgeordneten gesagt hatte, «beruht auf der menschlichen Torheit. Darum wird seine Tiefe nie ausgelotet, und darum wird es auch immer weitergehen.» Er fuhr fort: «Alle Waffen sind defensiv, und alle Ersatzteile sind nicht-tödlich.» Die Politik, die Lieferungen in den Nahen Osten im Gleichgewicht zu halten, erklärte er, sei ein völliger Wahn und eine Illusion gewesen: «Je mehr die Amerikaner versuchen, das Gleichgewicht einzuhalten, um so mehr drücken die Russen mit dem Daumen auf die Waage, so daß es nicht mehr stimmt.» In bezug auf die Versuche, die Waffenexporte zu kontrollieren, sagt er: «Die einfachste Schrift kann man nicht lesen, wenn man sie durch einen goldenen Sovereign (oder einen Rubel oder ein goldenes Zehndollarstück) betrachtet.»

Im wesentlichen ist und bleibt er ein Händler von Handfeuerwaffen und ein Kenner ihrer unendlichen Mannigfaltigkeit. Über seinem Schreibtisch hängt eine häßlich aussehende Waffe, eine Büchse mit Namen RPG 7, die ihn besonders interessiert. Sie war in Nordirland erbeutet worden, eine von hundert, die von der IRA aus Libyen importiert worden waren, mit Gebrauchsanweisungen in arabischer Sprache: sie wußten nicht, wie sie anzuwenden seien, hieß es, bis die BBC es im Fernsehen erklärte. Aber der Krieg in Nordirland, betonte Cummings, war vom Standpunkt des Waffenhandels sehr unbedeutend: «Bloß ein paar irregeleitete Verrückte in Amerika und ein paar Schießeisen aus Libyen; Gott sei Dank hat Gaddafi sie nicht wirklich ernsthaft unterstützt.» Nordirland bestätigt die Richtigkeit der

Ansicht, daß Stadtguerillas mit ein paar Gewehren sehr weit kommen können.

Für seine Firma hat Cummings den klassisch klingenden Slogan gewählt: Die Waffen des Menschen. Und als sein Motto hat er das Motto seiner amerikanischen Privatschule, der Episkopal-Akademie in Philadelphia, übernommen: *Esse quam videri* – Mehr sein als scheinen. Die Einstellung, die man bei Waffenhändlern, angefangen mit Sir Basil Zaharoff, immer wieder findet, wird von diesem Motto recht gut wiedergegeben. Andere mögen von Frieden und Abrüstung reden, aber sie, die Waffenhändler, wissen, daß die menschliche Natur auf Aggression und Gewalttätigkeit beruht und sich nie ändern wird. Sie haben den Wolf im Schafspelz erkannt.

Cummings' eigene abenteuerliche Laufbahn spiegelt die Geschichte des Handfeuerwaffenhandels im letzten Vierteljahrhundert. Er wuchs in Philadelphia als Sohn eines wohlhabenden Vaters auf. Der Vater hatte sein Vermögen 1929 bei dem großen Börsenkrach verloren. Er war von Schießeisen fasziniert, seit er im Alter von fünf Jahren eine alte deutsche Maxim-Pistole erhielt. Als er nach dem Krieg in Fort Lee in Virginia seinen Wehrdienst ableistete, wurde er Waffenausbilder und verdiente nebenher Geld durch den Verkauf von alten deutschen Helmen. Nach dem Universitätsstudium bereiste er Europa und entdeckte zu seiner Verwunderung die Berge von alten Waffen, die noch auf den Schlachtfeldern der Westfront herumlagen. Er beschloß, Waffenhändler zu werden. Eine Zeitlang war er bei der CIA angestellt, um bei der Identifizierung von Waffen behilflich zu sein, die im Korea-Krieg erbeutet worden waren – was seine Sachkenntnis vermehrte und ihm nützliche Verbindungen zum Nachrichtendienst einbrachte. Er trat in eine kalifornische Waffenfirma, Western Arms, ein, die hübsche Gewinne damit erzielte, daß sie überschüssige Waffen sowohl an das amerikanische Publikum als auch an die CIA für ihre geheimen Unternehmungen verkaufte.

Als Cummings sechsundzwanzig war, hatte er bereits seine eigene Firma mit dem hochtönenden Namen *International Armament Corporation* gegründet und begann, massenhaft überschüssige Waffen aufzukaufen, die er entweder als Jagdflinten oder zur Bewaffnung ausländischer Armeen verkaufte. Die Zeit begünstigte sein Unterfangen: Einerseits gab es gewaltige Mengen überschüssiger Waffen aus dem Zweiten Weltkrieg, und die Überschüsse vermehrten sich ständig durch die Wiederaufrüstung des Kalten Krieges. Andererseits rissen die Staatsstreiche, kleinen Kriege und Rebellionen nicht ab, für die dringend Waffen aus zweiter Hand gebraucht wurden. Cummings war bald der bedeutendste Zwischenhändler geworden. Natürlich gab es die Beschränkung durch Regierungslizenzen, die er für den Export seiner Waffen brauchte; aber die Regierungen hatten oft ihre eigenen politischen Motive und auch finanzielle Gründe, um Exporte zu gestatten.

Sein erstes privates Arsenal errichtete Cummings in Alexandria in der Nähe von Washington und fand Kunden für seine Waren unter den lateinamerikanischen Regimen. Nach der rechtsextremistischen Revolution in Guatemala im Jahre 1954 belieferte er die neue Regierung Castillo-Armas mit amerikanischen Garand-Gewehren, die er in Großbritannien kaufte. In der Dominikanischen Republik freundete er sich mit dem Diktator Trujillo an und lieferte ihm zuerst Maschinengewehre und dann (eines seiner bemerkenswertesten Geschäfte) Vampire-Düsenjäger, die er in Schweden kaufte. Als 1955 im Exil lebende Costaricaner versuchten, ihre Heimat zu überfallen, waren beide Seiten mit Maschinengewehren bewaffnet, die sie von Cummings gekauft hatten. In Kuba soll er vor der Revolution die Castro-Truppen beliefert haben und ebenso später einige der Castro-Gegner für das Fiasko der Schweinebucht. Mittlerweile vermochte er sein wachsendes privates Arsenal mit gewaltigen Überschußmengen aus Europa und dem Nahen Osten wiederaufzufüllen. Nach dem Suez-Krieg von 1956 kaufte er zum Beispiel 2000 russische Handfeuerwaffen, die die Israelis von den Ägyptern erbeutet hatten. Ende der fünfziger Jahre übernahm er von der britischen Regierung fast eine Million Lee-Enfield-Karabiner, so daß sein Lager einige Jahre lang gut bestückt war; die meisten wurden als Jagdgewehre an Amerikaner verkauft, andere an Kenia und Pakistan.

Auch bei all diesen Exporten, sei es von Großbritannien oder von Amerika aus, unterlag Cummings dem Lizenzsystem der jeweiligen Regierungen, die Waffenverkäufe nur an befreundete Länder zu deren legitimem Schutz genehmigen, wenn sie nicht aktiv zum Krieg rüsten. Mit den Regierungen steht er auf gutem Fuße: er meint, daß sich mit der *British Defence Sales Organisation* am Soho Square eher leichter verhandeln läßt als mit den entsprechenden Ämtern in Washington. Die Kontrollen und die Erteilung von «end-use certificates» sind ziemlich streng, und er hält sich genau daran, aber wie wir im Libanon gesehen haben, kann man nie absolut sicher sein, wo die Waffen schließlich landen.

Sein eigentliches Verhältnis zu den westlichen Regierungen, besonders zu Washington, ist nach wie vor ein Rätsel. In der Vergangenheit umgab er bewußt seine Beziehungen zur CIA mit dem Schleier des Geheimnisses. Früher machte er versteckte Andeutungen über den Nachrichtendienst und gab einer seiner Firmen (Cummings Investment Associates) sogar dieselben Initialen. Er konnte auch sein eigenes Nachrichtennetz aufbauen, das für Washington nützlich war. Aber neuerdings ist er zurückhaltender und behauptet, er habe mit der CIA nichts zu tun. «Ich war nie wild begeistert für diese Spitzelgeschichte», sagte er zu mir. «Ich bin froh, daß ich draußen bin, und ziehe langweiligere Geschäfte vor. Die werfen einen auf den Hackblock, lange, ehe sie sich selbst daranmachen, und zu guter Letzt sind sie ebenso dumm wie Sie und ich.» Tatsächlich sind die meisten Waffenhändler übereinstimmend der Meinung, daß die CIA jetzt im Waffengeschäft viel weniger aktiv sei als in den fünfziger und Anfang der sechziger Jahre. «Seit Vietnam und Kambodscha hat die CIA aufgehört, Waffen zu verkaufen», wurde mir von dem westdeutschen Waffenhändler Gerhard Mertins gesagt, einem früheren Teilhaber von Cummings, der für den deutschen Nachrichtendienst arbeitete. «Cummings hat immer mit der CIA geprahlt, aber das war in Wirklichkeit seine Vorstellung von Schaugeschäft. Hundert Gewehre kann man geheimhalten, aber nicht tausend, ganz zu schweigen von U-Booten und Panzerkampfwagen. In diesem Geschäft weiß jeder, was alle anderen tun. Wir sind eine große Familie.»

Ende der fünfziger Jahre hatte sich Cummings als der führende private Waffenhändler der Welt durchgesetzt. «Vielleicht war es eine Mischung von Glück und zufälligen Entdeckungen», sagt er. «Es ist nicht so, als ob wir den Verstand gepachtet hätten.» Aber bald kam ihm der Vorteil der schieren Größe zugute. Heute wird geschätzt, daß auf ihn 90 Prozent des Handels mit Handfeuerwaffen entfallen. Er hat riesige Warenbestände in den Vereinigten Staaten und Großbritannien – zu denen jetzt noch ein weiteres Arsenal in Singapur kommt – und kann somit Kunden in aller Welt rasch beliefern, und er hat Vertreter und Büros in jeder größeren Hauptstadt. Er besitzt ein großes persönliches Vermögen und leitet seine Firmen von seiner großen Wohnung in Monte Carlo aus, wo er jetzt mit seiner schweizer Frau lebt. 1968 geriet sein amerikanisches Geschäft in eine Krise, nachdem der Kongreß das neue Waffengesetz verabschiedet hatte – das nicht so sehr darauf abzielte, den Verkauf von Waffen zu kontrollieren, als vielmehr darauf, die amerikanischen Waffenhersteller, angeführt von Remington und Winchester, vor der billigen ausländischen Konkurrenz zu schützen. Cummings' amerikanisches Geschäft, vor allen in Jagdflinten, ist nach wie vor gewinnbringend; er unterhält noch ein großes Arsenal in Alexandria und hat kürzlich in Midland, Virginia, eine Fabrik in Betrieb genommen, um Faustfeuerwaffen für den amerikanischen Markt herzustellen. Aber seit dem neuen Gesetz hat er seine Geschäfte in verstärktem Maße von Großbritannien aus abgewickelt; heute ist sein Arsenal in Manchester das größte. Nach Amerika fährt er nur alle paar Jahre. Nur etwa 20 Prozent seiner Exporte von Manchester sind Jagdflinten. Die übrigen 80 Prozent gehen an ausländische Regierungen und Armeen; zu seinen neuesten guten Kunden gehören Israel, Kenia und die Philippinen.

Cummings' gesamter Weltumsatz, behauptet er, sei immer noch winzig im Vergleich zu dem der großen Firmen der Luft- und Raumfahrtindustrie; sein Jahresumsatz sei niemals höher als 100 Millionen Dollar gewesen und damit niedriger als der Preis einer einzigen Jagdstaffel. Doch als Einzelunternehmer ist er gleichsam eine Wetterfahne des Waffenhandels. Er ist über die Weltszene besser unterrichtet und reagiert empfindlicher auf sie als die Bürokraten in den großen Firmen, und durch Kaufen und Verkaufen kann er rascher lavieren und Vorteile erlangen. Dank seinen dreißig Jahren in der Branche besitzt er eine einzigartige Erfahrung, und wenn er durch sein Arsenal in Manchester wandert, kann er die Weltgeschichte beschreiben an Hand der vielgereisten Waffen, sein trauriges Kriegsmuseum.

Er deutet auf eine Pyramide amerikanischer Garand-Gewehre: die waren in den fünfziger Jahren zuerst für die Wiederaufrüstung nach Deutschland exportiert worden. Als Deutschland modernere Waffen bekam, wurden sie Ende der sechziger Jahre nach Jordanien geschickt, und als Jordanien modernere Waffen erhielt, kaufte Cummings sie und brachte sie nach Manchester. Von dort aus wurden viele nach den Philippinen verschifft zum Einsatz gegen die von Libyen finanzierten moslemischen Rebellen, während einige wenige in Manchester blieben und auf Kunden warteten. Hier, gleich neben den Garands, sind einige britische Enfield-Gewehre, die von den Japanern in Indochina erbeutet wurden; dann wurden sie von den Amerikanern übernommen und in Vietnam eingesetzt, ehe Cummings sie kaufte. Hier sind einige Springfield-Karabiner, die in den fünfziger Jahren zuerst an die Franzosen nach Indochina geliefert worden waren. Hier sind Mauser-Gewehre, die General Tschiang Kai-shek nach Taiwan brachte, als er sich 1949 vom Festland absetzte. Dort drüben sind deutsche MG 42, die Hitlers Truppen in Griechenland zurückließen, schwedische Gewehre, in Lizenz in Ägypten hergestellt und von den Israelis erbeutet, britische Sten Guns, die im Zweiten Weltkrieg mit Fallschirmen für den französischen Maquis abgeworfen wurden, amerikanische Brownings aus der Dominikanischen Republik, belgische Mausers aus Venezuela, amerikanische M 16 von der chilenischen Armee.

Cummings weiß, daß seine Arsenale in bezug auf ihre Lagerbestände auf die Nachwirkungen von Kriegen angewiesen sind. Handfeuerwaffen haben eine viel längere Lebensdauer als Flugzeuge oder Raketen, und er erzielt immer noch Gewinne aus den Überbleibseln des Zweiten Weltkriegs, der die Altersgrenze für die meisten normalen Waffenverkäufe kennzeichnet. Jeder neue Brandherd im Nahen Osten, jede Ausrüstung mit neuen Waffen schafft einen neuen Überschuß, der zu guter Letzt wahrscheinlich den Weg in seine Arsenale finden wird.

Aber es gebe, sagt er, eine große Ausnahme, die für den Waffenhandel immer noch ein Rätsel sei: Was ist mit den gewaltigen Mengen von amerikanischen Waffen geschehen, die in Südvietnam zurückgelassen wurden? Ihr Gesamtwert ist auf fünf Milliarden Dollar geschätzt worden, und darunter befanden sich 800000 automatische Gewehre M 16, sechshundert Panzer M 48, hundert Kanonen auf Selbstfahrlafetten, je eine Million Dollar wert, 73

Northrop-Tiger-Jäger[6], von denen einige einen Monat vor der Evakuierung im April 1975 in Lattenverschläge verpackt worden waren. Da war sogar ein IBM-Computer, an dem Vietnamesen ausgebildet wurden, weil sie eine komplette Bestandsaufnahme machen sollten. Aber keines dieser Kriegsgeräte ist bisher auf dem internationalen Waffenmarkt aufgetaucht, ein Teil davon muß mittlerweile in dem tropischen Klima verrostet und unbrauchbar geworden sein.

«Es ist sehr merkwürdig und unverständlich», sagt Cummings. «Die Nordvietnamesen hatten schon genug, um den Krieg zu gewinnen, und das amerikanische Zeug muß für sie böhmische Dörfer gewesen sein.» Es hat keine vergleichbare unausgenützte Gelegenheit gegeben, seit Tschiang Kaishek China verließ; damals haben die chinesischen Kommunisten die von ihm zurückgelassenen Waffen nicht verkauft mit Ausnahme von 10000 Garand-Gewehren, die von Indonesien gekauft wurden. In Vietnam war die Beute sehr viel reicher. Ob es womöglich, spekulierte ich, eine Prinzipienfrage sei? Ich glaubte zu bemerken, daß Cummings leicht erschauerte. Er antwortete mit seinem Leib- und Magenspruch: «Durch einen Sovereign aus massivem Gold kann man die einfachste Schrift nicht lesen.»

Cummings bezeichnet seine Arsenale gern als einen Index für die Narrheit der Welt; die Lagerbestände nehmen zu oder ab, je nach dem jeweiligen Kriegs- oder Friedenszustand. Für ihn war der Libanon nur eine kleine Absatzmöglichkeit auf dem gesamten Weltmarkt (Dani Chamoun, erklärte er, sei an ihn herangetreten mit der Bitte, den Christen Waffen zu liefern, aber die britische Regierung habe es nicht genehmigt). «Natürlich hätte ich es gern, wenn dieses Gebäude voller Waffen wäre», sagte er. «Frieden auf der Welt würde mir Gelegenheit geben, mir einen Warenbestand aufzubauen. Aber die Menschen bestellen dauernd mehr Waffen, was die Bestände wieder verringert. Ich sehe keinerlei Aussicht, daß sich das ändert. Riesige neue Märkte erschließen sich; bald wird die Wiederaufrüstung von China kommen, wie jedermann in der Branche weiß; das bringt die Geschichte wieder direkt an den Punkt zurück, an dem Tschiang Kai-shek sich vor fünfundzwanzig Jahren absetzte. Und dann Rußland. Und dann wieder Europa. Es wird nie aufhören.»

Doch ist Sam Cummings der erste, der darauf hinweist, daß sein Geschäft nur ein kleiner Bruchteil des gesamten Waffenhandels der Welt und unter wirtschaftlichen Gesichtspunkten fast unbedeutend sei. Auf derartige private Waffenhändler, die nur Handfeuerwaffen liefern, entfallen weniger als fünf Prozent der gesamten Waffenexporte; und die Kosten der Waffenlieferungen im ganzen libanesischen Krieg betrugen, selbst unter Zugrundelegung des höchsten Schätzwertes von einer Milliarde Dollar, nur ein Zwölftel des geschätzten Waffenexports des Westens im Jahre 1975. Die Fabriken, die

Maschinengewehre, Karabiner und Munition herstellen, sind volkswirtschaftlich gesehen von geringer Bedeutung im Vergleich zu den Riesenbetrieben von Lockheed, Dassault und der Luft- und Raumfahrtindustrie, mit denen sich ein Großteil dieses Buches befaßt.

Die wichtigen Waffenhändler von heute sind, wie wir sehen werden, Beamte, die wegen ihrer Verdienste um den Export geehrt oder geadelt wurden: die bedeutenderen Waffenexporte in den Nahen Osten werden nicht durch Schmuggelfahrten oder rasch abgewickelte Käufe in Manchester oder Paris bewerkstelligt, sondern durch sich lange hinziehende Verhandlungen zwischen Beamten in Washington oder London, die von Präsidenten und Kabinetten abgesegnet werden. Die Szenerie bei einem modernen Waffengeschäft ist nicht ein alter Pott, der an einem verlassenen Kai des Nachts Kisten löscht, sondern der Empfang eines arabischen Prinzen in London oder Paris durch eine Ehrenwache und den Verteidigungsminister. Auf die in so feierlichem Rahmen getätigten Abmachungen ist das beispiellose Wettrüsten im Nahen Osten zurückzuführen, das den Höhepunkt des nachfolgenden Berichts bildet.

Doch hat der Handel mit Handfeuerwaffen für die größeren Geschäfte immer noch Bedeutung. Die öffentliche Meinung hat es sich angewöhnt, sozusagen einen Klassenunterschied zu machen zwischen den Kriegen mit Handfeuerwaffen, die in verworrenen örtlichen Kämpfen eingesetzt und aus zweiter Hand besorgt werden, und der Zunahme komplizierter Verteidigungssysteme und hochentwickelter Flugzeuge, von denen jedes einzelne mehr kostet als eine Schiffsladung Maschinengewehre für einen ganzen Krieg. Westliche Politiker neigen dazu, die ausgeklügelte Waffentechnologie (schon diese Wörter klingen attraktiv und harmlos) als die empfindlichen Gewichte und Gegengewichte auf den komplizierten Waagen der Diplomatie zu bezeichnen und das Maschinengewehr mit einem moralischen Widerwillen zu betrachten, den sie für das die Luftüberlegenheit sichernde Flugzeug nicht empfinden. Das theoretische Denken bei schweren Waffen ist kaum überraschend in einem Zeitalter, in dem Jagdflugzeuge und Raketen mit einem Aufwand von Milliarden entwickelt werden können und veralten, ohne daß sie jemals in einem Krieg erprobt wurden. Diese unterschiedliche Einstellung reicht mindestens bis ins 19. Jahrhundert zurück, als immer wieder an den Fronten in Indien oder Afrika Kriege mit Gewehren ausgefochten wurden, während die europäischen Mächte majestätische Flotten von Schlachtschiffen und Arsenale von Haubitzen als Abschreckungsmittel aufbauten, von denen sie annahmen, sie würden wahrscheinlich nie eingesetzt werden. Doch die Schlachtschiffe vermochten die Großmächte nicht davon abzuhalten, sich gegenseitig fast zu vernichten, und die Maschinengewehre, die zum Einsatz gegen «Wilde» gedacht waren, wurden zu Waffen, um Europäer niederzumetzeln. Die lokalen Kriege von heute, die selbst so leicht von einem Kaliber zum nächsten eskalieren, sollten uns eine Warnung sein, wie schnell ein Abschreckungsmittel sich erst in eine Provokation und dann in eine Katastrophe verwandeln kann.

In den folgenden Kapiteln skizziere ich zuerst kurz die sich wandelnden Auffassungen vom Absatz industriell hergestellter Waffen, seit damit vor hundert Jahren begonnen wurde, und zwar nicht nur die Einstellung der ersten Rüstungsmagnaten, sondern auch die ihrer Kritiker. Dann befasse ich mich mit den Problemen des westlichen Waffenhandels seit dem Zweiten Weltkrieg und der zunehmenden Verantwortung der Regierungen, die in den letzten vier Jahren zu einer plötzlichen Hochkonjunktur des Gewerbes und zu einem Wettrüsten führten. Ausführlich erläutere ich die Methoden der Waffenhändler und die Probleme der Kontrolle an Hand der Vorgeschichte der Affären von Lockheed, Northrop und anderen Firmen, die durch Untersuchungen der letzten Zeit erhärtet und durch meine eigenen Interviews ergänzt werden; ich versuche also, das Gerippe und auch das Fleisch und Blut des Waffenhandels aufzuzeigen. Schließlich erörtere ich die Lage unter der Administration von Präsident Carter und die Aussichten einer wirksamen Kontrolle. Im Lauf des vergangenen Jahrhunderts haben sich Umfang und Technologie dieses Industriezweiges gewandelt. Ein Großteil der Verantwortung ist von privaten Firmen auf Staatsbeamte übergegangen. Doch die zugrunde liegenden Probleme und Einstellungen sind geblieben, wie ein Fluch aus alter Zeit.

Kapitel 2

Der Glaube des Waffenschmieds

Ich würde gern ein Material oder eine Maschine mit so entsetzlicher Massenvernichtung erfinden, daß der Krieg dadurch für immer unmöglich gemacht würde.

Alfred Nobel an Bertha von Suttner, 1876[1]

Mit der ersten industriellen Revolution begann die moderne Rüstungsindustrie um die Mitte des 19. Jahrhunderts Gestalt anzunehmen. Damals entwikkelte eine Handvoll erfindungsreicher Unternehmer die Sprengstoff- und Geschütztechnik weiter. Diese ungewöhnlichen Männer, die in wenigen Jahren riesige Firmen zur Herstellung beispielloser Zerstörungsmittel aufbauten, geben in vieler Hinsicht Aufschluß über den Charakter der vorwärtsdrängenden neuen Industrie, und ihr Einfluß wirkte sich weit in die Zukunft aus. Zwei Merkmale waren von Anfang an bestimmend. Erstens, der Aufbau der Rüstungsindustrie wurde als untrennbar vom allgemeinen Verlauf des industriellen Fortschritts angesehen. Zweitens, unter allen Industriezweigen war sie der globalste.

Von den zielbewußten Männern, die dieser neuen Industrie vorstanden, war keiner so einsam und von Zweifeln geplagt wie Alfred Nobel, der Erfinder des Dynamits und Stifter des jährlichen Friedenspreises. Sein Leben hatte etwas Sagenhaftes an sich, als wäre er eine Reinkarnation des Dr. Faust oder von Alberich, dem Nibelungen, der um der Macht willen auf die Liebe verzichtete. Seine Weltanschauung war von ständiger Zwiespältigkeit geprägt. War er einerseits ein poetischer Idealist, ein Pazifist, ein begeisterter Bewunderer von Shelley; so war er andererseits ein skrupelloser Kapitalist, versessen auf die Erforschung der Sprengstoffe. Diese zwei Seiten lebten auch nach ihm fort in den Disputen über die Verleihung seines Friedenspreises, ja in der Ambivalenz des modernen Schweden selbst: der auch heute noch sowohl ein erfindungsreicher Waffenfabrikant als auch ein hartnäckiger Kämpfer für den Weltfrieden ist.

Von Anfang an schien der junge Alfred Nobel keinem Land oder Ort zuzugehören. Er war 1833 in Stockholm geboren, als die Erfindungsgabe der Schweden in aller Welt Geltung gewann. Als er acht Jahre alt war, zog sein Vater mit der Familie nach St. Petersburg, wo er eine Torpedofabrik gründete. Alle vier Söhne waren ehrgeizig. Zwei, Robert und Ludwig, sollten eine historische Rolle bei der Erschließung des russischen Öls und dem Export nach Europa spielen. Alfred war der begabteste und kosmopolitischste. Mit siebzehn ging er für zwei Jahre nach Amerika, ehe er wieder nach Rußland und Schweden zurückkehrte. Er arbeitete bei seinem Vater, der mit neuen Sprengstoffen experimentierte, doch der junge Alfred, ein ausgebildeter Wissenschaftler, stach seinen amateurhaften Vater bald aus; er interessierte sich besonders für einen tödlichen neuen Sprengstoff mit Namen Nitroglyzerin. 1862, mit neunundzwanzig Jahren, gelang es ihm zum erstenmal, Nitroglyzerin zur Explosion zu bringen. Im folgenden Jahr erhielt er sein erstes Patent für das Produkt. Er und sein Bruder Emil gründeten eine kleine Fabrik in Stockholm, und dort kam es im September zu dem Unglück, das immer eine quälende Erinnerung für ihn bleiben sollte. Das Nitroglyzerin explodierte, die Fabrik flog in die Luft, und fünf Männer kamen ums Leben, unter ihnen Alfreds Bruder. Sein Vater erholte sich nie von diesem Schlag, die Bürger von Stockholm waren empört, und Nobel mußte seine Experimente auf einem außerhalb von Stockholm vertäuten Prahm fortsetzen.[2]

Das Sprengöl leistete bereits unschätzbare Dienste zum Sprengen von Felsen, vor allem in neu zu erschließenden Gebieten wie Kalifornien, doch als Nitroglyzerin ins Ausland gebracht wurde, gab es eine Folge weiterer Unglücksfälle. Ebenso wie die Kernenergie ein Jahrhundert später barg es wundervolle Möglichkeiten in sich, aber auch entsetzliche Gefahren. In New York ließ ein deutscher Reisender eine Flasche in einer Schachtel im Hotel stehen, ein Kellner beobachtete, daß roter Dampf herausströmte, und brachte die Schachtel auf die Straße, wo sie einen Augenblick später explodierte, die Fassaden der Häuser beschädigte und ein metertiefes Loch in die Straße riß. In Panama explodierte ein Dampfer, der Nitroglyzerin an Bord hatte, und sank, wobei vierundsiebzig Menschen den Tod fanden. In San Francisco flog das Lagerhaus von Wells Fargo in die Luft und begrub vierzehn Menschen unter sich. Alle Länder hatten jetzt schreckliche Angst vor dem Material, und mehrere verboten seinen Besitz. Doch ungeachtet der Katastrophe in seiner Familie experimentierte Nobel weiter und entdeckte zu guter Letzt eine Methode, Nitroglyzerin mit einer Infusorienerde, Kieselgur, zu mischen, wodurch es besser anwendbar und weniger gefährlich wurde. 1867 ließ er seine neue Erfindung, «Dynamit» oder «Nobels Sicherheitspulver», patentieren.

Die erstaunliche neue Substanz wurde bald der Ausgangspunkt einer internationalen Industrie und eines riesigen Vermögens für Nobel. Allmählich überwanden alle Länder ihre Ängste vor dem neuen Sprengstoff und erkannten seinen Nutzen für friedliche Zwecke, etwa um die Rocky Mountains oder die Alpen zu untertunneln. Nobel reiste um die ganze Welt, gründete Gemeinschaftsunternehmen zur Herstellung von Dynamit, prozessierte erbittert um die Einhaltung seiner Patente und sorgte dafür, daß er die Industrie fest in der Hand hatte. Nobels Imperium hatte, was seine Monopolstellung und Vielgestaltigkeit betrifft, einige Ähnlichkeit mit John D. Rockefellers Standard Oil Trust, der auch zu dieser Zeit gegründet wurde.[3]

Der gegen Nobel erhobene Vorwurf, er gefährde die Sicherheit der Welt, war ungerechtfertigt, denn sein Dynamit diente im wesentlichen friedlichen Zwecken und war sehr viel ungefährlicher als das alte Nitroglyzerin. Doch nie erlahmte sein Interesse, weitere Sprengstoffe zu entwickeln. Er wurde der Vater einer neuen Industrie, und Schweden wurde «das klassische Land der Sprengstoffe». Er erfand dann ein rauchloses Schießpulver, das Ballistit. Im Alter von sechzig Jahren kaufte er sogar die Geschützfabrik Bofors und bezog das der Firma gehörende alte Herrenhaus. Er erklärte gern, daß sein Interesse an Sprengstoffen im wesentlichen technisch sei. «Es sind ja ziemlich scheußliche Dinge, an denen wir arbeiten», sagte er zu seinem Freund Ragnar Sohlman, «aber sie sind als rein theoretische Probleme so interessant und so völlig technisch und auch so unbelastet von finanziellen und kommerziellen Erwägungen, daß sie doppelt faszinierend sind.»[4]

Doch mittlerweile fühlte er sich, wie er sich ausdrückte, «von den Geistern von Niflheim» verfolgt, der kalten, dunklen Totenwelt in der nordischen Mythologie. Er hatte häufig Migräneanfälle und Perioden der Melancholie: er hat nie geheiratet und ließ niemanden nahe an sich heran. Einmal schrieb er an seine Schwägerin, Ludwigs Frau: «Ich treibe dahin ohne Ruder und Kompaß, ein Wrack auf dem Meer des Lebens.» Er wohnte nie länger als ein paar Monate an einem Ort; als sein erstes Pariser Laboratorium von den französischen Behörden geschlossen wurde, zog er nach San Remo, und danach war er ständig unterwegs zwischen Italien, Schweden, England und Amerika. «Meine Heimat ist da, wo ich arbeite», sagte er, «und ich arbeite überall.»[5] Seine Briefe verrieten seine Frauen- und Menschenfeindlichkeit – viele Freunde, schrieb er, könne er nur unter Hunden finden: Frauen seien «das schöne, aber gewöhnlich abstoßende Geschlecht». – «Wenn es einen Rat gibt, den ich meinen Freunden geben würde, dann den, niemals jemandem gefällig zu sein. Jedesmal, wenn ich diesem bedauerlichen Hang nachgab, habe ich mir einen neuen Feind gemacht.» Seine Gesellschaft konnte verwirrend sein: er hatte ruckhafte Bewegungen und einen trippelnden Gang, und der Ausdruck seines Gesichts mit den tiefliegenden Augen war sehr wandelbar; seine Unterhaltung war zerfahren und oft makaber.

Einer seiner Lieblingspläne, über den er mit Vorliebe sprach, war die

Gründung eines «Selbstmord-Instituts» an der Riviera mit wundervoller Aussicht und einem erstklassigen Orchester, wo angehende Selbstmörder sich in aller Würde auf ihr Hinscheiden vorbereiten könnten. Dennoch sah sich Nobel unverrückbar als Idealisten, als Sozialdemokraten, sogar als Bolschewisten; und er schrieb gern Gedichte, viele auf Englisch im Stil von Shelley, die seinem einsamen, faustischen Wesen Ausdruck gaben. Als Achtzehnjähriger beschrieb er seine Kindheit:

Begabt mit einer Phantasie, die sich zu den höchsten,
Dem Geist erreichbaren Höhen aufzuschwingen vermochte,
Hatt' ich den Scharfblick damals nicht, ihren Flügeln Einhalt zu gebieten
Oder ihre Mängel ihren goldenen Träumen zuzuschreiben.[6]

Shelley hatte dazu beigetragen, bei Nobel ein Interesse für Pazifismus zu wecken, das er während all seiner Sprengstoff-Forschungen bewahrte. Je mehr er sich mit militärischen Erfindungen beschäftigte, um so mehr wuchs sein Interesse am Pazifismus. Es wurde zudem angeregt durch seine Bekanntschaft mit der österreichischen Baronin Bertha von Suttner, die sich 1876 als Privatsekretärin bei ihm bewarb. Sie ist später eine berühmte Schriftstellerin und einflußreiche Pazifistin geworden. Er schrieb ihr Briefe, bekundete ein maßvolles Interesse an der Friedensbewegung und stattete dem Friedenskongreß in Bern im Jahre 1892, auf dem sie eine führende Rolle spielte, einen kurzen Besuch ab. Aber als sie ihn später besuchte, erklärte er ihr voll rührendem Optimismus: «Meine Fabriken werden dem Krieg vielleicht eher ein Ende bereiten als Ihre Kongresse. An dem Tag, an dem zwei Armeekorps imstande sein werden, sich in einer Sekunde gegenseitig zu vernichten, werden alle zivilisierten Nationen voll Entsetzen vor dem Krieg zurückschrekken und ihre Heere auflösen.» Er war sich darüber klar, daß es, ehe dieses Zeitalter des Weltfriedens erreicht würde, ein Zwischenstadium geben würde, das er sarkastisch «den Frieden des Friedhofs» nannte. Doch stets blieb er bei der Vorstellung, daß die Kriegführung bald allzu entsetzlich werden würde. Ihm bot dies zweifellos eine Rechtfertigung für seine Faszination von Sprengstoffen. «Lassen Sie das Damoklesschwert über jedem Kopf hängen, meine Herren, und Sie werden ein Wunder erleben», erklärte er auf einer Sitzung in Paris im Jahre 1890. «Jeder Krieg wird sofort aufhören, wenn die Waffe bakteriologisch ist.»[7]

Nobel stimmte den meisten der «Schwätzer» auf der Konferenz von 1892, die auf schiedsrichterliche Schlichtung vertrauten, nicht zu; aber er glaubte in der Tat, daß die Nationen sich gegenseitig vor Aggression schützen und somit Kriege unmöglich machen könnten. Im Jahr nach dem Friedenskongreß erwähnte er Bertha von Suttner gegenüber zum erstenmal seinen Plan, einen Teil seines Vermögens für einen Friedenspreis bereitzustellen. Zwei Jahre später setzte er das berühmte Testament auf, das jährliche Preise vorsah, darunter einen «für die Person, die am erfolgreichsten für die Förderung freundschaftlicher Beziehungen zwischen den Völkern, für die Abschaffung oder Verminderung stehender Heere und für die Abhaltung und Zunahme von Friedenskongressen gearbeitet hat». Zwei Jahre später starb Nobel in San Remo unter eben den Umständen, die er gefürchtet hatte, nämlich ohne Freunde oder Verwandte, umgeben nur von Dienstboten.

So stiftete dieser von Zweifeln geplagte und menschenfeindliche Mann testamentarisch den berühmtesten Friedenspreis der Welt. Die Preisträger wurden von einem vom norwegischen Parlament gewählten Ausschuß bestimmt, und die Auszeichnungen selbst sollten bald manche der unklaren Standpunkte des Stifters widerspiegeln. Einerseits wurden sie hochherzigen Pazifisten wie Henri Dunant, dem Schweizer Gründer des Roten Kreuzes, oder Bertha von Suttner zuerkannt, die in ihrer Verurteilung des Krieges zu keinerlei Kompromissen bereit waren. Andererseits wurden sie auch einigen Männern verliehen, die auf höchst anrüchige und weltliche Weise Machtpolitik betrieben, Männer wie Theodore Roosevelt, Austen Chamberlain und Henry Kissinger. Dreizehn Jahre nach der ersten Verleihung des Friedenspreises brach der Krieg aus und widerlegte Nobels Überzeugung, daß zivilisierte Nationen voll Entsetzen vor dem Krieg zurückschrecken würden. Der Nobel-Trust wurde auseinandergerissen, und seine Fabriken stellten Sprengstoffe her, um sich gegenseitig umzubringen; und der einzige Nobelpreisträger in fünf Jahren war das Rote Kreuz.[8]

Major Barbara

Vier Jahre nach der ersten Verleihung des Nobel-Friedenspreises wurde 1905 in London George Bernard Shaws Stück *Major Barbara* aufgeführt. Das Stück spiegelt die Angst der damaligen Zeit vor einer Welt wider, die allmählich immer abhängiger von Rüstungen wurde. Die Hauptfigur war ein Rüstungsfabrikant, Andrew Undershaft. Sein Firmen-Motto: «Ohne Scham». Er hatte das gewaltige Unternehmen Undershaft & Lazarus aufgebaut und aus Vernichtungsmitteln Gewinn gezogen: Undershaft-Torpedo, Undershaft-Schnellfeuergeschütz, Undershaft-Unterseeboot. Ohne Scham verkündete er den «Glauben des Waffenschmieds»: «Allen Menschen, die einen gerechten Preis bieten, Waffen zu verkaufen, ohne Ansehen der Person oder der Grundsätze», und er brüstete sich, mehr Macht zu besitzen als die Regierung: «Die Regierung deines Landes!» höhnte er in einem Gespräch mit seinem patriotischen Sohn Stephen. «*Ich* bin die Regierung deines Landes, ich und Lazarus. Glaubst du, daß du und ein halbes Dutzend ebensolcher

Amateure, die da in einer Reihe in dieser albernen Schwatzbude sitzen, Undershaft & Lazarus regieren können? Nein, mein Freund: Ihr werdet das tun, was uns nützt. Ihr werdet Krieg erklären, wenn es uns paßt, und Frieden halten, wenn es uns nicht paßt.»

Undershaft diskutiert mit seiner pazifistischen Tochter, Major Barbara von der Heilsarmee, und dem idealistischen Professor für Griechisch, Adolphus Cusins. Zu guter Letzt besichtigen die beiden Idealisten die vorbildliche Arbeitersiedlung und Fabrik der Firma Undershaft und sind überwältigt, wie wohlversorgt und zufrieden die Arbeiter sind: «Alles ist schrecklich, furchtbar, unmoralisch und unbestreitbar vollkommen.»

Es ist viel darüber spekuliert worden, wer das Vorbild für Undershaft war, und obwohl Shaw schriftlich niederlegte, daß Gilbert Murray das Vorbild für den Professor war, hat er selbst keinen Hinweis darauf gegeben. Es ist als sicher angenommen worden, daß Alfred Krupp[9] und Sir Basil Zaharoff[10] für Undershaft Modell gestanden haben; gewiß läßt Undershaft mit seinem enormen Paternalismus und seiner Fähigkeit, sich über Regierungen hinwegzusetzen, Charaktereigenschaften von beiden erkennen. Aber wahrscheinlicher ist wohl, das Alfred Nobel als Vorbild gedient hat, dessen Friedenspreis damals sehr umstritten war und dessen Rechtfertigungsversuche seiner Laufbahn einige Ähnlichkeit mit denen von Undershaft hatten. Nobels kühne Behauptung Bertha von Suttner gegenüber, daß «meine Fabriken dem Krieg vielleicht eher ein Ende bereiten werden als Ihre Kongresse», klingt ganz wie Shaw, und Nobels Internationalismus und Vaterlandslosigkeit waren kaum anders als die von Undershaft.[11] Doch Nobels Theorie, daß Waffenfabriken ein Gleichgewicht des Schreckens herbeiführen werden, wird von Undershaft ausdrücklich abgelehnt. Sein Schwiegersohn Lomax sagt: «Nun, je vernichtender der Krieg wird, um so eher wird er abgeschafft, wie?» Und Undershaft antwortet darauf: «Keineswegs. Je vernichtender der Krieg wird, um so faszinierender finden wir ihn. Nein, Mr. Lomax, ich danke Ihnen, daß Sie die übliche Entschuldigung für mein Gewerbe fanden, aber ich schäme mich seiner nicht. Ich gehöre nicht zu den Menschen, die ihre Moral und ihr Geschäft getrennt voneinander betrachten.»

Major Barbara sollte in den nächsten siebzig Jahren oft zitiert werden, wann immer über das Waffengeschäft diskutiert wurde, denn das Stück hat das zentrale Problem angeschnitten, daß die Welt allmählich auf die Herstellung von Vernichtungsmitteln nicht verzichten konnte. Das Problem ging weit darüber hinaus, daß es ein paar Multimillionäre gab wie Krupp, Armstrong oder Nobel, die dieses neue Geschäft ausgenutzt hatten; denn ganze Gemeinden waren an der Ruhr, am Tees und am Allegheny entstanden, die, um zu überleben, auf diese blühende Exportindustrie angewiesen waren. Es lag in seinem Wesen, daß dieser Industriezweig ständig neue Technologien und neue Möglichkeiten entwickelte. Das dynamische Waffengeschäft, stets auf Innovation und Expansion bedacht, war dabei, die Speerspitze des Fortschritts der Industrialisierung zu werden.

Krupp gegen Armstrong

Auf der ersten Weltausstellung im Londoner Kristallpalast im Jahre 1851 gab es nur wenig Hinweise auf die neue Bedeutung des Waffengeschäfts im Industriezeitalter. Die überwiegende Mehrzahl der Ausstellungsstücke unter dem großen Glasdach im Hyde Park, der Maschinen, Statuen, Textilien und Modeartikel, war durchaus friedlich. Doch zu den wenigen Ausnahmen gehörten zwei bemerkenswerte Ausstellungsstücke aus dem fernen Staat Preußen, die einen Vorgeschmack von einem vielversprechenden neuen Industriezweig gaben. Das eine war ein solider Tiegelblock mit einem Gewicht von über zwei Tonnen, der größte «Riesen-Gußstahl», der je gegossen worden war. Das andere war eine elegante, auf Hochglanz polierte Kanone unter einem mit der königlich-preußischen Fahne geschmückten Baldachin. Sie wurde mehr ihrer Schönheit als ihrer Wirksamkeit wegen bewundert. «Die auf ihrer Lafette montierte, hervorragend gearbeitete Sechspfünder-Kanone», schrieb *The Illustrated Exhibitor* im Jahre 1851, «ist von vortrefflicher Qualität und hat verdientermaßen viel Aufmerksamkeit erregt.»[12] Die beiden preußischen Ausstellungsstücke liefen unter dem Namen der Firma Friedr. Krupp, Essen. Sie stellten das erste größere Unterfangen dar, mit dem sich der junge Firmenchef Alfred Krupp ins Ausland wagte.

So viel ist über die Familie Krupp als Waffenschmiede des Kaiserreichs und des Dritten Reichs, als industrielle Partner der Kaiser und Hitlers, geschrieben worden, daß daran erinnert werden sollte, daß die riesige Firma ursprünglich das Gegenteil war, nämlich Exporteur von Stahl an das übrige Europa, wobei ihr Heimatland Preußen zu ihren kleineren Kunden gehörte und Kanonen eine Nebenrolle spielten, denn ihr Hauptgeschäft waren Stahl und nahtlose Eisenbahn-Radreifen. Der erste große Erfolg von Alfred Krupp, dem großen «Kanonenkönig», der die Firma aufbaute, war ein internationaler Erfolg. Denn nur dadurch, daß er seine Produkte im Ausland verkaufte, konnte er seiner eigenen Regierung Eindruck machen. Die Briefe dieses rastlosen Stahlbarons, die er in den fünfzig Jahren schrieb, in denen das moderne Deutschland entstand[13], enthüllen die fanatische Besessenheit von seinem Metall und eine diktatorische Herrschaft über seine Firma mit aller Besorgnis des Geschäftsmannes um sichere Absatzmärkte und wirtschaftliche Unabhängigkeit. Doch erst als Bismarck auf der politischen Bühne erschien, richtig erst nach dem Sieg von 1870 begannen Krupps Interessen mit denen des Staates zu verschmelzen.

Der junge Alfred Krupp, ein lang aufgeschossener, magerer, vierzehnjähriger Junge, hatte den fast bankrotten Betrieb, der in Essen an der Ruhr nur sechs Arbeiter beschäftigte, von seinem Vater geerbt. Voller Zielstrebigkeit machte er sich daran, seine Familie vor Armut zu bewahren und die Engländer auszustechen, die den Stahlmarkt beherrschten. Der 1833 von Preußen gegründete Deutsche Zollverein bot ihm neue Möglichkeiten, und bald erhielt er Aufträge aus Paris, Flandern und der Schweiz; doch Preußen war zu konservativ und zu arm und weigerte sich, ihm gegen englischen Stahl Schutz zu gewähren. Krupp reiste nach Sheffield, um das Geheimnis des englischen Erfolgs herauszufinden, und erzielte seinen ersten wirklichen Triumph auf der Weltausstellung von 1851, dem andere in München und Paris folgten. Er begann, ein paar Kanonen zu verkaufen, und erhielt sogar einen Auftrag des Khediven von Ägypten, doch die preußische Armee zeigte ihm die kalte Schulter, und 1857 beklagte er sich darüber, daß ihm die Preußischen Staatsbahnen seit ihrem Bestehen weniger Aufträge erteilt haben als Frankreich in einem Monat. Sein Kanonengeschäft war klein und unrentabel, und in einem aufschlußreichen Brief beschrieb er 1858 seine Einstellung zu Kanonen und anderen Erzeugnissen:

«Neben diesen Werkzeugen für den Verkehr des Friedens werden auch die des Krieges ‹Geschütze› bedacht. Eine größtmögliche Unverwüstbarkeit ist die Aufgabe; bei Ersteren zum Vortheile der Sicherheit von Gut und Menschenleben, bei Letzteren zur Erhöhung der Zerstörungsfähigkeit. Erstere nimmt den bedeutenderen Rang ein und muß uns ernähren. Letztere cultivire ich für das Interesse des Fortschrittes mit großen Opfern, und sie wird erst dann für mich einen Werth erlangen, wenn ich in Zeit der Noth dem Vaterlande damit dienen kann. Auf solche Gelegenheit zum Beweise, was eine vaterländische Industrie vermag und auf den Stolz verzichte ich jedoch gern für den Segen des Friedens ... Die Mittel zur Beschäftigung und Ernährung meiner Leute mußte ich zum größten Theile im Ausland bei den natürlichen Gegnern meiner Industrie suchen.»[14]

Im nächsten Jahr erhielt er seinen ersten großen Preußen-Auftrag auf dreihundert gezogene Sechspfünder; 1861 wurde seine Fabrik vom preußischen König besichtigt, und im Jahr darauf hatte Krupp auf der neuen Londoner Ausstellung einen großartigen Erfolg mit seinem Hinterladegeschütz. Aber wieder waren die Engländer sehr viel beeindruckter als die Preußen, die weiterhin britische Schiffe und Vorderladungsgeschütze kauften; und die Russen erteilten einen riesigen Auftrag auf große Kanonen, der es Krupp ermöglichte, seine Technologie weiterzuentwickeln. Krupp beklagte sich oft darüber, daß er gezwungen war, Geschütze an Länder zu liefern, die Preußens Feinde werden könnten, und er benutzte diese Drohung, um Preußen dazu zu bringen, seine Kanonen zu kaufen. Doch in

Friedenszeiten konnte die preußische Regierung allein nicht genug Aufträge erteilen, um die von Krupp gewünschte Expansion zu gewährleisten. 1865 befand sich Krupp in ernsten Schwierigkeiten, und Bismarck lehnte es ab, ihm Geld zu leihen oder seine Aufträge zu erhöhen, so daß Krupp einen Kredit bei dem französischen Bankier Seillière aufnehmen mußte, der dreißig Jahre zuvor bei der Gründung der französischen Rüstungsfirma Schneider in Le Creusot finanzielle Unterstützung geleistet hatte. Im April 1866 beharrte Krupp gegen den ausdrücklichen Wunsch von Bismarck darauf, den bereits angenommenen österreichischen Kanonenauftrag auszuliefern, und im österreichisch-preußischen Krieg feuerten Krupp-Geschütze auf beiden Seiten. In den folgenden Jahren gelang es Krupp, einen weiteren Kredit vom preußischen König zu erhalten, aber das hinderte ihn nicht zu versuchen, Kanonen nach Frankreich zu exportieren; und nur die Selbstgefälligkeit der französischen Generäle ließ das Geschäft nicht zustande kommen.

Der preußische Sieg über Frankreich im Jahre 1870, der mit Hilfe von Krupp-Kanonen errungen war, konsolidierte die Beziehung zwischen der Firma und dem Staat. Es war der erste durch die Industrie geprägte Krieg für Europa, wie es der Bürgerkrieg für Amerika gewesen war, und er begründete Krupps Ruf als Kanonen-König in der ganzen Welt. Er exportierte weiterhin mit großem Erfolg an jeden, der von ihm kaufen wollte, doch geriet er 1873 wiederum in eine finanzielle Krise. Indes war die deutsche Regierung jetzt ein wichtiger Kunde, und der wirtschaftliche Aufschwung der «Gründerjahre» hatte die Firma verwandelt: die Kleinstadt Essen war zu einem der großen europäischen Industriezentren geworden. In den 1870er Jahren hat Krupp, der entschlossen war, den Sozialdemokraten das Wasser abzugraben, in Essen vorbildliche paternalistische Wohlfahrtseinrichtungen für seine Arbeiter geschaffen, die der Sozialgesetzgebung Bismarcks als Modell dienten. Am Ende seines Lebens beschäftigte er 20000 Arbeiter. Mit sechs hatte er begonnen.

Als alter Mann reflektierte er über die Probleme seines Gewerbes und machte sich 1881 Gedanken über die Möglichkeit eines Krieges zwischen Deutschland und Rußland; er schrieb: «... so könnte ich ja die Fabrik (es handelte sich um das neu aufgetauchte Projekt einer Krupp-Niederlassung in Rußland) nicht als Krupp in Rußland betreiben um Waffen zu machen gegen Deutschland.» Vier Jahre später, als ein Krieg zwischen Großbritannien und Rußland möglich erschien, war er offenbar hin- und hergerissen zwischen dem technischen Interesse an einem Krieg und seinen Gefahren. «Da kommt mir der Gedanke, daß keines der zivilisierten Länder zu irgendeiner Zeit seit der Einführung der neuen Geschütze eine Schlacht zur See gehabt hat. Englands Schiffe waren vor 35 Jahren bei Cronstadt an der Ostsee, aber sie kämpften nicht, sie schickten nur ein paar Granaten in Ortschaften in der

Nähe der Küste, die keine Verteidigung hatten. Alle Kriege Frankreichs und Englands waren nur mit wilden Völkern. Ein Krieg, der etwa zwischen England und Rußland ausbräche, würde eine Lehre für alle Nationen sein hinsichtlich des Werts der Waffen, und das würde neben den viel wichtigeren Verlusten der einzige Vorteil eines Krieges sein, der, wie ich immer noch hoffe, vermieden werden wird.»

Als Alfred Krupp 1887 starb, war seine Firma bereits eine nationale Institution, und seine Nachkommen saßen als königliche Industriellenfamilie in ihrem melancholischen Palast, der Villa Hügel, mit dem Blick auf die Rauchschwaden des Ruhrgebiets. Keiner der späteren Krupps hatte denselben fanatischen Arbeitseifer wie Alfred. Sein Sohn wurde homosexuell und verübte Selbstmord. Das Vermögen ging dann auf Alfreds Enkelin Bertha über, die einen steifen Aristokraten, Gustav von Bohlen und Halbach, heiratete, dem der Name Krupp von Bohlen und Halbach verliehen wurde und der die Leitung der Firma übernahm. Aber der Konzern hatte seine eigene Stoßkraft erlangt, und die Familie wurde, besonders von den Engländern, als Verkörperung des deutschen Militarismus angesehen. Gewiß erfreute sich die Firma Krupp besonderer Beziehungen zum Kaiserreich und wurde in höherem Maße als jede andere Stahlfirma unentbehrlich für seine militärischen Vorbereitungen.

Dennoch blieb Krupp im wesentlichen ein internationales Unternehmen, bereit zu Geschäften mit jeder anderen Regierung, sofern es nicht ausdrücklich untersagt wurde; die Hälfte der von der Firma hergestellten Kanonen wurde durch ein Netzwerk von Vertretern, in der Mehrzahl Staatsangehörigen ihrer Heimatländer, im Ausland abgesetzt. 1909 hatte Krupp angeboten, acht Kriegsschiffe pro Jahr für die britische Marine zu bauen, ehe der Kaiser sein Veto einlegte. Das internationale Vertreternetz von Krupp hatte tatsächlich Ähnlichkeit mit einem eigenen diplomatischen Dienst, wie ein pazifistischer amerikanischer Korrespondent im Jahre 1911 meinte: «König Krupp von Essen hat seine Botschafter in jeder großen Hauptstadt der Welt, von Tokio bis Konstantinopel und von St. Petersburg bis Buenos Aires. Sogar in Sofia hat er einen Vertreter, der mehr über die Landespolitik weiß und mit mehr Politikern bekannt ist als alle Gesandtschaften zusammen.»[15]

Das Verhältnis zwischen Krupp und der deutschen Regierung geriet 1913 in eine Krise, als die sozialdemokratische Opposition einen größeren Skandal aufdeckte, nämlich daß die Firma Krupp systematisch Marineoffiziere bestochen hatte, um Einzelheiten von geheimen Regierungsprojekten und Korrespondenzen in Erfahrung zu bringen. Nach dem Verfahren wurden mehrere Offiziere kassiert und inhaftiert, und ein Krupp-Angestellter erhielt eine Gefängnisstrafe. Der Kriegsminister Josias von Heeringen verteidigte sich im Reichstag, kurz ehe er zurücktreten mußte, mit einer scharfen Antwort an seinen sozialdemokratischen Kritiker Karl Liebknecht. Er wies darauf hin, daß die Regierung auf die Privatindustrie angewiesen sei, um sicherzustellen, daß die in einem Krieg benötigten großen Mengen von Waffen greifbar seien; während eine staatliche Fabrik die notwendige Produktionsausweitung nicht gewährleisten könne, werde es einer privaten Firma durch Auslandsaufträge ermöglicht, ihre Produktion voll aufrechtzuerhalten. Wer den Vorteil davon habe? Zweifellos die Arbeiter, die von den Sozialdemokraten repräsentiert werden, denn würden die Auslandsaufträge wegfallen, könnten die Fabriken, in denen sie beschäftigt werden, nicht mehr existieren.[16]

In Großbritannien war der Industrialisierungsprozeß schon viel länger eine feststehende Tatsache als in Deutschland, aber auch dort gewannen die Rüstungsfirmen ebenso rasch den beherrschenden Einfluß. Zwischen dem Ende der napoleonischen Kriege im Jahre 1815 und dem Krimkrieg von 1854 hatten die Geschütze der britischen Armee praktisch keine Verbesserung erfahren, bis ihre offenkundige Unzulänglichkeit im Krimkrieg den Generälen Anlaß zur Besorgnis gab. Die Verbesserung kam durch Zufall zustande. Während Alfred Krupp so besessen am Aufbau seiner Stahlwerke im Ruhrgebiet arbeitete, hatte ein unternehmungslustiger Jurist in Newcastle, William Armstrong, auf eine viel zwanglosere Weise ein technisches Talent entwikkelt. 1845 plante er, die von ihm erfundenen hydraulischen Kräne für die Docks von Newcastle herzustellen, und gründete eine kleine Fabrik in Elswick, einem Dorf in der Nähe von Newcastle. Während des Krimkrieges forderte ihn das Kriegsministerium auf, Seeminen zu entwickeln, um russische Schiffe in die Luft zu sprengen. Er und sein Partner James Rendel waren so entsetzt über die archaischen Geschütze, die im Krieg verwendet wurden, daß sie sich daran machten, eine neue Art von gezogenen Hinterladekanonen mit einem Langgeschoß statt der alten gußeisernen Kugeln zu entwerfen. Die neue «Armstrong-Kanone» war 1858 schließlich vervollkommnet und wurde vom Kriegsministerium akzeptiert. Armstrong schenkte die Patente großzügig der Nation, wurde Beamter im Geschützwesen und geadelt, während in Elswick eine neue Abteilung zur Ausführung der Regierungsaufträge eingerichtet wurde.

Doch die Elswickfirma sah sich bald Angriffen von der Royal Ordnance Factory ausgesetzt, die behauptete, sie habe zu hohe Preise berechnet, zudem mißtrauten die Marineoffiziere dem neumodischen Geschütz. 1862 waren die Verträge ausgelaufen, und die Armee kehrte zu Vorderladern zurück, die in der staatlichen Fabrik hergestellt wurden. Was die Elswickfirma betrifft, so hatte sie, wie Armstrong später sagte, «keine andere Möglichkeit, als eine neue Laufbahn zu beginnen, die auf ausländischer Unterstützung beruhte, und durch diese Unterstützung – und nicht durch die Förderung seitens der Regierung – wurden die Elswick Ordnance Works begründet.» Eine Entscheidung von großer Tragweite. Lakonisch schrieb der Chronist von Vikkers darüber: «Auf diese Weise, durch eine negative Entscheidung, die einzig und allein im Hinblick auf die internationale Politik getroffen wurde, verhalf die britische Regierung einem Rivalen von Krupp zum Start und schuf damit die auf Wettbewerb eingestellte internationale Rüstungsindustrie.»[17]

Die moralischen patriotischen Probleme des Waffenverkaufs an Ausländer waren Armstrong von Anfang an klar. Er war von seiner Regierung geadelt und gut bezahlt worden; zu Stuart Rendel (später Lord Rendel), dem Bruder seines Partners, sagte er, «er könne unmöglich, kaum sei er aus dem Amt geschieden, damit anfangen, fremden Mächten Kanonen zu liefern». Rendel antwortete ihm darauf mit Argumenten, die in den nächsten hundert Jahren immer wieder in der Branche zu hören waren, daß es nämlich Armstrongs erste patriotische Pflicht sei, das Prestige des Systems aufrechtzuerhalten, das zu übernehmen er die Regierung veranlaßt hatte und an das er noch glaubte; daß die Herstellung von Waffen für fremde Mächte keineswegs eine unpatriotische Tat sei, denn das eigene Land profitiere in dem Maße davon, in dem seine Erfahrung und Produktionskraft stiegen, während die fremden Länder in dem Maße im Nachteil seien, in dem sie in bezug auf ihr Kriegsmaterial von uns abhängig seien.[18]

Laut Rendel sah Armstrong «die Sache immer noch mit allzu viel Desinteresse an», aber er war einverstanden, daß Rendel versuchte, seine Geschütze im Ausland zu verkaufen, und bot ihm fünf Prozent Provision für alle Aufträge an, die er hereinholte; so wurde Stuart Rendel ganz beiläufig zum ersten großen britischen Waffenhändler. Die neue Firma war schon bald erfolgreich mit ihrem Waffenexport. Auftrieb erhielt sie durch den amerikanischen Bürgerkrieg, einer der ersten Auslandsaufträge kam von Charles Francis Adams, dem Gesandten der Vereinigten Staaten in London. Ihm folgten schon bald Aufträge aus den Südstaaten.[19] Rendel hatte, obwohl er ein radikaler Liberaler war, keine Bedenken, beide Seiten zu beliefern. Er verkaufte bald Kanonen nach allen Richtungen. Durch seinen Freund, den Marineattaché Kapitän zur See Albini (der später Admiral und noch später Chef der Armstrong-Niederlassung in Rom wurde), verkaufte er sie an Italien. Durch seinen Freund Lord Goschen, der die Verhandlungen über die erste ägyptische Anleihe geführt hatte, verkaufte er sie an den Khediven von Ägypten. Er verkaufte sie an die Türkei und an Chile. In Rußland und Österreich stellte er fest, daß Krupp dort zu gut eingeführt war[20], aber er erhielt einen vorläufigen Auftrag für die Bewaffnung eines der ersten preußischen Panzerschiffe, der dann allerdings «durch Krupps Einfluß verhindert wurde».

In den 1860er Jahren war Armstrongs Firma ebenso wie die Firma Krupp beim Waffengeschäft in erster Linie auf Auslandsaufträge angewiesen; in den ersten fünfzehn Jahren beliefen sich die Aufträge der britischen Regierung im Jahresdurchschnitt nur auf £ 1654. 1870 erhielt die Firma Armstrong den Vertrieb der amerikanischen Gatling-Maschinengewehre, die von der Königlichen Marine übernommen wurden. Sie brachten Armstrong einen nützlichen Gewinn ein, bis sie durch die Maxim-MGs ersetzt wurden. Rendel verdiente so viel Geld mit seiner Provision von fünf Prozent, daß er als Teilhaber in die Firma aufgenommen werden mußte; später wurde er, gestärkt durch sein Vermögen, liberales Parlamentsmitglied. Ein intimer Freund von Gladstone. 1883 war aus der Firma Armstrong eine Aktiengesellschaft geworden mit einem Stammkapital von zwei Millionen Pfund. Als Welt-Waffenexporteur nur von Krupp übertroffen.

Krupp und Armstrong beherrschten den Rüstungsmarkt. «Unser Geschäft läßt für andere Geschützhersteller wenig oder gar keinen Raum», schrieb Rendel. Krupp, erklärte er, «mag der einzige sein, der außer uns alle europäischen Mächte beliefert». Die Rivalität spornte beide Seiten an, weiter in die Ferne zu schweifen, während die Regierungen in London und Berlin den ausländischen Konkurrenten gleichermaßen gegen den inländischen Hersteller ausspielten. Die britische Regierung trat 1863 an Krupp heran, er solle anstelle von Armstrong Geschütze liefern, obwohl sie es sich später wieder anders überlegte, und Krupp schrieb an Kronprinz Friedrich Wilhelm: «Warum sollte unter so dringenden Umständen England nicht das Material vom befreundeten Ausland beziehen, bis es dasselbe innerhalb seiner Industrie selbst schafft?» Die Admiralität in London bekundete Armstrong nach wie vor eine hochmütige Geringschätzung, wie aus einem sehr förmlichen Briefwechsel im Jahre 1870 hervorgeht. Sir William Armstrong schrieb demütig in der dritten Person an den Ersten Lord der Admiralität, Hugh Childers, und fragte an, ob er geruhen würde, die Elswick-Werke zu besichtigen, deren Betrieb «es vom öffentlichen Standpunkt aus unzweckmäßig macht, ihre Technik bei jeder wichtigen Entscheidung über Artillerie zu übersehen.» Der Erste Lord erklärte sich bereit, Armstrong in London zu empfangen, schrieb aber kühl, seine Zeit erlaube ihm nur, sich mit Fragen zu befassen, «die zu besprechen notwendig sein mögen in bezug auf die laufenden Angelegenheiten dieses Amtes». Die Admiralität schickte den Brief an eine falsche Adresse und hatte keine Kopie davon behalten, so daß die Begegnung nicht zustande kam.[21] Nicht gerade eine militärisch-industrielle Zusammenarbeit.

Doch konnte Armstrong ohne britische Aufträge überleben: 1880 war aus dem Dorf Elswick eine Stadt mit Eisenhämmern, Fabriken und Stahlwerken geworden, «ein echtes Arsenal». Die Elswick-Werke wurden nicht so sehr als Hersteller tödlicher Waffen angesehen, sondern als Pioniere der britischen Technik. Armstrong, inzwischen Lord, baute sich ein eindrucksvolles Haus,

Cragside, nach den Plänen von Norman Shaw, mit elektrischem Licht aus eigener Stromerzeugung in einem benachbarten Bach und einem raffinierten Gewächshaus, in dem die Pflanzen durch hydraulischen Druck zur Sonne hin gedreht wurden. Es war ein kaum weniger extravagantes, wenn auch nicht so ungeheueres Baudenkmal wie Krupps Villa Hügel. Das Gästebuch auf Cragside gibt Aufschluß über das bemerkenswerte Aufgebot ausländischer Besucher, die zu Armstrong kamen, um Kanonen und Kriegsschiffe zu kaufen; darunter waren der Schah von Persien und sein Großwesir (1889), der König von Siam (1897), der Emir von Afghanistan (1895) und unzählige Delegationen von Marineoffizieren aus China, Japan, Norwegen, der Türkei, den Vereinigten Staaten, Chile und Peru. Mehrere dieser Kunden sollten achtzig Jahre später wichtige Abnehmer britischer Waffen werden.

Auf Cragside verbrachte Lord Armstrong seine letzten Jahre, wetterte gegen die Macht der neuen Gewerkschaften und erlebte, daß seine Werft in Elswick der größte Lieferant von Kriegsschiffen der Welt wurde. Nie ließ er erkennen, daß sein Gewerbe ihm Unbehagen bereitete, obwohl er sich deutlich der Kritik bewußt war. «Es ist unsere Aufgabe als Ingenieure», sagte er, «die Kräfte der Materie dem Willen des Menschen zu unterwerfen; und diejenigen, die sich der von uns gelieferten Werkzeuge bedienen, sind für ihre rechtmäßige Anwendung verantwortlich.» Er vertrat die Ansicht, daß der Krieg weniger mörderisch werden würde, sobald der Nahkampf durch neue Erfindungen, die den Abstand zwischen den Kämpfenden vergrößern, hinfällig werde: «Wir können mit Fug und Recht annehmen, daß, je mehr das Element der Intelligenz das der animalischen Kraft bei militärischen Auseinandersetzungen ersetzt, die Grausamkeit des Krieges gemindert wird.» Als er im Jahre 1900 starb, waren die meisten Nachrufe voller Bewunderung, nur der *Daily Chronicle* in Newcastle war nicht so sicher: «Es hat für die Vorstellungskraft etwas Erschreckendes, wenn ein kühler und maßvoller Verstand wie der von Lord Armstrong auf das Wissensgebiet der Vernichtung angewandt wird.» Aber die Zeitung schöpfte Mut aus dem immer wieder vorgebrachten Argument, daß der Krieg zu schrecklich werde, um noch geführt zu werden: «Der Anblick aller Mittel für böse Taten läßt die bösen Taten ungeschehen bleiben. Es liegt in der Natur der Sache, daß der heutige Militarismus seine eigene Beseitigung herbeiführen muß, und Elswick mag sich zu guter Letzt als ein wirksamerer Advokat des Friedens erweisen als Exeter Hall.»[22]

Vickers, Maxim und Zaharoff

Armstrongs Fabriken und Werften sahen sich jetzt einer zunehmenden Konkurrenz seitens der Firma Vickers in Sheffield gegenüber. Ihr Gründer Edward Vickers hatte seine ersten großen Gewinne in den 1850er Jahren mit dem Export von Stahlschienen für den Eisenbahnbau in Amerika gemacht; doch ebenso wie andere Stahlwerke geriet Vickers mit dem Ende des Eisenbahn-Booms in Schwierigkeiten. 1888 begann die Firma für das britische Kriegsministerium Kanonen herzustellen, um im Geschäft bleiben zu können: «Wenn die Direktoren von Vickers es als schicksalhaft empfanden, daß sie sich ins Rüstungsgeschäft begaben, dann haben sie es bezeichnenderweise nicht schriftlich niedergelegt.»[23] Neun Jahre später trafen sie angesichts einer wachsenden Zahl von Aufträgen der Marine die viel kühnere Entscheidung, Kriegsschiffe komplett mit Kanonen, Motoren und Stahlpanzerung zu bauen. Sie kauften eine Werft in Barrow-in-Furness und erwarben im gleichen Jahr eine Firma am entgegengesetzten und tödlicheren Ende des Waffengeschäfts, die Firma Maxim-Nordenfelt; sie stellte Maschinengewehre her, Rückstoßlader, die weit zuverlässiger waren als die alten Gatlings.

Niemand aus jener Zeit schildert den fröhlichen Internationalismus des Waffengeschäfts lebendiger als Sir Hiram Maxim. Seine Autobiographie hat einen so sorglosen Charme, daß man fast vergessen könnte, daß es sich um die tödlichste Maschine ihrer Zeit handelt.[24] Seit das Maschinengewehr auf der Bildfläche erschienen war, konnte man nicht mehr so leicht Armstrongs Überzeugung teilen, daß Ingenieure den Krieg weniger mörderisch machten. Maxim war der geborene Erfinder; er war auf dem Lande in Maine großgeworden und hatte schon dort eine Mausefalle erfunden. Zuerst wurde er berühmt als Bahnbrecher für elektrisches Licht, das brachte ihn 1881 anläßlich der Weltausstellung in Paris nach Europa. Aber erst als er sich in Paris eine automatische Waffe neuer Art ausdachte, wurde er plötzlich weltberühmt und von Königen und Potentaten aufgesucht. Dieser Amerikaner mit den strahlenden Augen und dem buschigen Stutzbart begann durch die Welt zu reisen, um seine Todesmaschine vorzuführen, und seine Zuschauer waren verblüfft, denn sie sahen deren revolutionäre Wirkung voraus. «Die Yankees übertreffen die ganze Schöpfung», rief Lord Wolseley vom Kriegsministerium aus, als er sah, wie Hunderte von Patronen abgeschossen wurden; es wird nicht lange dauern, mutmaßte er, bis jemand eine Maschine erfand, die voll ausgewachsene Männer und Frauen herstellte.

Maxim betrachtete sein MG als besonders nützlich, um «den verrückten Ansturm von Wilden aufzuhalten»[25]. Seine Vorzüge zeigten sich bald in den Kolonialkriegen und wurden von Hilaire Belloc besungen:

«Was immer geschieht, wir haben eins,
Unser Maxim-Gewehr, und sie haben keins.»[26]

In der Schlacht von Omdurman im Jahre 1898 gegen die Sudanesen waren die britischen Truppen mit Maxim-MGs bewaffnet, und in einem berühmten Zeitungsbericht hieß es, «eine sichtbare Welle des Todes flutete über das vorrückende Heer hinweg». Maxim berichtet vergnügt, wie Sir Edwin Arnold die Schlacht später beschrieb: «In den meisten unserer Kriege waren es der Schneid, das Können und die Tapferkeit unserer Offiziere und Mannschaften, die den Sieg davontrugen, aber in diesem Fall wurde die Schlacht durch einen friedlichen Wissenschaftler gewonnen, er wohnt in Kent.»[27]

Überall auf der Welt fand Maxim begeisterte Abnehmer für sein Maschinengewehr; besonders erpicht darauf waren die Russen. Nach dem Russisch-Japanischen Krieg wurde Maxim gesagt, daß «die Hälfte der im Krieg gefallenen Japaner mit dem kleinen Maxim-MG niedergemäht worden war».[28] Durch den Verkauf seiner Erfindung wurde Maxim Weltbürger: er dinierte mit dem Zaren, wurde vom deutschen Kaiser beglückwünscht, arbeitete mit Nobel zusammen. Von dankbaren Nationen wurde er mit Ehren überhäuft und in England, seinem Wohnsitz, geadelt. Er ließ keine Anzeichen von schlechtem Gewissen wegen seiner Erfindung erkennen. Er schrieb mit demselben liebevollen Stolz darüber wie über seine erste Mausefalle. Es gibt ein Photo, wie er in seinem Garten seinem Enkelsohn das MG vorführt. Aber er bemerkte sarkastisch: «Es ist erstaunlich, wie rasch mich diese Erfindung auf den Gipfel des Ruhms gebracht hat. Wäre sie etwas anderes gewesen als eine Vernichtungsmaschine, wäre wohl sehr wenig darüber gesagt worden.»[29]

Zugleich mit dem Maschinengewehr-Geschäft der Firma Maxim-Nordenfelt hatte die Firma Vickers im Jahre 1897 auch die Dienste der berühmtesten aller internationalen Waffenhändler erworben, Basil Zaharoff, später als der archetypische «Todeslieferant» beschrieben. In Zaharoffs Lebensgeschichte lassen sich Mythos und Wirklichkeit schwer auseinanderhalten. Es ist eine Unmenge über ihn geschrieben worden mit sehr wenig Beweiskraft, denn er selbst hinterließ keine persönlichen Aufzeichnungen; seine Methoden und sein Ruf, den er sorgfältig kultivierte, beruhten darauf, daß er der «geheimnisvolle Mann von Europa» war. Doch abgesehen von dieser Selbstdramatisierung war Zaharoff eine Gestalt von historischer Bedeutung, denn er beherrschte nicht nur die Kunst des Verkaufens und Bestechens, sondern er war ein Geschäftsmann, der die Verbindungen zwischen Waffen und Diplomatie, zwischen Waffen und Geheimdienst begriffen hatte und sich ebenso als Verkäufer wie als Spion nützlich machen konnte. In seiner Person vereinigte er all die verschiedenen Loyalitäten des aufblühenden Waffengeschäfts: «Ich verkaufte Waffen an jeden, der sie kaufen wollte. Ich war Russe, wenn ich in Rußland war, Grieche in Griechenland, Franzose in Paris.»[30]

Seine Laufbahn begann auf dem Balkan, doch seine Herkunft ist dunkel; er wurde – vielleicht in Konstantinopel – zwischen 1849 und 1851 geboren und wuchs teils in der Türkei, teils in Griechenland auf. Wie er selbst berichtete, fuhr er mit eigenen Schiffen von Athen nach Afrika und machte seine ersten

Hunderte von Waffenschmuggelfahrten für die Wilden. «Ich machte Kriege, damit ich beiden Seiten Waffen verkaufen konnte. Ich muß mehr Waffen verkauft haben als irgend jemand sonst auf der Welt.»[31] Seine erste bedeutendere Stellung hatte er als Vertreter bei der schwedischen Firma Nordenfelt, die damals nicht nur Maschinengewehre, sondern auch eine neue Art Unterseeboot lieferte. Zaharoff verkaufte Unterseeboote sowohl an die Griechen als auch an die Türken und hatte beträchtlichen Erfolg in der kriegerischen Atmosphäre des Balkans; sobald er jedoch in die Ferne kam, stieß er auf die Konkurrenz, die andere Maschinengewehre verkaufte, vor allem Maxims. Als Maxim nach Wien kam, um der österreichischen Armee sein MG vorzuführen, bemerkte er (wie er selbst berichtete) Zaharoff, der sich unter die Zeitungsreporter gemischt hatte. Um die Leistung des MGs unter Beweis zu stellen, schoß Maxim die Initialen des Kaisers, F J, in eine neue Zielscheibe; nach der Vorführung machte Zaharoff den Reportern weis, bei dem Maschinengewehr handele es sich in Wirklichkeit um das Fabrikat Nordenfelt. Dennoch erhielt Maxim einen Auftrag über 160 Maschinengewehre für Österreich, offenbar hat er Zaharoff den Schwindel später verziehen. Er wurde gut Freund mit «Mr. Zetzet».

1888 hatten Maxim und Nordenfelt fusioniert. In der Firma spielte Zaharoff als ihr Repräsentant eine immer wichtigere Rolle; 1895 erhielt er eine Provision von 1 % für den gesamten Umsatz auf dem Kontinent. Dann kaufte Vickers 1897 Maxim-Nordenfelt, und Zaharoff wurde Vertreter für die gesamte Vickers-Gruppe; seine Provision betrug jetzt 0,9 Prozent der Gewinne der vereinigten Firmen; dazu kam eine Aufwandsentschädigung einschließlich tausend Pfund jährlich als Beitrag zu den Kosten seines prachtvollen Hauses in Paris, das er zu seinem Hauptquartier gemacht hatte. Zaharoff «brachte eine ungeheure Menge Aufträge herein»[32], und seine Provisionen machten ihn bald zu einem reichen Mann: 1902 wurden ihm £ 34000 ausgezahlt, 1903 waren es £ 35000 und 1905 £ 86000.[33] Eine wie wichtige Rolle er bei den Entscheidungen von Vickers spielte, ist nach wie vor unklar; er gehörte nie dem Vorstand an, doch war er vermutlich der wertvollste und höchstbezahlte Firmenangehörige. Im Nachruf der *Times* im Jahre 1936 hieß es: «Man könnte fast sagen, er war Vickers.»[34] In einem Industriezweig, der so stark auf Exporte angewiesen war, war er das unentbehrliche Bindeglied zu den Absatzmärkten.

Bei der Balgerei um Waffenabsatz um die Jahrhundertwende war Zaharoff der Meisterverkäufer, der in ganz Europa mit Krupp, Schneider und seinem britischen Rivalen Armstrong konkurrierte und alles von Schlachtschiffen bis zu Maschinengewehren verkaufte. Seine Beziehungen waren fürstlich. In Rußland, das nach der Niederlage durch die Japaner hektisch aufrüstete, hatte er durch seine Herkunft einen guten Stand und überspielte die französische Firma Schneider erfolgreich. In Spanien hatte er Verbindungen zur Hocharistokratie und heiratete später die Herzogin von Villafranca. In Paris kaufte er eine Zeitung, *L'Excelsior*, und stand der französischen Regierung nahe genug, um den Orden der Ehrenlegion zu erhalten. Auf dem Balkan war er in einer einzigartigen Position, um die politische Zwietracht für sich auszunutzen. Seine kosmopolitischen Beziehungen waren bezeichnend für den Internationalismus dieser Industrie. In einer Firma, der französischen Tochtergesellschaft eines Torpedo-Herstellers (Société Française de Torpille Whitehead) war er Teilhaber zusammen mit «einem englischen Gesandten, der Frau eines deutschen Gesandten, einem französischen Konteradmiral, der Frau eines österreichischen Marineoffiziers, einem Mitglied der ‹pangermanischen› Familie von Reventlow – und der Witwe von Herbert von Bismarck, der Schwiegertochter des Eisernen Kanzlers.»[35]

In den europäischen Hauptstädten erzählte man sich alle möglichen Geschichten über Zaharoffs Bestechungen und Verschlagenheit – daß er Brieftaschen voller Banknoten auf den Schreibtischen von Ministern liegen ließ, daß er zwischen den verfeindeten Balkanstaaten hin- und herreiste, um die Aufträge von beiden Seiten in die Höhe zu schrauben. Einen Beweis für solche Bestechungen wird es wahrscheinlich nie geben, denn Zaharoff vernichtete drei Jahre vor seinem Tod alle seine Tagebücher und Papiere. Doch aus seinen Telegrammen an Vickers geht hervor, daß er 1900 in Rußland «die Räder geschmiert», 1906 in Portugal «das Notwendige getan» und im gleichen Jahr «spanischen Freunden Vickers-Dosen verabreicht» hat.[36] Der Chronist von Vickers beurteilt die Sache so:

«Es wäre naiv anzunehmen, daß die Maßstäbe der geschäftlichen Ethik auf dem Balkan und in Südamerika in den siebziger und achtziger Jahren die Maßstäbe von Whitehall oder der Bank of England waren. Bestechung war nicht zufällig oder gelegentlich, sondern auf allen Gebieten des Handels wesentlich und systematisch. Indes wäre es ebenso naiv anzunehmen, daß, wenn Zaharoff Bestechungsgeschenke machte, die bezahlte Summe in den Büchern in London auf dem Konto ‹Bestechungen› erscheinen würde. Was an Hinweisen vorliegt, ist von anderer Art, Rückschlüsse, die man aus Spesenabrechnungen ziehen kann, vorsichtige Formulierungen in privaten Briefen. Über Zaharoffs Tätigkeit vor der Fusion von 1897 gibt es nicht einmal Andeutungen. Für die Zeit danach liegen Hinweise darauf vor, daß Zaharoff in zwei oder drei Fällen in Serbien im Jahre 1898, später in Rußland und wahrscheinlich in der Türkei geheime Vermittlungsgebühren oder Schmiergelder bezahlte, die sich auf Summen zwischen hundert und möglicherweise mehreren tausend Pfund beliefen. Es besteht keine Gewißheit, an wen die Beträge bezahlt wurden und wofür, aber höchstwahrscheinlich war ihr Zweck, deutschen und anderen Konkurrenten zuvorzukommen.»[37]

Zweifellos waren in vielen Industriezweigen Bestechungen gang und gäbe, aber es gab mehrere Gründe, warum sie im Rüstungsgeschäft besonders häufig waren. Der weitaus größte Teil der Aufträge wurde von Regierungen erteilt, bei denen die Entscheidung sehr wohl von ein oder zwei Personen abhängen konnte, deren Unterstützung daher wesentlich war. Die Vorteile, die der Kauf dieses Kriegsschiffs oder dieses Geschützes gegenüber einem anderen bot, waren oft nicht eindeutig, und so konnten Argumente leicht widerlegt werden. Häufig waren die Aufträge sehr umfangreich, so daß eine einzige Entscheidung für eine Rüstungsfirma von großer Bedeutung war. Zudem wurden aus Gründen der nationalen Sicherheit die Verkaufsverhandlungen geheim geführt. Als sich die Vermittlungsgebühren erhöhten, konnte es überdies sein, daß die Beamten an größeren Aufträgen, über den Bedarf ihres Landes hinaus, interessiert waren, damit sich ihr Gewinn erhöhte. Von einem englischen Vertreter wird die Geschichte erzählt, daß er mit einer europäischen Regierung über den Auftrag auf einen Kreuzer verhandelte; er bezahlte eine Reihe von «Provisionen» an Beamte, die den Auftrag bearbeiteten, bis ein Beamter eine so ungeheuerliche Forderung stellte, daß der Engländer ausrief: «Wie kann ich dann den Kreuzer bauen?», worauf der Beamte erwiderte: «Was macht das schon aus, solange Sie bezahlt werden und wir bezahlt werden?»[38]

Eine große Bestechungsaffäre von Vickers (bei der Zaharoff offenbar nicht beteiligt war) kam 1914 in Japan ans Licht nach einem Skandal, der mit dem japanischen Lockheed-Skandal sechzig Jahre später viel Ähnlichkeit hatte. Vickers hatte ebenso wie Armstrong in großem Umfang die japanische Marine beliefert und mit seinem Vertreter Mitsui, wie es hieß, ein Viertel des gesamten japanischen Außenhandels abgewickelt. 1910 machte Vickers in Konkurrenz mit Armstrong ein Angebot, für Japan das Schlachtschiff *Kongo* zu bauen, und bezahlte vorsorglich große Summen an den japanischen Konteradmiral Fujii, der die Kostenvoranschläge prüfte. Vickers erhielt den Auftrag zum Preis von £ 2,4 Millionen. Als die *Kongo* drei Jahre später geliefert wurde, kam bei einer Untersuchung ein ganzes Netz von Bestechungen zu Tage, in die nicht nur der Konteradmiral verwickelt war, sondern auch der Vertreter Mitsui, der einen Freund in der Abteilung für Kriegsschiffvorräte bestochen hatte. Es gab Strafprozesse, der Konteradmiral kam ins Gefängnis, und der Ministerpräsident Yamamoto trat zurück (um neun Jahre später sein Amt wieder zu übernehmen).[39] Die *Kongo*-Affäre erregte Aufsehen in Großbritannien. Da sie so bald nach den Enthüllungen über Krupps Bestechungen kam, wurden wieder Befürchtungen wach, daß die Rüstungsfirmen eigene, geheime Außenpolitik betrieben.

Inwieweit gab es besonders in der Rüstungsindustrie Bestechungen? Darüber ist viel diskutiert worden. Gewiß waren nicht nur die Waffenhändler käuflich. In Japan gab es Beweise für umfangreiche Bestechungen auch in anderen Branchen, und aus China wurde dem britischen Außenministerium berichtet, daß «keine Konzession erlangt wurde, ohne daß große Summen ausgegeben wurden, um die hohen Beamten in Peking zu bestechen».[40] Doch der Zusammenhang zwischen Waffen und Bestechung war besonders ominös, nicht nur wegen der Gefährlichkeit der Waren, sondern wegen des Umfanges, den dieser ganze Markt mehr und mehr annahm. Die Firma Vickers und andere behaupteten, der draufgängerische Waffenverkauf erhöhe die Gesamtsumme nicht, die für Rüstungen ausgegeben werde; dadurch würde nur anderen Firmen dieser Marktanteil weggenommen. Doch hat es stets Anzeichen dafür gegeben, daß Bestechungen bei Waffengeschäften ein Anreiz zu Aufträgen sein konnten, die vielleicht sonst nie erteilt worden wären.[41]

Schon vor 1914 hatte Zaharoffs Name begonnen, die Schattenseite des Waffengeschäfts zu verdeutlichen, vor allem in den Jahren des Burenkriegs und danach, als die Rüstungsfirmen von den Liberalen unter Führung von Lloyd George unter Beschuß genommen wurden. Dennoch war nach dem Weltkrieg aus Zaharoff Sir Basil geworden, Ritter des Bathordens, eine Ehre, die ihm von Lloyd George zugedacht worden war. Eine Lieblingsphotographie zeigt ihn bei der Verleihung in der Westminster Abbey im Jahre 1924 im Glanz seines weißen Schnauz- und Spitzbarts, in einen seidenen Mantel gehüllt, den Dreispitz des Ordens mit dem weißen Federbusch auf dem Kopf – das Ebenbild eines erlauchten Granden.

Die Erklärung dieser bemerkenswerten Verwandlung mag nicht nur in Sir Basils Fähigkeit liegen, sich Ehren zu erkaufen, sondern auch in einigen Gefälligkeiten, die er dem Geheimdienst erwies. Doch hier wird seine Laufbahn, wie die anderer Waffenhändler seitdem, dunkel und geheimnisvoll. Er liebte es, durchblicken zu lassen, daß seine Waffengeschäfte in Wirklichkeit Bestandteil seiner patriotischen Bestrebungen seien. So schrieb er an Sir Vincent Caillard von Vickers über seine Beziehungen in Deutschland: «Sie waren tatsächlich der Versuch, eine Nachrichtenorganisation in diesem Land aufzubauen. Auf diese Weise konnte ich den Alliierten weit mehr über den Feind berichten als ihre eigenen Spionagedienste ... Ich würde nicht zögern und tat es auch nicht, Deutschlands potentiellen Verbündeten Waffen zu verkaufen oder mit deutschen Rüstungsfirmen Geschäfte zu machen trotz der Tatsache, daß Deutschland der potentielle Feind war. Ich behaupte, daß die Kenntnisse, die wir über die Möglichkeiten des Feindes erlangten, von höchster Bedeutung für die Alliierten waren, als der Krieg ausbrach.»[42]

Zaharoff erzählte abenteuerliche Geschichten über seine Missionen während des Krieges zugunsten der alliierten Regierungen. Bei einem offenbar authentischen Interview berichtete er der Schriftstellerin Rosita Forbes, daß er in der Uniform eines bulgarischen Stabsarztes während des Krieges nach Deutschland geschickt worden sei, «um gewisse Dinge herauszufinden, die Lloyd George wissen wollte. Ich habe schwer für diese Uniform bezahlt, und der Mann, der sie verkaufte, starb.» Bei seiner Rückkehr, sagte er, sei er von Clemenceau auf dem Bahnhof begrüßt worden und in London von Lloyd George, das Großkreuz des Bathordens in der Tasche. «Es heißt, daß die Information, die ich mitbrachte, den Krieg beendete.»[43] Die meisten Geschichten über Zaharoffs Heldentaten während des Krieges sind mit Vorsicht aufzunehmen, aber es besteht kein Zweifel, daß er der Vertraute von Lloyd George war, der seit eh und je gegen die Rüstungsfirmen gewettert hatte. Die Freundschaft bestand auch weiter, als Lloyd George nicht mehr im Amt war. 1928 besuchte er Zaharoff in Monte Carlo. «Er war ein bemerkenswerter Mann und ein großer Bewunderer von LG», schrieb Lloyd Georges Sekretär, A. J. Sylvester, über den Gastgeber, «und die Fürsorge und Aufmerksamkeit, die er meinem Chef bekundete, rührte mich tief.»[44]

Wie tief Zaharoff in die Kriegspolitik verstrickt war, inwieweit er seinen eigenen Nachrichtendienst betrieb und in welchem Ausmaß er, wenn überhaupt, von Politikern und Militärs um Rat gefragt wurde, all das bleibt im dunkeln. Nach dem Krieg arbeitete Zaharoff, zumindest bis 1925, als er fünfundsiebzig war, weiterhin für Vickers und befaßte sich besonders mit spanischen Aufträgen; doch meistens hielt er sich in Monte Carlo auf oder im Château de Balincourt in der Nähe von Pontoise, umgeben von einem Park mit schönen, alten Bäumen und einer Steinmauer mit hohem Stacheldraht; dort wurde im November 1936 in aller Heimlichkeit seine Begräbnisfeier abgehalten. Im Nachruf der Londoner *Times* hieß es: «In seinen letzten Lebensjahren schwand Sir Basils Bewunderung für Politiker, und mit gleichmütiger Betrübnis bemerkte er, daß sie fast alle früher oder später an einer übertriebenen Vorstellung von ihrer Bedeutung litten.»[45] Es war eine Auffassung, die an Andrew Undershafts Verachtung des Parlaments, «der albernen Schwatzbude», erinnerte.

Sir Basil machte sich die gängige politische Rechtfertigung für Waffengeschäfte zu eigen: daß sie die Beziehungen und Informationen liefern, die es den Großmächten ermöglichen, ihren Einflußbereich zu erweitern und mit ihren Kunden in Verbindung zu bleiben, selbst wenn sie ihre Feinde werden. Um seine Haltung im Krieg zu rechtfertigen, soll Lloyd George zu Zaharoff gesagt haben: «Der Waffenhandel ist ein Bestandteil der nationalen Prosperität, und die Nation, die an andere Nationen verkauft, hat die beste Kenntnis von der wirklichen Lage von Heer und Marine in diesen Ländern, an die sie verkauft.»[46] Zaharoff sah Waffen als höchsten Wertmaßstab an. Darin war er der Archetyp aller Waffenhändler seither. Sie halten sich für Realisten in einer Welt von Idealisten, angefangen von Kaschoggi bis zu Sam Cummings (der, wie er gern erwähnt, nicht weit von Zaharoffs ehemaligem Haus in Monte Carlo wohnt). Nichts erinnert heute noch an Zaharoffs Laufbahn, abgesehen von einigen Möbeln aus dem Zweiten Kaiserreich oben in Vickers' Wolkenkratzer an der Themse und einem Zaharoff-Lehrstuhl für Englisch an der Londoner Universität; aber sein Geist spukt noch in den Verteidigungsministerien, und immer noch hat seine Weltanschauung Anhänger.

Kapitel 3

Die große Internationale

Artikel gegen den Frieden werden mit Federn geschrieben, die aus demselben Stahl hergestellt sind wie Kanonen und Granaten.

Aristide Briand

Bis zur Jahrhundertwende hatte sich das Waffengeschäft zum internationalsten Gewerbe der Welt entwickelt. Ein Netz internationaler Beziehungsstränge verband die Firmen. So knüpfte Vickers mit Hilfe seines Finanzexperten Siegmund Loewe enge Bande zu ausländischen Firmen. Loewe hatte 1900 ein Abkommen mit einem sehr dynamischen amerikanischen Unternehmen erzielt: Electric Boat war kurz zuvor von dem amerikanischen Juristen Isaac Rice gegründet worden (übrigens die Muttergesellschaft der heutigen General Dynamics).

Electric Boat hatte Patente für einen Typ Unterseeboot entworfen, das mit Batterien angetrieben wurde; Vickers erwarb die Lizenzen für Europa. Umgekehrt lieh Vickers der Electric Boat schon bald große Summen, bis die amerikanische Firma schließlich durch Aufträge für die US-Marine saturiert wurde. Loewe traf ebenfalls Abmachungen mit der französischen Firma Le Nickel, die dank ihrer Minen in Neukaledonien ein Monopol auf das für die Stahlveredelung wichtige Nickel besaß. Aus diesem Abkommen wiederum entstand 1901 das Nickel-Sydikat. Auch ebnete Loewe den Weg für eine Lizenzabsprache zwischen Vickers und den Deutschen Waffen- und Munitionsfabriken, an denen die Familie Loewe beteiligt war, wodurch die deutsche Firma das Alleinverkaufsrecht in Deutschland für automatische Geschütze erhielt.[1] Und ein Jahr später erwarb Vickers von Krupp die Lizenzen zur Herstellung sämtlicher Kruppscher Zeitzünder für Granaten. Dies sollte das berüchtigste aller Lizenzabkommen werden.

Das bemerkenswerteste weltweite Abkommen betraf jedoch Panzerplatten, die für den modernen Seekrieg entscheidend wichtig waren. In den Jahren vor 1893 hatte Krupp einen besonders gehärteten und gegen Granaten sehr viel widerstandsfähigeren Stahl entwickelt, für den er seinen Konkurrenten Lizenzen erteilte gegen eine horrende Gebühr von £ 9 pro Tonne; 1897 verwendeten alle britischen Stahlfirmen Krupp-Stahl. In Amerika hatte mittlerweile Mayward August Harvey eine neue Art Panzerplatten erfunden, die er ebenfalls weltweit patentieren ließ; und 1894 schlossen sich die zehn Haupthersteller von Panzerplatten, zu denen Vickers, Krupp und Carnegie gehörten, zum Harvey-Syndikat zusammen, um die Preise zu kontrollieren und die Auslandsaufträge auf Harvey-Stahl unter sich aufzuteilen. In den nächsten siebzehn Jahren beherrschte dieses Kartell im Verein mit den konkurrierenden Krupp-Patenten den Absatz von Panzerplatten, bis die Patente für beide Verfahren im Jahre 1911 ausliefen.

Der Internationalismus der Rüstungsfirmen war ein ständiger Anreiz zu Innovationen und Experimenten, was oft den konservativen Neigungen ihrer Regierungen und der Admirale und Generäle widersprach, die die edleren Traditionen der alten Kriegsführung vorzogen. In Großbritannien waren die Auslandsaufträge für die Werften oft verlockender als die Aufträge der britischen Marine. 1899 beklagte sich Sir William White, der Direktor von Naval Construction, bitterlich darüber, daß die Fertigstellung britischer Kriegsschiffe hinausgeschoben worden sei wegen eines Auftrags über ein japanisches Schlachtschiff; und im Jahre 1902 bauten Vickers und Armstrong zwei Schlachtschiffe für Chile, die so tadellos ausfielen, daß die britische Marine schließlich darauf bestand, sie selbst zu kaufen. Südamerika war eine Art Prüffeld für die Großmächte, wie auch oft später. Besonders der Ausbau der japanischen Marine war eine gute Gelegenheit für Armstrongs Werft in Elswick. Japans Kriege mit China (1894) und mit Rußland (1904) boten weitere Erprobungsmöglichkeiten für die Marine-Technologie. Nach den Worten eines Chronisten der Stadt Newcastle waren «Japans Siege gewissermaßen Elswicks Siege».[2] Nach dem japanischen Sieg über die russische Flotte bei Tsushima im Mai 1905 erhielten die Armstrong-Arbeiter einen freien Tag. Sie sollten feiern.

In den ersten Jahren des Jahrhunderts verstärkte sich der Rüstungswettlauf um die Schlachtschiffe. Nach dem technischen Durchbruch des *Dreadnought*, des britischen Schlachtschiffs mit großen Kanonen und schwerer Panzerung, durch das alle älteren Kriegsschiffe sofort überholt waren. Ein Beispiel dafür, wie die Rüstungstechnologie die von den Regierungen so hübsch ausgerechnete Balance of Power, das Gleichgewicht der Kräfte, durcheinanderbrachte: Von nun an wandten sich alle Kriegsflotten der Welt den neuen Schlachtschiffen zu, die riesige britische Flotte veraltete. Bald sahen sich die Werften von Vickers und Armstrong in Großbritannien einer ernster zu nehmenden technischen Konkurrenz von Krupp gegenüber, nachdem die Firma die Germania-Werft in Hamburg erworben hatte.

Weltweit entwickelte sich die Rüstungsindustrie rasch, und die Bahnbrecher des Waffenhandels wie Maxim, Nobel oder Zaharoff waren in allen westlichen Hauptstädten zu Hause. Der Dynamit-Trust von Nobel war vermutlich der bestorganisierte von allen, und seine weit verstreuten Sprengstoff-Fabriken wurden durch zwei zentrale Gesellschaften zusammengehalten, deren internationale Verwaltungsräte die Interessen aller Tochtergesellschaften vertraten; der Trust war der Vorreiter der modernen multinationalen Konzerne. Das zerstörerischste Gewerbe war zugleich das globalste. Ein späterer Kritiker bemerkte dazu: «Die Große Internationale, nach der politische Idealisten und Strategen der Arbeiterbewegung so lange gestrebt haben, nahm in der Rüstungsindustrie tatsächlich Gestalt an.»[3]

Es gab keinen Beweis dafür, daß diese weltweit denkenden Firmen einen europäischen Krieg provozieren wollten, wie später oft behauptet wurde: Ein solches Ergebnis hätte unweigerlich ihre ganze Zukunft gefährdet. Doch ihre Vertreter waren natürlich erpicht darauf, den starken Waffenzuwachs auf der jeweils anderen Seite zu betonen und hochzuspielen. Ein berüchtigter Fall war der des Direktors der Coventry Ordnance Works, Mr. Mulliner, der 1906 an das Kriegsministerium schrieb, nachdem der erste *Dreadnought* vom Stapel gelaufen war, um vor den «gewaltigen Aufwendungen bei Krupp» zu warnen, die jetzt zur raschen Herstellung sehr großer Schiffsgeschütze erbracht würden. Er wiederholte seine Warnungen und wurde 1909 aufgefordert, im Kabinett Vortrag zu halten, wobei er Deutschlands Überlegenheit betonte. Bald darauf wurde Deutschlands verstärkte Aufrüstung zur See zu einem politischen Streitpunkt. Die konservative Opposition verlangte eine Verdoppelung des britischen Schlachtschiff-Programms: «Acht hätten wir gern und nicht allzu fern». Als Mulliners Rolle bei der Anheizung dieses neuen Rüstungswettlaufs ans Licht kam, rief das einen Sturm der Empörung bei den Liberalen hervor. In Wirklichkeit war Mulliner nicht der einzige, der Druck auf die Regierung ausgeübt hatten[4], doch zeigte die Affäre Mulliner ebenso wie der Krupp-Skandal im Jahre 1913, daß die Rüstungsfirmen aus jedem neuen Alarm nur gewinnen konnten und ihr Bestes taten, um die Unruhe zu schüren.

Carnegie und der Frieden

Auf diesem Absatzmarkt wurde nunmehr die amerikanische Rüstungsindustrie ein wichtiger Faktor. Während die europäischen Stahlfirmen lange auf den Waffenexport angewiesen gewesen waren, um Gewinne zu erzielen, waren die amerikanischen Firmen noch vollauf mit dem riesigen Binnenmarkt beschäftigt. Sie stellten Eisenbahnen, Brücken oder Maschinen her. Sie empfanden sich als weit vom Schuß von diesen kriegerischen Europäern, allerdings ohne ausgesprochen moralischen Rigorismus. Das aktivste amerikanische Rüstungsunternehmen, du Pont, hatte Schießpulver sowohl an Spanien als auch an die lateinamerikanischen Republikaner geliefert, die gegen Spanien kämpften; und es hatte im Krimkrieg sowohl Rußland als auch Großbritannien beliefert. Doch während des amerikanischen Bürgerkriegs – als es der Versuchung widerstand, an die Südstaaten zu verkaufen – war du Pont voll ausgelastet mit der Deckung des Bedarfs der Nordstaaten und ging aus dem Krieg mit einer mächtigen Monopolstellung hervor, die später durch den großen Powder Trust konsolidiert wurde. Die Magnaten jener Zeit konzentrierten sich darauf, ihren Binnenmarkt auszubauen und ihre Konkurrenten auszustechen. Die Schlacht um die kommerzielle Beherrschung des Kontinents war gleichsam der Ersatz für einen Krieg. Erst gegen Ende des Jahrhunderts, als der Eisenbahn-Boom verebbte und die Regierungen eine nach der anderen imperialistischer wurden, waren die amerikanischen Stahlfirmen mehr auf Regierungsaufträge und Waffenexport angewiesen.

Bei diesem Übergang von Eisenbahnen zu Rüstungen, von einer friedlichen Ideologie zum Imperialismus, sind besonders die Laufbahn und die Ansichten von Andrew Carnegie interessant, der das größte Stahlwerk in den Vereinigten Staaten aufbaute. Carnegie verband ebenso wie Nobel, obwohl weit extrovertierter, kommerziellen Ehrgeiz mit Idealismus; und besonders als seine Stahlwerke sich dem Rüstungsgeschäft zuwandten, erklärte er noch leidenschaftlicher seine Liebe zum Pazifismus. In seiner Jugend war Carnegie in Schottland eine moralische Zuversicht eingeimpft worden, die ihm als Antrieb diente; zugleich hatte er ein tiefes Mißtrauen gegen die monarchischen und autokratischen Regierungssysteme in Europa geerbt. Als Sohn eines Webers wuchs er in der Stadt Dunfermline, umgeben von Armut, auf. Er war erfüllt von dem friedlichen Idealismus des Chartismus von 1838, der das Wahlrecht für die gesamte Menschheit forderte. Als er dann mit zwölf Jahren in die Vereinigten Staaten kam und mit vierzehn seinen ersten beruflichen Erfolg als Telegraphist hatte, berichtete er seinem Vetter Dod in Dunfermline von der Großartigkeit der amerikanischen Demokratie. Es gebe keine Armut und kein stehendes Heer im Gegensatz zu der ungeheuren Armee und dem Polizeiregime in Großbritannien.

Von Anfang an war Carnegies Pazifismus verworren wie der vieler junger Amerikaner zu jener Zeit, denn Carnegie war gleichfalls ein militanter Verfechter der Vergrößerung der Vereinigten Staaten und erzielte als junger Kapitalist seine ersten Gewinne aus dem Bürgerkrieg. Er bewies beim Aufbau von Carnegie Steel in Pittsburg dieselbe Skrupellosigkeit wie die anderen Monopolkapitalisten jener Zeit, aber sobald über Krieg diskutiert wurde, vertrat er einen pazifizistischen Standpunkt und lobte die Regierung der Vereinigten Staaten, gerade weil sie eine veraltete Kriegsflotte hatte. «Es gereicht der Republik zum höchsten Ruhm», schrieb er 1896 in seinem Buch *Triumphant Democracy*, «daß sie ihr Geld für bessere Zwecke ausgibt und nichts hat, das wert wäre, als Kriegsschiff bezeichnet zu werden.»

Zum erstenmal wurde seine Geschäftsmoral wirklich auf die Probe gestellt, als 1881 Chester Alan Arthur nach Garfields Ermordung Präsident wurde. Arthur forderte vier moderne Panzerschiffe, die der Kongreß widerstrebend genehmigte – ein Programm, das «die ersten zaghaften Schritte zur Schaffung jenes industriell-militärischen Komplexes um die Mitte des 20. Jahrhunderts»[5] ausmachte. Als die Marine unter Präsident Cleveland expandierte, boten sich der Stahlindustrie weitere erfreuliche Aussichten; aber Carnegie war zuerst eisern und erklärte 1886 Clevelands Marineminister, W. C. Whitney, er werde kein Angebot für Panzerplatten abgeben. Doch bis zum Jahresende hatte er auf Drängen seiner Partner seine Meinung geändert und sagte zu Whitney: «Sie brauchen keine Angst zu haben, daß Sie sich Ihre Panzerplatten im Ausland besorgen müssen.» Denn zu seiner eigenen Beruhigung redete er sich ein, daß die Armierung im Gegensatz zu Kanonen im wesentlichen defensiv sei. Unter der Administration des Republikaners Harrison wurde 1889 die Kriegsflotte wiederum erweitert, und jetzt frohlockte Carnegie: «Die Armierung kann uns Millionen einbringen.»

Im nächsten Jahr unterzeichnete Carnegies Firma einen Auftrag über sechstausend Tonnen Panzerplatten. Dank der Hilfe amerikanischer Marineoffiziere, die ihm heimlich im voraus Informationen über russische Spezifikationen zukommen ließen, konnte er auch bald lukrative Aufträge für die russische Marine verbuchen. Einer der Offiziere, Leutnant C. A. Stone, begründete seine Indiskretion mit der üblichen Rechtfertigung, «es werde für die USA nur vorteilhaft sein, daß wir die Panzerplatten-Herstellung für andere in Gang halten, solange uns die USA die Beschäftigung nicht gewährleisten können. Wir vervollkommnen uns nur durch kontinuierliche Produktion, während ein Produktionsstop die kontinuierliche Verbesserung verhindern würde.»[6] Die Rentabilität von Waffenexporten war bald gesichert, als Carnegie eine Abmachung mit seinem einzigen amerikanischen Konkurrenten, Bethlehem Iron, darüber traf, die Aufträge unter sich aufzuteilen. Carnegies Gewinne aus Panzerplatten sind später auf etwa 300 Prozent geschätzt worden, und die hohen Kosten erregten schließlich das Interesse der amerikanischen Marine. 1893 reichte der Marineminister Klage gegen Carnegie ein, er habe Luftblasen oder «Lunker» in Panzerplatten verheimlicht und den zur Prüfung ausgewählten Platten eine besondere Behandlung angedeihen lassen; der Prozeß endete damit, daß Carnegie eine Geldstrafe von 10 Prozent des Plattenpreises bezahlen mußte.

Die Aufträge für Panzerplatten waren Carnegie besonders willkommen, weil die Nachfrage nach anderen Stahlprodukten sank, sobald der Eisenbahn-Boom zu Ende ging. Carnegie hatte mittlerweile seine Grundsätze über Bord geworfen und nichts mehr dagegen, Kanonen herzustellen; aber diesmal erhoben die Partner Einwände: nicht etwa, weil Kanonen zu mörderisch wären, sondern weil die Gewinne zu klein und Geschosse rentabler wären, denn «Kanonen feuern ein Mehrfaches ihres eigenen Gewichts an Geschossen ab.»

Dennoch blieb Carnegie stolz darauf, in der Außenpolitik ein Befürworter des Friedens zu sein, obwohl seine Firma aus jedem Krieg doch Nutzen ziehen müßte. Er berichtet von einer lebhaften Auseinandersetzung mit Präsident Harrison, der mit einem Krieg gegen Chile drohte: «Sie sind ein New Yorker und denken an nichts als Geschäfte und Dollars», sagte Harrison (der aus Ohio stammte). «So ist das nun mal mit den New Yorkern; ihnen liegt nichts an der Würde und Ehre der Republik.» – «Herr Präsident», erwiderte Carnegie, «ich bin einer der Männer in den Vereinigten Staaten, denen ein Krieg am meisten nützen würde; mir als dem größten Stahlproduzenten könnte er Millionen einbringen.»[7] Im spanisch-amerikanischen Krieg von 1898 vertrat Carnegie einen stark anti-imperialistischen Standpunkt und bot sogar an, für 20 Millionen Dollar die Philippinen zu kaufen, um ihnen die Unabhängigkeit zu schenken. Aber bald schon geriet sein Pazifismus in Konflikt mit seinem Chauvinismus. Bei dem Grenzstreit zwischen Großbritannien und Venezuela im Jahre 1896 griff er Großbritannien scharf an, weil es die schiedsrichterliche Vermittlung der USA ablehnte, und er war dicht dran, einen Krieg zu befürworten. Er war auch sehr streitbar in der Kanada-Frage, denn die kanadische Loyalität gegen die britische Monarchie erbitterte ihn. Für ihn war Kanada ein Land, das zur natürlichen Einflußzone der amerikanischen Wirtschaft gehörte.[8]

Um die Jahrhundertwende war Carnegie ein aktiverer Pazifist geworden. 1901 verkaufte er seine Stahlfirma. Sie wurde ein Teil von United States Steel und widmete sich der Philanthropie. Er hatte sich mit einer Gruppe hochgesinnter Pazifisten beiderseits des Atlantik angefreundet, die glaubten, Kriege könnten vermieden werden, wenn ein wirkungsvolles System von Schiedsverträgen geschaffen würde; zu diesen Freunden gehörten Nicholas Murray Butler von der Columbia-Universität, David Starr Jordan von der Stanford-Universität, Elihu Root, der spätere Außenminister; W. T. Stead und Norman Angell in London; und die Schriftstellerin Bertha von Suttner, die Nobels Privatsekretärin gewesen war. Carnegies naive Vorstellungen von Frieden, durchsetzt mit kriegerischen Ausfällen gegen Kanada, waren den Pazifisten reinsten Wassers oft peinlich; aber sie brauchten einander, und zwischen 1903 und 1914 verschenkte Carnegie 25 Millionen Dollar für die Sache des Friedens. Zu seinen Denkmälern gehören der «Friedenspalast» in Den Haag, der den internationalen Gerichtshof beherbergt, das Pan-American-Union-Gebäude in Washington und die Carnegie-Stiftung für internationalen Frieden, die er anwies, «die Abschaffung des Krieges zu beschleunigen». Carnegie war so überzeugt, dieses Ziel zu erreichen, daß er verfügte, sobald der Weltfrieden gesichert sei, solle das Geld dafür verwendet werden, «das jeweils nächstgrößere entwürdigende Übel auszumerzen».[9]

Aber Carnegie war nach wie vor hin- und hergerissen zwischen den zwei Welten des Pazifismus und der Macht. So waren zwei seiner Helden der deutsche Kaiser und Theodore Roosevelt. Nachdem Roosevelt 1901 Präsident geworden war, unterhielt Carnegie enge Beziehungen zu ihm; Roosevelt brauchte Carnegies Geld für die Republikanische Partei, und Carnegie brauchte Roosevelt als sein Werkzeug. 1907 gelang es ihm nicht, Roosevelt zu überreden, sich mit dem Gedanken einer internationalen Friedenstruppe (den er von Bertha von Suttner entlehnt hatte) und Schiedsverträgen zu befreunden, und er war entsetzt über Roosevelts Entschluß, auf die japanische Bedrohung mit einer Vergrößerung der amerikanischen Kriegsflotte zu antworten. Der Präsident seinerseits fand sich mit Carnegies Unterstützung nur widerwillig ab, wie aus einem Brief an Whitelaw Reid im Jahre 1905 hervorgeht:

«Ich habe mich sehr bemüht, Carnegie zu mögen, aber es ist ziemlich schwierig. Es gibt keinen Menschentyp, für den ich mehr verächtlichen Abscheu empfinde, als den, der das bloße Geldverdienen zu seinem Gott macht und gleichzeitig immer lauthals diese äußerst dumme Verurteilung des Krieges verkündet, die in fast allen Fällen einer Kombination von unzulänglichem physischem Mut, von menschlichem Zurückschrecken vor Schmerz und Anstrengung und von hoffnungslos unausgewogenen Idealen entspringt. Alles Leiden, verursacht durch den spanischen Krieg, bleibt weit hinter dem vermeidbaren und nicht vermeidbaren Leiden der Arbeiter der Carnegie-Stahlwerke und der kleinen Investoren zu der Zeit, als Carnegie sein Vermögen machte, zurück.»[10]

Doch war Roosevelt durchaus bereit, sich Carnegies Freundschaft gefallen zu lassen, auch nach 1909, als er nicht mehr Präsident war; damals plante Carnegie seinen kühnsten Friedensvorstoß – eine Begegnung zwischen Roosevelt und dem Kaiser. Er war zu der Überzeugung gelangt, die Deutschen seien zu Unrecht von Großbritannien der Kriegstreiberei beschuldigt worden, und der Kaiser hatte Carnegies Lob gern entgegengenommen. Während sich Roosevelt zur Großwildjagd in Afrika aufhielt, traf Carnegie die Vorbereitungen für Roosevelts Besuch beim Kaiser in Berlin. Die Begegnung fand 1910 statt, etwas überschattet durch den Tod von König Edward VII. Die beiden Politiker stimmten darin überein, daß ein Krieg zwischen Großbritannien und Deutschland Wahnsinn wäre.

Carnegie bewahrte sich einen rührenden Glauben an die Wirksamkeit von

Geld, großen Bauten und Institutionen; er bot sogar an, die Gehälter der Richter am Internationalen Gerichtshof zu erhöhen, um den Prozeß der Friedensstiftung zu beschleunigen. Wie viele seiner pazifistischen Freunde war er zuversichtlich, daß der Friede durch Schiedsverträge zwischen den zivilisierten Politikern der Welt erreicht werden könne, wobei er die dringenden Bedürfnisse der Massendemokratie nicht beachtete. Er war auch überzeugt, daß es ein Rassenbündnis zwischen den «teutonischen Nationen» – Großbritannien, Deutschland und den Vereinigten Staaten – geben müßte.

1913 hatte Carnegies Optimismus in bezug auf den Weltfrieden einen neuen Höhepunkt erreicht, und im Juni fuhr er nach Berlin, um dem Kaiser eine von siebzig Vertretern führender amerikanischer Unternehmen unterzeichnete Denkschrift zu überreichen und ihm «als dem ersten Friedensapostel unserer Zeit» zu danken. Er war blind für die Gefahrenzeichen des allgemein wachsenden Nationalismus und des hektischen Wettrüstens, und er hegte noch 1914 hochgespannte Erwartungen, als er in Schottland den Sommer auf seinem Schloß Skibo verbrachte. Dort beendete er seine Autobiographie; das letzte Kapitel trug die Überschrift: «Der Kaiser und der Weltfrieden», und er beschrieb darin seine vorjährige Audienz bei Kaiser Wilhelm. Der Kaiser sei ihm mit ausgestreckten Armen entgegengekommen: «Carnegie, fünfundzwanzig Jahre Frieden, und wir hoffen auf viele Jahre mehr.» Und Carnegie habe geantwortet: «Und bei diesem edelsten aller Anliegen sind Sie unser Hauptverbündeter.»

Als er die letzten Worte seines Buchs schrieb, erfuhr Carnegie, daß der Krieg ausgebrochen war. Er fügte einen Absatz hinzu: «Welch eine Veränderung, da ich das heute lese! Die Welt von einem Krieg wie nie zuvor erschüttert! Menschen bringen einander um wie wilde Tiere.» Der Absatz endete mit einer erwartungsvollen Ermahnung, «Präsident Wilson im Auge zu behalten!» – aber das Manuskript brach jäh ab. Sein Optimismus verwand diesen Schlag nie und obwohl er noch fünf Jahre lebte, glaubte seine Frau, wie sie im Vorwort zu seiner Autobiographie schrieb, daß ihm die Weltkatastrophe das Herz gebrochen habe.[11]

Krieg

Im Ersten Weltkrieg erwies sich die Rüstungsindustrie, die geradezu die Speerspitze des Freihandels gewesen war, als das Mittel, ihm den Todesschuß zu versetzen. Der Glaube des Waffenschmieds, den Andrew Undershaft verkündet und den sich Nobel, Krupp und Zaharoff begeistert zu eigen gemacht hatten, nämlich «allen Menschen, die einen gerechten Preis dafür bieten, Waffen zu geben», hatte seine äußerste Absurdität gezeigt, denn die Waffen, die die Deutschen, Engländer und Franzosen überall auf der Welt verkauft hatten, richteten sich jetzt gegen ihre eigenen Armeen. Britische Kanonen, die der Türkei geliefert worden waren, schossen jetzt auf britische Soldaten an den Dardanellen.[12] Das Maxim-MG, das Sir Hiram den Deutschen, Österreichern und Italienern verkauft hatte, war der Vorläufer der Maschinengewehre, die jetzt an der Westfront von allen Seiten feuerten. Die Franzosen hatten an Bulgarien 75-mm-Kanonen geliefert, die nun gegen französische Truppen eingesetzt wurden. Krupp hatte mehr als jeder andere dafür getan, die Feinde seines Landes zu bewaffnen; in Rußland wurden Krupp-Kanonen gegen die deutschen Soldaten in Stellung gebracht; die belgische Armee war von Krupp bewaffnet worden; und fast alle größeren Kriegsflotten waren mit Panzerplatten und Granaten ausgerüstet, die nach Krupp-Patenten hergestellt worden waren. Bei der Seeschlacht von Skagerrak feuerten beide Seiten Granaten mit Krupp-Zündern; dieses einträgliche Monopol wurde nach dem Krieg öffentlich bekannt, als Krupp Vickers erfolgreich auf Zahlung der Lizenzgebühren für seine Granaten verklagte.

Die Waffenhändler wurden rasch Gegenstand des allgemeinen Hasses und Mißtrauens. Während die britischen und französischen Rüstungsfirmen die ganze Welt belieferten, hatten sie ihre Versprechungen nicht gehalten, die eigenen Armeen zu beliefern; und da sie sich auf Seestreitkräfte konzentriert hatten, waren sie auf die großen Schlachten zu Lande nicht vorbereitet. Die Gewinne der britischen Firmen waren trotz Preisbindung gewaltig. Dagegen verwandelten sich die amerikanischen Firmen, angeführt von US Steel und du Pont, durch die Kriegsaufträge. In den vier Vorkriegsjahren hatte US Steel, das Carnegies alte Stahlfirma geschluckt hatte, einen durchschnittlichen Jahresgewinn von $ 105 Millionen erzielt; in den vier Kriegsjahren betrugen sie $ 240 Millionen; und du Ponts Durchschnittsgewinn stieg von $ 6 Millionen auf $ 58 Millionen. Die Bundeskommission für Handel und Gewerbe warf den Firmen «übermäßige Habgier und schamlosen Betrug» vor, und die Kosten der Waffen waren Anlaß zu großer Verbitterung unter den Alliierten. Doch waren andererseits die Alliierten Deutschland gegenüber in einem entscheidenden Vorteil, weil sie zu diesem Arsenal der freien Wirtschaft Zugang hatten. «Wir verdanken unsere nationale Existenz und unsere heutige Freiheit teilweise ausländischen Privatunternehmen», sagte zwanzig Jahre später Sir Maurice Hankey, der Sekretär des britischen Reichsverteidigungskomitees. «Ohne sie hätte unsere Seemacht die Hälfte ihres Werts verloren, und wir wären einem besser gerüsteten Feind unterlegen.»[13]

Gewiß waren die Rüstungsfirmen während des Krieges viel reicher geworden, ja, und es wurde oft der Verdacht geäußert, daß sie tatsächlich versucht hätten, den Krieg in die Länge zu ziehen. Von Sir Basil Zaharoff hieß es, er sei der Meinung, daß der Krieg bis zum bitteren Ende ausgefochten werden müsse. Doch was den Glauben des Waffenschmieds an den Freihandel betrifft, so hatten sie selbst dessen Niedergang herbeigeführt. Die Rückkehr zum Nationalismus und zur Schutzzollpolitik, das Elend im Nachkriegseuropa und die russische Revolution – all das errichtete neue Handelsschranken. Erst fünfundzwanzig Jahre später begann die Welt den Waffenschmieden wieder vergleichbare Gelegenheiten zu bieten.

Da wir wissen, welche Katastrophe folgte, kann es leicht sein, daß wir bei einem Rückblick auf die Waffenschmiede der Vorkriegszeit die damalige Erkenntnis von der Schädlichkeit des Gewerbes überbewerten, und es ist wichtig, sie im Licht der Zeit zu sehen. Ein moderner Historiker, Clive Trebilcock, betont, sie müßten, wenn man von dem posthumen Makel absieht, einfach als Geschäftsleute wie andere Geschäftsleute angesehen werden, die ihre Erzeugnisse im wesentlichen für Abschreckungsmittel hielten und den Frieden wollten:

«Erst nach der Massenvernichtung von 1914–18 wurde klar, daß die neuen Rüstungen einen entsetzlichen und unannehmbaren Konflikt mit sich bringen konnten. Doch für die Waffenschmiede zur Zeit von König Edward VII. war ihre Produktion nicht viel anders als jede andere Schwerindustrie und besaß keine besonders abscheulichen Assoziationen. Sie konnten glauben, daß die Rüstungsindustrie ein wesentlicher Beitrag zur Stabilität und Sicherheit der Zeit sei. Es stellte sich heraus, daß sie Unrecht hatten, aber keine Kriegstreiber waren.»

Und die Rüstungsfirmen, meint Trebilcock, regten in ungewöhnlichem Ausmaß die technische Innovation an, die andere Industriezweige anspornte: «nicht weniger als die moderne Luft- und Raumfahrtindustrie, und in womöglich noch höherem Maße vermochten staatliche Rüstungsbetriebe Innovationen anzuregen, die dann als Nebenprodukte vom militärischen auf den zivilen Sektor der Wirtschaft übertragen werden konnten.» [14]

Zweifellos leisteten die Rüstungsfirmen einen wichtigen Beitrag zum industriellen Fortschritt; die Firma Small Arms in Birmingham stellte sich von Gewehren auf Motorräder und Daimler-Wagen um, und Vickers produzierte ebenso Passagierdampfer wie Kriegsschiffe. Aber viele der Magnaten ließen Anzeichen der Besorgnis über das, was sie hervorgerufen hatten, erkennen; bei denjenigen unter ihnen, die klarer dachten, wie Nobel und Carnegie, festigte sich der Entschluß, für den Frieden zu arbeiten, als sie sahen, daß ihre Vernichtungsmacht größer wurde. Satiriker wie Shaw und Belloc machten lange vor dem Ersten Weltkrieg ihren Standpunkt eindrucksvoll klar, und wenn die Waffenschmiede die abschreckende Wirkung beteuerten, dann konnten sie selbst wohl nicht mehr ganz davon überzeugt sein, nachdem im russisch-japanischen Krieg «die Hälfte der gefallenen Japaner mit dem kleinen Maxim-MG niedergemäht worden war». [15] Viele Zeitungsberichte aus jener Zeit spiegeln die angstvolle Bestürzung darüber wider, daß die Industrie sich der Zerstörung zuwandte. Anläßlich des Todes von Lord Armstrong schrieb der Newcastler *Daily Chronicle*: «Einerseits haben wir die wundervollste Produktionsmaschinerie, die es je gab; andererseits haben wir die entsetzlichste Mordmaschinerie ... Nichts hätte für die früheren Propheten der Demokratie unerwarteter sein können als die offensichtliche Rückkehr des auf die Spitze getriebenen Militarismus am Ende eines liberalen und humanitären Jahrhunderts.»[16]

Kapitel 4

Der Glaube des Pazifisten

Wir haben schon einen verdammten Beruf. Wir müssen uns Unruhen wünschen, damit wir den Lebensunterhalt verdienen können.
Frank S. Jonas (Remington-Vertreter)

Die Schrecken des Ersten Weltkrieges riefen eine Welle der Empörung gegen die Waffenschmiede hervor, die sich mit einer seltsamen Verzögerung im folgenden Jahrzehnt zu einer allgemeinen Entrüstung steigerte. Schon in den ersten Friedensjahren hegten heimkehrende Soldaten einen Groll auf die Kriegsgewinnler und Arbeiter, die in den Fabriken hohe Löhne verdient hatten. Auch viele aktive Offiziere glaubten, die Rüstungsfirmen trügen eine Mitschuld am Krieg. In Großbritannien sprach sich Lord Wester Wemyss, während des Krieges Erster Seelord, für die Verstaatlichung der Rüstungsindustrie aus. Ein bemerkenswertes Memorandum der Admiralität aus dem Jahre 1919 wurde später veröffentlicht und wiederholt zitiert:

«Die Wechselbeziehung zwischen Außen- und Binnenhandel im Rüstungsgeschäft ist eines der heikelsten und gefährlichsten Merkmale des gegenwärtigen privaten Produktionssystems. Der Übelstand wird verstärkt durch das Vorhandensein internationaler Rüstungskartelle, deren Mitglieder sich offenkundig gegenseitig in die Hände spielen. Solange man zuläßt, daß diese heimliche Verschwörung gegen den Frieden weiterbesteht, wird die Möglichkeit einer ernsthaften, konzertierten Rüstungsminderung in weiter Ferne liegen.»[1]

Lord Grey of Fallodon, britischer Außenminister bei Ausbruch des Krieges und der Mann, der erklärt hatte: «In ganz Europa gehen die Lichter aus», sagte in seinen Memoiren: «Rüstungen sollten dazu dienen, in jeder Nation ein Gefühl der Sicherheit zu erzeugen – das war die Rechtfertigung, die zu ihrer Verteidigung vorgebracht wurde. Doch in Wirklichkeit haben sie bei jedermann Angst erzeugt.»[2] Die Enthüllung, daß Vickers und Armstrong dazu beigetragen hatten, Großbritanniens Feinde zu bewaffnen, steigerte die

Empörung. «Ich werde es nie vergessen», erinnerte sich Ramsay MacDonald im Jahre 1934. «Als ich gleich nach dem Friedensschluß durch die Dardanellen fuhr, sahen wir die Kanonen, die den Türken gehört hatten und von ihnen bedient worden waren, zertrümmert auf den Befestigungsanlagen liegen, und sie waren auf jene Küste gerichtet, an der unsere Truppen gelandet waren und sich so lange mit Mühe und Not gehalten hatten. Auf diesen Kanonen befand sich ein Messingschild mit dem Namen einer britischen Rüstungsfirma.»

Als sich die Siegermächte zum Abschluß des Friedensvertrages in Paris versammelten, gaben die alliierten Politiker den Rüstungsfirmen nur zu gern die Schuld. Lloyd George sagte darüber: «Da herrschte, um es gleich zu erwähnen, der Eindruck, daß Krupp einen sehr schädlichen Einfluß auf die Kriegsstimmung in Deutschland ausgeübt und sie für seine eigenen Zwecke aufgeputscht hatte ... Alle Anwesenden stimmten darin überein, daß man, wenn man den Weltfrieden erhalten will, die Profitvorstellung großer und mächtiger Rüstungsunternehmen eliminieren muß.»[3] Der französische Ministerpräsident Georges Clemenceau war entrüstet über die Schachtelbeteiligungen der Firma Schneider und ihre Beeinflussung der Presse. Doch der gewichtigste Kritiker war Woodrow Wilson, von seiner Begeisterung für den Völkerbund beflügelt. Er war es, der den historischen Artikel des Völkerbundspaktes anregte: «Die Völkerbundsmitglieder stimmen überein, daß gegen die Herstellung von Rüstungsgütern und Kriegsgerät durch Privatunternehmen schwere Bedenken bestehen.»

Wie es dazu kam, daß die britische und die französische Delegation dieser drastischen Verurteilung zustimmten, darüber ist später viel diskutiert worden, doch die «schweren Bedenken» standen nun einmal schwarz auf weiß im Völkerbundspakt. Im selben Artikel verpflichteten sich die Völkerbundsmitglieder zur Abrüstung, was zur Einsetzung eines «Vorläufigen gemischten Ausschusses» führte, der Vorschläge über Rüstungsbegrenzungen machen sollte und seinerseits einen besonderen Unterausschuß einsetzte. Er legte 1921 einen Bericht vor, in dem die im Völkerbundspakt erwähnten «schweren Bedenken» in Form von sechs Punkten erschienen. Die Punkte wurden, wie durchsickerte, mit bemerkenswerter Nachlässigkeit und ohne wirkliche Untersuchung aufgestellt; doch ebenso wie der Völkerbundspakt sollten sie ein Bestandteil des Glaubens der Pazifisten werden. Sie lauteten:

1. Daß die Rüstungsfirmen es sich angelegen sein ließen, Kriegspsychosen zu erzeugen und ihre Heimatländer zu überreden, Kriegspolitik zu betreiben und ihre Rüstungen zu erhöhen.

2. Daß Rüstungsfirmen versucht haben, Staatsbeamte sowohl im Inland als auch im Ausland zu bestechen.

3. Daß Rüstungsfirmen falsche Berichte über die militärischen und Marineprogramme verschiedener Länder verbreitet haben, um zu Rüstungsausga-

ben anzustacheln.

4. Daß Rüstungsfirmen danach trachteten, die öffentliche Meinung durch die Kontrolle von Zeitungen im In- und Ausland zu beeinflussen.

5. Daß Rüstungsfirmen internationale Rüstungskartelle gebildet haben, durch die das Wettrüsten angeheizt wurde, weil sie ein Land gegen das andere ausspielten.

6. Daß Rüstungsfirmen internationale Rüstungskonzerne gegründet haben, was den Preis der an Regierungen verkauften Rüstungsgüter erhöhte.

Diese Punkte stellten eine vernichtende Anklage gegen die Rüstungsfirmen dar. Doch in den nächsten zehn Jahren geschah wenig, und alle Versuche des Völkerbunds, die Abrüstung durchzusetzen, scheiterten. Der Waffenexport ging weiter, und Großbritannien blieb Branchenführer. Der Produktionsumfang war allerdings sehr viel geringer als in den Vorkriegsjahren. Auch war ein bei Kriegsbeginn eingeführtes britisches System von Exportlizenzen in Kraft geblieben. Aber in einem Jahr wurden von vierhundert Anträgen niemals mehr als sieben abgelehnt.[4] Vor allem aber unterlag das neueste Kriegswerkzeug, das Flugzeug, nicht der Lizenzierung. Britische Diplomaten haben (wie das Außenministerium später beteuerte) keine Rüstungsaufträge hereingeholt; aber sobald ein Ausländer seine Absicht bekanntgab, im Ausland Waffen zu kaufen, tat «der auswärtige Dienst natürlich sein Bestes, um sicherzustellen, daß britische Firmen eine angemessene Gelegenheit erhalten».[5] Und der Anreiz zur Exportförderung war jetzt größer denn je, weil sich die Rüstungsindustrie in einer Krise ohnegleichen befand.

Rüstungsbaisse

Die beiden führenden britischen Rüstungsfirmen, Vickers und Armstrong, waren bestürzt über die Probleme des Friedens. 1919 hatte Vickers zuversichtlich vorausgesagt, der Schiffsbau würde Barrow auf zehn Jahre hinaus Arbeit garantieren, doch der erwartete Boom in der Handelsschiffahrt blieb aus, Aufträge wurden zurückgestellt oder storniert. Zum erstenmal in ihrer Geschichte schüttete die Firma Vickers 1920 keine Dividende aus, in den nächsten sechs Jahren wiederholte sich das noch viermal. In Barrow wurden die Arbeiter zu Tausenden entlassen; viele gingen nach Coventry, der neu aufblühenden Automobilstadt, aber viele blieben. Barrow wurde eine der Städte mit der höchsten Arbeitslosigkeit. Die großen Werften waren verlassen, die Vögel nisteten in den Kränen.[6]

Vickers hatte geplant, rasch zu anderen Produkten überzugehen. Ein «Ausschuß für Friedensprodukte» schlug eine ganze Liste neuer Erzeugnisse von Lokomotiven bis zu Spielzeug vor. Es bestanden Pläne, Wolseley-Autos in Massenproduktion herzustellen, um die amerikanischen Firmen zu unterbieten, oder Waschmaschinen, Nähmaschinen und Gaszähler; die Firma kaufte die Metropolitan Company, die ein aufblühendes Elektrogeschäft in Manchester hatte. Aber keiner dieser Pläne entsprach den Erwartungen. Vickers sah sich den Schwierigkeiten so vieler Rüstungsfirmen seitdem gegenüber bei dem Versuch, Schwerter in Pflugscharen zu verwandeln; die Firma hatte sich auf große Staatsaufträge gestützt, die hohe Qualität und Präzision erforderten, und sie war nicht geschult für den kommerziellen Markt.

Vickers hoffte aus dem neuen Luftverkehr Gewinne zu ziehen, der das Reisen zu revolutionieren verhieß. Sie fand bald, daß Luftschiffe vielversprechender seien als «Maschinen, die schwerer als Luft waren», und 1923 begann der Bau von zwei Luftriesen, über 200 Meter lang, R 100 und R 101, die einen regelmäßigen raschen Reiseverkehr innerhalb des Britischen Empire gewährleisten sollten. 1930 machte sich R 101 auf den ersten Flug nach Indien, segelte langsam und wackelig über Frankreich. Es stürzte bei Beauvais brennend ab, mit ihm Vickers' Zukunftstraum. Mit Flugzeugen war die Firma erfolgreicher. 1928 kaufte sie einen unternehmungslustigen kleinen Betrieb mit Namen Supermarine, der schnelle neue Eindecker entwickelte. Doch der britische Flugzeugmarkt war noch winzig, und die auf ein Zehntel ihrer Kriegsstärke zusammengeschmolzene Luftwaffe erteilte wenig Aufträge. Wiederum richtete Vickers den Blick auf das Ausland, um mit Flugzeugen und Schiffen Gewinne zu erzielen. 1926 hatte die schlechte Geschäftslage eine finanzielle Krise der Firma hervorgerufen: Der Wert der Aktien wurde auf ein Drittel herabgesetzt, der Verwaltungsrat wurde umgestaltet, der letzte Vorsitzende aus der Familie, Douglas Vickers, schied aus. Ein neues geschäftsführendes Vorstandsmitglied wurde ernannt, Fregattenkapitän Charles Craven, ein gewiegter ehemaliger Marineoffizier, bald die beherrschende Persönlichkeit im britischen Waffenhandel.

Armstrong war derweil in eine viel ernstere Zwangslage geraten; es war der klassische Fall einer viktorianischen Firma, die die Dynamik ihres Gründers eingebüßt hatte. Lord Armstrongs Nachfolger, Sir Andrew Noble, hatte seinerseits eine Diktatur ohne Diktator hinterlassen. Der nächste Vorsitzende, der sein Amt im Ersten Weltkrieg antrat, war einer der unwahrscheinlichsten aller Waffenhändler, über die dieses Buch berichtet. John Meade Falkner war ein Altertumsforscher, der seine Laufbahn als Hauslehrer von Sir Andrews Sohn begonnen hatte und dann mit seinem eigenen, exzentrischen Stil in die Firma einzog. Er reiste durch Europa und Südamerika und verkaufte Waffen. «Wo immer er hinkam, erwarb sich dieser große, hagere, redselige, liebenswürdige Mann Freunde durch seine Sprachgewandtheit, seine Würde, sein scheinbares Desinteresse und seine Geduld.»[7] Doch seine eigentlichen Interessen galten der mittelalterlichen Liturgie, Radfahrten zu den Kirchen in

Oxfordshire und dem Schreiben von Romanen und Geistergeschichten, darunter *The Lost Stradivarius.* Als Vorstandsvorsitzender von Armstrong war er allerdings eine Katastrophe.[8] Schon während des Krieges war das Unternehmen in Unordnung geraten. Als er sich 1920 zur Ruhe setzte, war Sir Glyn West sein Nachfolger, ein viel entschlossenerer Geschäftsmann, der allerdings keine finanzielle Sachkenntnis und wenig Urteilsvermögen besaß; er legte sich auf ein gewagtes Unterfangen in Neufundland fest, wo Armstrong Waldwirtschaft und eine riesige Papierfabrik betreiben sollte, die verheerend schlecht organisiert war. Ende 1924 war Armstrong praktisch bankrott.

Die britische Regierung konnte, wie viele andere Regierungen seither, den Zusammenbruch einer wichtigen Rüstungsfirma nicht zulassen, aber sie wollte sie auch nicht verstaatlichen. So zog diskret die Bank von England ein und übte schließlich Druck aus, um die Fusion mit Vickers zu erzwingen, wobei die Sun Insurance Company als ihr Strohmann diente, um sich für die Firma zu verbürgen, die nun Vickers-Armstrong hieß. Bei der Rettungsaktion wurde die Bedingung gestellt, daß sich die neue Gesellschaft auf das Gebiet beschränken sollte, von dem sie am meisten verstand. Sie war also wieder beim Schiffs- und Großmaschinenbau – und darunter hauptsächlich Rüstungsgüter – angelangt. Von 1930 bis 1934 entfielen 56 Prozent des Umsatzes der Gesellschaft, ausgenommen die Flugzeugfirmen, auf Waffen.[9] Die Vision von einer Zukunft als weitgefächerte Friedenslieferanten war verschwunden, und ihre Prosperität hing von neuem von der Wiederaufrüstung der Völker ab. «Es hat keinen Zweck, die Tatsache zu verschleiern», sagte der Vorsitzende, Sir Herbert Lawrence, bei der Jahresversammlung 1927, «daß wir eine Rüstungsfirma sind und abhängig von Rüstungsaufträgen. Sollte es eine weitere Rüstungsbeschränkung geben, mag die Zukunft des Rüstungsgeschäfts von Vickers wie die jeder anderen Rüstungsfirma im Lande schwierig werden.»[10]

Da es an britischen Aufträgen mangelte, war das Rüstungsgeschäft wie eh und je auf Exporte angewiesen. 1930 und 1931 war Großbritannien immer noch der bei weitem größte Waffenexporteur der Welt mit 19 Prozent der Weltexporte im Jahre 1930 und 28 Prozent im Jahre 1931 (dies sogar ohne die Exporte in die Dominien und Kolonien).[11] Vickers war allerdings nicht mehr der Mittelpunkt eines internationalen Firmennetzes; dessen Umfang hatte sich verringert durch das Aufkommen des wirtschaftlichen Nationalismus, die Revolution in Rußland und die Weltwirtschaftskrise. Die Haupt-Tochtergesellschaften im Ausland, die die Firma noch hatte, waren ihre spanische Niederlassung, die Kriegsschiffe für die neue spanische Marine baute, wobei Sir Basil Zaharoff immer noch sehr aktiv war, und das japanische Stahlwerk Wanishi, an dem auch Mitsui beteiligt war. Beide Unternehmen gerieten in

Konflikt mit der jeweiligen nationalen Politik und wurden in den dreißiger Jahren verkauft. Doch war Vickers immer noch sehr wohl imstande, von Großbritannien aus zu exportieren. Die Firma hatte ein Netz von Agenten und Vertretern (zu denen zumindest zwei gehörten, die gleichzeitig Korrespondenten der *Times* waren[12]), und in Asien und Südamerika gab es immer noch Kriege, also neue Absatzmärkte.

1931 fielen die Japaner in der Mandschurei ein trotz der Verurteilung durch den Völkerbund, dem ja auch Großbritannien angehörte. Der Krieg brachte einen neuen Boom der britischen Exporte sowohl an Japan als auch an China, und später dienten die Waffen dazu, Tschiang Kai-shek gegen die chinesischen Kommunisten zu unterstützen. Für kurze Zeit erließ die britische Regierung ein Embargo. Es blieb wirkungslos. Duff Cooper, damals Staatssekretär im Kriegsministerium, sagte dazu: «Nach vierzehn Tagen hoben wir das Embargo auf, aber in diesen Wochen entgingen uns viele Aufträge. China und Japan bekamen durch unser Embargo nicht weniger Kriegsmaterial, aber die Menschen in unserem Land bekamen weniger Arbeit, weniger Nahrungsmittel, weniger Beschäftigung.» Es sollte das immer wiederkehrende Argument gegen Ausfuhrverbote werden. In Südamerika boten sich dem Waffenexport neue Möglichkeiten, als 1932 der Chacokrieg zwischen Bolivien und Paraguay ausbrach; die britischen Exporte nach Bolivien stiegen von £ 27000 in 1932 auf £ 331700 in 1933. Schließlich verbot Präsident Roosevelt alle amerikanischen Lieferungen von Kriegsmaterial an Paraguay, aber Großbritannien folgte seinem Beispiel nicht, und als du Pont zur Angebotsabgabe für Sprengstoffe aufgefordert wurde, gab die Firma die Anfrage an ihren britischen Partner ICI weiter.[13]

Als der Völkerbund seine Bemühungen um ein Abrüstungsabkommen fortsetzte, war es kaum überraschend, daß einige Rüstungsfirmen sich über die Folgen eines permanenten Friedens Sorgen machten. Seit 1919 war ein umtriebiger amerikanischer Lobbyist, William G. Shearer, bei drei Firmen angestellt, die für die Marine Schiffe bauten – Bethlehem Corporation, Newport News und die amerikanische Brown Boveri Company. Shearer fuhr zu den Abrüstungskonferenzen nach Genf, hielt in Amerika Vorträge und agitierte für den Bau von Kriegsschiffen; mit der typischen Übertreibung eines Lobbyisten berichtete er Bethlehem, daß «infolge meiner Tätigkeit während des 69. Kongresses jetzt acht 10000-Tonnen-Kreuzer im Bau sind.» Bei der zweiten Genfer Konferenz im Jahre 1927 wurden ihm für sechs Wochen Propaganda £ 27000 bezahlt, damit er den Versuch unternahm, ein Abkommen über Beschränkungen des Baues von Kriegsschiffen zu verhindern; er schrieb Artikel und Presseverlautbarungen, mit denen er Argwohn gegen Großbritanniens Absichten weckte. Er bearbeitete Delegierte und Journalisten. Lord Cecil of Chelwood, einer der britischen Delegierten, bemerkte später: «Ich kann mich des Gefühls nicht erwehren, daß es entschieden vorteilhaft gewesen wäre, wenn Mr. Shearer nicht in Genf gewesen wäre.» [14]

Die Angst der Firmen vor Abrüstung wurde natürlich von den kommunistischen Parteien als Beweis für die fundamentale Verderbtheit des kapitalistischen Systems aufgegriffen. Harry Pollitt von der englischen Kommunistischen Partei drückte es so aus: «Krieg ist untrennbar vom Kapitalismus ... Krieg ist nicht nur schrecklich, sondern auch schrecklich einträglich ... Wir glauben nicht, daß die mit der Rüstungsindustrie zusammenhängenden Probleme beseitigt werden können, ehe das gegenwärtige System nicht beseitigt ist.» [15] Nach dem großen Börsenkrach von 1929 und der hohen Arbeitslosigkeit waren oft diejenigen Regionen am stärksten von der Krise betroffen – und zu ihnen gehörten Barrow und Newcastle –, die am stärksten von der Rüstung abhängig waren. 1932, im schlimmsten Jahr der Depression, beschäftigte Vickers nur noch 16000 Arbeiter. Die verlassenen Helligen und vor sich hin rostenden Kräne veranschaulichten lebhaft, wie sehr Arbeiter auf das Waffengeschäft angewiesen waren.

Mitten in der Wirtschaftskrise, im März 1931, veröffentlichte der New Statesman einen halb humoristischen, halb ernsten Artikel von Emil Davies mit dem Titel «Die Rückkehr zur Prosperität oder der vorgetäuschte Krieg». Darin wurde die Möglichkeit geschildert, daß in vier Jahren die Hälfte der Bevölkerung arbeitslos sein würde. Die Ministerpräsidenten der Welt dachten sich daraufhin einen Plan aus, nach dem alle Nationen einen vorgetäuschten Krieg gegen einen unbekannten Feind führen sollten; die Arbeitslosen wurden in Uniform gesteckt, die Schiffswerften arbeiteten Tag und Nacht, die Nahrungsmittel- und Textilindustrie lebten wieder auf, um die Truppen zu versorgen; falls zu viele Kriegsschiffe gebaut werden sollten, wurden sie im Ärmelkanal versenkt als Fundament für eine Brücke zwischen Dover und Calais. Nachdem die Kriegsprosperität erreicht war, erkannten die Politiker, daß sie es sich nicht leisten konnten, den Frieden zuzulassen. [16]

Der Weg zum Isolationismus

Mittlerweile sollte das Lobbying von William Shearer eine Kettenreaktion auslösen, die zu einem beispiellosen Kreuzzug gegen die Rüstungsfirmen führte. Unvorsichtigerweise unternahm er es, die drei Schiffswerften unter Führung von Bethlehem, die ihn beschäftigt hatten, auf Zahlung von $ 258000 als Vergütung für seine Tätigkeit als Lobbyist zu verklagen. Erst dadurch kamen die Natur seiner Tätigkeit und der Widerstand der Rüstungsfirmen gegen die Abrüstung ans Licht.

Im vorangegangenen Jahrzehnt hatte die amerikanische Öffentlichkeit der

Frage der Rüstungskontrolle nicht viel Aufmerksamkeit gewidmet; die sechs Punkte und die «schweren Bedenken» des Völkerbunds, auf denen Woodrow Wilson so hartnäckig bestanden hatte, waren unbeachtet geblieben und vergessen worden. Auch traten die Vereinigten Staaten dem Völkerbund niemals bei. Doch die Shearer-Enthüllungen fielen zeitlich mit einer zunehmenden Welle des Pazifismus und einem unterschwelligen Mißtrauen gegen die großen Konzerne zusammen, das der Börsenkrach von 1929 noch verstärkt hatte. Die Indiskretionen eines einzigen Vertreters wurden das leidenschaftliche Anliegen der Nation.

Der Fall Shearer lieferte genau die von den Friedensorganisationen und religiösen Körperschaften benötigten Einzelheiten, die geduldig gegen den Waffenhandel zu Felde gezogen waren; zu ihnen gehörte die Women's International League for Peace, deren Schriftführerin, Dorothy Detzer, eine unermüdliche Vorkämpferin für den Frieden war. Sie war jetzt entschlossen, eine gründliche Untersuchung des Rüstungsgeschäfts in die Wege zu leiten. Nachdem sie verschiedene Senatoren bearbeitet hatte, vermochte sie Ende 1933 endlich die Unterstützung des zweiten Senators für North Dakota, Gerald P. Nye, zu erlangen. Er war ein progressiver Republikaner, ein gut aussehender und beredter Mann von zweiundvierzig, der, wie ein Beobachter bemerkte, hauptsächlich durch «ungewöhnlich kurz geschnittene Haare und gelbe Schuhe»[17] auffiel. Er war kein Intellektueller, aber er hatte eine volltönende Stimme und einen höchst moralisierenden Stil und machte sich mit rhetorischem Eifer zum Sprecher der Kampagne gegen den Waffenhandel: «War je eine irrsinnigere Gaunerei von verderbten Gemütern ersonnen und von einem aufgeklärten Volk geduldet worden?» Im April 1934 hatte der Senat Nyes Antrag auf eine Untersuchung gebilligt. Es wurde ein Ausschuß mit Nye als Vorsitzendem und sechs anderen Mitgliedern eingesetzt, unter ihnen Senator Vandenberg aus Michigan.

Die Presse begrüßte die Kampagne. Im Frühjahr 1934 brachte die Zeitschrift *Fortune* einen Schmähartikel über «Waffen und Menschen», in dem berechnet wurde, daß es im Ersten Weltkrieg $ 25 000 gekostet hatte, einen Soldaten zu töten, «wovon ein großer Teil in die Taschen der Rüstungsfabrikanten floß». Ein polemisches Buch, *The Merchants of Death* (Die Todeslieferanten) von Helmuth C. Engelbrecht und Frank C. Hanighen, wurde ein Bestseller und im April 1934 zum Buch des Monats gewählt. John Gunther beschrieb in einem Artikel, wie zweihundert Firmen «aus zerschmetterten Schädeln oder verschmorten Beinen kaltblütig Profit zogen».[18] Präsident Roosevelt und sein Außenminister Cordell Hull schienen zuerst den Vorschlag einer Untersuchung zu begrüßen, doch war Hull entsetzt, als Nye, «ein Isolationist von der übelsten Sorte», zum Vorsitzenden ernannt wurde. «Ich bezweifle», schrieb er in seinen Memoiren, «ob irgendein Kongreßausschuß je eine verhängnisvollere Auswirkung auf unsere auswärtigen Beziehungen hatte.»[19]

Der Nye-Ausschuß besaß einen Stab eifriger junger Prüfer, zu denen auch ein Jurist mit Namen Alger Hiss gehörte. Sie machten sich daran, fünfzig Firmen Vorladungen zu schicken und aus deren Akten eine Menge Unterlagen zu sammeln. Im September 1934 begannen die Hearings mit der Vernehmung der Firma Electric Boat, die U-Boote herstellte und in den letzten dreißig Jahren eng mit Vickers zusammengearbeitet hatte. Um auszusagen, erschienen der Präsident Henry R. Carse und zwei Vizepräsidenten, Lawrence Y. Spear und Henry R. Sutpher.

Die Ausschußmitglieder hatten einen alten Briefwechsel mit Charles Craven von Vickers ausgegraben, der die schlimmsten Befürchtungen hinsichtlich der zynischen Habgier der Waffenhersteller und ihrer internationalen Komplotte zu bestätigen schien. In einem Brief an Craven beklagte sich Spear: «Es ist zu ärgerlich, daß die schädliche Tätigkeit unseres Außenministeriums die Rüstungsaufträge von Peru dadurch abgebremst hat, daß es die Wiederaufnahme formeller diplomatischer Beziehungen zu Chile erzwang.» In einem Brief von Craven an Spear hieß es: «Ich versuche, die Chilenen zu ermuntern, daß sie drei Schiffe mehr nehmen.» In einem weiteren schrieb Craven: «Ich frage mich, ob Sie gehört haben, daß unser Freund Percy Addison jetzt Direktor von Dockyards ist. Ich habe ihm geholfen, soweit ich konnte, damit er den Posten bekam.» Ein anderer Brief bezog sich auf Aufträge der britischen Admiralität an Vickers und Armstrong, «die einverstanden waren, jeden Preis zu fordern, den ich ihnen vorschrieb». In einem Brief sprach Craven verächtlich von «Genf oder irgendeinem anderen phantastischen Abkommen.»

Die Craven-Briefe lieferten Beispiele für alle sechs der «schweren Bedenken» gegen private Rüstungsfirmen, die der Völkerbund zehn Jahre zuvor geäußert hatte, und insbesondere für den Einwand, daß Waffenverkäufe das Bestechungsunwesen fördern. «Wir alle wissen, daß die Grundlage des gesamten Geschäfts in Südamerika das Schmieren ist», schrieb Spear an Craven. «Ich würde beim Preis nicht allzu bescheiden sein und einen beträchtlichen Betrag über die oben erwähnten zehn Prozent hinaus einrechnen, denn nach meiner Erfahrung wird im letzten Augenblick immer noch zusätzlich etwas gebraucht, um die Sache in Gang zu bringen.»

Nach den Direktoren von Electric Boat waren die Geschäftsführer anderer Firmen an der Reihe, und es kamen weitere belastende Korrespondenzen ans Licht. Frank S. Jonas, Agent der Firma Remington, der in Lateinamerika Tränengas verkaufte, schrieb, daß «die unsicheren Verhältnisse in Südamerika großartig für mich waren». Er gab zu, daß es, da er an beide Seiten Waffen verkaufte, «eine entsetzliche Sachlage wäre, wenn jetzt mein Gewissen anfinge, mich zu quälen». Clarence Webster von der Flugzeugfirma Curtiss-Wright wurde gefragt, was er unter einer Vermittlungsgebühr verstehe: «In Wirklichkeit wäre das Bestechung, nicht wahr?» – «Ja. Es ist ein recht hartes Wort, aber genaugenommen wäre es das.» Die Zeugenaussagen der Firmenvertreter taten wenig dazu, den fatalen Eindruck, den man aus ihrer Korrespondenz gewann, zu zerstreuen. Spear bestätigte auch noch, daß er die friedensstiftende Diplomatie seiner Regierung für schädlich halte.

Immer weitere Waffenhändler machten deutlich, daß sie keinen grundlegenden Unterschied zwischen dem Verkauf von Waffen und dem Verkauf anderer Waren sahen. «Es ist ein Geschäft wie jedes andere», sagte Henry Carse zu Senator Clark. Die Klagen der Vertreter über ihre Konkurrenten boten ein weites Feld für Beschimpfungen. Der Agent einer amerikanischen Firma, Driggs Ordnance, in der Türkei äußerte sich wie folgt: «Die Vickers-Leute sind hier die gemeinsten Gegenspieler; der Zahl nach lassen sie fast eine ganze Botschaft für sich arbeiten und spannen oft genug Frauen von zweifelhaftem Ruf ein.» Und ein polnischer Agent von Driggs beschwerte sich sogar darüber, daß König Georg V. den polnischen Botschafter in London bearbeitet habe, um zu verhindern, daß Driggs Waffen an Polen lieferte.

Es gelang dem Nye-Ausschuß nicht, das Vorhandensein eines internationalen Rüstungskartells nachzuweisen. Doch enthüllte er sehr deutlich den ständigen Hang zu Bestechungen und das Ausspielen eines Landes gegen das andere, um Waffen zu verkaufen. Es wurde klar, daß die Waffenhändler häufig von den amerikanischen Botschaften unterstützt wurden. «Man fragt sich», meinte Senator Nye dazu, «ob die Armee oder die Marine einfach Vertreter-Organisationen der Privatindustrie sind, bezahlt von der amerikanischen Regierung.»

Die Tatsache, daß solch aggressiver Waffenhandel von der Regierung hingenommen wurde, warf wiederum die grundlegende Frage der Überwachung von Waffenexporten auf und hatte besorgte Diskussionen zwischen dem Weißen Haus und dem Außenministerium zur Folge. Die Zwickmühle, in der sich die Regierung befand, beschrieb Präsident Roosevelts Berater Bernard Baruch in einem scharfen Memorandum, das dem Präsidenten im Februar 1935 vom Außenministerium zugestellt wurde. Baruch umriß das Problem, wie die Vereinigten Staaten im Frieden ihre Kapazität aufrechterhalten könnten, um in einem Ernstfall Rüstungsgüter zu produzieren, und er fuhr fort:

«Der einzige Ausweg ist bis jetzt, daß die Regierungen der Industrieländer die Herstellung tödlicher Waffen zum *Export* an angriffslustige Länder, die sich aktiv auf den Krieg vorbereiten, aber eine unzulängliche oder gar keine Rüstungsindustrie haben, zumindest nicht einzuschränken versuchen (und ich fürchte, daß sie sogar fast überall gefördert wird). Ohne spezifische

Beweise zu haben, vermute ich dennoch, daß die Nye-Untersuchung offenbaren wird, daß unsere Regierung keine andere Politik betrieben hat. Um es ganz offen zu sagen, es ist eine Möglichkeit, ein Laboratorium zur Erprobung von Mordwerkzeugen und den Grundstock für eine Rüstungsindustrie in Kriegszeiten dadurch bereitzustellen, daß der Exportmarkt für diese Todeswerkzeuge aufrechterhalten wird. Das ist natürlich absolut unentschuldbar, und wir könnten es nicht rechtfertigen.»[20]

So freimütig und brutal beurteilte Baruch die grundsätzliche Politik seiner Regierung. Roosevelts Kommentar ist nicht überliefert, aber Baruchs Ausführungen waren schwer zu widerlegen, und die Auffassung vom Exportmarkt als einem militärischen Laboratorium war auch in den folgenden Jahrzehnten weiterhin stichhaltig.

In den ersten Stadien hatte der Nye-Ausschuß einige wertvolle Hinweise aufgedeckt und die Aufmerksamkeit auf die wirklichen Gefahren des nicht überwachten Waffenhandels gelenkt. Doch mittlerweile nahm die isolationistische Stimmung im Lande zu, und die gleichgesinnten Ausschußmitglieder, zu denen Nye und Vandenberg gehörten, schlachteten das nach Kräften aus. Die Abneigung gegen jede Art von auswärtigem Engagement oder Verpflichtung wurde stärker, als Mussolini zum Krieg gegen Äthiopien rüstete, und die Ansichten der meisten Ausschußmitglieder standen in zunehmendem Maße im Widerspruch zur Politik von Roosevelt und Cordell Hull. «Die Mehrheit des Ausschusses», schrieb Hull, «trieb tatsächlich diejenigen von uns in die Enge, die den internationalen Standpunkt vertraten und der Meinung waren, daß die Vereinigten Staaten, wenn der Weltfrieden erhalten bleiben sollte, ihren Anteil an den Anstrengungen übernehmen müßten.»[21]

Von der isolationistischen Woge getragen, ging der Nye-Ausschuß von der Untersuchung des Waffenhandels dazu über, die Kriegsgewinne im Ersten Weltkrieg und die Umstände, unter denen die Vereinigten Staaten in den Krieg eingetreten waren, unter die Lupe zu nehmen. Er legte Beweise dafür vor, daß New Yorker Banken unter Führung von Morgan in den ersten Kriegsjahren die Alliierten unterstützt hatten, obwohl die Vereinigten Staaten eigentlich zu strikter Neutralität verpflichtet waren; der Ausschuß zeigte immer mehr Verständnis für den deutschen Standpunkt und kritisierte, daß Amerika sich überhaupt in den Krieg hatte hineinziehen lassen. Er bestand darauf, den geheimen Notenwechsel mit Großbritannien und Frankreich während des Krieges zu veröffentlichen, was bittere Reaktionen in London und Paris und einen Streit mit dem Außenministerium hervorrief.

Der Kongreß wurde immer entschlossener, Amerika aus den Weltproblemen herauszuhalten, und bestand immer mehr darauf, ein Neutralitätsgesetz zu verabschieden, das das Engagement in Übersee begrenzen würde. Roosevelt hatte eine viel weniger strikte Neutralität im Auge gehabt, war aber machtlos angesichts der heftigen nationalen Reaktion. Bestärkt durch den Nye-Ausschuß, verabschiedete der Kongreß im August 1935 ein Neutralitätsgesetz, das den Präsidenten verpflichtete, im Falle eines Krieges zwischen anderen Ländern ein Waffenausfuhrverbot zu erlassen. Der Präsident und Cordell Hull, die für Ermessensfreiheit des Präsidenten eingetreten waren, akzeptierten das Gesetz jetzt widerstrebend und fügten sich der isolationistischen Zeitströmung, während Mussolini sich zum Krieg in Afrika rüstete.[22]

Das Gesetz enthielt einen Punkt, den der Präsident begrüßte: die Einsetzung eines nationalen Rüstungskontrollrats (Munitions Control Board), der die amerikanischen Waffenexporte überwachen sollte. Es war der erste Schritt in Amerika zur Einschränkung des Freihandels mit Waffen. Zwar erhielt die Regierung damit nicht die Befugnis, im Frieden Rüstungsgeschäfte zu unterbinden, aber das Gesetz bereitete den Weg für ein mögliches weltweites Abkommen. Und Cordell Hull meinte hoffnungsvoll: «Es verschaffte uns mehr Kontrolle über unsere eigene Außenpolitik.» Aber die Bestrebungen, die Rüstungsfirmen zu überwachen, die drei Jahre zuvor mit Shearers Enthüllungen begonnen hatten, waren jetzt weit über ihr ursprüngliches Ziel hinausgeschossen. Sie hatten mit dem Entschluß, sich von der übrigen Welt zurückzuziehen, einen Höhepunkt erreicht. Drei Monate nach der Verabschiedung des Neutralitätsgesetzes marschierte Mussolini in Abessinien ein, und Hitler rüstete jetzt ganz offen auf.

Die Königliche Kommission

Die Hearings in Washington hatten Proteste und Untersuchungen über Rüstungsfirmen überall auf der Welt ausgelöst, vor allem in Lateinamerika und Europa; das Scheitern der ersten Abrüstungskonferenz in Genf im Jahre 1932 hatte die Überzeugung gestärkt, daß der Frieden durch maßgebliche Kreise sabotiert werde. Eine ganze Reihe unheimlicher Bücher und Artikel, die die Rüstungsfirmen verurteilten, war in verschiedenen Ländern erschienen, wobei jeder Titel den des vorigen nachbetete: Die scharfe Kritik an der Rüstungsindustrie war selbst eine kleine Industrie geworden. Lehmann-Russbuldt schrieb 1930 *Die blutige Internationale*; H. C. Engelbrecht veröffentlichte Artikel über «Die blutige Internationale» (1931) und «Die geheime Internationale» (1932), ehe 1934 sein Bestseller *Die Todeslieferanten* erschien. Die Union of Democratic Control in Großbritannien veröffentlichte 1932 *The Secret International*; 1933 erschien *The Bloody Traffic* von Fenner Brockway, und im selben Jahr schrieb Beverly Nichols *Cry Havoc* («Auf zum Plündern!»). Sir Basil Zaharoff, der jetzt zurückgezogen in Frankreich lebte, war Gegenstand mehrerer Bücher und spielte eine Hauptrolle in den Lanny-Budd-Geschichten von Upton Sinclair. Das Teuflische des Waffengeschäfts war jetzt nachgewiesen, wobei jeweils dieselben Moralgeschichten immer wieder erzählt wurden.

Ein gut Teil der Angriffe auf die Waffenschieber kam von kommunistischen Sympathisanten, die in der Sowjetunion eine Idealgesellschaft sahen, frei von Kriegszwängen; und Moskau bestärkte sie in diesem Glauben, indem es hartnäckig auf internationale Abrüstung drängte. Nur wenige Rußlandbesucher wie Barbara Wootton wiesen darauf hin, daß die Russen Pazifisten verachteten und sich nach Kräften zum Krieg rüsteten.[23] Aber die Kritik an den Rüstungsfirmen stammte nicht nur von Sozialisten und Kommunisten, die pazifistische Einstellung war weit über diese hinaus verbreitet. Im Dezember 1933 verabschiedete der Völkerbund eine Resolution, «daß es dem öffentlichen Interesse widerspricht, wenn die Herstellung und der Verkauf von Rüstungsgütern von der Privatwirtschaft durchgeführt werden, die dabei Gewinn erzielt». 1935 organisierte die Völkerbundsunion in Großbritannien eine Abstimmung, bei der unter anderem die Frage gestellt wurde: «Sollten die Herstellung und der Verkauf von Rüstungsgütern durch Privatbetriebe, die damit Gewinn erzielen, durch ein internationales Abkommen verboten werden?» Über 90 Prozent antworteten mit Ja.

Aufgeschreckt durch die Enthüllungen in Washington, forderte die britische Labour-Partei das Verbot der privaten Rüstungsindustrie, und im November 1934 eröffnete ihr Führer Clement Attlee im Unterhaus eine Debatte, in der er ausgiebig aus den Nye-Hearings zitierte und den Waffenhandel mit Prostitution und Sklaverei verglich. Der Außenminister Sir John Simon antwortete darauf in scharfer Form: müßten Bordelle und Sklaverei, weil sie von Übel seien, daher verstaatlicht werden?[24] Simons Antwort war, obschon wohlbegründet, verächtlich und erregte nur allgemeinen Unwillen. Doch zwei Wochen später schlug Simon ganz unerwartet eine andere Richtung ein und stimmte einer britischen Untersuchung der privaten Rüstungsindustrie zu. Bis zum Februar 1935 war eine Königliche Kommission ernannt worden, zu deren Mitgliedern der Historiker J. A. Spender, der frühere Kriegsberichterstatter Sir Philip Gibbs und eine Vertreterin des Völkerbunds, Dame Rachel Crowdy, gehörten. Die Kommission begann im Mai mit den Anhörungen, verhandelte öffentlich – ein seltenes Verfahren in Großbritannien – und tagte mit langen Unterbrechungen ein ganzes Jahr. Die Untersuchung war deutlich inspiriert durch die amerikanischen Hearings, wenngleich der Fragenbereich sehr viel vorsichtiger abgegrenzt war, und sie ist nach wie vor eine der aufschlußreichsten britischen Untersuchungen. Der schwere Foliant der Zeugenaussagen mit tausend Seiten in kleinem Druck beschwört all die Bitterkeit der Debatte über Waffen und Gewinn herauf.

Die Untersuchung begann mit massiven Angriffen aus jeder politischen Richtung. Als erster sagte der angesehenste aller Kritiker, Lord Hugh Cecil,

Sohn des ehemaligen Premierministers Lord Salisbury, im Namen der Völkerbundsunion aus; dann wurden Pazifisten, Kommunisten und hochgesinnte Liberale gehört. Dr. Christopher Addison, im Kriege Rüstungsminister, warf den Rüstungsfirmen vor, daß sie die 1914 versprochenen Granaten nicht geliefert hatten. Philip Noel-Baker, Labour-Abgeordneter und Delegierter auf der Friedenskonferenz nach dem Krieg, legte ein eindrucksvolles Memorandum über die Schädlichkeit der Privatindustrie vor. Und Lloyd George selbst erklärte leidenschaftlich: «Ich glaube, je weniger man der Privatindustrie überläßt, um so geringer ist der Anreiz, Kriegspropaganda zu betreiben.»[25]

Der Höhepunkt der Hearings kam mit der Vernehmung von Vickers, wobei als erster der Vorsitzende, Sir Herbert Lawrence, aussagte, ein ehemaliger General und Bankier. Der private Waffenexport, behauptete er, sei ein ständiger Anreiz zu Effizienz und Innovation: erst kürzlich sei die Entwicklung eines wirkungsvollen neuen Flakgeschützes nicht etwa durch britische Aufträge, sondern durch ausländische Nachfrage ermöglicht worden. Und er faßte die Bedeutung der freien Wirtschaft wie folgt zusammen:

«Staatliche Fabrikationsbetriebe haben traditionsgemäß wenig Unternehmungsgeist, und es wird immer die Tendenz bestehen, sich mit Zuständen abzufinden, von denen erwartet werden kann, daß es mit ihnen gut geht, ‹solange ich hier bin›. In der Privatwirtschaft herrscht rastlose Aktivität, die vom Wettbewerb herrührt und von der Furcht, beim Wettlauf um Aufträge zurückzubleiben.»[26]

«Ich glaube nicht», sagte Lawrence, «daß man von irgendeiner der großen Erfindung der letzten hundert Jahre etwas gehört hätte, wenn es nur ein rein nationales Wirtschaftssystem gäbe oder ein System, das einzig und allein von demokratischer Abstimmung abhinge.»[27] Als Sir Philip Gibbs ihn fragte, welchen Einfluß Vickers auf den Weltfrieden ausgeübt habe, antwortete er offen und ehrlich: «Natürlich leugne ich keinen Augenblick die Tatsache, daß Vickers' Hauptinteresse darin besteht, Waffen und Kriegsgerät herzustellen; aber daraus zu folgern, daß der Verwaltungsrat von Vickers darauf erpicht sei, sie im Krieg einzusetzen, geht, wie ich finde, zu weit.» Aber ob es nicht unvermeidlich sei, meinte Sir Philip, daß Rüstungsfirmen etwas gegen eine Teilabrüstung haben oder sie sogar zu verhindern suchen? Sir Herbert wollte diese Schlußfolgerung nicht ziehen: «Wenn die Welt Frieden haben soll, könnte es natürlich sein, daß die Firma Vickers Limited verschwindet. Das mag ein wünschenswertes Ziel sein.»[28]

Der Star-Zeuge für Vickers war indes der geschäftsführende Direktor Sir Charles Craven, durch die Veröffentlichung seiner Korrespondenz mit der Firma Electric Boat ja bereits berühmt geworden. Untadelig, unerschütterlich und wortgewandt, stellte er das Urbild eines modernen Rüstungsfabrikanten dar; als ehemaliger Marineoffizier mit dem ganzen Selbstvertrauen der Militärs trug er nur zum Unmut des Publikums bei und machte seinen Kritikern keinerlei Zugeständnisse. Er wußte, daß seine Firma hinter ihm stand und Tausende von Arbeitsplätzen von ihm abhingen; er hatte gekämpft, um die Beschäftigung der Barrow-Werft zu sichern, und für die Arbeiter war er eine Art Held; er hatte sogar politische Reden gehalten und sie aufgefordert, Tory zu wählen. Ebenso wie seine amerikanischen Kollegen wollte Carven nicht zugeben, daß die Rüstungsindustrie an sich gefährlicher sei als jede andere Industrie. In einem klassischen Schlagaustausch mit Sir Philip Gibbs (der nicht nur Journalist, sondern auch Romancier war) blieb er ihm nichts schuldig:

SIR PHILIP GIBBS: Finden Sie etwa nicht, daß Ihre Waren gefährlicher oder schädlicher sind als, sagen wir, Schachteln mit Pralinen oder Bonbons?

SIR CHARLES CRAVEN: Oder Romane, nein.

SIR PHILIP GIBBS: Na schön, sagen wir, nicht gefährlicher als Roheisen, aus dem Pflüge und Mähmaschinen hergestellt werden.

SIR CHARLES CRAVEN: Wenn der Betrieb anständig geleitet und richtig geleitet und vom Heimatland richtig kontrolliert wird, nein.

SIR PHILIP GIBBS: Finden Sie etwa nicht, daß eins von diesen phantastischen Dingern, die Sie in die anderen Länder exportieren, wahrscheinlich gefährlicher ist als Knallbonbons, die Kinder zu Weihnachten bekommen?

SIR CHARLES CRAVEN: Ist das wirklich eine Frage, die intelligent ist und eine intelligente Antwort erfordert, Sir?

VORSITZENDER : Wenn Sie sie beantworten können, sollten Sie es besser tun.

SIR CHARLES CRAVEN: Ich habe einmal durch einen Knallbonbon fast ein Auge verloren, und ich habe nie eins durch ein Gewehr verloren.

SIR PHILIP GIBBS: Das scheint für die Völker Europas recht beruhigend zu sein; aber diese Fragen, die ziemlich trivial klingen und die ich so leichthin gestellt habe, hängen in Wirklichkeit eng mit dem Problem zusammen, das wir zu erwägen haben; denn ich möchte Ihnen zu bedenken geben, daß die fortgesetzte Verbreitung von Waffen durch Ihre Exportgeschäfte sehr unerfreuliche Auswirkungen in der Welt haben könnte. Pflichten Sie dem überhaupt bei?

SIR CHARLES CRAVEN: Ich bin nicht der Meinung, daß wir durch den Waffenexport den Waffenbedarf überhaupt erhöhen.

SIR PHILIP GIBBS: Der Meinung sind Sie nicht?

SIR CHARLES CRAVEN: Nein.[29]

Sir Philip ging am Ende seiner Befragung wieder zum Angriff über und nahm Bezug auf die in Amerika veröffentlichten Briefe. Ob es nicht stimme, fragte Sir Philip, daß in der ganzen Korrespondenz «Sie eine gewisse Leichtfertigkeit hinsichtlich des Geschäfts, das Sie betreiben, erkennen lassen; das heißt, in all diesen Briefen klingt Ihre Überzeugung durch, daß, je mehr Kriegsgerät auf der Welt um so besser für die Welt und daß es wirklich prächtig ist, wenn alle Länder Rüstungsgüter kaufen, und daß Sie persönlich alle Methoden der Rüstungsbeschränkung und alle friedlichen Vereinigungen, die der Meinung sind, Rüstungen sollten begrenzt werden, mit einiger Verachtung betrachten? Ist das eine faire Darstellung des ziemlich scherzhaften Tons Ihres Briefes?» Craven antwortete darauf nur: «Höchst unfair.»[30]

Vickers erhielt Unterstützung durch eine Reihe von Regierungsvertretern, die sich für die Privatindustrie aussprachen. Einer der Überzeugtesten war Admiral Sir Reginald Bacon, ehemals Direktor von Naval Ordnance, der behauptete, eine Erhöhung der Rüstungsproduktion berge keine Gefahr:

Sir Philip Gibbs: Sie sprechen von Geschäftseinbußen für das Land, wenn der Waffenexport unterbunden würde, und Sie sagen, es würde praktisch darauf hinauslaufen, daß 100000 Menschen Arbeit und Löhne verlieren?

Sir Reginald Bacon: Ja.

Sir Philip Gibbs: Aber darf ich darauf hinweisen, daß die Erhöhung der Rüstungsproduktion zu einem Krieg führen könnte, durch den Millionen Menschen ihre Arbeit und Löhne verlieren würden?

Sir Reginald Bacon: Nein, Sir: Die Erhöhung der Rüstungsproduktion wird den Krieg verhindern.

Sir Philip Gibbs: 1914 hat sie das nicht getan.[31]

Doch mittlerweile war die Verteidigung der Rüstungsfirmen auch von dem mächtigsten aller britischen Beamten sorgfältig aufgebaut worden. Oberst Sir Maurice Hankey (später Lord Hankey) war in den letzten vierundzwanzig Jahren Sekretär des Verteidungskomitees des Empire gewesen und seit fast zwanzig Jahren beamteter Staatssekretär im Kabinett – der erste, der dieses Amt innehatte. Er hatte sechs Premierminister kommen und gehen sehen und war bei den meisten entscheidenden Konferenzen in Krieg und Frieden anwesend. Dieser beharrliche, unermüdliche und logisch denkende Mann war entsetzt über die Gefühlsbetontheit und Verschwommenheit der Attakke gegen die Rüstungsfirmen und mit stillschweigendem Einverständnis des Premierministers Stanley Baldwin entschlossen, sie abzuwehren. «Ich habe eine Todesangst», sagte er vor dem Ausschuß, «vor der Ausschaltung der Industrie.»[32]

Hankey faßte seinen Standpunkt in drei Sätzen zusammen: «Erstens, das Verbot der privaten Fabrikation wäre verhängnisvoll für die Verteidigung des Empire. Zweitens, es kommt sowieso nicht in Frage, wenn wir gerade mit einem großen Programm befaßt sind, um unsere Streitkräfte neu zu organisieren. Und drittens, triftige Gründe für das Verbot sind nicht nachgewiesen worden.»[33] In zwei langen Memoranden betonte er nachdrücklich, daß die

Historiker keinen überzeugenden Beweis dafür erbracht haben, daß Rüstungsfirmen den Ersten Weltkrieg angezettelt hätten; und er bezeichnete die Unterstellung als absurd, daß Waffenfabrikanten, weil ihre Gewinne von Krieg abhängig seien, den Rüstungsabbau beklagen würden. «Ärzte, Apotheker und Krankenschwestern sind, um Gewinn zu machen, auf angegriffene Gesundheit und Krankheit angewiesen. Es wäre empörend, wollte man unterstellen, daß sie aus diesem Grunde epidemische Krankheiten fördern oder sich nicht nachhaltig für die öffentliche Gesundheitspflege einsetzen.» [34]

Hankey betonte, daß die Privatindustrie für die nationale Verteidigung wesentlich sei. Sie sei ungleich flexibler als staatliche Fabriken «dank kommerzieller Aufträge und ausländischer Rüstungsaufträge»; sie biete viel bessere Aussichten für Erfindungen und Forschung und Entwicklung; und ihre Unentbehrlichkeit habe sich im Ersten Weltkrieg gezeigt, als Großbritannien durch die Lieferungen der amerikanischen Privatindustrie gerettet worden sei. «Selbst wenn die angeblichen schädlichen Auswirkungen bewiesen worden wären, käme es nicht in Frage, heute die Privatindustrie auszuschalten, da wir gerade mit einer umfangreichen Neugestaltung unserer Streitkräfte beschäftigt sind.»

Hankeys Aussage über die nationale Verteidigung gab den Ausschlag, und Sir Philip und Dame Rachel wurden offenbar überzeugt. Doch über weiter reichende moralische Fragen des Waffenexports und die Verantwortung der Regierungen schwieg er sich aus. Ein Ausschußmitglied, Sir Thomas Allen, meinte, die Einschaltung der Privatindustrie sei in Wirklichkeit «das Abwälzen einer Verpflichtung, die eigentlich eine Obliegenheit der Regierung ist», und er fragte Hankey: «Würden Sie dem nicht zustimmen – die Last auf andere Schultern abwälzen, die die Regierung selbst tragen sollte, auf welche Gefahr hin auch immer und um welchen Preis?» Hankey antwortete mit seltener Bescheidenheit: «Ich glaube nicht, daß meine Ansicht von Wert wäre.» [35]

Die Ausschußmitglieder, die fünf Monate später ihren Bericht vorlegten, waren von Hankey stark beeinflußt. Der Bericht war nicht als eine völlige Rehabilitierung anzusehen, und er war viel aufgeschlossener für die allgemeine Besorgnis als Hankey oder die Direktoren von Vickers. Er schilderte, wie die moderne Kriegsausrüstung die Ängste, den Argwohn und die Eifersüchteleien der Nationen verstärkt habe: «Montesquieu sagte, Könige sollten so Krieg führen, daß sie einander möglichst wenig Schaden zugefügt haben, wenn der Friede wiederhergestellt ist; die modernen Regierungen statten sich mit Waffen aus, die ihren Gegnern ein Maximum an Verlusten und Leiden zufügen.» Die Ausschußmitglieder glaubten nicht, daß die Rüstungsindustrie nicht gefährlicher sei als andere: «Man muß sich stets bewußt bleiben, daß die Konkurrenz unter Rüstungsfirmen sich insofern von der gewöhnlichen kommerziellen Konkurrenz unterscheidet, als der Erfolg einer Firma nicht das Scheitern einer anderen bedeutet, sondern eher deren Aussichten, Geschäfte zu machen, verbessert.»[36]

Sie kritisierten die «frivole und zynische Sprache» einiger Firmendirektoren in ihrer Korrespondenz und bemerkten dazu: «Wo angenommen wird, daß Rüstungsfirmen sich der besonderen Gefahren des von ihnen betriebenen Geschäfts nicht bewußt oder ihnen gegenüber blind sind, sind sie selbst weitgehend dafür verantwortlich.» Der Bericht hat Vorbehalte gegen die unkontrollierte Beschäftigung von ehemaligen Armee- und Marineoffizieren durch Rüstungsfirmen. Aber er glaubt nicht, daß Rüstungsfirmen Kriegspsychosen geschürt oder die Presse beeinflußt hätten. Der Ausschuß kam einstimmig zu dem Schluß, daß «die Gründe für die Beibehaltung der Privatindustrie gewichtiger sind als diejenigen für ihre Ausschaltung.» Der Bericht betonte, daß das einzig wirksame Gegenmittel gegen die Gefahren des Waffenhandels internationale Abkommen seien.

Die Rechtfertigung von Vickers

Die Aussichten auf ein solches Abkommen rückten jetzt in immer weitere Ferne, und in den achtzehn Monaten seit der Einsetzung der Königlichen Kommission hatte sich die Einstellung der Öffentlichkeit zum Rüstungsproblem bereits gewandelt. Im Oktober 1935 überfiel Mussolini Abessinien; im März 1936 ließ Hitler deutsche Truppen im entmilitarisierten Rheinland einmarschieren; im Juli 1936 begann der spanische Bürgerkrieg. Die pazifistische Stimmung, die drei Jahre zuvor einen Höhepunkt erreicht hatte, war verflogen. Churchill beschrieb die allgemeine Tendenz wie folgt: «Die Anwendung von Gewalt war keineswegs vom rechtlichen Denken ausgeschlossen; sie wurde allmählich ein entscheidender Punkt in den Gemütern einer großen Zahl friedliebender Leute und sogar vieler, die bisher stolz darauf gewesen waren, als Pazifisten bezeichnet zu werden.»[37] Im Lichte dessen, was wir heute wissen (und was viele Menschen ebenso wie Churchill damals schon erkannten), erscheint es naiv, den privaten Rüstungsfirmen vorzuwerfen, sie hätten den Krieg provoziert. Wie immer die Aussichten auf Abrüstung in den zwanziger Jahren gewesen sein mögen, Hitlers Entschluß in den Dreißigern, Deutschland wiederzubewaffnen, konnte kaum Vickers in die Schuhe geschoben werden.

Die Wiederaufrüstung Deutschlands ging zwar insgeheim vor sich, war aber schon sehr sichtbar; wieder tauchte die Firma Krupp als machtvolle Kriegsmaschine auf. Der Chef des Hauses, Gustav Krupp von Bohlen und Halbach, hatte seit dem Ersten Weltkrieg verschiedene Demütigungen erlitten: er war zum Kriegsverbrecher erklärt worden, hatte mitansehen müssen, wie die Franzosen seine Werke besetzten, und war ins Gefängnis geworfen worden, als seine Arbeiter Widerstand leisteten. Doch unmittelbar nach 1926, als die Alliierten Essen räumten, begann sich die Firma Krupp zu erholen und sich auf hochwertige Stähle zu spezialisieren (Kruppstahl wurde für das Dach des Chrysler-Gebäudes in New York verwendet). Gustav Krupp war wie andere deutsche Industriebarone zuerst entsetzt über Hitlers Ungeschliffenheit; doch nachdem Hitler 1933 an die Macht gekommen war, einigte sich Krupp bald mit ihm. Nach einigem Widerstreben stellte er den größten Teil seiner Fabriken auf Rüstungsgüter um, darunter der geheime Westentaschenkreuzer und ein Arsenal von Panzern. Um die Mitte der dreißiger Jahre war Essen wieder eine blühende Stadt, und die Familie Krupp heimste riesige Gewinne ein. Die Firma war allerdings nicht mehr der Mittelpunkt eines riesigen internationalen Netzes geschäftlicher Verbindungen. Als Hitler höhere Anforderungen stellte, mußte Krupp auf seine Exporte verzichten und sich auf die deutsche Produktion konzentrieren. Er wurde dem Diktator immer willfähriger und für das Naziregime als dessen wichtigster Lieferant unentbehrlich.

Bis zum Herbst 1934 hatte auch die britische Regierung gegen die Bedrohung durch Hitler ein Wiederaufrüstungsprogramm aufgestellt, und die britischen Rüstungsfirmen waren bald aus dem Schneider. Tatsächlich hatte Vickers-Armstrong die Krise in jenem Jahr überwunden und konnte schon wieder eine Dividende von sechs Prozent ausschütten. Durch die Flut neuer Aufträge wurden ihre Zukunft gesichert und ihre Gewinne verdoppelt. Auf den Werften Barrow und Elswick wurden von neuem Kriegsschiffe und U-Boote auf Kiel gelegt, die Arbeitslosen verschwanden von der Straße. Die Flugzeugfabriken wurden zum Brennpunkt der britischen Aufrüstung. Der Argwohn gegen die Privatindustrie war vergessen oder begraben, außer bei Kommunisten und engagierten Pazifizisten. Die Besorgnis wegen des Waffenexports hatte kein so großes Gewicht mehr, da Großbritanniens Eigenbedarf wuchs und die Exporte strenger überwacht wurden, um die britische Wiederaufrüstung nicht zu gefährden. Das Luftfahrtministerium hatte scharfe Kontroversen mit Vickers über verspätete oder unzulängliche Lieferungen; es mußte sich an Lockheed in Amerika wenden, um genug Bomber zu beschaffen[38], die britischen Flugzeuge wurden mit Geschützen aus dem Ausland bestückt. Doch der Spitfire-Jäger und der Wellington-Bomber, beide von Vickers hergestellt, waren Siege der Privatwirtschaft und standhafter Unabhängigkeit.

Mit dem Ausbruch des Krieges im Jahre 1939 und der Schlacht um England im folgenden Jahr hatte sich das Image von Vickers völlig verwandelt. Es gab keine Skandale wegen Verknappungen, die mit denen im Ersten Weltkrieg vergleichbar gewesen wären: von Anfang an setzte sich die Regierung für die

Erweiterung und die Finanzierung der Produktion ein, Mehrgewinne wurden strenger kontrolliert. Die Werften, die als Todesexporteure angegriffen worden waren, wurden jetzt zum Schauplatz heroischer Leistungen, und die Flugzeugfabriken, die den Spitfire herstellten, wurden zu einem Bestandteil der Mythologie der Nation; der Spitfire löschte die Erinnerungen an Zaharoff aus.

Das Gespenst der Arbeitslosigkeit war gebannt, und die Vorteile eines «vorgetäuschten Krieges», die der *New Statesman* sich ein Jahrzehnt früher ausgemalt hatte, wurden jetzt durch einen wirklichen Krieg erreicht. Doch als der Sieg in Sicht kam, machten sich die Volkswirtschaftler wieder Sorgen über das Problem, die Vollbeschäftigung und Produktion aufrechtzuerhalten. Im August 1943 druckte der *New Statesman* den alten Artikel in vollem Wortlaut wieder ab, und die Redaktion bemerkte dazu: «Einige Volkswirtschaftler weisen jetzt in ihren Schriften nach, daß die Nation die finanzielle Last des Krieges sehr wohl tragen kann. Man fragt sich, was sie vor 1939 geschrieben hätten, wenn eine Labour-Regierung beabsichtigt hätte, ein Tausendstel der Kriegskosten für ein Notstandsgebiet auszugeben, und was für eine ‹Prosperität› nach dem Krieg wohl angestrebt werden wird.»[39]

Die Rechtfertigung von Vickers erfolgte just zu der Zeit, in der die britische Firma ihre wichtigste Rolle spielte. Am Ende des Krieges war das Schlachtschiff, Vickers' besonderer Stolz in den letzten fünfzig Jahren, schon obsolet; und der Luftkrieg wurde so komplex, daß er außerhalb der Möglichkeiten einer einzelnen britischen Firma lag. Vickers' Chronist sagt darüber:

«Die Revolution im Rüstungswesen im 19. Jahrhundert war eine Revolution zugunsten der Schwerindustrie. Der Wandel, der während des Zweiten Weltkriegs mit dem Aufkommen von Radar, Zielfluggeräten, der Raketentechnik und Atomkriegführung eintrat, war ein Wandel in Richtung auf ein Bündnis zwischen der reinen Wissenschaft und der Leichtindustrie. Bei der Geburt dieser neuen Kriegsführung spielte Vickers eine sehr kleine Rolle.»[40]

Die neue Rüstungsindustrie mit ihren gewaltigen Forschungskosten und langen Entwicklungsprogrammen bedeutete, daß sich die Regierungen, was die Finanzierung und die Entscheidungen betraf, viel stärker engagieren mußten. Die private Atombombe überstieg die Möglichkeiten jeder privaten Firma. Und im Laufe des Krieges hatte sich das Weltzentrum der Rüstungsindustrie von Großbritannien und Deutschland in die großen russischen Fabriken im Osten und in ein aufblühendes Waffen-Dorado im fernen Westen Amerikas verlagert.

Kapitel 5

Die Entstehung eines Komplexes

Von der Aussicht auf Gewinne angespornt, entstehen mächtige Lobbies und treten für noch höhere Rüstungsausgaben ein. Und so verdichtet sich das Netz der Sonderinteressen.

Dwight D. Eisenhower, 1961[1]

Bis zum Zweiten Weltkrieg war die Existenzgrundlage der amerikanischen Rüstungsfirmen noch weniger gesichert als die der europäischen. Der Erste Weltkrieg hatte den Stahlfirmen große Gewinne eingebracht, hatte du Pont in ein Großunternehmen verwandelt. Aber die amerikanische Abrüstung war gründlicher und anhaltender gewesen als in Europa, und die von Senator Nye geförderte isolationistische Tendenz verstärkte die allgemeine Entschlossenheit, nicht aufzurüsten und sich an Thomas Jeffersons Grundsatz zu halten, daß die Vereinigten Staaten kein stehendes Heer brauchten. Die Panzerfabriken und Schiffswerften wurden auf andere Erzeugnisse umgestellt oder geschlossen. Die Firma Electric Boat, die in den Kriegsjahren ihre Gewinne mit Unterseebooten gemacht hatte, mußte sich in Lateinamerika verzweifelt um Aufträge bemühen, um ihre Werft in Groton in Gang zu halten, und war während der Weltwirtschaftskrise froh, Lockenwickler für Frisiersalons reparieren zu können.

Für die noch junge amerikanische Luftfahrtindustrie, die im Ersten Weltkrieg floriert hatte, war der Frieden ein schwerer Schlag: Aufträge wurden storniert und Hunderte überschüssiger Flugzeuge zu Schleuderpreisen verkauft. Aber das Fliegen bot in Friedenszeiten so aufregende Möglichkeiten, daß einige Wagemutige ihre verletzlichen kleinen Firmen weiterführten. Ihr riskantes Unterfangen ist von besonderer historischer Bedeutung, denn sie wurden die größten Rüstungskonzerne aller Zeiten.

Ihre Anfänge sind eng verknüpft mit der Entwicklung der Westküste, insbesondere Kaliforniens. Die ersten Flugpioniere, deren Maschinen sich aus dem Fahrrad entwickelt hatten, flogen in Frankreich oder in den amerikanischen Oststaaten, wo es Kapital und technisches Können gab; Glen Curtiss gründete seine Firma in Buffalo, New York. Sie wurde der wichtigste Flugzeughersteller im Ersten Weltkrieg. Doch schon nach jenem Krieg begann sich der Schwerpunkt der Industrie nach Kalifornien zu verlagern, wo die Kiefernwälder, der klare Himmel und die billigen, nicht gewerkschaftlich organisierten Arbeitskräfte besondere Anziehungspunkte bildeten. Auf dem offenen Gelände rings um Los Angeles wuchsen Flugzeug- und Filmfirmen gemeinsam. Beide Industriezweige gediehen gleichermaßen mit Kunstflügen, Wagnissen und *Glamour*: Filmstars schwangen sich mit Helmen und Schutzbrillen in die Lüfte auf, und hübsche Fliegerinnen hielten beim Film Ausschau nach Rollen.

Fliegerei und Filmindustrie bargen Risiken derselben Art, und zum Teil hatten sie auch gemeinsame Unternehmer. Cecil B. De Mille lernte 1917 fliegen, kaufte acht Flugzeuge aus Kriegsbeständen und richtete einen eigenen De Mille-Flugplatz in Hollywood ein; er wurde der größte Unternehmer auf dem Gebiet bis 1922, als er Geld verlor, seine Flugzeuge verkaufte und sich dem Film zuwandte. Syd Chaplin kam 1919 als Manager seines Bruders Charlie nach Hollywood; er war fasziniert vom Fliegen, richtete am Wilshire Boulevard einen Flugplatz ein und veranstaltete regelmäßige Flüge zur Insel Santa Catalina, bis er 1920 den Betrieb einstellte.[2] Aber ein Unternehmer engagierte sich auf lange Sicht in beiden Industrien. Howard Hughes, ein fescher Millionär von einundzwanzig Jahren, kam nach Hollywood, um Filme zu drehen; sein zweiter Film war ein Epos über Flieger im Ersten Weltkrieg, für den er fünfzig Flugzeuge kaufte, hundert Piloten engagierte und $ 350000 ausgab. Die Herstellung von *Hell's Angels* erweckte in ihm eine Leidenschaft für das Fliegen; er legte seine Pilotenprüfung ab, gründete später eine eigene Flugzeugfirma und erwarb die Aktienmehrheit von Trans World Airlines, behielt aber die RKO-Filmstudios. Hughes Aircraft sollte schließlich einer der Hauptlieferanten von Elektronik und Satelliten werden. Sie ist bis heute eine private Firma und im Besitz des Hughes Medical Trust geblieben.

Während die junge Luftfahrtindustrie von einem ähnlichen Optimismus beflügelt war wie die Filmgesellschaften, sah sie sich bald noch ernsteren Finanzproblemen gegenüber. Um zu überleben, mußten die Firmen handfeste Aufträge von Luftverkehrsgesellschaften oder Lieferverträge von den Streitkräften in Washington erhalten. Donald Douglas, der Sohn eines Brooklyner Bankbeamten, kam 1915 nach dem Studium am Massachusetts Institute of Technology nach Los Angeles; bis 1922 hatte er in einem verlassenen Filmstudio in Santa Monica eine Fabrik eingerichtet und baute Torpedoflugzeuge für die amerikanische Marine; zwei Jahre später hatte er seinen ersten Exportauftrag nach Norwegen unterzeichnet. Es waren militärische Aufträge, die der Firma Douglas Geltung verschafften, bis sie 1933 ihre ersten zivilen Aufträge erhielt, und zwar auf vierzig DC-2-Transportflugzeuge für die neue Trans World Airlines.

Weiter nördlich hatte Bill Boeing neben seiner Werft in Seattle eine kleine Fabrik errichtet. Er war der Sohn eines deutschen Geschäftsmannes, hatte in Yale sein Ingenieurexamen abgelegt und war nach Seattle gekommen, um Holz zu kaufen. Er erkannte im Krieg die Möglichkeiten, die die Fliegerei bot, und lieferte Flugzeuge an die Marine. Aber gleich nach Kriegsende stellte er in seiner Fabrik Möbel her. Erst als Boeing 1923 ein Jagdflugzeug für die Marine baute, hatte er mit diesem ersten einer langen Serie von Marineflugzeugen, auf die ein Auftrag für das Postministerium folgte, einen festen Platz im Flugzeugbau errungen. Für kurze Zeit hatte Boeing eine eigene Luftverkehrsgesellschaft, United; aber 1934 wurde ein Gesetz erlassen, daß Luftpostaufträge nicht an Herstellerfirmen erteilt werden dürfen. So blieb das Boeing-Werk in Seattle inmitten einer Rezession sich selbst überlassen und konnte von seinen 1700 Arbeitern nur 600 weiterbeschäftigen. Bill Boeing zog sich verbittert zurück. Um sich halten zu können, wandte sich die Firma wieder an die Luftwaffe und baute den viermotorigen Bomber, «Flying Fortress», die Fliegende Festung. Bereits 1937 waren das Boeing-Werk und ein Großteil der Stadt Seattle auf militärische Aufträge angewiesen.[3]

Keine Firma hatte einen wechselvolleren Anfang gehabt als die Lockheed Corporation; die Schwierigkeiten, die sie im Laufe der nächsten sechzig Jahre hatte, ziehen sich wie der Trampelpfad eines Elefanten durch dieses Buch hindurch. Lockheed entstand 1912, als Allan und Malcolm Lougheed, die Söhne einer Schriftstellerin, mit dem Bau eines Wasserflugzeugs in San Francisco begannen; 1916 hatten sie die Lougheed Company in Santa Barbara gegründet (sie konnten sich nicht klarwerden, wie sich ihr Name eigentlich schrieb). Mit Hilfe eines hervorragenden jungen Konstrukteurs, Jack Northrop, bauten sie ein neues Flugzeug, F 1; aber die Marine lehnte es ab, und so wurde es zu guter Letzt von Filmgesellschaften für Aufnahmen fliegerischer Abenteuer verwendet. Die Firma siechte dahin; 1919 kehrte ihr Malcolm den Rücken, um eine neue Erfindung auf den Markt zu bringen, ein hydraulisches Bremssystem für Autos (das ihm bald ein riesiges Vermögen einbrachte); und 1923 nahm Northrop eine Stellung bei Donald Douglas an und gründete später sein eigenes Unternehmen.

Allan Lockheed (wie er sich jetzt nannte) fand endlich neues Kapital und gründete 1926 die Lockheed Aircraft Corporation. Eine Zeitlang florierte die Firma; sie wurde berühmt als Hersteller des rekordbrechenden Vega-Eindeckers, den Jack Northrop konstruiert hatte und mit dem Amelia Earhart ihren Alleinflug über den Atlantik machte. Es gab eine Flut von Aufträgen, und die Firma Lockheed bezog ein größeres Fabrikgebäude in Burbank, nördlich von Hollywood, umgeben von den Weinbergen und Walnußhainen des San Fernando Valley. Dann fusionierte Lockheed 1929 mit der Detroit Aircraft Corporation, die den Ehrgeiz hatte, die General Motors der Luft zu werden; aber nach dem großen Börsenkrach machte die Detroiter Firma 1931 Bankrott und Lockheed mit ihr. Nach anderen Abenteuern mit Luftfahrtunternehmen wurde Allan Lockheed schließlich Immobilienmakler und verkaufte Grundstücke in der Gegend von Burbank.[4]

Im Jahr darauf wurde die Firma wieder zum Leben erweckt, als ein Konsortium junger Investoren das verlassene Fabrikgrundstück in Burbank kaufte; ihr Sprecher war ein 35jähriger Bostoner Bankier, Robert Gross, der eine führende und umstrittene Rolle in der Flugzeugindustrie spielen sollte. Gross, ein untersetzter, gepflegter Mann mit elegantem Mittelscheitel, hatte in Harvard studiert und seine berufliche Laufbahn in der Investmentgesellschaft Lee, Higginson, begonnen, die sich nach Lindberghs berühmtem Atlantikflug im Jahr 1927 für Luftfahrtinvestitionen interessierte. Nach verschiedenen fragwürdigen Unternehmungen erfuhr er von den Möglichkeiten bei der bankrotten Firma Lockheed. Er vermochte mitten in der Rezession $ 50000 aufzubringen, um sie zu kaufen. Wie sich herausstellte, war die Luftfahrt eine der wenigen Industrien, die während der Depression expandierten. Gross und seine Partner setzten ihre Hoffnungen auf den Bau eines zweimotorigen Passagierflugzeugs, der Electra, die sich bald als ein Erfolg erwies: 1935 arbeitete Lockheed mit Gewinn und beschäftigte Ende 1936 1200 Arbeitnehmer. Im Gegensatz zu Boeing und Douglas konzentrierte sich Lockheed entschlossen auf Verkehrsmaschinen. «Der einzige Absatzmarkt, der uns nie verlorengehen wird», sagte Gross, «ist das amerikanische Volk.»

Doch im April 1938 bot sich Lockheed plötzlich eine Gelegenheit zu militärischen Exporten, die unwiderstehlich war. Die Anfrage kam aus Großbritannien; gleich nach Hitlers Einmarsch in Österreich, als der Bedarf an amerikanischen Flugzeugen dringend wurde, kam eine britische Einkaufskommission nach Kalifornien. Damals hatte Lockheed nur einen einzigen Auftrag, ein paar Transportmaschinen für Japan; ehe die Engländer eintrafen, verwandelten die Lockheed-Ingenieure rasch ihr neuestes Flugzeug, die Super-Electra, in die Attrappe eines Aufklärungsbombers und zogen für die Einkaufskommission einen großangelegten Werbefeldzug auf. Zwei Monate später bestellte das britische Luftfahrtministerium zweihundert Bomber, die Hudsons getauft wurden. Über Nacht hatte dieser Auftrag Lockheed in die Liga aufsteigen lassen: es war der größte Auftrag, den ein amerikanischer Flugzeughersteller je bekommen hatte. Lockheed kaufte weiteres Gelände in Burbank und verdoppelte die Belegschaft. 1939 erzielte die Firma einen Gewinn von $ 3 Millionen und lieferte 356 Flugzeuge, darunter 329 für militärische Zwecke.[5] Von jetzt an war auch Lockheed auf Rüstungsaufträge angewiesen.

Der Ausbruch des Krieges in Europa verwandelte die ganze Flugzeugindustrie. Die Luftstreitkräfte des Heeres (Army Air Corps) expandierten rasch, und im Mai 1940 gab Roosevelt sein Ziel von 50000 Maschinen pro Jahr bekannt. In Seattle wurde die Produktion der Fliegenden Festung von Boeing aufgenommen, und in Long Beach, südlich von Los Angeles, errichtete Douglas ein neues Werk für Bomber und Jäger. Für Lockheed war Großbritannien nun der wichtigste Kunde. Bis Ende 1941 waren 1700 Hudson-Bomber bestellt worden, und Lockheed beschäftigte jetzt 50000 Arbeitnehmer, mehr als jede andere Flugzeugfirma der Welt.

Nach dem Angriff auf Pearl Harbor im Dezember 1941 wurde Kalifornien das Hauptarsenal von Amerika. Der Krieg im Pazifik verwandelte die Häfen von San Francisco, Los Angeles und San Diego in wimmelnde Marinestützpunkte und Einschiffungshäfen, und die Schiffswerften von Henry J. Kaiser schossen entlang der Küste aus dem Boden und brachten in wenigen Tagen serienmäßig hergestellte «Liberty-Schiffe» heraus. Die Flugzeugindustrie wurde der größte einzelne Industriezweig in den Vereinigten Staaten und die wirtschaftliche Haupttriebfeder für Kalifornien, wo fast die Hälfte der amerikanischen Flugzeuge hergestellt wurden. Die Werke, die noch vor zwei Jahren um Aufträge hatten kämpfen müssen, hatten jetzt mehr als genug, und kleine, kurz vor dem Krieg gegründete Firmen wurden zu riesigen Unternehmen. North American Aviation war 1935 in einem kleinen Schuppen im Süden von Los Angeles von «Dutch» Kindelberger gegründet worden; sieben Jahre später war die Firma einer der größten Flugzeughersteller.

Boeing hatte zwar 1939 noch mit Verlust gearbeitet, wurde aber der größte Bomberhersteller der Welt: die Aufträge auf Fliegende Festungen waren so groß, daß sie nur durch ein Konsortium von Boeing, Lockheed und Douglas ausgeführt werden konnten. Die Kriegskonjunktur griff auch auf Zulieferanten entlang der Küste und bis in den Mittelwesten und den Süden über. In St. Louis gründete 1939 Jim McDonnell, «Mr. Mac», seine eigene Firma, die in drei Jahren zur Hauptindustrie der Stadt heranwuchs. Die Expansion der Rüstungsindustrie und der Streitkräfte veränderte die Beschäftigungsstruktur überall in den Vereinigten Staaten. 1939 hatten die Verteidigungsausgaben 1,5 Prozent des Bruttosozialprodukts ausgemacht, und die Arbeitslosigkeit hatte 17 Prozent betragen; 1944 beliefen sich die Verteidigungsausgaben auf 45 Prozent des Bruttosozialprodukts, und die Arbeitslosigkeit betrug nur noch 1,2 Prozent.[6] In Kalifornien, das in der Vorkriegszeit besonders stark unter der Arbeitslosigkeit gelitten hatte, war der Wandel dramatischer als anderswo.

Im Norden von Hollywood ließen die riesigen Lockheed-Fabriken die einst so bedeutenden Filmstudios ringsum winzig erscheinen; im Juni 1943 beschäftigte Lockheed 94000 Menschen. San Fernando Valley und Burbank wurden übersät mit Hütten, Baracken und Wohnlagern für Wanderarbeiter, die durch die hohen Löhne angelockt wurden. Aus Oklahoma und Arkansas, wo sie vor dem Krieg Not gelitten hatten, strömten Landarbeiter, Hausfrauen, Schuljungen und arbeitslose Schauspieler in die Lockheed-Werke. Lockheed war nicht länger ein Eindringling in der bizarren Welt von Los Angeles, sondern der Mittelpunkt seines Industriegebiets. Robert Gross war Präsident einer bedeutenden Gesellschaft und übte die Macht gemeinsam mit seinem Bruder Courtlandt aus, dem Vizepräsidenten. Junge Ingenieure und Kaufleute, viele noch in den Zwanzigern, waren die Vorgesetzten einer bunt zusammengewürfelten Mitarbeiterschaft. Sie mußten ständig improvisieren und sich etwas Neues einfallen lassen, um die Produktionsziele zu erreichen. «Zwei Jahre lang habe ich täglich zwölf Stunden gearbeitet», sagte einer von ihnen zu mir, «und in der ganzen Zeit nur zwei Tage frei gehabt – jeweils einen Tag zu Weihnachten.» Lockheed war eine stolze, isolierte Gemeinschaft mit ihren eigenen Legenden und Helden, sehr viel irdischer und puritanischer als Hollywood und überzeugter von ihrer Unentbehrlichkeit, um den Krieg zu gewinnen.

Aber der Preis für diese Expansion und Prosperität, das wußte jedermann, war eine Abhängigkeit von einer vorübergehenden Kriegswirtschaft und von den Entscheidungen und Unschlüssigkeiten von Washington. Die Gebrüder Gross waren nicht länger unabhängige Pioniere, die auf dem freien Markt verkauften, sondern ihre ganze Zukunft hing von der großen Festung Pentagon am Potomac ab, deren Größe nicht von Dauer sein konnte. Mitte 1943, achtzehn Monate nach Pearl Harbor, hatte Lockheeds Belegschaft ihren Höchststand bereits überschritten. Das ganze Jahr 1944 hindurch stornierte das Pentagon Aufträge, und Ende des Jahres gab es bei Lockheed nur noch 60000 Arbeitsplätze und im Sommer 1945 noch 35000 – weniger als 1939.

Dann überflog am 6. August 1945 eine Boeing-Superfestung die Stadt Hiroshima und warf die Atombombe ab, und damit änderten sich die gesamten Aussichten des Rüstungsgeschäfts. Die politische Entscheidung war von den Amerikanern und Engländern, einige Wissenschaftler ausgenommen, ohne moralische Skrupel getroffen worden. («Die historische Tatsache bleibt bestehen», schrieb Churchill, «daß die Entscheidung, ob die Atombombe eingesetzt werden sollte oder nicht, um Japans Kapitulation zu erzwingen, niemals strittig war.»[7]) Aber nachdem man sie eingesetzt hatte und ihr erstes Ziel erreicht war, wurden ihre Schrecken und Möglichkeiten bald augenscheinlich. «Wenn wir nicht irgendeine Art von Organisation der Großmächte bewerkstelligen können», schrieb Dean Acheson am Tag von Hiroshima, «wird es wirklich um uns geschehen sein.»[8] Der dann von Acheson und Lilienthal ausgearbeitete Plan, der später als Baruch-Plan vorgelegt wurde, schien einen Frieden durch Schrecken von der Art zu verheißen, wie ihn sich Nobel ein halbes Jahrhundert zuvor erträumt hatte: die Nutzbarmachung der Atomenergie sollte für alle Nationen verboten sein und nur von einer internationalen Behörde mit einem Stab wissenschaftlicher Experten und weitgehenden Kontrollvollmachten unternommen werden. Aber die Russen stellten bereits hektische Versuche an, eine eigene Bombe zu entwikkeln, die vier Jahre später explodierte; und sie lehnten den Baruch-Plan rundweg ab. Den Hoffnungen auf einen kontrollierten Frieden folgte ein Gleichgewicht des Schreckens, das unsicherer und fürchterlicher war als alles, was Nobel sich vorgestellt hatte.

In den ersten Monaten nach dem Abwurf der Atombombe waren viele normale Sterbliche im anschließenden Frieden der Meinung, daß die Bombe, wie entsetzlich sie auch war, rasch die alte Kriegsführung mit Geschützen, Jagdflugzeugen und Schiffen obsolet machen würde. (Ich erinnere mich, daß ich in der britischen Marine beim Geschützexerzieren war, als die Nachricht von Hiroshima bekanntgegeben wurde: das Geschütz erschien nun plötzlich völlig zwecklos.) Vier Jahre lang besaßen die Vereinigten Staaten die Bombe allein, was ein neues Gefühl der Sicherheit vermittelte und die Gelegenheit bot, die Industrie rasch auf Friedensbedarf umzustellen. Die Kombination von Frieden und Bombe rief ein plötzliches Aufwallen wirtschaftlicher Aktivität in den meisten Teilen Amerikas hervor, aber sie verstärkte die Krise in der Flugzeugindustrie.

Die Luftwaffe erklärte Güter im Wert von zehn Milliarden Dollar als überschüssig. 1946 war die gesamte Flugzeugproduktion in den Vereinigten Staaten auf ein halbes Prozent ihres Höchststandes im Krieg zusammengeschrumpft. Die aufstrebenden Luftfahrtstädte wie Burbank, Seattle oder St. Louis wurden von anhaltender Arbeitslosigkeit bedroht. Jene Boeing Flying Fortress, die die Atombombe abgeworfen hatte, hatte den Niedergang der Firma beschleunigt, die sie herstellte. In Seattle übernahm Bill Allen, der Bill Boeings Rechtsanwalt gewesen war, den Vorsitz, und seine erste Tat war, das Werk, in dem die Superfestungen gebaut wurden, stillzulegen, da keine Ersatzaufträge für sie in Sicht war.[9] In Santa Monica produzierte die Firma Douglas, die während des Krieges 29000 Flugzeuge geliefert hatte, 1946 noch 127, und Donald Douglas bemerkte: «Die Zukunft ist so dunkel wie das Innere eines Schiffs.»[10]

Von allen großen Firmen hatte Lockheed die besten Aussichten für den Frieden; sie hatte nicht nur die Produktion des ersten Düsenjägers aufgenommen, des P-80 Shooting Star, sondern auch der Constellation, einer für die Armee entworfenen Transportmaschine, die rasch in ein Verkehrsflugzeug umgewandelt werden konnte, was Lockheed einen Vorsprung verschaffte bei dem Wettlauf um einen sicheren Platz, wenn sich der Flugreiseverkehr, wie erwartet wurde, stürmisch entwickeln sollte. Ihr Präsident Robert Gross war jetzt der Wundermann des Industriezweiges; er hatte einen Lebensstil und einen Weitblick, der den schlichten Technikern abging. Er lebte mit vier Dienstboten in einem geräumigen, rosa Haus in Bel Air. Er sammelte Braques und Kandinskys, die ihm, wie er erklärte, eine ästhetische Befriedigung derselben Art verschafften wie seine Flugzeuge. Er spielte Wagner auf dem Klavier und zählte Filmschauspieler zu seinen Freunden. Die Techniker und Kaufleute waren ihm ergeben: er erkundigte sich nach ihren Familien und ihrem häuslichen Leben und schätzte es nicht, von Geld zu sprechen. Er verstand nichts von Aerodynamik, aber er verstand es, Flugzeuge zu verkaufen. Im Januar 1946 wurde er auf dem Titelblatt der Zeitschrift *Time* mit einer Constellation-Verkehrsmaschine abgebildet: «In Burbank, Kalifornien, stieg an einem Tag der vorigen Woche ein großes Flugzeug mit dem Rumpf eines Haies vom Lockheed Air-Terminal auf, kreiste über San Fernando Valley und nahm Kurs nach Osten über die Berge.»

Trotzdem, die Jahre 1946 und 1947 waren für alle Flugzeugfirmen eine schwere Zeit, und für Robert Gross waren sie die schlimmste, an die er sich erinnern konnte. 1946 arbeitete Lockheed wieder mit Verlust, und im April 1948 war die Belegschaft auf 13 800 geschrumpft. Während andere Industriezweige – Autos, Häuser, Fernsehen und Verbrauchsgüter – florierten, steckte die Luftfahrt immer noch in der Krise. Die Träume von der Massenproduktion leichter Flugzeuge, von «einem Hangar in jedem Haus» waren bald ausgeträumt, und alle großen Firmen hatten Probleme mit neuen Verkehrsmaschinen, einschließlich der Constellation. Niemals waren sich die Unternehmen ihres «Berg- und-Talbahn-Daseins» bewußter.

1948 erhielten sie etwas Beistand durch die Finletter-Kommission, die für die Regierung einen Bericht «Überleben im Luftzeitalter» anfertigte und die Notwendigkeit einer stärkeren Luftwaffe und einer finanziell lebensfähigen Industrie betonte. Einige Monate darauf wurde der Bedarf an Lufttransporten dramatisch durch die Berliner Luftbrücke demonstriert. Ende 1948 hatten die Firmen das Schlimmste überstanden; Lockheed arbeitete wiederum mit Gewinn und war von neuem von Militärflugzeugen abhängig. Boeing erhielt neuen Auftrieb durch den neuen Düsenbomber, die B 52 Stratojet. Und die Firma Douglas verkaufte jetzt 87 Prozent ihrer Produktion an die Streitkräfte.

Aber die Industrie und die von ihr abhängigen Regionen waren immer noch in einer prekären Lage, besonders an der Westküste. Zwischen 1940 und 1950 hatte Kalifornien einen selbst für diesen aufnahmefreudigen Staat beispiellosen Bevölkerungszustrom erlebt: die Bevölkerung war um 50 Prozent auf 10,6 Millionen angewachsen. Es war eine der «größten Völkerwanderungen der Geschichte» gewesen, aber was Arbeitsplätze und Ressourcen betraf, stand sie auf schwachen Füßen. Im März 1949 gab es in Kalifornien eine halbe

Million Arbeitslose; das waren 14 Prozent oder das Doppelte des Bundesdurchschnitts; und es wurde erwartet, daß die Bevölkerung im nächsten Vierteljahrhundert um weitere 10 Millionen wachsen würde. Gouverneur Earl Warren wies warnend darauf hin, daß, um einen solchen Zuwachs zu verkraften, die Infrastruktur sehr genau geplant werden müsse, insbesondere Energie und Wasser.[11] Doch zugleich mit dem während des Krieges durchgemachten Wandel hatten die Kalifornier ein gut Teil ihrer Unabhängigkeit verloren. Wie sehr sie auch von rechtsstehenden Politikern wie Richard Nixon erwarteten, daß sie ihr starkes Selbstvertrauen zum Ausdruck bringen, so erwarteten sie doch ebenso Unterstützung von Washington – und insbesondere die weitere Erteilung von Rüstungsaufträgen.

Dann kam im Juni 1950 der Koreakrieg, und damit ging es plötzlich auf der Berg- und Talbahn wieder aufwärts – diesmal sollte der Aufschwung niemals wieder unterbrochen werden. Die Vorstellung, daß die Atombombe den Krieg zu Lande obsolet machen würde, war nun gründlich widerlegt; nach der späteren schonungslosen Darlegung von Walt Rostow wurde der Koreakrieg vielmehr geführt, um zu zeigen, daß «gegen ein asiatisches Landheer erfolgreich Industriekapital in einem bedeutenden Maß anstelle von Menschen eingesetzt werden könne.»[12] Die Wirkung auf das Industriekapital in Kalifornien war elektrisierend. Die Luftwaffe stellte fest, daß sie entsetzlich knapp an Jägern und Bombern war, und Korea war bald das Prüffeld für die neuen Düsenjäger, die im Einsatz gegen die russischen Migs getestet wurden. Douglas lieferte die neuen Skynights und erhielt einen großen Auftrag für die Transportmaschine C 124. Doch war Korea vor allem ein Lockheed-Krieg. Die Düsenjäger von Lockheed, die Shooting Stars, flogen 40 Prozent der Kampfeinsätze und schossen die ersten Mig-Jäger ab; und die Marine bestellte bei Lockheed die riesigen Transportmaschinen, die Super Constellations, um Truppen über den Pazifik zu bringen.

Am Ende des Jahres 1950 übernahm Lockheed das riesige Werk in Marietta in Georgia, die größte komplette Flugzeugfabrik der Welt, die seit dem Zweiten Weltkrieg stillgelegt war, und montierte dort weitere Bomber B 47 von Boeing. 1951 beschäftigte das Werk 10000 Arbeiter, und die Expansion nach Georgia «kennzeichnete einen Wendepunkt in Lockheeds Wachstum»[13]. Die Firma erhielt dadurch mehr Kapazität und höhere Ziele; ihr Generaldirektor war ein junger Wirtschaftsprüfer aus Alabama, Dan Haughton, der mit fast missionarischem Eifer Flugzeuge herstellte und verkaufte. Und Georgia bot Lockheed (wie die Konkurrenz verbittert feststellte) auch einen politischen Vorteil durch Verbindungen zu Senatoren der Südstaaten, die Einfluß auf Rüstungsaufträge hatten, und vor allem zu Senator Richard Russell von Georgia, dem Vorsitzenden des Senatsausschusses für die Streitkräfte. Robert Gross wußte, daß die Zukunft seines ganzen Konzerns von

Washington abhängig war, und seine Niederlassung in Georgia verschaffte ihm neuen Einfluß auf dem Kapitolhügel.

Durch den Koreakrieg erhöhten sich die Ausgaben des Pentagon für die Luft- und Raumfahrtindustrie von $ 2,6 Milliarden im Jahr 1950 auf $ 10,6 Mrd. in 1954. Nach der Beendigung der Kämpfe kam es zu Auftragskürzungen, aber der anhaltende Kalte Krieg sorgte dafür, daß weiterhin Geld für die Rüstung ausgegeben wurde. Die Explosion der Wasserstoffbombe in 1952 rief bei der Luft- und Raumfahrtindustrie zuerst die Besorgnis hervor, daß sie den Bedarf an «konventionellen» Waffen mindern könnte. Aber dazu kam es nie, und die konventionellen Waffen wurden weiterhin hergestellt, zusammen mit einer zunehmenden Auswahl von Fernlenkgeschossen und Sprengköpfen, so daß jeweils Projekt und Gegenprojekt andere Erfindungen in ein paar Jahren obsolet machen konnten. Douglas hatte seit 1945 immer neue Nike-Raketen für die Armee entwickelt. Lockheed richtete 1954 eine besondere Raketenabteilung ein. Boeing war imstande, sowohl Bomber zu bauen als sie abzuschießen, und neben dem Bomber B 52 wurde außerdem ein unbemannter Flugkörper, der Bomarc, entwickelt. Boeing meinte dazu: «Wir wissen, wie man einen strategischen Bomber baut; warum sollten wir nicht diejenigen sein, die eine Abwehr gegen ihn bauen?»[14]

Von nun an unterschritten die Rüstungsaufträge für die Raum- und Luftfahrtgesellschaft niemals $ 10 Milliarden pro Jahr. Die Luftverkehrsgesellschaften sorgten für noch mehr Umsatz, nachdem Luftreisen endlich beliebter geworden waren, aber das Pentagon verursachte nun 90 Prozent der Aufwendungen dieser Firmen, die alle von neuem auf Militärbudgets angewiesen waren. Zwar gab es 1957 Kürzungen bei Flugzeugen, doch die Raketenindustrie sah sich mit dem Abschuß des ersten Sputnik, «dem Pearl Harbor des technologischen Krieges», einer neuen Herausforderung gegenüber. Interkontinentalraketen wurden Dringlichkeitsaufträge, und Boeing erhielt eine neue Funktion als Hauptlieferant für die Minuteman.

Für die alternden Pioniere der Industrie, die sie von ihren unabhängigen Anfängen an hatten heranwachsen sehen, war der Erfolg ein wenig schal. Bill Allen von Boeing hatte immer in erster Linie zivile Flugzeuge bauen wollen, wie in der Anfangszeit mit Bill Boeing. Ende der fünfziger Jahre hatte sich Boeing in der Tat mit einer Folge leistungsfähiger und wirtschaftlicher Maschinen, angefangen mit der Boeing 707, als der führende Hersteller von Passagierflugzeugen in der ganzen Welt durchgesetzt. Aber Allens Genugtuung war mit «einem Gefühl der Sinnlosigkeit, sogar der Beunruhigung»[15] verbunden; denn die Verkehrsflugzeuge waren für sich allein immer noch nicht lebensfähig, und die militärischen Programme mußten sie mit durchschleppen. Und die Rüstungsaufträge waren zwar oft lukrativ, stellten aber immer höhere Anforderungen. Der Wettbewerb wurde härter; die langen

Serien großer Bomber machten kurzen Serien von viel ausgeklügelteren Waffen Platz, die weniger Arbeitskräfte erforderten.

Das Verhältnis zwischen diesen Firmen und ihrem großen Gönner war jetzt schwierig und gespannt. 1960 hatten vier Luft- und Raumfahrt-Firmen Rüstungsaufträge im Wert von einer Milliarde Dollar oder mehr erhalten; drei von ihnen (Lockheed, Boeing und North American) hatten ihren Sitz an der Westküste, eine (General Dynamics) in Missouri. Alle vier sollten im kommenden Jahrzehnt diese Stellung mit Unterbrechungen und einigen Erfolgsschwankungen behalten. Sie waren in mancher Hinsicht absolut abhängig vom Pentagon, das ein Nachfragemonopol innehatte. Die Firmen konnten sich nirgends oder fast nirgends anderswo hinwenden. Das Pentagon konnte die eine gegen die andere ausspielen, sie dazu bringen, sich gegenseitig zu unterbieten, konnte sie bankrott machen, sie fusionieren oder sie retten.

Doch die Firmen hatten Waffen, um sich zu wehren. Das Pentagon mußte die Rüstungsindustrie lebensfähig erhalten, und die Luftwaffe, die Armee und die Marine stellten unterschiedliche Anforderungen und hatten jeweils ihren bevorzugten Lieferanten. Die Firmen ihrerseits übten politischen Druck auf Washington aus durch ihren Einfluß, den sie bei Senatoren und Kongreßabgeordneten besaßen, und durch die gewaltige Zahl von Arbeitsplätzen, die sie boten. General Dynamics konnte sich gewöhnlich auf die Unterstützung durch Stuart Symington, den Senator für Missouri, verlassen; Boeing hatte Henry Jackson hinter sich, den «Senator für Boeing»; und Lockheed war jetzt als Arbeitgeber unentbehrlich für Kalifornien und Georgia, wo sie auf Senator Russell rechnen konnte.

Als die Pentagon-Aufträge größer, ihre Zahl aber kleiner und die Lage der Firmen prekärer wurde, war das Verhältnis zwischen Auftraggeber und Auftragnehmer kaum noch als marktwirtschaftlich zu bezeichnen: der «Pentagon-Kapitalismus» war ein System eigener Prägung. Bei der Auftragsvergabe schien das Pentagon jetzt abwechselnd mal die eine und dann die andere Firma zu bedenken und die Bedürfnisse der drei Waffengattungen und der größeren Luft- und Raumfahrtfirmen aufeinander abzustimmen, damit die Werke weiterarbeiten konnten und die Politiker zufrieden waren. Wenn ein Projekt beendet oder eine Firma in ernste Schwierigkeiten geraten war, wurde ein neues Projekt vergeben, je nachdem, ob «Weitermachen» oder «Aussteigen» geboten war. Bei einigen der extravaganteren Projekte, die am wenigsten offenkundig strategisch gerechtfertigt waren, konnte geltend gemacht werden, die Luft- und Raumfahrtsfirmen müßten lebensfähig erhalten werden.[16]

Die Zukunft der Firmen war also abhängig von einem komplizierten wechselseitigen Spiel der Kräfte, von den Strategen im Pentagon, von den drei

Waffengattungen, von den Senatoren und Kongreßabgeordneten, von den Gewerkschaften und von den Direktoren der Firmen selbst. Zu einem gut Teil bestand die geschickte Geschäftsführung darin, die anderen Faktoren zu manipulieren und gegeneinander auszuspielen, um ein Maximum an Aufträgen und Gewinnen zu sichern. Je schwieriger dieses Jonglieren wurde, um so wichtiger war die Persönlichkeit des Mannes an der Spitze. Bill Allen von Boeing, Robert Gross von Lockheed und «Dutch» Kindelberger von North American mußten allesamt Raubtiere im Washingtoner Dschungel sein. Trotz all ihrer scheinbaren Abhängigkeit hatten sie immer noch Trümpfe in der Hand: sobald sie ernstlich bedroht würden, konnten sie sich der Öffentlichkeit nicht nur als Hüter der nationalen Verteidigung, sondern auch als die Hauptstützen der Prosperität ihrer Regionen und Garanten für Arbeitsplätze präsentieren. Und sie hatten immer noch ein paar Groschen in der Tasche, die sich an entscheidender Stelle wirksam einsetzen ließen.

Mit gutem Grund wurde die erste ernste Warnung vor dem «militärisch-industriellen Komplex» von Präsident Eisenhower ausgesprochen, in dessen Amtszeit sich dieser Komplex gebildet hatte und der die militärische Mentalität sehr genau kannte. «Wir waren gezwungen, eine permanente Rüstungsindustrie von gewaltigen Ausmaßen zu schaffen», erklärte er in seiner berühmten Abschiedsrede im Januar 1961. «Das Zusammentreffen eines großen Militärapparats und einer mächtigen Rüstungsindustrie ist ein Novum in der amerikanischen Geschichte. Der wirtschaftliche, politische und sogar geistige Einfluß macht sich in jeder Stadt, jedem Parlament eines Bundesstaates, jedem Büro der Bundesregierung bemerkbar . . . In den Regierungsgremien müssen wir auf der Hut sein, damit der militärisch-industrielle Komplex nicht gewollt oder ungewollt einen ungerechtfertigten Einfluß gewinnt. Die Möglichkeit eines verhängnisvollen Machtmißbrauchs besteht und wird weiterbestehen.»[17]

Diese sensationelle Warnung ist Malcolm Moos (dem späteren Präsidenten der Universität von Minnesota) zugeschrieben worden, der Eisenhowers Rede verfaßt hatte und beunruhigt war über die große Zahl ehemaliger aktiver Offiziere, die zu den Rüstungsfirmen übergewechselt waren.[18] Aber Eisenhower selbst stand entschlossen zu seiner Rede, und schon während seiner Präsidentschaft, so schrieb er später, «empfand ich immer mehr Unbehagen bei dem Gedanken, welche Auswirkung die ungeheuren Militärausgaben im Frieden auf die Nation haben würden . . . Auf lange Sicht können die Interessengruppen, die auf Wachstum drängen, zu einer fast überwältigenden Macht werden. Ungerechtfertigte Militärausgaben sind nicht mehr als eine unproportionierte Verwendung der Ressourcen der Nation.»[19]

Eisenhowers Warnungen erschienen erst in den folgenden Jahren wirklich dringend, als nämlich unter der demokratischen Administration der Ausdruck «militärisch-industrieller Komplex» zum Vokabular jedes Radikalen gehörte, der gegen den Vietnamkrieg protestierte. Aber die Probleme des Machtmißbrauchs und die unproportionierte Abzweigung von Ressourcen sollten länger bestehen und weiter verbreitet sein als Vietnam. Er nahm einen globalen Maßstab an, als die Rüstungsfirmen Profite im Ausland suchten.

Großbritannien auf dem Rückzug

Der Abwurf der Atombomben im Jahre 1945, der den Höhepunkt des Krieges im Pazifik darstellte, kennzeichnete das endgültige Ende der Überlegenheit der europäischen Waffen. In den Worten von Professor Michael Howard «kennzeichnete er das Ende jener Ära der europäischen Weltherrschaft, die die Reisen von Columbus und Vasco da Gama fast fünfhundert Jahre zuvor eingeleitet hatten.» [20] Die Vereinigten Staaten hatten sich als der bei weitem größte Waffenhersteller der westlichen Welt erwiesen. Das Ausmaß der Rüstungsausgaben verschaffte den amerikanischen Firmen einen ungeheuren Vorteil, sowohl bei der Entwicklung ihrer Technologie als auch beim Export. Doch waren die europäischen Firmen seit eh und je viel mehr auf Export angewiesen, um überleben zu können, und einige von ihnen konnten sich sehr wichtige Einflußsphären bewahren. Nachdem die Kolonien der europäischen Staaten die Unabhängigkeit erlangt hatten, hielten sie die Verbindung mit ihren früheren Herren aufrecht; und während Großbritannien und Frankreich bei dem wichtigeren Wettrüsten nur noch eine untergeordnete Rolle spielten, waren sie um so entschlossener, ihre Stellung zu behaupten und bei anderen Waffen konkurrenzfähig zu bleiben. Großbritannien hatte sehr hochgespannte Erwartungen, ein bedeutender Exporteur von Verkehrsflugzeugen an die übrige Welt zu werden. Daß sich diese Hoffnungen nicht verwirklichten, war nicht nur eine nationale Tragödie, sondern wirkte sich auch auf den Waffenhandel der Welt aus; denn je weniger zivile Möglichkeiten die britischen Firmen hatten, um so mehr hielten sie Ausschau nach militärischen Aufträgen.

Am Ende des Krieges wurden die britischen Rüstungsfirmen fast ebenso drastisch kurz gehalten wie die amerikanischen. Die Flugzeugproduktion verringerte sich auf ein Zehntel ihres Höchststandes, und Vickers – immer noch das größte Rüstungsunternehmen – sah sich wiederum dem Problem gegenüber, auf Friedensproduktion umzuschalten. Die Firma leitete bald einige kühne Umstellungsversuche in die Wege und unternahm es sogar, von Panzern auf Traktoren umzusteigen und das amerikanische Traktor-Monopol zu brechen. Aber die Trecker waren ein kostspieliges Fiasko. Vickers lernte wieder einmal die Schwierigkeiten kennen, die es mit sich bringt, wenn man sich von einem einzigen staatlichen Kunden auf einen Käufermarkt umstellen muß. In der Verkehrsluftfahrt erschienen Vickers' Aussichten indes zuerst vielversprechend: 1948 flogen die ersten Viscount-Passagierflugzeuge mit Turbopropellertriebwerk, von denen im Laufe der nächsten zehn Jahre vierhundert weltweit und auch nach Amerika verkauft wurden. Gleichzeitig entwickelte die Firma de Havilland das erste Düsenverkehrsflugzeug der Welt, die Comet, deren Erfolg die amerikanischen Firmen und insbesondere Boeing ernstlich beunruhigte. Aber diese beiden Triumphe erwiesen sich als kurzlebig; bei der Comet gab es mehrere Abstürze; es dauerte länger als vier Jahre, bis die Metallmüdigkeit korrigiert war, und mittlerweile war der Vorsprung vor den Amerikanern eingebüßt. Und die Viscount erwies sich als Vickers' einziger größerer Erfolg; ihr Nachfolger mit Turboprop-Triebwerk, die Vanguard, wurde von den reinen Düsenmaschinen überholt, und die V. 1000, ein Düsenverkehrsflugzeug, das mit der Boeing 707 konkurrieren sollte, wurde aufgegeben, als die Regierung 1955 ihre Unterstützung zurückzog.[21] Von nun an wurden die britischen Luftverkehrsgesellschaften immer abhängiger von den amerikanischen Firmen, und die britischen Flugzeughersteller waren immer verlegener um Aufträge.

Bei Militärflugzeugen waren die Erfahrungen der Engländer sogar noch demoralisierender. In den ersten Nachkriegsjahren errangen zwei Düsenflugzeuge, Gloster Meteor und de Havilland Vampire, spektakuläre Erfolge; mehr als siebentausend wurden hergestellt, davon zweitausend für den Export. Der Koreakrieg schaffte Bedarf nach zwei neuen Typen, der Hawker Hunter und der Canberra von English Electric, die auch viel exportiert wurden. Aber dann wurde die britische Luftpolitik ganz und gar durcheinandergebracht durch die Entwicklung der Wasserstoffbombe und die intensive Beschäftigung mit der nuklearen Abschreckung. Das Verteidigungsweißbuch von 1957 schlug vor, sich auf Raketen und Fernlenkwaffen zu konzentrieren; neue Flugzeugprojekte wurden gestrichen und die Industrie allmählich zugrunde gerichtet. Große Hoffnungen wurden jetzt auf die britische Rakete Blue Streak gesetzt, aber 1960 wurde sie zugunsten der amerikanischen Skybolt aufgegeben, die ihrerseits später von der Bildfläche verschwand. Eine weitere große Hoffnung war der TSR-2-Bomber (taktisches Kampf- und Aufklärungsflugzeug), der gemeinsam von Vickers und English Electric gebaut wurde; aber auch er erwies sich als zu kostspielig und wurde zugunsten eines amerikanischen Flugzeugs, F 111, aufgegeben.[22] Mittlerweile war auch die Konzentration auf die nukleare Abschreckung überholt durch die neue Politik und das Aufflackern des Guerillakriegs in den Entwicklungsländern, der einen neuen Bedarf an bemannten Flugzeugen mit sich brachte.

Zu einem gut Teil kann das britische Flugzeugfiasko auf die Unentschlossenheit und Verwirrung der Regierungen und die Desorganisation einer Industrie mit zu vielen Firmen zurückgeführt werden.[23] Im Vergleich mit

Frankreich oder Schweden war die schiere Vergeudung britischer Ressourcen unmäßig. Keine europäische Macht konnte sich jetzt Unentschlossenheit leisten, denn die Kosten für neue Flugzeuge und Waffensysteme vervielfachten sich mit jeder neuen Generation; die Spitfires, die während der Schlacht um England £ 10000 gekostet hatten, waren 1960 durch Lightnings ersetzt worden, die £ 500000 kosteten, und noch weit teurere Projekte sollten kommen. Das alte liberale System von Konkurrenzfirmen war solchen Kosten nicht gewachsen, und 1959 bestand die britische Regierung darauf, daß die Flugzeughersteller zu zwei Unternehmen fusionieren sollten: Hawker-Siddeley und die neue British Aircraft Corporation, in die English Electric und Vickers ihre Luftfahrtabteilungen einbrachten. Rolls-Royce, der entscheidende Motorenhersteller für beide Gruppen, erfreute sich jetzt wohlwollender staatlicher Unterstützung. Doch selbst diese größeren Unternehmen konnten mit dem amerikanischen Riesen nicht konkurrieren, die Jahr für Jahr Rüstungsaufträge in Milliardenhöhe erhielten.

Der ganzen Unentschlossenheit der Regierung lag die Unsicherheit über Großbritanniens Rolle in der Welt zugrunde, die immer die Frage aufwarf: *wofür* waren die Waffen? Solange Großbritannien Verteidigungsaufgaben im Fernen Osten, im Nahen Osten oder in Afrika hatte, gab es vielerlei Probleme bei der Schaffung einer geordneten, rationalisierten Industrie. Die zunehmenden Kosten jedes Projekts bedeuteten eine wachsende Last für Großbritannien, das immer noch auf seiner Handlungsfreiheit beharrte. Die einzige Lösung, die Kosten der Rüstungsindustrie zu senken, war die traditionelle: Waffen zu exportieren, wohin auch immer.

Das erste Nachkriegsjahrzehnt war für den britischen Waffenhandel eine Blütezeit. Der große Vorrat unerwünschter Rüstungsgüter, die Überbleibsel des Zweiten Weltkriegs, stellte ein überquellendes Arsenal von Gebrauchtwaren dar. Ein Großteil wurde als Schrott verkauft, manches wurde in der Nordsee versenkt oder blieb liegen und verrottete, bis es unbrauchbar war. Doch vieles konnte an ausländische Regierungen verkauft werden, entweder direkt oder durch private Waffenhändler wie Sam Cummings; und noch heute werden Lee-Enfield-Gewehre aus der Kriegszeit von Truppen in Afrika oder Asien verwendet, während alte britische Motorbarkassen und Minenräumboote in Mittelmeerhäfen zu sehen sind. Bei Flugzeugen ging der Prozeß des Veraltens viel schneller vor sich, durch die Entwicklung von Düsenmaschinen waren die alten Jäger mit Kolbenmotor bald überholt und vermehrten die auf Export wartenden Vorräte. Alte Flugzeuge konnten wie getragene Kleider an arme Verwandte verkauft werden.

Natürlich unterstrich die britische Regierung stets ihre diplomatischen Verpflichtungen; im Januar 1956 betonte ein Weißbuch, daß «die allgemeine Politik der Regierung Ihrer Majestät beim Waffenhandel in erster Linie bestimmt wird durch politische und strategische Erwägungen; erst wenn diese berücksichtigt worden sind, werden wirtschaftliche Erwägungen, d. h. der Beitrag von Waffenverkäufen zu den Exporterlösen, in Betracht gezogen.» Doch wurden die wirtschaftlichen Erwägungen immer wichtiger, als Exporte dringend benötigt wurden und die Regierung auf den Waffenexport fast ebensowenig verzichten konnte wie die Firmen.

In den ersten zehn Nachkriegsjahren war der Waffenhandel praktisch ein anglo-amerikanisches Monopol, wobei Großbritannien der Hauptnutznießer war. In der Zeit der Austerity und des Rückzugs aus dem Empire war der Verkauf von Waffen ein Geschenk des Himmels, und als das Empire zusammenschrumpfte, vervielfachte sich die Zahl der Nationen und Kunden, die alle Waffen haben wollten, um damit ihre Selbständigkeit oder ihren Status zu dokumentieren. Von 1945 bis 1955 verkaufte Großbritannien Waffen im Wert von über 2 Milliarden $ an private Händler und für 1,7 Milliarden $ an ausländische Regierungen, wobei Kriegsschiffe in diesen Summen nicht enthalten waren. Kriegsschiffe waren immer noch ein wichtiges Geschäft mit Entwicklungsländern, aber Düsenflugzeuge wurden der wertvollere Exportartikel. Der Handel ließ sich nicht mit der guten alten Zeit vergleichen, als Vickers und Armstrong die halbe Welt bewaffneten. Doch erhielt Vickers wieder Aufträge von vertrauten Kunden des 19. Jahrhunderts, unter ihnen die Chilenen und Peruaner; und die Auslandsaufträge waren von neuem willkommen, nicht nur wegen der Gewinne, sondern auch, weil sie Gelegenheit boten, dem unterdrückenden Einfluß der Regierung im Inland zu entgehen. Von 1945 bis 1955 lieferte Großbritannien zehn Kriegsschiffe in den Nahen Osten, sechsundzwanzig nach Asien und Australien, sechs nach Südamerika und fünf nach Afrika; an britischen Düsenflugzeugen gingen 194 in den Nahen Osten, 402 nach Asien und Australien und 205 nach Südamerika.[24]

Es war ein goldenes Zeitalter für britische Waffenexporte, sei es in die Entwicklungsländer, sei es nach Europa; die Gründung der NATO und der Strom amerikanischer Hilfe für Europa boten zusätzliche Gelegenheiten. Getreu ihrem Grundsatz der «Auslandsbeschaffung» kauften die Amerikaner in England Ausrüstungsgegenstände für den Kontinent. Auf lange Sicht war diese erfreuliche Hochkonjunktur ein fragwürdiger Vorteil: sie bestärkte die britischen Rüstungsfirmen in einer arroganten Haltung des «friß Vogel, oder stirb»[25] und lenkte die Aufmerksamkeit der Engländer von den wichtigeren bevorstehenden Exportschlachten auf dem Gebiet der Elektronik, Autos und Verbrauchsgüter ab. Doch auf kurze Sicht war kaum jemand geneigt, diese Goldgrube nicht auszubeuten.

Wenn man auf diese Zeit zurückblickt, die von den Nachwehen des verheerendsten Krieges in der Geschichte der Menschheit geprägt war, mag es überraschend erscheinen, daß sich die Öffentlichkeit nicht mehr Sorge machte über den Hochbetrieb auf dem Waffenmarkt. Gewiß wurde wie nie zuvor über die Probleme der Abrüstung gesprochen, und immer mehr Experten nahmen an der immer komplexeren Debatte teil. Doch war es die nukleare Abrüstung, die, was nicht verwunderlich war, die Diskussionen und Konferenzen beherrschte; und im Vergleich zu der neuen Gefahr eines nuklearen Massensterbens erschien das alte Problem des Exports konventioneller Waffen relativ harmlos und unvermeidlich als Nebenprodukt des sich ausdehnenden Kalten Krieges.

In diesem ersten Jahrzehnt war die Konkurrenz auf dem Waffenmarkt durch die Art des anglo-amerikanischen Monopols begrenzt. Die Exporte der Vereinigten Staaten waren eher durch diplomatische denn kommerzielle Zweckmäßigkeit bestimmt; während Großbritannien den größten Teil seiner Exporte gegen bar verkaufte, verschenkte Amerika das meiste als Teil des wachsenden militärischen Hilfsprogramms. Neue Gesetze des Kongresses in den Jahren 1949 und 1954 autorisierten die Bereitstellung von Waffen an befreundete Länder nach dem «Prinzip der Selbsthilfe und gegenseitigen Unterstützung». Großbritannien und die Vereinigten Staaten arbeiteten immer noch eng zusammen, und indem sie ungeschriebene Abmachungen über Einflußbereiche einhielten, konnten sie eine drastische Konkurrenz beim Waffenverkauf oder einen Anreiz zum Wettrüsten vermeiden.[26]

Doch waren das anglo-amerikanische Monopol und der britische Erfolg kurzlebig. Als sich der Kalte Krieg ausdehnte und der britische Einfluß geringer wurde, zogen die Amerikaner als Reaktion auf sowjetische Drohungen in traditionell britische Gebiete ein. Der Nahe Osten hörte auf, britisches Reservat zu sein, und wurde der Grenzbereich der zentralen Konfrontation. In Indien und Pakistan begannen Amerikaner und Russen die rivalisierenden Bestandteile des alten britischen Empire zu beliefern, und in Südostasien wurden die Vereinigten Staaten der größte Waffenlieferant. Die Lateinamerikaner wandten sich dem Norden zu, und nur in Afrika vermochte sich Großbritannien als wichtigster Waffenlieferant zu halten – was bald gewaltige moralische Probleme aufwerfen sollte. Anfang der sechziger Jahre waren die Vereinigten Staaten der bei weitem größte Waffenexporteur und zwangen Großbritannien, verzweifelter um seinen Auslandsabsatz zu kämpfen.

Dassault tritt auf

Jede vielleicht noch geübte Zurückhaltung wurde jedoch fragwürdig durch das Wiederauftauchen Frankreichs als wichtiger Waffen- und vor allem Flugzeughersteller. Die Franzosen blickten auf eine lange und stolze Tradition der Luftfahrt zurück. Die Gebrüder Wright hatten ihre Versuche in

Frankreich begonnen, und die Überquerung des Ärmelkanals durch Louis Blériot im Jahr 1909 war ein Markstein der Fliegerei. Nach den Demütigungen im Zweiten Weltkrieg und der Besetzung ihres Landes waren die französischen Regierungen der Nachkriegszeit entschlossen, den Vorsprung der Industrie in Großbritannien und Amerika aufzuholen, um ihre nationale Unabhängigkeit unter Beweis zu stellen. Bei der Erreichung dieses Ziels, dem sie volle staatliche Unterstützung angedeihen ließen, setzten sie großes Vertrauen auf einen einzigen Mann, der die ganze Skrupellosigkeit der Industrie erkennen ließ.

Kein anderer hat das Luftfahrtzeitalter so von Anfang an miterlebt, keiner hat dessen politische Probleme so lebendig verkörpert wie der französische Fabrikant Marcel Dassault. Seine Lebensgeschichte umfaßt einen großen Teil der Geschichte der französischen Luftfahrtindustrie. Er war der Sohn des jüdischen Arztes Adolphe Bloch und wuchs Ende des 19. Jahrhunderts in Paris auf. Im Alter von siebzehn Jahren, 1909, wurde er durch die Pionierflüge von Blériot und den Wrights angeregt, die neue Hochschule für Flugzeugbau zu besuchen. Während des Ersten Weltkriegs gründete er seine eigene Firma, um Flugzeuge herzustellen, mit deren Massenproduktion er gerade begann, als der Krieg endete.

Wegen des Zusammenbruchs der Industrie nach dem Krieg wurde er Grundstücksmakler in Paris, um Geld zu verdienen. Erst in den dreißiger Jahren hatte er wieder Gelegenheit, Flugzeuge zu bauen: zuerst für das französische Postministerium, dann für das Luftfahrtministerium, das nach Hitlers Wiederaufrüstung einen Bomber brauchte. Er hatte sich jetzt als Flugzeugkonstrukteur einen Namen gemacht, sein Bruder als hochdekorierter Offizier. Die Volksfrontregierung verstaatlichte indes seine Firma zusammen mit der gesamten französischen Rüstungsindustrie, aber auch nachdem sie ihm die Entschädigung bezahlt hatte, brauchte sie ihn, um die Firma zu leiten; er war sich jetzt seines Wertes für Frankreich bereits bewußt. Als sich der britische Premierminister und der französische Ministerpräsident 1938 auf den Weg zur Münchner Konferenz machten, flog Chamberlain in einer Lockheed-Maschine, aber Daladier in einem Dassault-Flugzeug.[27]

Der Zweite Weltkrieg machte ihn zum nationalen Helden. Nach dem Fall Frankreichs im Jahr 1940 wurde er mit anderen französischen Flugzeugkonstrukteuren interniert. Er lehnte es ab, für die Nazis zu arbeiten, was ihm die Freiheit eingebracht hätte. 1944 wurde er nach Buchenwald verschleppt, wo er immer noch die Kollaboration ablehnte und zum Tod verurteilt wurde; das Eintreffen der alliierten Armeen rettete ihn. Er war nun ein gebrechlich aussehender Mann von zweiundfünfzig, schwerhörig und kurzsichtig, aber immer noch voll brennendem Ehrgeiz, Flugzeuge zu bauen. Er war von der Gloriole der Résistance umgeben. Er und der Nachkriegspräsident de Gaulle waren natürliche Verbündete. Sein Bruder Paul hatte als Résistance-Kämpfer den Namen *Char d'assaut*, Panzerwagen, angenommen, und nach dem Krieg änderten beide Brüder ihren Namen Bloch in Dassault.

Marcel Dassault machte sich nun daran, nach den Verwüstungen des Krieges die französische Flugzeugindustrie wiederaufzubauen. Er kaufte ein Gelände in Mérignac neben einem Flugplatz bei Bordeaux, im Herzen des Rotweinlandes (ebenso wie in Kalifornien suchte sich die Flugzeugindustrie einen Platz an der Sonne). Die französischen Ingenieure waren in der Technologie der neuen Stahltriebwerke zurückgeblieben, aber ebenso wie Amerikaner und Russen waren sie entschlossen, sich das Fachwissen der besiegten Deutschen zunutze zu machen. Sie nahmen Verbindung mit Hermann Oestrich auf, dem Chefkonstrukteur der Bayerische Motorenwerke AG (BMW), schmuggelten ihn aus der amerikanischen Besatzungszone in die französische und dann nach Frankreich und ließen ihm als Gegenleistung für seine Sachkenntnis jede technische Unterstützung zuteil werden. Oestrich war bald die Seele der verstaatlichten französischen Flugmotorenfabrik SNECMA und brachte 1948 seine erste Strahlturbine Atar heraus; seitdem haben immer neue Atar-Triebwerke Dassaults Flugzeugen die Schubkraft geliefert. Eine Tatsache, die den Deutschen sehr bewußt wurde: der französische Erfolg beruhte ursprünglich auf einem Team deutscher Techniker.

Aber Dassault war der überlegene Kopf bei Frankreichs Wiedergesundung. Seine Firma verdankte der amerikanischen Hilfe durch den Marshall-Plan viel und kam dadurch wieder auf die Beine, aber sie machte bald ihre Unabhängigkeit geltend und blieb (im Gegensatz zu SNECMA) ein Privatunternehmen. Mit seiner technischen Meisterschaft und seiner politischen Macht vermochte Dassault ein Team von Konstrukteuren aufzubauen, die aus demselben Holz geschnitzt waren wie er. Er schulte und beherrschte sie und schuf damit eine viel fester zusammengefügte und schlagkräftigere Organisation als die Angelsachsen.[28] Er rühmte sich, jede Einzelheit seiner Flugzeuge zu kennen, machte seine Teams gegenseitig voneinander abhängig und vermied die Aufgliederung und Unterteilung der amerikanischen Firmen. Aus seinen früheren Fehlern hatte er gelernt, entwickelte seine Flugzeuge Schritt für Schritt, setzte nie ein neues Triebwerk in eine neue Flugzeugzelle und «spielte ganz vorsichtig mit dem Stabilbaukasten».

Aus seinem ersten Düsenjäger, der Ouragon, entwickelte er einen schnelleren Jäger, die Mystère, die sich 1955 zur Überschall-Super-Mystère mauserte; und aus ihr entwickelte Dassault allmählich sein berühmtestes Flugzeug mit Deltaflügel und wahlweise Raketenantrieb, die Mirage III: ebenso ungreifbar für den Feind wie die Fata Morgana (mirage) für den Reisenden in der Wüste, erklärte er.[29] Sie flog zum erstenmal im November 1956 während des Suezkrieges und erreichte zwei Jahre später die doppelte Schallgeschwindigkeit – fast zur selben Zeit wie die britische Lightning. In einer Periode französischer Demütigungen in Algerien und bei Suez war die Mirage nicht nur eine flugtechnische Leistung, sondern ein glorreiches Symbol französischer Macht, und die Heldentaten der von bekannten Testpiloten geflogenen Maschine wurde zu einem Bestandteil der französischen Folklore. Das Flugzeug wurde bald von der französischen Luftwaffe übernommen, in erster Linie als Jagdbomber, aber es konnte auch als Abfangjäger, zum Angriff auf Erdziele oder zur Aufklärung eingesetzt werden. Dassault hatte zuerst nicht erwartet, daß er die Mirage ins Ausland verkaufen würde, aber sie erwies sich als ein Exportschlager. Wichtiger war, daß sie bald ebenso als diplomatische wie als militärische Waffe angesehen wurde. Denn im folgenden Jahrzehnt war die Mirage, wie wir noch sehen werden, ein bedeutender Aktivposten in der französischen Außenpolitik.[30]

Seit dem Zweiten Weltkrieg hatte sich Dassault während aller Widrigkeiten, die de Gaulle zu bestehen hatte, engagiert für ihn eingesetzt und geäußert, daß er damit nur dem General und Frankreich einen Dienst erweise. Als er 1951 die Wochenzeitschrift *Jours de France* gründete, ernannte er seine rechte Hand, General de Bénouville, zum Chefredakteur und benutzte die Zeitschrift als Sprachrohr für die gaullistische Politik, bis der General wieder an die Macht kam. Danach sollte das Blatt, wie Dassault erklärte, der Liebe und der Mode vorbehalten sein; es vermied sorgfältig jede Erwähnung von Katastrophen und malte «la vie en rose» – ein Rezept, das Dassault auch in seinen Kinos befolgte. Kurz vor de Gaulles Wiederwahl in 1965 brachte Dassault eine Tageszeitung heraus, *24 Heures*, die sich ebenfalls dem Optimismus und der Unterhaltung verschrieb, aber nach einem Jahr ihr Erscheinen einstellte. Dassault, im selben Jahrzehnt geboren wie de Gaulle, teilte dessen Sehnsucht nach Frankreichs ehemaligem Ruhm und Glanz; de Gaulle schenkte ihm ein Exemplar seiner Memoiren mit der Widmung: «Für Marcel Dassault zur Erinnerung an unseren Kampf und die Rolle, die er gespielt hat, um Frankreich Größe zu verleihen.»

Als de Gaulle 1958 wieder an die Macht kam, war Dassaults Stellung in der französischen Politik fest institutionalisiert, eine Art Einmann-Verkörperung des militärisch-industriellen Komplexes. Er war einer der reichsten Männer Frankreichs. Er besaß 90 Prozent der Aktien der Firma, und er betätigte sich noch auf allen möglichen anderen Gebieten, darunter Immobilien, Kinos und eine Bank. Er bewohnte ein prächtiges Haus aus dem Zweiten Kaiserreich auf den Champs-Elysées voller schöner Möbel und impressionistischer Gemälde. Seine Firmen wurden von vertrauenswürdigen Stellvertretern geleitet, und sein Sohn Serge, der das Polytechnikum und die Hochschule für Flugzeugbau absolviert hatte, übernahm das Kommando von Dassault-Elektronik.

1951 war Dassault zum Abgeordneten für das Department Oise gewählt worden, das er seitdem im Parlament vertritt als Anführer einer gewaltigen Lobby von Abgeordneten, die sich für die Belange der Rüstungsindustrie einsetzen. Er hat seinen Wahlkreis selten besucht, aber Geld hineingepumpt für Schwimmbäder, Tennis- und Sportplätze und eine Lokalzeitung. Die Wähler waren zufrieden. Er subventionierte Zeitungen für seine Verbündeten im Parlament. Er stellte ehemalige Luftwaffenoffiziere in seiner Firma an, darunter General Gallois, den eloquentesten Verfechter der französischen *force de frappe*, der Dassaults Berater für Kampfflugzeuge wurde. In den zehn Jahren der Präsidentschaft de Gaulles wurden Dassault und seine Flugzeuge zu einem wesentlichen Bestandteil von Frankreichs unabhängiger Außenpolitik.

Für die Engländer und Amerikaner war es einfach unfaßlich, wieviel private politische Macht Dassault besaß, die die Kritik der Amerikaner an ihrem militärisch-industriellen Komplex trivial erscheinen ließ. Kein amerikanischer Flugzeughersteller, nicht einmal Lockheed, konnte in dieser Weise Einfluß ausüben, geschützt durch die Regierung und gefeit gegen öffentliche Kritik. Die Führungskräfte von Dassault betrachteten voll Mitleid ihre britischen Kollegen, die durch jeden Umschwung in der staatlichen Politik entzweit und frustriert wurden. «Wie konnte die britische Regierung diese ganze großartige Tradition zerschlagen?» fragte mich einer von ihnen. «Das sind doch keine Entscheidungen, die das Ministerium zu treffen hat, sondern die Industrie. Die britische Regierung hat sich über die Realität hinweggesetzt.»

Aber für französische Regierungen, von welcher politischen Couleur auch immer, war die privilegierte Stellung von Dassault durchaus vernünftig, denn sie entsprach der alten französischen étatistischen Tradition. Die Unterstützung eines privaten Unternehmers im Mittelpunkt der Rüstungsindustrie verschaffte dem Staat die Dynamik, die er brauchte, um einerseits Waffen für sich selbst zu entwickeln und andererseits ins Ausland vorzudringen, wobei der Unternehmer sehr viel mehr Freiheiten hatte als die Regierung, aber immer deren fundamentalen Zwecken diente. Es war ein Verhältnis der Art, wie es vor dem Ersten Weltkrieg zwischen Krupp und der kaiserlichen Regierung bestand, ein Verhältnis, das der Kriegsminister von Heeringen bei seinem Rücktritt so beklagte.[31] Ein derartiges privates Imperium mag unsympathisch sein und eine Einschränkung der Demokratie bedeuten, doch schien es ein geringer Preis zu sein, der für den Beitrag zur nationalen Sicherheit und für Einfluß im Ausland zu zahlen war. Im Lauf der sechziger Jahre vermochte Dassault der britischen und amerikanischen Industrie zu zeigen, wie wirkungsvoll dieses Rezept sein konnte. Die Verbindung von de Gaulles skrupelloser Außenpolitik und Dassaults technologischem Elan verminderte die noch vorhandene Aussicht, den Waffenhandel einer internationalen Kontrolle zu unterwerfen.

Doch konnten weder die Engländer noch die Franzosen trotz ihrer Entschlossenheit, Waffen zu verkaufen, auf lange Sicht mit den wachsenden amerikanischen Exporten Schritt halten. Sie brauchten den Absatz dringender als die Amerikaner, denn ihre Inlandsmärkte waren nicht groß genug, um die Rüstungsindustrie in Gang zu halten. Während die amerikanischen Firmen durch die wachsende Konkurrenz aggressiver wurden, waren die Europäer durch die Rivalitäten zwischen ihren Ländern angetrieben. Als die Supermächte ein hektischeres Tempo bei Innovationen und neuen Systemen anschlugen, die nur sie sich leisten konnten, hinkten die Europäer noch weiter hinterher; und sogar Frankreich war bei aller patriotischen Prahlerei bedenklich abhängig von der fortgeschrittenen amerikanischen Technologie.

Für diese mißliche Lage der Westeuropäer könnte es eine auf der Hand liegende Lösung geben – sie müßten ihre Ressourcen zusammenlegen und eine kontinentale Rüstungsindustrie schaffen. Aber dieser Lösung stehen die ganzen Probleme der europäischen Verteidigungspolitik im Wege. In den beiden ersten Jahrzehnten nach dem Krieg blickte Großbritannien immer noch über den Atlantik, denn mit den Vereinigten Staaten fühlte es sich in erster Linie verbunden und glaubte, die USA würden seine Sicherheit gewährleisten. Diese angelsächsische Bindung erweckte aber bei Frankreich tiefes Mißtrauen; andererseits hegten Großbritannien und Frankreich gleichermaßen einen Argwohn gegen Deutschland, ohne das eine europäische Verteidigungsstreitmacht sinnlos wäre. Ganz Westeuropa erwartete also letztlich seinen Schutz von Amerika. In dieser Situation waren die amerikanischen Rüstungsfirmen eindeutig im Vorteil. Die kommerzielle Abhängigkeit ließ sich nicht von der politischen trennen, aber die Europäer sträubten sich, dies zu akzeptieren. Ihre Schwäche fand ihren Niederschlag in Korruption und einer zunehmend «lateinamerikanischen» Haltung. Für die Amerikaner waren die Europäer eine leichte Beute ihrer Produkte. Aber umgekehrt wollten die Europäer möglichst viel herausholen.

Bei den anrüchigen Geschäften, die nun folgten, ist es schwer zu entscheiden, welche Seite sich am übelsten aufführte.

Kapitel 6

Lockheed und die Schlacht um Europa

Kaum irgend etwas sonst wird mehr dazu beitragen, die Demokratien überall auf der Welt in Mißkredit zu bringen, als die Korruption.
Senator Percy, Mai 1976[1]

Es ist bezeichnend für die Nachkriegszeit, daß der typische Waffenhändler jetzt kein fanatischer Erfinder wie Maxim oder Krupp war, auch kein hartgesottener Kapitalist wie Craven oder Carse, sondern ein freundlicher Beamter, der loyal für seine Regierung arbeitete und sich mit technischen und logistischen Einzelheiten befaßte. Henry Kuss, der fast die ganzen sechziger Jahre hindurch der Hauptwaffenhändler des Pentagon war, sah sich ursprünglich als Organisator, der nicht Waffen verkaufen, sondern rationalisieren und koordinieren sollte. Dieser wohlbeleibte Mann mit dem feisten Kinn und dem ungezwungenen Lächeln war ein Verkäufer von höchst entwaffnender Art. Sein vertrauenerweckendes Gesicht könnte einem Mann gehören, der im Werbefernsehen Kekse anpreist. Der praktizierende Lutheraner hatte sich der Schaffung einer anständigen, freien Welt verschrieben; im Krieg Marineoffizier, dann Fachmann für Logistik geworden, hatte er nun die schwierige Aufgabe übernommen, Westeuropa mit Waffen zu beliefern.

Als sich die Europäer vom Krieg erholt hatten, konnten sie es sich leisten, ihre Waffen zu kaufen. Schon bald spielte Kuss die entscheidende Rolle als Koordinator ihrer Waffenbeschaffung in Amerika. Nicht er sei der Super-Verkäufer gewesen, beteuert er heute, sondern die anderen Super-Käufer; dies sei doch eine ganz natürliche Entwicklung gewesen, nachdem Europa genügend Kaufkraft besaß und der Kongreß darauf bestand, das Verschenken von Waffen einzuschränken. «Das ist eine entsetzlich langweilige Geschichte – wer wird das lesen?» Aber die Ernennung von Henry Kuss sollte in der Tat gewaltige Auswirkungen auf die Einstellung aller westlichen Nationen zum Waffenhandel haben und Kräfte ins Spiel bringen, die nicht in Schach zu halten waren. «Ich glaubte, ein gutes Werk zu tun, als ich die staatliche Hilfe in Verkäufe verwandelte», sagte Henry Kuss nachdenklich. «Doch die Welt hat sich verändert ... Aber wie kann ich einen moralischen Widerwillen empfinden, wenn es in aller Welt von Armeen und Flotten wimmelt?»

Bereits Ende der fünfziger Jahre wurde Henry Kuss mit der Leitung einer neuen Abteilung im Pentagon betraut, die Military Assistance Planning (Militärische Beistandsplanung) hieß und dafür sorgen sollte, daß kostenlos Waffen nur an solche Länder geliefert würden, die es sich nicht leisten konnten, sie zu bezahlen. Aber Westeuropa, der bei weitem größte Absatzmarkt, war noch sehr knapp an Dollars; und die Europäer wollten ohnehin ihre eigene Rüstungsindustrie aufbauen. Deshalb stimmte das Pentagon einem Kompromiß zu, wonach «Ko-Produktions»-Abkommen getroffen werden sollten, die die Herstellung amerikanischer Waffen in Europa in Lizenz ermöglichten. Europäische Länder, insbesondere die Bundesrepublik, würden somit den Vorteil der Arbeitsbeschaffung und der hohen Technologie haben, während die amerikanischen Firmen immer noch Gewinn erzielen könnten und das US-Finanzministerium weniger an Auslandshilfe zahlen würde.

Die europäischen Firmen waren bald eifrig damit beschäftigt, amerikanische Waffen zu produzieren, und 1959 wurden Lizenzen für das spektakulärste aller neuen Flugzeuge, den Starfighter von Lockheed, der Bundesrepublik und anderen Ländern erteilt. Die amerikanischen Rüstungsfirmen begannen an einem lang anhaltenden europäischen Boom teilzuhaben.

Dann trat 1961 die Kennedy-Administration ihr Amt an, und im Pentagon machte sich rasch die Persönlichkeit des neuen Verteidigungsministers Robert McNamara eindringlich bemerkbar. Er, der ja von der Ford Motor Company kam, war der Meinung, das Pentagon müsse nach wirtschaftlichen Gesichtspunkten geführt werden, sowohl beim Waffenverkauf als auch in den anderen Abteilungen, zudem gab es dringende Gründe für eine Reform. Erstens bestand ein beklagenswerter Mangel an Standardisierung der Waffen in den Ländern der NATO. Ihre Armeen verwendeten 1961 vierzehn verschiedene Munitionstypen für Handfeuerwaffen, während die Russen nur eine Art verwendeten. Ob es sich nun um Flugzeuge, Raketen oder Geschütze handelte, jedes europäische Land betrieb seine eigene Forschung und Produktion in einem Chaos der Nichtzusammenarbeit. Die Gefahren traten bei der Berlinkrise von 1961 deutlich zutage. Das System, behauptete McNamara, müsse vereinheitlicht werden; und da die amerikanischen Waffen die fortschrittlichsten seien und den bei weitem größten Inlandsmarkt hatten, müsse der erste Schritt also sein, die amerikanischen Verkäufe energisch zu fördern. Es war sozusagen eine moderne Version von Henry Fords Slogan: Ihr könnt alle Waffen haben, die ihr wollt, vorausgesetzt, sie sind alle gleich.

Zweitens machte sich die Kennedy-Administration große Sorgen über das

Defizit der Zahlungsbilanz, das sich auf $ 3 Mrd. belief – eine Zahl, die einem heute trivial vorkommt, die aber damals eine ernste Bedrohung des Dollar zu sein schien. «Damals nahmen wir flüssige Devisenbestände viel ernster», erinnerte sich Paul Nitze, der ehemalige Bankier, zu jener Zeit Marineminister. «Die Stabilität der Reservewährung erschien wesentlich für das ganze internationale System.»[2] In dieser Krise wirkte das Verschenken von Waffen im Wert von $ 1,5 Milliarden jährlich geradezu verwerflich. Und so erklärte Kennedy den NATO-Verbündeten zu Beginn seiner Präsidentschaft, sie müßten ihre Waffen jetzt bezahlen. Im Laufe des Jahres 1961 untersuchte ein Expertenteam unter Leitung von McGeorge Bundy und Paul Nitze, unterstützt von Henry Kuss und anderen Sachverständigen des Pentagon, das Problem. Es wurde beschlossen, innerhalb des Pentagon eine Sonderabteilung einzusetzen. Sie erhielt einen Namen, der ein Meisterstück der Pentagon-Sprachregelung war: Internationale Logistik-Abschlüsse (International Logistics Negotiations). Aber in Wirklichkeit war ILN ganz schamlos eine Organisation, um Waffen zu verkaufen.[3]

Kuss selbst wurde zum Chef dieser Dienststelle ernannt und ließ wenig Zweifel an seinen Absichten aufkommen. Mit seinen einschüchternden Methoden und seinem missionarischen Stil wurde dieser Mann mit dem umgänglichen Wesen bald zu einer legendären Gestalt in Washington und den europäischen Hauptstädten. Wie alle großen Waffenhändler, wie Zaharoff, Craven oder Krupp, sah er keinen grundlegenden Unterschied zwischen Waffen und anderen Waren; aber mit der Autorität, die ihm sein Amt verlieh, erhob er den Waffenhandel gleichsam in den Rang eines Kreuzzuges, so daß es fast ein Verbrechen war, *keine* Waffen zu verkaufen. «Diese Neigung der amerikanischen Firmen, sich vom internationalen Waffenmarkt fernzuhalten, ist gefährlich», erklärte er. «Unter dem politischen Gesichtspunkt ist der internationale Handel das ‹Lebenslicht› einer friedlichen Welt. Er führt Verständigung herbei; ohne Handel gibt es keine Kommunikation, es entstehen Mißverständnisse.»[4]

Jetzt war es die Regierung, die darauf drängte, daß die Firmen verkauften. Kuss bildete aus seinem Stab von vierzig Mitarbeitern vier Arbeitsgruppen, rot, weiß, blau und grau, die den Weltmarkt unter sich aufteilten, um ausländische Regierungen von der Notwendigkeit zu überzeugen, Waffen zu kaufen, und die amerikanischen Firmen von der Notwendigkeit, sie zu verkaufen. Schon bald zeigten sich Ergebnisse: von 1962 an konnte Kuss sich rühmen, daß die Vereinigten Staaten alljährlich Waffen im Wert von durchschnittlich $ 2 Milliarden verkauften – mehr als das Doppelte dessen, was sie als Auslandshilfe verschenkt hatten.[5]

Diese große Welle der Waffenverkäufe rief zuerst wenig Protestgeschrei hervor, weder im Kongreß noch anderswo. Der Kalte Krieg wütete, und der größte Teil der Waffen ging in die Industrieländer der NATO und nach Japan, die sie sich leisten konnten und sie brauchten. Schließlich vermochten sich die Europäer gegen allzu große Geschäftstüchtigkeit zu wehren; und wenn sie nun gezwungen wurden, ihre Ausrüstung zu standardisieren, dann um so besser. Nur ein Bruchteil der Waffen wurde an Entwicklungsländer geliefert, denn dieser Absatz wurde in Grenzen gehalten, teils durch das Kontrollsystem in Washington und teils durch die schiere Armut der Kunden.

Das System der Lizenzvergabe für Waffen war in der Theorie ganz enorm. Das Außenministerium hatte die Befugnis, Verkäufe zu verbieten und zu bestimmen, welche Länder Waffen haben dürften; außerdem wurde, eben zur selben Zeit, als Kuss seinen Posten erhielt, im Außenministerium ein neues Amt eingerichtet, das Amt für Waffenkontrolle und Abrüstung (ACDA). Aber ACDA befaßte sich hauptsächlich mit Problemen der Nuklearwaffen und war in seinen Entscheidungen vom Außenminister abhängig. In einem Bericht des Kongreß-Ausschusses für auswärtige Beziehungen vom Januar 1967 hieß es: «Trotz seiner Satzung hat ACDA kein Mitspracherecht, wenn Entscheidungen über Waffenverkäufe getroffen werden.» Die grundlegenden Entscheidungen wurden im Kabinett getroffen, wo Dean Rusk eine weit weniger hervorragende Figur machte als McNamara vom Pentagon. McNamara gewährte Kuss volle Unterstützung, und 1965 erklärte er auf einer Pressekonferenz, ihm liege daran, daß die Entwicklungsländer keinen zu großen Teil ihrer Mittel für Waffen abzweigen. Doch die zunehmende Verkaufstüchtigkeit setzte sich bald über dieses Anliegen hinweg.

Daß sich neuerdings Regierungen mit Waffenhandel befaßten, trug dazu bei, etwaige Besorgnisse der Öffentlichkeit darüber zu beschwichtigen. Denn die Regierungen verliehen dem Geschäft nicht nur eine neue Ehrbarkeit, sondern schienen auch die moralische Verantwortung dafür zu übernehmen. Etwaige Konflikte zwischen kommerziellen und moralischen Interessen wurden jetzt in aller Stille zwischen Pentagon und Außenministerium bereinigt, und die Firmenvertreter brauchten keine Gewissensbisse mehr zu haben wie Frank S. Jonas in den dreißiger Jahren («Es ist schon ein verdammter Beruf ...»). Der Trieb zum Verkaufen war jetzt stärker, und die Regierungen achteten nun ebenso auf die Erfordernisse der Vollbeschäftigung oder der ausgeglichenen Zahlungsbilanz wie jede private Firma. Ein Gewerkschaftsfunktionär, der einem Kongreßabgeordneten gegenüber seinen Standpunkt vertrat, war ein ebenso erfolgreicher Lobbyist wie irgendein Industriekapitän, und Regierungen konnten jetzt aus drei verschiedenen Richtungen zu Exporten angestachelt werden – vom Finanzministerium, um Devisen zu bekommen, von den einzelnen Regionen, um Arbeitsplätze zu sichern, und von den Streitkräften, um durch Produktionssteigerung die Kosten zu senken. Für Politiker und Beamte waren Waffenexporte jetzt ein Bestandteil der gesamten nationalen Bilanz wie jede andere Handelsziffer, und die Resultate konnten in der Statistik verschwinden. Aber hinter dieser kühlen Ehrbarkeit spielte sich eine bedeutsame Veränderung ab, denn jetzt wurden die Waffenhändler mit all ihrer traditionellen Skrupellosigkeit wieder auf die Welt losgelassen.

Das Netz Lockheed–Bernhard

Während sich das Pentagon mit seinem ganzen Gewicht für den Waffenhandel einsetzte, hatten die größten amerikanischen Flugzeugfirmen schon in den fünfziger Jahren den Atlantik überquert, um ihren Absatzmarkt auszuweiten. Je schärfer die Konkurrenz innerhalb der Vereinigten Staaten war, um so mehr richteten die Firmen den Blick auf die weniger entwickelten Gebiete in Europa, wo nur Großbritannien und Frankreich leistungsfähige Luftfahrtindustrien hatten. Scharenweise kamen Vertreter aus Kalifornien oder Seattle, verstanden wenig von der Sprache und den Eigenheiten des Kontinents, waren aber fest entschlossen, enge Kontakte und Beziehungen herzustellen. Als Flugzeuge teurer wurden und die Zahl der Aufträge abnahm, näherte sich der Vorgang des Verkaufens noch mehr dem einer kriegerischen Auseinandersetzung; eine Schlacht von ein paar Tagen konnte sich auf ein ganzes kommendes Jahrzehnt auswirken. «Sie können sich nicht vorstellen», erklärte mir ein Flugzeugkäufer, «wie spannend dieses Geschäft ist. Da gibt es Vertreter der verschiedenen Firmen, die alle versuchen, ein und demselben Kunden etwas zu verkaufen, und alle wohnen im selben Hotel. Womöglich essen sie sogar abends gemeinsam. Aber jeder von ihnen weiß, daß die anderen *jemanden* bei der Luftverkehrsgesellschaft oder in der Regierung haben müssen, der unbedingt will, daß das Geschäft zustande kommt. Wir lassen nichts unversucht, um herauszufinden, wer das ist – lesen ihre Telegramme, spicken den Portier, lassen Telephone anzapfen – denn unsere Stellungen und die Arbeitsplätze von Tausenden hängen davon ab.»

Bei dieser Invasion Europas sollte Lockheed eine beherrschende Rolle spielen als eine Rüstungsfirma, die entschlossen war, sich einen weltweiten Absatzmarkt zu erobern. Inwieweit Lockheeds Methoden und Skrupellosigkeit ungewöhnlich oder für die Branche typisch waren, wird sich vielleicht nie ganz herausstellen; denn nur durch eine Folge von Zufällen kamen Lockheeds Geheimnisse ans Licht, und was sich dann zeigte, bot ein genaueres Bild von der Art und Weise, wie das Waffengeschäft vor sich geht, als alles in dem vorangegangenen Jahrhundert der Geheimniskrämerei. Aber andere Hinweise lassen erkennen, daß Lockheed keineswegs ein Einzelfall war; und die nun folgende Geschichte, bei der schattenhafte Gestalten plötzlich im

Scheinwerferlicht der Untersuchungen stehen, gehört mit den zeitlosen Merkmalen des Waffenhandels durchaus zur Tradition von Zaharoff: der dringende Bedarf an einem einzigen großen Auftrag; die kleine Besetzung mit habgierigen Charakterdarstellern; das wechselseitige Spiel von Diplomatie und kommerzieller Druckausübung; und die Bestechlichkeit, getarnt durch diplomatische Geheimhaltung.

Robert Gross, der Vorsitzende von Lockheed, hielt sich immer für einen Internationalisten mit einem kultivierteren Stil als die anderen Flugzeugmagnaten; dennoch war er stets ein zäher Finanzmann und Verkäufer und hatte (wie sich einer seiner ehemaligen Kollegen erinnert) «einige sehr fragwürdige Freunde». Er hatte sich für den Konzern auf ein jährliches Wachstum von 10 Prozent festgelegt und bot seinen Auslandsvertretern Verkaufsprovisionen, die für ihren Arbeitseifer sorgten. Tatsächlich ließ es sich oft nur schwer feststellen, wer einen Abschluß wirklich bewerkstelligt hatte; auf das Luftfahrtgeschäft trifft die Redensart ganz besonders zu, daß «der Erfolg viele Väter hatte, aber der Mißerfolg eine Waise ist». Provisionen wurden oft an Leute bezahlt, die gar nichts getan hatten, denn Gross ließ sich von Titeln und hochtönenden Freunden sehr beeindrucken. Den Provisionen lag noch viel mehr zugrunde, was unausgesprochen blieb: vor allem die Annahme, daß jeder große Auftrag eine Belohnung erheischt.

Zur Unterstützung der Lockheed-Invasion in Europa schickte Gross sich an, ein Netz von Agenten zu organisieren, um die Wege zu ebnen. Einer der wichtigsten war der pfiffige und eloquente Holländer Fred Meuser, der das KLM-Büro in New York geleitet hatte, wo er häufig mit Lockheed in Berührung kam. Meuser hatte eine sehr kosmopolitische Laufbahn hinter sich; studiert hatte er in der Schweiz, wo er ein eifriger Sportler und Skiläufer geworden war; mühelos beherrschte er mehrere Sprachen. Während des Krieges war er mit der britischen Royal Air Force geflogen und hatte nach dem Krieg bei der neuen holländischen Luftverkehrsgesellschaft KLM angefangen, die ihn nach New York schickte. Leitende Angestellte amerikanischer Luftfahrtfirmen fanden ihn nett, wenn auch undurchschaubar, und Gross schien er genau der richtige Mann zu sein. Er trat bei Lockheed ein, erwarb die amerikanische Staatsbürgerschaft und wurde 1954 nach Genf versetzt als Lockheeds Direktor für Europa, Afrika und den Nahen Osten. Binnen kurzem baute er ein Netz von «allerhöchsten Beziehungen» auf, wie er sich ausdrückte.

Als seinen Gehilfen wählte Meuser einen alten Schweizer Schulfreund aus, Dr. Hubert Weisbrod, einen vortrefflichen Skiläufer und Amateur-Piloten, Rechtsanwalt in Zürich. Weisbrod wurde ein unschätzbarer Verbündeter. Ein Großteil von Lockheeds späterem Erfolg (so prahlte Meuser später in einem typisch hochtrabenden Brief) «war in nicht geringem Maß auf seinen erfahrenen Rat zurückzuführen und darauf, daß er hinter der Bühne die Fäden in der Hand hatte. Kaum jemals trat Hubert öffentlich für die Unterstützung von Lockheeds Interessen ein; praktisch hat er seine gesamte konstruktive Arbeit diskret und indirekt geleistet.»[6] Im Klartext bedeutete dies, daß Weisbrod ein idealer Kanal für geheime Fonds war. Als Rechtsanwalt genoß Weisbrod den besonderen Vorteil, sich hinter dem Anwaltsgeheimnis verschanzen zu können, denn in der Schweiz sind Anwälte ebenso wie Bankiers vor Nachforschungen geschützt. Trotz seiner Reisen blieb Weisbrod «ein solider Schweizer Bürger». Meuser und Weisbrod mit ihren diskreten Schweizer Bankkonten waren bald der Mittelpunkt eines Lockheed-Netzes, das sich von Genf bis Jakarta und Johannesburg erstreckte. Die Schweizer Geheimniskrämerei sollte für das ganze System der Lockheed-Korruption entscheidend wichtig sein.

Meuser heuerte auch einen einflußreichen holländischen Freund und ehemaligen KLM-Kollegen an, um die Absatzbestrebungen von Lockheed zu unterstützen, einen Helden des Widerstandes mit Namen Teengs Gerritsen. Als junger Mann war Gerritsen ein berühmter Sportler gewesen, hatte an der Ski-Olympiade teilgenommen und in der holländischen Nationalmannschaft Fußball gespielt. Im Zweiten Weltkrieg war er unter der Nazi-Besatzung in Holland geblieben und hatte als Geheimagent für die Engländer gearbeitet, bis er geschnappt, gefoltert und fast umgebracht wurde; an ihm wurden medizinische Experimente vorgenommen, die seine Gesundheit beeinträchtigten. Nach dem Krieg, in den zwielichtigen Jahren, als ein neues Holland Gestalt annahm, war er sehr aktiv in einem Klub ehemaliger Widerstandskämpfer, von denen viele jetzt eine wichtige Rolle in der niederländischen Politik spielten. Auf Fred Meusers Rat hin wurde Gerritsen heimlich als Lockheeds Sonderberater mit einem Gehalt von jährlich $ 18000 angestellt. Gerritsen verstand nicht viel von Luftfahrtgesellschaften, abgesehen von dem, was er bei KLM gelernt hatte, und er hat nie die Lockheedfabrik in Kalifornien besucht. Die Amerikaner kamen zu ihm, wie er später erklärte, weil er gute Beziehungen hatte.[7]

Meuser und Gerritsen hatten zweifellos viele nützliche Beziehungen. Alte Freunde von Gerritsen in Den Haag saßen auf wichtigen Posten, vor allem im Wirtschaftsministerium. Doch beide hatten eine Beziehung, die alle anderen überschattete: Prinz Bernhard der Niederlande. Gerritsen hatte den Prinzen vor dem Krieg bei einem Eishockeyspiel kennengelernt, und nach dem Krieg hatte der Prinz ihn als einen Helden des Widerstandes aufgesucht und sich mit ihm angefreundet. Fred Meuser hatte noch engere Beziehungen; er war ein Spielkamerad von Prinzessin Juliana gewesen, die 1937 Bernhard geheiratet hatte und 1948 Königin wurde. Durch Juliana war auch er enger Vertrauter des Prinzen geworden. Nach dem Krieg hatte Bernhard mit Meuser

Urlaubsreisen unternommen und bei ihm in New York gewohnt.

Durch Meuser wurde Robert Gross Anfang der fünfziger Jahre mit Prinz Bernhard bekannt. Der extravertierte prinzliche Geschäftsmann war mit seinem breiten Lächeln, seiner weißen Nelke und seinen ständigen geschäftlichen Umtrieben bereits eine weltbekannte Persönlichkeit; in Holland saß er nicht nur im Aufsichtsrat der nationalen Fluggesellschaft KLM und einer Unmenge anderer Firmen, sondern war auch Generalinspekteur der Streitkräfte und eine Art Sonderbotschafter. Diese Mischung von königlichen und kommerziellen Betätigungen war den Holländern willkommen, denn er schien die innige Verbindung des Hauses Oranien mit der dynamischen Wirtschaft zu symbolisieren. Das Parlament ließ ihm freie Hand, lukrative Aufsichtsratsposten anzunehmen.

Über die Belastungen oder Interessenkonflikte, die mit dieser Doppelrolle verbunden sein mochten, wurden nicht viele Worte verloren, denn er genoß Vertrauen. Gewiß, er war in Deutschland aufgewachsen als Sohn eines verarmten Duodezfürsten; er hatte für die IG Farbenindustrie gearbeitet und war vor dem Krieg sogar SS-Anwärter gewesen. Aber die Erinnerung daran war ausgelöscht durch seine Kriegslaufbahn in Großbritannien, als er nicht nur Pilot in einer der holländischen Staffeln der RAF, sondern auch Oberbefehlshaber der holländischen Streitkräfte im Ausland war. In dieser Eigenschaft war er nach Holland zurückgekommen und hatte die Kapitulation der Deutschen entgegengenommen; seine Schwiegermutter, Königin Wilhelmina, wollte, daß er Oberbefehlshaber bleibe, doch das Parlament lehnte dies ab. Der Prinz blieb ein nationales Symbol durch seine Verbindung mit der Résistance und verlieh dem königlichen Haus neuen Glanz. Elegant und forsch, wie er war, besaß er die Gabe, seine Ideen, ob es sich nun um sein Land oder Exportfirmen handelte, «an den Mann zu bringen», und er verkörperte die wirtschaftliche Wiederbelebung der Niederlande; sogar einige Briten, die die Verstaubtheit ihrer Monarchie beklagten, beneideten die Holländer um den geschäftstüchtigen Gemahl ihrer Königin.

Bernhard war auch sehr aktiv in internationalen Organisationen, die sich das Ziel gesteckt hatten, einen Ausgleich zwischen Wirtschaft und Politik herbeizuführen. 1954 führte er den Vorsitz bei einer Zusammenkunft von Geschäftsleuten und Politikern aus aller Welt im Rokoko-Hotel Bilderberg bei Arnheim, um globale Probleme zu diskutieren. Diese späteren jährlichen Bilderberg-Tagungen, die jeweils in einem anderen Land unter dem Vorsitz des Prinzen abgehalten wurden, erlangten bald eine besondere Aura als Treffpunkt von Bankiers, Politikern und Industriellen. Für die Linke waren die Bilderberg-Konferenzen ein Schreckgespenst, aber wenn die Teilnehmer auch zu Geheimniskrämerei neigten und vorwiegend konservativ waren, vertraten sie doch keine bestimmte politische Richtung und waren durchaus bereit, Sozialdemokraten wie Helmut Schmidt und Denis Healey einzuladen. 1961 gründete Bernhard mit Unterstützung internationaler Granden und Wirtschaftsbosse, darunter Courtlandt Gross von Lockheed (Bruder von Robert Gross), Tom Jones von Northrop und seinem Freund Fred Meuser, eine weitere hochtrabende Organisation, den World Wildlife Fund; und als Beschützer der Tiere der Welt erschien der Prinz noch liebenswerter.

An diesen und anderen globalen Zusammenkünften war an sich nichts Schlimmes; alledem lag nur die Voraussetzung zugrunde, daß das, was für die freie Welt gut war, auch für die internationale Wirtschaft gut war und umgekehrt. Die Zusammenkünfte boten einen erlesenen Rahmen für zwanglose Begegnungen zwischen Industriekapitänen und Politikern, und auf dieser Bühne war der Prinz in seinem Element; denn er besaß das Talent des erfahrenen Public Relations-Mannes, Leute zusammenzubringen und es ihnen behaglich zu machen. Hinzu kamen der Glanz und das Beruhigende seines hohen Titels.

Der Prinz hatte in eine der reichsten Familien Europas eingeheiratet – eine Tatsache, die dazu beitrug, alle Bedenken der Holländer, er könnte sich an seinen kommerziellen Tätigkeiten bereichern wollen, zu beschwichtigen. Doch in Wirklichkeit wurde er von seiner Frau und dem Parlament kurz gehalten, das ihm nur eine Apanage bis zu 300000 Dollar und einen einzigen Sekretär zugestand – ein kärgliches Arrangement im Vergleich etwa mit Prinz Philip von Großbritannien (ebenfalls ein Prinz ohne viel Geld, der in eine sehr reiche Familie einheiratete und über einen persönlichen Stab von acht Mitarbeitern verfügt). In einem Artikel für die Zeitschrift *Colliers* im Juni 1953 hatte sich Bernhard gelinde über seine Lage beschwert: «Wir Prinzen haben auch finanzielle Probleme. Wie viele Menschen heutzutage haben die meisten von uns Mühe, mit unseren Einkünften auszukommen. Manche Leute glauben, Könige und Königinnen seien noch so reich wie der sagenhafte König Midas. Dem ist nicht so.» Seine finanziellen Probleme und Ambitionen wurden von den Holländern kaum beachtet, aber von Lockheed wurden sie bald erkannt.

In der Tat hatte Prinz Bernhard immer Mühe, mit seinen Einkünften auszukommen, aus Gründen, die der holländischen Öffentlichkeit vorenthalten wurden. Einige Minister und Journalisten wußten sehr wohl, daß es in der Ehe des Prinzen mit der Königin seit vielen Jahren Schwierigkeiten gegeben und er sich ausgiebig außerehelich betätigt hatte. Dann und wann sickerte etwas über eine Freundin durch, und viel später wurde bekannt, daß er Anfang der sechziger Jahre in Paris eine Geliebte gehabt hatte, Poupette. Es gab eine gemeinsame Tochter. Aber die Redaktionen und die Politiker verspürten damals keine Neigung, solchen Geschichten nachzugehen. Dank dieser Diskretion machten sich wenig Menschen ernstlich Gedanken über das

Privatleben des Prinzen; auch wäre es weder für die holländische Politik noch für Lockheed von Belang gewesen. Aber es war eben sehr aufwendig. Der Prinz sorgte großzügig für seine Freundinnen und ihre Kinder, und schließlich konnte er die Königin kaum um zusätzliche finanzielle Unterstützung bitten. In der Verwundbarkeit des Prinzen und seiner öffentlich vorgetäuschten Tugendhaftigkeit lag die Chance für Lockheed und andere; denn was der Staat nicht öffentlich beschaffen konnte, konnte das Lockheed-Netz heimlich beschaffen. In gut informierten Kreisen der Wirtschaft in den sechziger Jahren (so versicherte mir ein Lockheed-Direktor) «war es allgemein bekannt, daß der Prinz auf der Liste stand». Wenn das stimmt, dann wurde das, was allgemein bekannt war, der Allgemeinheit geschickt verheimlicht.

Damals schien das Lockheed-Netz in Europa das Wesentliche des atlantischen Geistes zu repräsentieren, und seine Agenten waren achtbare Kriegshelden; und wenn einige von ihnen Geheimagenten waren, dann waren sie Geheimagenten für eine gute Sache. Lockheed hatte zu jener Zeit eine besondere Aura als größte Rüstungsfirma mit engen Beziehungen zum geheimen Nachrichtendienst; auf besonderen Wunsch von Allen Dulles, dem Direktor der CIA in den fünfziger Jahren, hatte Lockheed das spektakuläre Aufklärungsflugzeug U2 gebaut, das plötzlich Ruhm erlangte, als es 1960 von den Russen abgeschossen wurde und die Gipfelkonferenz platzen ließ. Es wurde gemutmaßt, daß Lockheeds Bindungen an die CIA viel tiefer reichten, bis zu ihrer Tätigkeit und ihren Vertretern im Ausland; doch das blieb Spekulation.

Lockheed-Vertreter bildeten einen stolzen Verein. In Belgien heuerte Lockheed einen weiteren ehemaligen RAF-Piloten an, Jean-Pierre Bonsang. In London trat Fregattenkapitän Michael Parker in ihre Dienste, der australische Marineoffizier, zuvor Prinz Philips Privatsekretär, jetzt ein begeisterter Lockheedianer und enger Mitarbeiter von Gerritsen. In dem damaligen Klima des Kalten Krieges, als Berlin noch bedroht war, wurde mit dem Verkauf von Flugzeugen etwas für die Sicherheit des Westens getan. Die Lockheed-Leute trugen dazu bei, durch Standardisierung der Flugzeuge die Einheit des Westens zu stärken. Für alle, die zum militärisch-industriellen Komplex gehörten, war das Geschäft ein Kreuzzug.

Der Starfighter

In den ersten Nachkriegsjahren hatte das Hauptgeschäft von Lockheed in Europa wie das von Douglas und Boeing darin bestanden, Passagierflugzeuge zu verkaufen. Die Constellations und Super-Constellations von Lockheed hatten beträchtlichen Erfolg gehabt. Doch die Gründung der NATO und die Aufnahme der Bundesrepublik in das Bündnis 1955 schufen einen in der Geschichte der Industrie beispiellosen militärischen Exportmarkt. Von Anfang an war sich die NATO darüber einig gewesen, daß neue Waffen nach Möglichkeit standardisiert sein sollten, wodurch sich die Gewinnchancen bei jedem Konkurrenzkampf beträchtlich vergrößerten. Die Aussicht, einheitliche Waffen für das Bündnis zu liefern, das mit seiner Bevölkerung von 200 Millionen in die Größenordnung der Vereinigten Staaten und der Sowjetunion fiel, war überwältigend – vor allem die Aussicht auf einen NATO-Jäger, von dem nach 1955 die Rede war. Bei diesem Konkurrenzkampf war Deutschland gleichsam der Hauptgewinn, da zuerst Großbritannien und dann Frankreich eigene Flugzeugindustrien hatten. In der Bundesrepublik gab es ja keine; und für welches Flugzeug sich Deutschland auch entscheiden mochte, es war sehr wahrscheinlich, daß die Niederlande, Belgien, Italien und andere Länder seinem Beispiel folgen würden. Die deutsche Entscheidung würde sich also auf die Bilanzen der gesamten westlichen Flugzeug-Industrie auswirken.

1957 machten sich die drei westlichen Großmächte, die Flugzeuge produzierten, für den Konkurrenzkampf bereit. Großbritanniens Jäger waren (um Harold Macmillan zu zitieren) «in einem traurigen Zustand des Durcheinanders», und das einzige in Frage kommende Flugzeug war der Saunders-Roe-Jäger, den es nur als Modell auf der Insel Wight gab. Doch in Frankreich hatte Dassault schon seine Mirage III entwickelt, die sich im Suez-Krieg vielversprechend bewährt hatte. Die Vereinigten Staaten hatten mehrere Bewerber: den Super Tiger der Firma Grumman auf Long Island (vgl. Kap. 14); von Northrop den N-156F, den Prototyp des späteren Tiger (vgl. nächstes Kapitel) und den Starfighter oder F 104, den Lockheed entwickelt hatte.

Der Starfighter war der spektakulärste Kandidat. Er war von Lockheeds Chefkonstrukteur Kelly Johnson mit einem bleistiftdünnen Rumpf und winzigen, nur wenig über zwei Meter langen Flügeln entworfen worden. Er wurde «ein Fernlenkgeschoß mit einem Mann drinnen» genannt. Er konnte in die Höhe schießen wie eine Rakete und mit doppelter Schallgeschwindigkeit fliegen. Erfahrene Piloten waren von ihm fasziniert, aber er war ein erbarmungsloses Flugzeug und verlangte peinlich genaue Handhabung; schon während der Entwicklung stürzten viele Starfighter ab. Nachdem die amerikanische Luftwaffe ein paar bestellt hatte, fand sie sie zu unzuverlässig und schickte die restlichen nach Taiwan und Pakistan. Aber Lockheed war um so entschlossener, den Starfighter an Europa zu verkaufen, und leitete einen beispiellosen Werbefeldzug in die Wege. Ein weiterer Grund für Lockheeds Entschlossenheit zum Export waren die Schwierigkeiten, die die Firma im Inland hatte. 1957 hatte sie schwer unter den Kürzungen der Verteidigungsausgaben in Amerika zu leiden gehabt, die ihr in fünf Monaten durch Auftragsstornierung einen Verlust von $ 150 Millionen einbrachten. Kurz danach sah sie sich einer weiteren Krise gegenüber, als mehrere ihrer neuen Verkehrsmaschinen Electra abstürzten; die Flügel mußten mit gewaltigen Kosten verstärkt werden, und mittlerweile war Lockheed aus dem Wettrennen um Passagierflugzeuge ausgeschieden. Wieder einmal erwartete sie die Rettung von militärischen Exporten.

Zu diesem finanziellen Anreiz kam der Eifer eines neuen Leiters hinzu, der bald den ganzen Konzern beherrschen sollte. Daniel Jeremiah Haughton war bei Lockheed bereits ein legendärer Name geworden, denn er hatte das Werk Marietta in Georgia kostenbewußt und mit unermüdlicher Geschäftstüchtigkeit geleitet. Der Sohn eines Bergmannes aus Alabama war während der Depression nach Kalifornien gegangen und 1939 bei Lockheed als Systemanalytiker – damals wußte kaum jemand, was das bedeutete – eingetreten. Aber bald atmete er den Geist des aeronautischen Abenteuers; mit seinem leidenschaftlichen, missionarischen Stil schien er die Luftfahrt fast mit der Rettung der Welt gleichzusetzen. Sogar in London hat er, wie es heißt, abgebrühte Beamte, denen er einen Vortrag hielt, zu Tränen gerührt. «Ich hatte das beunruhigende Gefühl», sagte ein normalerweise skeptischer leitender Angestellter von Rolls-Royce, «daß wir, wenn er uns auffordern würde, zum Fenster hinauszumarschieren, ihm folgen würden.»

1956 wurde Haughton Lockheeds geschäftsführender Vizepräsident, während Robert Gross Vorsitzender und sein Bruder Courtlandt Vizepräsident waren. Doch zeigte sich bald, daß Haughton die treibende Kraft war. Der ganze Konzern war von seinem Elan und seinem Eifer durchdrungen. Er stand morgens um vier Uhr auf und hatte ein solches Arbeitstempo, daß er zwei Teams von Sekretärinnen und Assistenten brauchte, die schichtweise arbeiteten, um mit ihm Schritt zu halten. Zu Hause betreute er seine kranke Frau, die an multipler Sklerose litt. Sein Arbeitsstil war hart antreibend, aber entwaffnend: er pflegte seinen Hut in den Nacken zu schieben und das Geschäftliche mit Rommé zu verbinden. In der Industrie rief seine Vorherrschaft Verehrung und bitteren Groll hervor. Doch ist die Luftfahrtindustrie auf gewaltige Wagnisse und aggressive Verkaufstechnik angewiesen und neigt dazu, Autokratie zu fördern.

Haughton feuerte seine Lockheedianer an, ins Ausland zu gehen und ihre Flugzeuge dort zu verkaufen. Sein Schwung und seine Ungeduld trieben sie an, so scharfe Verkaufsmethoden anzuwenden, wie sie nur konnten. Die Lockheed-Vertreter waren jedenfalls «zielbewußt» und überzeugt, daß die Zukunft des Konzerns von ihnen abhing, instinktiv reagierten sie rasch auf die Peitsche des Anführers. Doch Haughton betonte gern, daß jedermann seine Verantwortung genau kannte. «Zeigen Sie mir den Mann», pflegte er zu sagen, «der glaubt, er werde gefeuert, wenn er den Auftrag nicht bekommt.»

Der bei weitem wichtigste Absatzmarkt für den Starfighter war die Bundesrepublik, deren Entscheidung die anderen Länder vermutlich folgen würden, und hier unternahm Lockheed den ersten Großangriff. Die Firma hatte dort bereits einen Agenten mit sehr guten Beziehungen, Guenther Frank-Fahle, der ebenso wie Prinz Bernhard vor dem Krieg für die IG Farbenindustrie gearbeitet hatte und der dort Direktor geworden war. Nach dem Krieg gründete Frank-Fahle seine eigene Firma, die Commerz GmbH, und Mitte der fünfziger Jahre wurde er Repräsentant von Lockheed; es gelang ihm, gegen scharfe Konkurrenz von Douglas Super-Constellations an die Lufthansa zu verkaufen.

Aber für den Starfighter brachte Lockheed noch eine besondere Invasion aus Kalifornien auf die Beine, und ein Team von zwanzig Vertriebsleuten stieg im Hotel Kaiserhof in Bonn ab, um eine lange Belagerung zu beginnen. Wochenlang bearbeiteten sie unermüdlich die Bundestagsmitglieder, gaben Parties, hielten Vorträge, machten Geschenke und warteten und warteten auf ihrer langen Wacht am Rhein.

Bonn war damals noch eine verschlafene Kleinstadt mit einem bescheidenen Lebensstil; das deutsche Wirtschaftswunder begann gerade erst, und dieser lautstarke und extravagant aufgezogene Apparat von Lockheed wirkte wie eine Abordnung aus dem Märchenland. Keine andere Luftfahrtvertretung konnte sich mit ihr vergleichen. Die Leute von Grumman waren mit Europa noch wenig vertraut. Die *équipe* von Dassault erhielt insgeheim Unterstützung von der französischen Botschaft, war aber nicht bereit, den Deutschen viele Konzessionen zu machen. Und die Haltung der Engländer war: Friß Vogel oder stirb, und es widerstrebte ihnen offenbar, zuviel über ihren Hauptkandidaten, den Saunders-Roe-Jäger, zu verraten. Der Mann von Rolls-Royce (die die Triebwerke herstellen sollten) fuhr in seinem Rolls-Royce durch die Gegend und gab würdevolle Erklärungen ab: den beobachtenden Journalisten kam es so vor, als ob er weniger ein Vertreter als vielmehr der Botschafter von Derby wäre. Nachdem das erste Lobby-Stadium vorbei war, blieben nur noch zwei ernstzunehmende Bewerber übrig: Dassault und Lockheed.

Ihre letzte Zielscheibe war der Verteidigungsminister Franz Josef Strauß, der das Amt 1956 angetreten hatte und entschlossen war, die deutschen Streitkräfte zu einem machtvollen Bestandteil der NATO zu machen. Dieser urige Bayer mit seinem bulligen, draufgängerischen Stil brachte die ganze freigesetzte Energie des wiederbewaffneten Deutschlands zum Ausdruck, aber seine Außenpolitik war undurchsichtig. In der Vergangenheit war er Protégé der Amerikaner gewesen; er wurde aus einem Kriegsgefangenenlager in der amerikanischen Besatzungszone entlassen, um Dolmetscher und später stellvertretender Landrat zu werden, und er hatte viele amerikanische

Freunde. Aber Strauß wollte auch eine starke Achse Paris-Bonn innerhalb der neuen Europäischen Wirtschaftsgemeinschaft aufbauen und war ständig hin- und hergerissen zwischen Washington und Paris. (Als ich ihn später fragte, welches von beiden er wählen würde, antwortete er: «Wählen Sie zwischen Ihrem Hemd und Ihren Unterhosen?»)

Die Entscheidung für einen Jäger würde gleichsam eine Wasserscheide sein. Straußens frankophile Neigung sprach eher für Dassault, womit das Fundament eines deutsch-französischen Technologiebündnisses gelegt würde; aber er war auch von der amerikanischen Technologie fasziniert und wollte, daß die Bundesrepublik Teil einer Atomstreitmacht werde. Und gerade die Kompliziertheit und Gefährlichkeit des Starfighters stellte für die wiedererstandene deutsche Luftwaffe eine Herausforderung dar. Strauß selbst sagte darüber: «Nachdem wir nach dem Zweiten Weltkrieg elf Jahre lang keine Militärflugzeuge fliegen durften, mußten wir von einer tapferen, jungen Generation verlangen, daß sie sich mit einem einzigen, wirkungsvollen Sprung buchstäblich hineinstürzt in eine neue und komplizierte Ausrüstung, Ausbildung und Waffensysteme.»[8] Wie tapfer sie war, sollte sich erst später zeigen.

Im Herbst 1958 hatte Strauß beschlossen, den Starfighter zu wählen. Im Dezember hatte der Bundestag seine Entscheidung ratifiziert, und im März 1959 wurde der Vertrag für die ersten 96 Maschinen unterzeichnet. In den nächsten zwei Jahren folgten andere Länder: die Niederlande, Belgien, Italien, Kanada, Japan. Es war ein Triumph sowohl für Lockheed als auch für die Standardisierung. Alle Maschinen wurden in Europa hergestellt aufgrund von Koproduktionsabkommen, die den europäischen Fabriken Arbeit verschafften und dazu beitrugen, ein Fundament für eine europäische Luftfahrttechnologie zu legen. In der Bundesrepublik wurden Starfighter in der Nähe von München von einem Konsortium unter Führung der aus der Vorkriegszeit berühmten Firmen Messerschmitt und Heinkel hergestellt. Doch wenngleich sich die Fabriken in Europa befanden, lag die technologische Zukunft mehr denn je jenseits des Atlantik. Für Lockheed war es nicht nur ein Sieg über die Franzosen, sondern auch über ihre amerikanischen Konkurrenten. In den nächsten fünfzehn Jahren sollten insgesamt mehr als dreitausend Starfighter gebaut werden.

Es ist verlockend, darüber zu spekulieren, wie anders die spätere Entwicklung in Europa verlaufen wäre, wenn das französische und nicht das amerikanische Flugzeug gewählt worden wäre: ein gemeinsamer europäischer Jäger hätte vielleicht noch manches andere in seine Flugbahn gebracht, was technische und politische Zusammenarbeit betrifft, und die Basis für eine von Amerika unabhängige und viel wettbewerbsfähigere Industrie geschaffen. So, wie die Lage nun war, blieben die französischen und britischen Firmen sich selbst überlassen und wurden von den amerikanischen immer mehr überflügelt.

Doch die Gründe der Europäer, sich für den Starfighter zu entscheiden, erschienen recht logisch. Wie immer die technischen Argumente lauteten, das Verhältnis zu Amerika war für die Bundesrepublik und Strauß von überragender Bedeutung. Nachdem die Bundesrepublik einmal ihre Wahl getroffen hatte, hatten die kleineren Länder dringende Gründe, ihrem Beispiel zu folgen. Denn stets mußten sie fürchten, daß die Amerikaner, wenn sie nicht bei ihnen kauften, nicht mehr daran interessiert sein würden, sie zu verteidigen. Die amerikanischen Botschaften machten mächtig Stimmung für Lockheed: als die niederländische Regierung vor die Wahl gestellt war, wurde ihr gesagt, «wenn eine europäische Maschine beschafft würde, brauchte sie nicht mehr auf amerikanische Unterstützung zu rechnen».[9] Aber gleichzeitig hatte Lockheed im dunkeln gearbeitet, um nichts zu riskieren. Es gab zu jener Zeit in Bonn viele Beobachter und Journalisten, die den Verdacht hatten oder vermuteten, daß damals große Geldbeträge in andere Hände übergingen; den Auftrag in der Bundesrepublik hatte Lockheed gewiß unbedingt nötig, und im Klima jener Jahre erwartete so mancher aufstrebende Politiker, «honoriert» zu werden. Damals und später waren Gerüchte im Umlauf über Gelder, die in Parteikassen flossen. Aber der hier folgende Bericht muß sich auf das beschränken, was aus persönlichen Zeugenaussagen, Firmenunterlagen und offiziellen Berichten ersichtlich war.

Etwa zur selben Zeit, zu der sich die niederländische Regierung für den Starfighter entschied, also Ende 1959, regte Fred Meuser von der Schweiz aus bei Lockheed an, seinem Freund Prinz Bernhard einen Lockheed-Reisejet, den Jet-Star, zu schenken, der damals etwa eine Million Dollar kostete. Der Vorschlag, behauptete Lockheed später, habe keinerlei Zusammenhang mit dem Starfighter-Geschäft gehabt, sondern Meuser sei wegen der jahrelangen Beziehungen zwischen Robert Gross und dem Prinzen auf den Gedanken gekommen. Er habe den Zweck verfolgt, «eine günstige Atmosphäre für den Verkauf von Lockheed-Produkten in Holland» zu schaffen. Der Vorschlag wurde in Burbank diskutiert; Gross war dafür, aber Haughton (wie er später selbst berichtete) konnte sich nicht dafür erwärmen, und schließlich wurde der Vorschlag abgelehnt, weil das Geschenk «mit großen taktischen Schwierigkeiten verbunden» wäre.[10]

Kurz danach, Anfang 1960, kam Fred Meuser mit einer neuen Idee heraus: Der Prinz sollte statt dessen eine Million Dollar erhalten. Meuser wies darauf hin, daß Bernhard viele persönliche und karitative Verpflichtungen habe und die Summe als Provision für die Starfighter, die in den folgenden drei Jahren geliefert würden, gerechtfertigt werden könne. Robert Gross war wieder einverstanden und bat Meuser und dessen Schweizer Mitarbeiter Hubert

Weisbrod, die Sache zu arrangieren. Am 2. September traf Gross selbst den Prinzen in Rom, und am 26. September rief einer von Lockheeds Juristen, Roger Bixby Smith, im königlichen Palast in Soestdijk an, und der Prinz erklärte ihm, wie die Million Dollar durch Weisbrod in der Schweiz bezahlt werden solle.

Vier Tage später traf Roger Smith im Hotel Dolder in Zürich einen bemerkenswerten Mittelsmann; es war der weißrussische Reitergeneral Pantschulischew, der der Mutter des Prinzen sehr nahestand und, wie es gerüchtweise hieß, sie sogar geheiratet hatte. Er übergab Roger Smith einen Zettel mit der Nummer eines Bankkontos; und danach wurden von Lockheed sukzessive Überweisungen auf dieses Konto vorgenommen: zuerst $ 300000 im Oktober 1960; dann $ 300000 in 1961 und $ 400000 in 1962. Wohin das Geld schließlich ging, ist immer noch nicht erwiesen; aber es besteht wenig Zweifel, daß es für Prinz Bernhard oder seine Familie bestimmt war.

Mittlerweile hatte Fred Meuser selbst seine Entschädigung im Zusammenhang mit dem Starfighter-Geschäft erhalten, und zwar 3,6 Millionen deutsche Mark als Provision für die ersten 96 Maschinen. Im Hause Lockheed wird jetzt behauptet, Meusers Provision sei einfach Routinesache gewesen für den Chef des Genfer Büros, und er habe keinerlei Einfluß auf das Starfightergeschäft gehabt, das vielmehr von dem Team aus Kalifornien durchgezogen worden sei. Aber Meuser war, wie wir wissen, teilweise wegen seiner «allerhöchsten Beziehungen» angestellt worden, und er selbst hat nie verraten, welcher Art seine Dienste in Wirklichkeit waren.[11]

Nach dem Starfighterverkauf trat eine noch undurchsichtigere Figur in den Vordergrund. 1960 hatte Robert Gross in Kalifornien einen Brief von Strauß erhalten, der ihn fragte, ob er nicht einem alten Freund von ihm eine Stellung besorgen könne; es handele sich um Ernest Hauser, einen in Österreich geborenen ehemaligen amerikanischen Offizier vom Nachrichtendienst, der ihm bei seiner Entlassung aus dem Kriegsgefangenenlager seine erste Stellung verschafft habe. Gross gab den Brief an Haughton weiter, der ihn an die deutsche Abteilung weiterreichte, die ihn wegwarf. Doch kurz darauf traf sich Gross mit Strauß in Deutschland. Strauß setzte ihm wieder zu, und Hauser wurde daraufhin in der Abteilung «Kundenkontakte» des Lockheed-Büros in Koblenz angestellt. Er wurde eine bekannte Erscheinung in Bonn, ein gesprächiger und überspannter Mann, der die Journalisten durch seine Freundschaft mit Strauß beeindruckte, der der Taufpate seines Sohnes war. Nach Aussagen von Lockheed-Leuten war Hauser ein sehr schwieriger Angestellter, der dauernd intrigierte und letztlich geschäftsschädigend war; er verließ Lockheed nach drei Jahren, verkaufte dann Hubschrauber und wurde wegen Untreue in Tateinheit mit Urkundenfälschung zu einem Jahr Freiheitsstrafe mit Bewährung verurteilt, woraufhin er Deutschland verließ und nach Amerika zurückkehrte. In seinen viel später abgegebenen Erklärungen und seinem veröffentlichten Tagebuch behauptete Hauser unter anderem, Straußens Partei habe von Lockheed $ 12 Millionen erhalten. Seine Aussagen und Tagebucheintragungen erwiesen sich als sehr unzuverlässig[12], und die Zuwendungen sind niemals nachgewiesen worden. Doch die Tatsache bleibt bestehen, daß Hauser ein persönliches Bindeglied zwischen Lockheed und Strauß war zu einer Zeit, als die Starfighter-Verkäufe noch im Gange waren.

Welche geheime Rolle Prinz Bernhard und Fred Meuser gespielt hatten, blieb fünfzehn Jahre lang verborgen. Aber die offenkundige Lobby-Offensive von Lockheed im Anschluß an die ersten Starfighter-Verkäufe machte bald böses Blut. 1962 war Strauß nach der Spiegelaffäre zurückgetreten; sein Nachfolger als Verteidigungsminister wurde Kai-Uwe von Hassel. Die Bundesrepublik war jetzt auf dem Weg zu engeren Beziehungen zu Frankreich und erklärte sich bereit, ein gemeinschaftliches deutsch-französisches Transportflugzeug zu bauen, die Transall. Lockheed hingegen war entschlossen, den Deutschen ihr Transportflugzeug Hercules zu verkaufen, und begann den Bundestag neuerlich mit einer so aggressiven Taktik zu bearbeiten, daß von Hassel die Firma öffentlich beschuldigte, bewußt falsche Statistiken heranzuziehen; er erklärte, «diese Lockheed-Gauner werden mein Büro nicht mehr betreten».[13] Von Hassel hielt nicht nur an dem Transall-Projekt fest, sondern verschob auch einen Auftrag auf weitere Starfighter-Schulflugzeuge und verlangte von Courtlandt Gross (jetzt, nachdem Robert an Krebs gestorben war, Vorsitzender von Lockheed) eine Entschuldigung. Gross entschuldigte sich in aller Form, aber das Mißtrauen gegen Lockheed war nicht ausgeräumt.

Denn nun begann mit dem Starfighter-Programm alles schiefzugehen, nachdem die ersten Jäger im Mai 1961 geliefert worden waren. In ihrem technologischen Eifer hatte die deutsche Luftwaffe darauf bestanden, das Flugzeug so sehr mit Ausrüstung zu überladen, daß es viel schwerer und komplizierter wurde als das ursprüngliche Modell; und auch nach eingehender Ausbildung in Arizona waren die deutschen Piloten durchaus nicht erfahren. Nach den Worten von General Steinhoff, dem damaligen Inspekteur der Luftwaffe, verlangte der Starfighter «die volle Aufmerksamkeit des Piloten. Er belohnt Disziplin mit fliegerischen Leistungen; er kann die Zauderer oder diejenigen, die sich ablenken lassen, bestrafen. Er war ein Wunder in tüchtigen Händen und gnadenlos gegenüber nachlässigen.»[14] Die Gnadenlosigkeit sollte sich bald zeigen. In den sieben Jahren bis Dezember 1968 sind 91 Starfighter abgestürzt. Das Flugzeug wurde bekannt als «der fliegende Sarg» oder «der Witwenmacher», und Starfighter-Witwen wurden zu einer wütenden Anti-Lockheed-Lobby. Mit jeder Absturzserie wurde die ursprüngliche Entscheidung für den Starfighter umstrittener, so daß selbst beim Rücktritt von Bundeskanzler Ludwig Erhard im Jahr 1966 der Starfighter-Skandal noch eine Rolle spielte.

Welche Rolle Bestechungen oder Provisionen bei der Entscheidung für den Starfighter gespielt haben mögen, wird nie geklärt werden können, denn als Strauß aus dem Verteidigungsministerium auszog, wurden alle diesbezüglichen Akten entfernt. Auch die Rolle, die Prinz Bernhard spielte, bleibt im dunkeln. Später sagte der Prinz vor der Donner-Kommission, Robert Gross habe ihm ursprünglich das Eine-Million-Dollar-Flugzeug angeboten, «weil er zufrieden war, daß Lockheed einen Liefervertrag über Starfighters mit Deutschland unterzeichnen konnte.»[15] Aber wie das nächste Kapitel zeigt, war der Prinz gleichzeitig eifrig dabei, für den amerikanischen Konkurrenten des Starfighters Propaganda zu machen. Der Donner-Bericht kam zu dem Schluß, daß bei der Beschaffung des Starfighters für die Niederlande «kein Beweis für unzulässige Versuche seitens der Luftfahrtindustrie, die Entscheidung zu beeinflussen», vorlag[16]; und zweifellos haben Bernhard und Meuser in einem gewissen Maß Lockheed mit dem Zauber der Monarchie geblufft und mehr Einfluß vorgetäuscht, als sie wirklich hatten. Betrachtet man die spätere Taktik von Lockheed, sei es in Europa, Japan oder im Nahen Osten, gewinnt man den Eindruck einer stets gleichbleibenden Leichtgläubigkeit und Bereitschaft, Geld zu geben. Ein leitender Angestellter von Lockheed sagte mir: «Wir wußten nie, wer uns ein Bein stellen könnte, um uns aufzuhalten, bei solchen großen Aufträgen konnten wir es nicht riskieren, von irgend jemandem aufgehalten zu werden.» Doch trotz aller Naivität von Lockheed deuten die Höhe der Zahlungen an Bernhard und ihre Fortsetzung in den kommenden Jahren auf handfeste Gründe zur Dankbarkeit hin.

Aber die Provisionen und Bestechungen waren jedenfalls nur ein Teil des schonungslosen kommerziellen Drucks von Lockheed, die stets unterstützt wurde durch diplomatische Offensiven; Lockheed vermochte der Bundesrepublik die Koproduktion von hochentwickelten Flugzeugen in einer Größenordnung anzubieten, bei der die Franzosen nicht mithalten konnten. Lockheeds gewaltiger Werbeapparat mit seinen Vorreitern von Vertretern und Agenten war nur ein Teil eines großen Wiederaufrüstungs-Kreuzzuges, der Europa unlösbar mit Amerika verbinden sollte. Da die Europäer nicht bereit waren, ihre Industrien wirkungsvoll zu vereinigen oder sich selbst zu verteidigen, waren sie eine leichte Beute. Die Korruptheit der europäischen Politiker und Beamten war nur ein Teil einer tiefer sitzenden Malaise eines Kontinents, der von Amerika sowohl Schutz als auch Profit erwartete.

Ob der Starfighter für die Verteidigung Europas wirkungsvoll gewesen wäre, wird man nie wissen. Er ist nie im Kampf erprobt worden, weder in

Europa noch in Vietnam oder im Nahen Osten. Mitte der siebziger Jahre wurde er bereits ersetzt, und sein Platz in der Geschichte beruht weniger auf seinen Leistungen als auf seinen Skandalen.

Von Bestechung zu Erpressung

Erst Ende der sechziger Jahre stapfte Lockheed wieder auf einem hochtourigen Werbefeldzug durch Europa. 1967 hatte Courtlandt Gross sich zur Ruhe gesetzt. Er war mit einiger Erleichterung nach Philadelphia zurückgekehrt, und Dan Haughton war Vorsitzender geworden. Die Ära der Patrizier war nun endgültig vorbei, und Haughton mit seinem leidenschaftlichen Elan umgab sich mit einer Gruppe gleichgesinnter Enthusiasten, von denen viele ebenfalls aus dem Süden nach Burbank gekommen waren. Von den Kaliforniern wurden sie «der Südblock» genannt. Haughton flog ständig zwischen Kalifornien, Washington und Georgia hin und her, entfachte Begeisterung, überprüfte die Kosten und sorgte für politische Unterstützung. Sein Stil war moralistisch, aber er kannte keine Skrupel; zwar knüpfte er sich gern den verantwortlichen Vertreter vor, erkundigte sich aber vorsichtshalber nicht allzu genau, auf welche Weise das Geschäft betrieben wurde. Er wußte, daß seine Firma immer tiefer in Korruption verstrickt war. «Obwohl ich nicht jede Einzelheit wußte», sagte er später, «wußte ich vieles, und ich hätte alles wissen können.»[17]

Haughton reiste selten ins Ausland, außer nach Großbritannien, und fühlte sich unter den snobistischen Europäern nie richtig wohl. («Ich bestellte eine Flasche Château d'Yquem, Jahrgang 1947», beklagte sich ein Lockheed-Manager, «und er hat Eis reingetan.») Das internationale Geschäft überließ er weitgehend dem neuen Präsidenten, Carl Kotchian. Kotchian, ein Bauernsohn aus North Dakota, war ein gewichtiger, breitschultriger Mann mit nach unten gezogenen Mundwinkeln, die sich, wenn er lächelte, in verwirrender Weise plötzlich hoben. Von den meisten Lockheedianern wurde er als Haughtons Schatten angesehen; wie sein Chef war er Kaufmann und hatte in der Finanzbuchhaltung in Georgia unter ihm fleißig gearbeitet. Aber Kotchian besaß auch Geltungsbedürfnis. Ein Vertreter schilderte das so: «Haughton spielte immer die Unschuld vom Lande – ‹wir sind bloß hier, um die Miete zu bezahlen› –, aber wenn man aus seinem Zimmer kam, mußte man sich erst vergewissern, ob man noch alle fünf Finger hatte. Kotchian dagegen machte einem immer gern deutlich, daß er selbst gescheit war.» Kotchian war unmittelbar dafür verantwortlich, daß das Netz der Lockheed-Agenten im Ausland gesponnen wurde, in dem er sich schließlich verstricken sollte. Einen gewissen Einblick in die Korruption hatte er sich schon verschafft, ehe er bei Lockheed eintrat. Er hatte in einer Ölfirma gearbeitet, die immer 100000 $ in bar für tagtägliche Zuwendungen bereithielt; und bei Lockheed hatte er das von Bob Gross gesponnene Netz geerbt. Kotchian sah Bestechungen ganz schlicht als einen Teil der Unkosten von Auslandsgeschäften an. Sorge bereitete ihm dabei nur die Frage der Rentabilität. Er glaube eine Nase für Korruption zu haben, erklärte er, und er rieche sie in den meisten Ländern, außer in Großbritannien, Kanada, Neuseeland und ein paar anderen. In Großbritannien sei die Kungelei snobistischer.

Bei seinen ständigen Reisen hatte Kotchian viele prominente Persönlichkeiten kennengelernt, darunter Prinz Bernhard, Franz Josef Strauß und viele Politiker im Nahen Osten – davon einige auf seiner Gehaltsliste. Doch bewahrte er etwas von der Zurückhaltung seiner Landsleute in North Dakota. Wie in der Luft- und Raumfahrtindustrie üblich, gab er große Empfänge, wo immer er hinkam. Aber mit ausländischen Politikern, die ihm verpflichtet waren, pflegte er keine engen Freundschaften, wie Bob Gross es getan hatte oder Tom Jones von Northrop (siehe nächstes Kapitel). Mit Prinz Bernhard traf sich Kotchian im Ausland, nicht in Holland; er habe es als unsauber empfunden, mit einem geheimen Agenten öffentlich Freundschaft zu pflegen.

Kotchians Umtriebe im Ausland waren um so hektischer, als Lockheeds Lage im Inland nach 1967 gefährdeter war. Der Konzern war jetzt die größte Rüstungsfirma der Welt; der Starfighter hatte ihn zum größten Exporteur von Waffentechnologie gemacht, und der Vietnamkrieg hatte eine neue Hochkonjunktur gebracht. Aber die schiere Größe machte den Konzern nur verletzlicher; immer noch fuhr er auf der Berg- und Talbahn. 1967 gab es Streit mit dem Pentagon wegen der riesigen Transportmaschine Galaxy und zunehmende Schwierigkeiten mit der geplanten Verkehrsmaschine TriStar (vgl. Kapitel 12). Lockheed blickte auf die Alte Welt, um das Gleichgewicht in der Neuen wiederherzustellen. Aber auch auf der europäischen Bühne war jetzt mehr Konkurrenz zu spüren. So wateten die Lockheed-Vertreter immer tiefer in den schlammigen Gewässern der Korruption. Der Schlamm kam von beiden Ufern. Während die Amerikaner schonungslos, ungeduldig und oft naiv waren, zeigten sich ihre europäischen Agenten gerissen und habgierig und durchaus bereit, sowohl die Firma als auch ihre eigenen Regierungen zu bestehlen. Schließlich war es eine Boom-Zeit für Europa; der Werbeapparat der Luft- und Raumfahrtindustrie gab jede Gelegenheit, die aufregende Großspurigkeit großer Geldausgaben und Gewinne voll auszuspielen.

So ist es nicht verwunderlich, daß Lockheed besonders in Italien auf die trübsten europäischen Gewässer stieß; denn in Rom machte sich Mitte der sechziger Jahre der italienische Boom mit Hochdruck bemerkbar. Die politischen Parteien und ihre Funktionäre verlangten ohne jeden Skrupel ihren vollen Tribut, besonders von ausländischen Firmen. Die CIA hatte ein

Beispiel gegeben mit der heimlichen Finanzierung von Parteien, dem die Firmen folgten. Besonders aber die Flugzeugfirmen, bei denen ja jeder einzelne Abschluß einen so gewaltigen Umfang hatte, boten die besten Gelegenheiten. Einigen Italienern kam es fast wie eine patriotische Tat vor, die Amerikaner zu schröpfen, die offenbar nichts dagegen hatten; aber in Wirklichkeit schröpften sie ihr eigenes Volk.

Anfang 1969 fiel Lockheed in voller Kriegsstärke und aggressiv gestimmt in Italien ein. Es war ihnen gerade mißlungen, ihr Marine-Aufklärungsflugzeug Orion in Holland zu verkaufen, wo die Atlantique von Breguet das Rennen gemacht hatte. Natürlich glaubten sie, Bestechung sei im Spiel gewesen[18], aber die Atlantique hatte den auf der Hand liegenden Vorzug, daß sie von einem NATO-Konsortium unter holländischer Federführung hergestellt wurde. Das Lockheed-Team zog also weiter nach Rom, um seine Orions dort loszuschlagen; aber wieder verlor es gegen Breguet. Jetzt setzte es seine ganze Hoffnung darauf, den Italienern die Hercules zu verkaufen – die riesigen Landstrecken-Transportflugzeuge, im Vietnamkrieg unentbehrlich, aber von zweifelhaftem Nutzen für ein kleines Land wie Italien. Lockheed war besonders erpicht darauf, die Hercules zu verkaufen, um die Produktionsanlagen in Georgia in Gang zu halten, denn «die Fertigungszeit lief aus». Kotchian kam selbst nach Rom, um die Kampagne seines Teams zu leiten.

Nachdem es mit dem Verkauf der Orion nicht geklappt hatte, wandte sich ein italienischer Senator an Don Wilder vom Lockheed-Team und riet ihm, einen Berater in Rom zu beschäftigen. Daraufhin stellte Kotchian einen Agenten an, Antonio Lefebvre d'Ovidio; Jurist und ein ehemaliger Kollege des späteren italienischen Präsidenten Giovanni Leone. Kotchian sagte über ihn: «einer der feinsten Herren, denen ich auf der Welt je begegnet bin». Eines Tages hatte Lefebvre während einer Autofahrt durch Rom zu Kotchian gesagt: «Es ist mir entsetzlich peinlich und ärgerlich, aber ich muß Ihnen raten, einige Zahlungen zu leisten, wenn Sie in diesem Land Flugzeuge verkaufen wollen.»[19] Die Zahlungen sollten zum größten Teil an das Verteidigungsministerium gehen, offenbar für die Partei des Ministers, die Christ-Demokraten. Kotchian war zuerst nicht allzu besorgt; er fand, daß Lefebvres Vergütungen angemessen waren, «wie Berater nun mal sind», im Zusammenhang mit einem erwarteten Verkauf von vierzehn dieser Riesenvögel im Wert von $ 60 Millionen; und er genehmigte die Zahlungen rasch angesichts der dringenden Notwendigkeit, das Auftragsbuch für Georgia zu füllen.[20] Natürlich dauerte es nicht lange, und die Anforderungen erhöhten sich. Kotchian kehrte nach Kalifornien zurück und überließ die Verhandlungen Roger Bixby Smith, jenem Rechtsanwalt, der neun Jahre zuvor die Zahlung an Prinz Bernhard geregelt hatte. Roger Smith war jetzt pensioniert und arbeitete für

Coudert Frères, ein Anwaltsbüro in Paris, wo er immer noch für Lockheed tätig war; doch trotz seiner früheren Erfahrung auf höchster Ebene war er erstaunlich indiskret. Im März 1969 schrieb er aus dem Grand Hotel in Rom einen besorgten Brief an Lockheed in Georgia. Und dieser Brief hat wahrscheinlich mehr Unheil angerichtet als jede andere Unterlage in Lockheeds Akten. Er schrieb («Bitte halten Sie sich an Ihrem Sicherheitsgurt fest»), daß Lockheeds Agent Lefebvre jetzt vielleicht für jedes verkaufte Hercules-Flugzeug $ 120000 benötigen werde – denn er müsse, erklärte Smith, die französischen und deutschen Bestechungen überbieten. Der italienische Agent Lefebvre d'Ovidio werde an dem Hercules-Geschäft nicht beteiligt, aber «informiert sein, wahrscheinlich durch Antelope Cobbler, wieviel die italienische Seite will»; und er fügte hinzu: «Holen Sie Ihr kleines schwarzes Buch heraus – meines ist datiert 15. Oktober 1965.» Mit dem kleinen schwarzen Buch war Lockheeds Kode-Buch gemeint, das die Übersetzung lieferte: Antelope bedeutete Italien, Cobbler bedeutete Ministerpräsident.

Zwar schrieb Roger Smith mit der Hand, um jede Gefahr zu vermeiden. Aber der Brief war ein besonders makabres Beispiel für Lockheeds Marotte, alles aufzuschreiben: diese Marotte hat sich für viele amerikanische Konzerne als peinlich erwiesen, angefangen von ITT bis zu Exxon. «Ich hätte nicht einmal das Vorstehende schriftlich niederlegen sollen», beteuerte Smith, «aber ich habe keine andere Möglichkeit ... Ich hoffe, Sie lassen diesen Brief nur diejenigen sehen, die ihn unbedingt sehen müssen ...» Er war sich klar, daß Lockheed mit Dynamit spielte, das (wie er in seinem Brief meinte) «Lockheed aus Italien hinaussprengen könnte»[21]. Aber seine Chefs waren einverstanden, die Bestechungssumme zu bezahlen, die über eine diskrete Firma in Panama mit dem harmlos klingenden Namen Tezorefo (Forschungsstiftung der gemäßigten Zone) überwiesen wurde (wie viele der zahlreichen Tarnorganisationen für Lockheed-Bestechungen, als Wohltätigkeitsverein aufgezogen).[22]

Die Zahlungen taten prompt ihre Wirkung: dank Lefebvres Bemühungen durchlief nach Lockheeds Aufzeichnungen der Vertrag für die Hercules «den komplizierten italienischen Genehmigungskreislauf in Rekordzeit». Doch gab es immer noch Verzögerungen und Komplikationen: Der Verteidigungsminister wurde abgelöst, und der neue mußte ebenfalls geschmiert werden; ihm wurden $ 50000 für den Fall versprochen, daß im Dezember 1970 der Preis des Flugzeuges erhöht würde. In einem Lockheed-Memorandum von Anfang 1971 wurde die Notwendigkeit einer weiteren Zahlung betont, um den Minister dazu zu bringen, den Kontrakt zu unterschreiben. Jetzt befürchtete Lockheed, die Regierung könnte gestürzt werden: «Das Letzte, was wir wollen, ist eine neue Regierung und eine neue Mannschaft in diesem Stadium des Spiels.» Infolgedessen wurden weitere $ 765 000 bezahlt und der

Vertrag über die vierzehn Flugzeuge endlich unterzeichnet. Die gesamten Zahlungen wurden auf 2 Millionen $ geschätzt, wovon $ 1,7 Millionen auf «Werbungskosten» gingen; in einer Fußnote von Lockheed wurde darauf hingewiesen, daß mehr als 85 Prozent davon «für die Partei des Ministers – des früheren und jetzigen» bestimmt war.[23] Doch laut Kotchian war diese Gesamtsumme nicht übertrieben hoch; bei einem Auftrag im Wert von $ 60 Millionen sei eine Provision von 3–4 Prozent ganz normal.[24] Der Betrag sei ohnehin in den Preis eingerechnet worden. Ob Italien oder die NATO die Flugzeuge wirklich brauchten, ist nach wie vor sehr zweifelhaft; man kann die großen Dinger immer noch auf dem Flughafen Pisa sehen. Aber das Geschäft stellte die Agenten zufrieden, es stellte die Minister zufrieden, und es stellte Lockheed zufrieden.

Lockheeds Bestechungen waren oft ungeschickt, ohne daß der Erfolg gewährleistet war. Ein komisches Beispiel dafür ereignete sich 1971 in der Bundesrepublik. Lockheeds Europa-Vertreter Norman Orwat schrieb, er habe soeben bei Lockheeds neuem Agenten in Düsseldorf, Christian Steinrücke, zu Abend gegessen, dem Nachfolger von Guenther Frank-Fahle. Der neue Agent habe gute Beziehungen, sei mit der Familie Adenauer verwandt und habe eine reiche Frau. Orwat war beeindruckt: es sei ein prachtvolles Haus, Frau Steinrücke sei «eine schöne Dame», und das Abendessen für sechzehn Personen war «so glanzvoll hergerichtet wie sonst keins, an dem ich in Europa teilgenommen habe». Unter den Gästen befanden sich Dr. Mommsen, Staatssekretär im Verteidigungsministerium, der mit Steinrücke eng befreundet war, und Konteradmiral Heinz Kühnle, Vize-Inspekteur der Marine. «Mir wurde gesagt – und ich kann es nachfühlen!» erklärte Orwat, «daß Deutsche selten eine Einladung zum Essen von den Steinrückes ablehnen.»[25] Aber die Lockheed-Leute waren allzu geblendet. Steinrücke bat um $ 8000, um politische Parteien zu bestechen. Sie sollten das Bundesverteidigungsministerium überreden, einige Lockheed Jet-Stars (Reise-Jets) zu kaufen. Aber (laut einer offiziellen Erklärung der Bonner Regierung im Februar 1976)[26] behielt Steinrücke das Geld für sich, und das Ministerium hat die Flugzeuge nie gekauft. Wie bei anderen Episoden aus dem Lockheed-Dossier erhebt sich die Frage: Wer bestach wen?

In Holland war mittlerweile Prinz Bernhard Ende der sechziger Jahre immer enger mit Lockheed verstrickt. Nachdem ihm die Firma 1961 die eine Million Dollar bezahlt hatte, fühlte sie sich ermutigt, immer wieder an den Prinzen heranzutreten. 1967 brauchten sie von neuem seine Hilfe. Lockheed versuchte damals gegen starke Konkurrenz von Breguet das Marineaufklärungsflugzeug P-3 Orion an die Niederlande zu verkaufen. Man bat Bernhard, er möge versuchen, die Entscheidung hinauszuziehen, bis Lockheeds Angebot in geeigneter Form vorgelegt werden könne. Das schien Bernhard zu gelingen, aber im Juli 1968 fiel die Entscheidung doch für die französische Maschine, und Lockheed war überzeugt, daß die Franzosen Schmiergelder gezahlt hatten.[27] Der Prinz brachte sein Bedauern zum Ausdruck und versprach, Mitglieder des niederländischen Parlaments zu überreden, das den Vertrag noch genehmigen mußte. Kotchian schickte dann den unschätzbaren Roger Smith nach Annecy in Frankreich, um dem Prinzen seine Aufwartung zu machen und ihm eine halbe Million Dollar anzubieten, damit er versuche, die Entscheidung rückgängig zu machen. Der Prinz erwiderte, die Entscheidung könne nicht rückgängig gemacht werden, und lehnte das Angebot ab. Kotchian wollte aber dennoch seine Dankbarkeit bezeugen. Zwei Monate später traf sich Roger Smith wieder mit dem Prinzen, diesmal auf dem Golfplatz De Pan in der Nähe von Utrecht, und übergab ihm einen Dankesbrief von Kotchian zugleich mit einem neuen Angebot von $ 100000 als Zeichen der Anerkennung. Später wurde ein Scheck über diese Summe an eine Schweizer Bank geschickt auf den Namen Victor Baarn (in der Nähe von Baarn liegt das königliche Schloß). Der Scheck wurde eingelöst, obwohl der Prinz bestritt, ihn erhalten zu haben.

Anfang der siebziger Jahre, er war inzwischen über sechzig, brauchte Prinz Bernhard offenbar dringender Geld. Jetzt war er es selbst, der an Lockheed herantrat. 1974 wurde erwartet, daß es mit dem Verkauf der Orion-Flugzeuge endlich klappen würde. Fred Meuser schrieb an den Prinzen und deutete in sorgfältig gewählten Worten an, daß eine Provision von 4 Prozent gezahlt werden sollte, angeblich zugunsten des World Wildlife Fund. Mit außerordentlicher Unbesonnenheit schickte der Prinz dann zwei handschriftliche Briefe an Roger Smith, der vierzehn Jahre zuvor die ersten Zahlungen an ihn in die Wege geleitet hatte. Die Briefe waren in schlechtem Englisch und in einem rüden, drohenden Ton geschrieben. Im ersten erklärte Bernhard, daß «nach wahnsinnig viel Triezen und Deichseln» die Aussichten für den Verkauf der Orion jetzt gut seien, und er äußerte die Bitte um eine Provision, die – wie sich herausstellte – zwischen vier und sechs Millionen betragen würde. Roger Smith traf den Prinzen dann in Paris und wies darauf hin, daß das zu viel sei, worauf der Prinz erwiderte, er habe nur an eine Million gedacht.

Dann schrieb der Prinz einen zweiten Brief und beklagte sich bitter, daß sein Vorschlag ohne Diskussion abgelehnt worden sei. «Seit 1968 habe ich in gutem Glauben viel Zeit und Mühe darauf verwandt, in kritischen Bereichen und Perioden die Dinge in die richtige Bahn zu lenken, und versucht, falsche Entscheidungen, die durch politische Erwägungen beeinflußt waren, zu verhindern. Ich habe das aufgrund meiner alten Freundschaft mit Lockheed getan – und aufgrund früherer Tätigkeiten. Deshalb bin ich etwas verbittert.» Er würde nichts mehr tun, um Lockheed bei den Orions zu helfen, und er habe vor, Courtlandt Gross anzurufen, der jetzt in Philadelphia im Ruhestand lebte. Dieser peinliche Brief wurde nach Kalifornien weitergeleitet, wo er seine Wirkung nicht verfehlte: Roger Smith wurde angewiesen, den Prinzen im Dezember 1974 wieder im königlichen Palast aufzusuchen, wo er ihm vorschlug, ihm eine Million Dollar zu bezahlen, wenn vier Flugzeuge gekauft würden. Der Prinz war sofort einverstanden und bat, das Geld auf ein bestimmtes Bankkonto in Genf zu überweisen; vom World Wildlife Fund war nicht mehr die Rede. Bald darauf beschloß die niederländische Regierung jedoch, den Ankauf der Flugzeuge wieder einmal zu verschieben. Die Zahlung wurde also gar nicht geleistet.[28]

Diese beiden handschriftlichen Briefe bilden den unerquicklichen Höhepunkt der Beziehung zwischen dem Prinzen und Lockheed. Bernhards unverfrorene Forderungen und seine sich steigernde Begehrlichkeit hinter der öffentlich zur Schau getragenen Würde waren dem Verhalten von Spiro Agnew nicht unähnlich, der wegen angenommener Schmiergelder als Vizepräsident in Washington zurücktreten mußte. Das erste Angebot an den Prinzen vor vierzehn Jahren über ein Flugzeug war übertrieben, aber es war (wie die Donner-Kommission sich ausdrückte) «eine begreifliche Geste». Als sich das Angebot in heimlich gezahltes Geld verwandelte, hatte Lockheed den Prinzen in der Hand; die Firma konnte das ausnützen und ungehörige Bitten an ihn richten, während die Begehrlichkeit des Prinzen zunahm. Nunmehr war die Beziehung nicht mehr von Bestechung, sondern von Erpressung gekennzeichnet. Es gab in Wirklichkeit keinen überzeugenden Beweis, daß das «Triezen und Deichseln» des Prinzen für Lockheed definitive Ergebnisse erbrachte, und die spätere Untersuchung der niederländischen Beschaffungspolitik deutete darauf hin, daß die entscheidenden Faktoren technischer Art waren, untermauert durch die Bedeutung des atlantischen Bündnisses. Der Donner-Bericht sah keinen Hinweis, daß der Prinz «sich bei der Beschaffungspolitik für Interessen einsetzte, die nicht in Einklang waren mit den Interessen der Niederlande, wie er sie sah». Aber wie hat der Prinz tatsächlich die Interessen seines Landes gesehen? Lockheed war es allzu leicht gelungen, ihr erstes Ziel zu erreichen, nämlich «eine günstige Atmosphäre zu schaffen»; und die Bestechlichkeit des Prinzen enthüllte die häßliche Kehrseite des transatlantischen Boom. Hinter all der prächtigen Aufmachung der königlichen Schirmherrschaft von Bilderberg und des World Wildlife Fund und der Unterstellung, daß die Wirtschaft und die freie Welt ein gemeinsames Interesse haben, stand ein Waffenhändler, der dringend Geld brauchte.

Inwieweit die Lockheed-Bernhard-Beziehung ein in ganz Europa verbreitetes Verhaltensmuster für beide Seiten war, wird sich wahrscheinlich nie herausstellen. Gewiß läßt sich die Bernhard-Geschichte nicht einfach mit der Skrupellosigkeit einer einzigen Firma erklären; sie deutet eher auf einen

Baum mit faulen Früchten hin, die darauf warten, irgendeiner Firma in den Schoß zu fallen. Aber selbst beim Waffengeschäft beschränkten sich Bernhards Interessen nicht auf Lockheed. Wie wir im nächsten Kapitel sehen werden, arbeitete er während dieser ganzen Zeit insgeheim auch für Lockheeds Hauptkonkurrenten.

Kapitel 7

Northrop und der Renaissance-Mensch

Ich bin einigermaßen erstaunt über das, was als Verantwortungslosigkeit innerhalb der Konzerne erkennbar wird.

Senator Clark zu Thomas V. Jones, Juni 1975[1]

Die Northrop Corporation, deren Werk auf der Lockheed entgegengesetzten Seite von Los Angeles lag, war viel kleiner und weniger berühmt als ihr riesiger Konkurrent und nicht in große Skandale verwickelt; aber Anfang der sechziger Jahre begann sie, als erfolgreicher Exporteur von Jagdflugzeugen, sich einen Namen zu machen. Die Firma war 1939 von dem hervorragenden Konstrukteur Jack Northrop ins Leben gerufen worden, einer der Mitbegründer von Lockheed. Er hatte einige bemerkenswerte Flugzeuge gebaut, darunter den Nachtjäger «Black Widow», der sich im Zweiten Weltkrieg bewährte, und den «Flying Wing», den «fliegenden Flügel», das Flugzeug ohne Rumpf. Northrop erfreute sich eines ausgezeichneten Rufs; er gründete eine Technische Hochschule in Los Angeles (jetzt Northrop University) und unterhielt sogar einen Stützpunkt in der Antarktis, der nach ihm Cape Northrop genannt wurde. Aber er verstand nichts von Betriebswirtschaft und Gelddingen. Als er sich in den fünfziger Jahren von seiner Firma zurückzog, befand sie sich in einem Finanzchaos. «Jeder, der Jack Northrop kannte», hieß es, «konnte arbeiten, woran er wollte.»

1960 erhielt dieses nicht gerade straff organisierte Unternehmen einen neuen Generaldirektor, Thomas V. Jones. Damals erst vierzig Jahre alt, ein gutaussehender, eleganter Mann mit einem kräftigen Kinn und liebenswürdigen Umgangsformen. Der Sohn eines kalifornischen Bilanzbuchhalters hatte ein Stipendium an der Stanford University erhalten und sein Ingenieursexamen abgelegt. Während des Krieges arbeitete er bei Douglas, dann war er vier Jahre in Brasilien tätig und trat schließlich bei der Rand Corporation ein, der Denkfabrik der Luftwaffe in Santa Monica. Von dort ging er zu Northrop und stieg rasch zum Chef der Planungsabteilung, dann zum Präsidenten und schließlich zum Generaldirektor auf. Er rationalisierte die Firma und konzentrierte sich auf die rentablen Produktionszweige, die Northrop als relativ kleines Unternehmen am besten bewältigen konnte. Er wußte, daß Northrop nicht auf allen Gebieten mit den Großen wie Lockheed konkurrieren konnte. Er strich ein aufwendiges Programm für einen Mach-3-Abfangjäger und entwickelte statt dessen ein billiges Jet-Schulflugzeug. Er baute ein Team höchst arbeitsfreudiger Ingenieure auf und schweißte sie zu einer so wirtschaftlichen und zweckgerichteten Organisation zusammen, die der von Dassault in Frankreich vergleichbar war.

Ein Blick auf die inländische Konkurrenz ringsum ließ Jones erkennen, daß zu einer Zeit, da das Pentagon sich mit seinem ganzen Gewicht für Rüstungsverkäufe einsetzte, der Export die besondere Chance für Northrop war. Ermutigt von Henry Kuss im Pentagon, trieb Jones den Bau eines kleinen, relativ billigen Jägers voran, den er aus dem Schulflugzeug entwikkelt hatte. Der Tiger, wie er dann genannt wurde, war ein spitznasiges Flugzeug mit Zwillingstriebwerk, das unerhört vielseitig und für Europa oder die Dritte Welt gleich gut geeignet war. Es startete mit einem wilden Gedröhn wie tausend Motorräder; es flog mit Mach 1,4 in 10000 Meter Höhe und stieß dann hinab und fegte dicht über den Erdboden. Im Ernstfall konnte es Fernlenkwaffen an den Flügelspitzen und 20-mm-Kanonen im Rumpfbug mitführen. Es war billiger und sicherer als der Starfighter und genau auf das Pentagon-Programm der ausländischen Militärverkäufe (FMS) zugeschnitten. Northrop wurde fünfzehn Jahre lang die Hauptgewinnquelle.

Tom Jones wurde bald als einer der «Renaissancemänner» der sechziger Jahre und die Leuchte von Los Angeles bejubelt.[2] Er hatte, wie Robert Gross, sehr weit gefächerte Interessen und Kontakte; er war mit der Tochter eines Filmschauspielers der Frühzeit verheiratet, Conrad Nagel (der Star von *Midsummer Madness*); er bewohnte ein geräumiges Landhaus in der Nähe von Bel Air, am Rand des Gebirges, das früher dem Filmmagnaten King Vidor gehört hatte. Er gab brasilianische Grillparties und sammelte moderne französische Gemälde; er war ein Kenner französischer Weinlagen und zog bei sich zu Hause Wein auf Flaschen ab. Er wurde Kurator der Stanford University und Aufsichtsratsmitglied der *Los Angeles Times*. Er gehörte dem World Affairs Council an und hielt gedankenvolle Vorträge über die kommunistische Gefahr. Wie Robert Gross vor ihm wirkte er wie der Aristokrat in einer Parvenü-Industrie.

Aber Jones war ein rastloser Mann, zielstrebig auf der Jagd nach Geld und Macht. Innerhalb der Firma beherrschte er jede Abteilung immer stärker und verheimlichte – mit gutem Grund – dem Verwaltungsrat sein Tun und Treiben. Denn er übte jeden nur möglichen Druck aus, ob legal oder illegal, um zu Profit zu kommen. Northrop hatte früher die Maxime befolgt: «Hände weg von der Politik», aber Jones war überzeugt, daß der Schlüssel zum Erfolg in Washington und den Hauptstädten der freien Welt lag. Er war der festen Meinung, daß seine Konkurrenten, insbesondere Lockheed und Dassault, ebenfalls insgeheim Druckmittel anwandten, er wollte nicht ausgestochen werden. Er stellte einen seiner früheren Kollegen, Jimmy Allen, der bei Rand für Öffentlichkeitsarbeit zuständig gewesen war, als Vizepräsidenten für Öffentlichkeitsarbeit ein, womit aber in Wahrheit eine sehr heimliche Arbeit gemeint war. Mit seiner Hilfe warf er nach und nach das geheime Northrop-Netz aus.

1961 heuerte Tom Jones (durch Jimmy Allen) den in Paris lebenden Juristen Bill Savy an, der verschiedene Vertretungen innehatte, unter anderem für Euradvice und Wilco. Savy war ein Mann von Welt. Er war Nachrichtenoffizier gewesen und bei verschiedenen Untersuchungen der amerikanischen Luft- und Raumfahrtindustrie eingesetzt worden. Er hatte für europäische Firmen gearbeitet, zum Beispiel für Rolls-Royce, er hatte Privatpersonen und Firmen Auslandskredite besorgt. Jones traf sich mit Savy und war einverstanden, «ein Arbeitsverhältnis herzustellen». Savys vorgebliche Aufgabe war es, als «Ausguck» zu dienen, um Northrop über europäische Angelegenheiten zu informieren; aber Northrop war (nach Allens Darstellung) bald genötigt, in Washington politische Spenden zu verteilen, und binnen drei oder vier Jahren, wenn nicht früher, diente Bill Savy als «Kanal» oder, deutlicher gesagt, als die Mangel, durch die Bargeld gedreht wurde, um Politiker in Washington zu schmieren. Zu diesem Zweck zahlte Northrop in den nächsten dreizehn Jahren an Savy mehr als eine Million Dollar an «Beratungsgebühren». Savy hob das Geld in Hundertdollarscheinen, jeweils bis zu $ 40000, von seiner Pariser Bank ab und verteilte es auf seine Manteltaschen. Mit Bargeld beladen, flog er dann nach New York (etwa sechsmal jährlich), wo Jimmy Allen es in Savys Hotelzimmer abholte und in einen großen braunen Briefumschlag verstaute.[3] Das Geld wurde dann einflußreichen Washingtoner Politikern zugesteckt. Es war ein umständlicher Weg, aber er war sicher: die Pariser Mangel war den Blicken von Wirtschaftsprüfern und Steuerbeamten entzogen.

Jones war auch entschlossen, in Europa Kontakte auf hoher Ebene herzustellen. Als kleines Unternehmen in Kalifornien und nicht für die Zivilluftfahrt tätig (wie er später erklärte), «mußte man die industriellen, politischen und wirtschaftlichen Entwicklungen eines Landes kennen . . . man kann eine Entscheidung nicht erzwingen, sondern muß in Kontakt bleiben und zum Handeln bereit sein, sobald die Wolken aufreißen»[4].

Tom Jones hatte schon einige sehr nützliche Beziehungen in Europa, und da er den Spuren von Bob Gross von Lockheed folgte, mußte er unweigerlich Prinz Bernhard der Niederlande kennenlernen; Bernhard schrieb sogar an ihn und erbat seine Hilfe für seinen Freund Teengs Gerritsen, der $ 10000 brauchte.[5] Ende der fünfziger Jahre, zu einer Zeit, da der Prinz mit Lockheed befreundet war, setzte er sich in Wirklichkeit mehr für die Firma Northrop ein, die für den Prototyp des Tiger – damals unter dem Namen N 156 – als Konkurrenten des Starfighters warb. 1957 schrieb Bernhard ausführlich an den amerikanischen Staatssekretär für die Luftstreitkräfte, Donald A. Quarles, drängte auf Standardisierung der NATO-Flugzeuge und empfahl eine einfache, billige Maschine; und er äußerte die Meinung, daß der Tiger dafür in Frage käme (vielleicht wäre es wirklich vernünftiger gewesen, ihn statt des Starfighters zu wählen). Der Prinz gab Tom Jones auch Ratschläge, wie er sich an die niederländische Regierung wenden sollte, und arrangierte eine Zusammenkunft zwischen Northrops Mann in Paris, Geoffrey Parson, und dem niederländischen Verteidigungsminister, S. H. Visser. Aber zu dieser Zeit hatten sich die Holländer schon gegen den Tiger entschieden.[6]

Tom Jones konnte seine Freundschaft mit Bernhard drei Jahre später ausbauen, als die niederländische Flugzeugfirma Fokker, in deren Aufsichtsrat Bernhard saß, einen amerikanischen Partner suchte. Lockheed hatte abgelehnt, weil es sich nichts davon versprach; aber Northrop war bereit, einen Aktienanteil von 20 Prozent zu übernehmen, wodurch Jones ebenso wie Bernhard einen Sitz im Aufsichtsrat erhielt. Beide waren gesellige Männer und wurden persönliche Freunde.

Jones war entschlossen, Lockheeds Spiel mit Lockheeds Tricks zu spielen. Anfang der sechziger Jahre begann er ebenfalls die Dienste des gerissenen Fred Meuser in der Schweiz in Anspruch zu nehmen, der sich rühmte, er sei dabei behilflich gewesen, den Starfighter in ganz Europa zu verkaufen. Meuser war Jones (wie Jones später erklärte) «von prominenten europäischen Geschäftsleuten und Regierungsbeamten» empfohlen worden,[7] aber wahrscheinlich hatte ihn vor allem Bernhard vorgeschlagen. Jones konsultierte Meuser, wie er am besten seine Tiger-Jäger verkaufen könne, und Meuser riet ihm, seinen geheimen Schweizer Mitarbeiter, Hubert Weisbrod, einzustellen. Weisbrod arbeitete auch für Lockheed, aber Meuser machte geltend, die beiden Firmen seien ja nicht eigentlich Konkurrenten; gewiß bezeugten die beiden Agenten Lockheed nicht gerade Loyalität. Meuser zeigte Jones sogar den Vertrag, den Lockheed mit Weisbrod geschlossen hatte und den Jones als Modell für seinen Vertrag benutzte. Weisbrod sollte jährlich nicht weniger als $ 125000 erhalten. In den folgenden Jahren flossen ihm insgesamt $ 750000 aus der Northrop-Kasse zu.

Jones war sehr zufrieden mit Weisbrods Bemühungen: er war Northrop behilflich, Tiger in Europa zu verkaufen und ihr europäische Finanzierung für das neue Cobra-Programm zu beschaffen.[8] Infolge von Dr. Weisbrods Tätigkeit, erklärte Jones später, «trat Northrop in den höchsten Gremien der

NATO und der EWG und bei vielen offiziellen und inoffiziellen Diskussionen in Europa ungewöhnlich stark in Erscheinung». Die spätere Untersuchung der Wirtschaftsprüfer «ergab keinen glaubwürdigen Beweis, daß Northrop irgendeinen Vorteil dadurch hatte». Aber bei Weisbrods engen Beziehungen zu Prinz Bernhard und dem Parallelfall Lockheed fällt es einem schwer zu glauben, daß das Geld bei Weisbrod blieb.[9]

Prinz Bernhard blieb ein enger Verbündeter von Tom Jones und bewies seine Nützlichkeit 1965, sechs Jahre nach dem ersten Starfightergeschäft, als Northrop versuchte, die Tiger-Jäger an die Niederlande zu verkaufen. Holländische Fliegeroffiziere merkten bald, daß der Prinz als Generalinspekteur an dem Northrop-Flugzeug «entschieden interessiert» war. Ende 1965 schrieb er an die amerikanischen Luftstreitkräfte, um sich nach den Leistungen des Tiger in Vietnam zu erkundigen; und als im holländischen Verteidigungsministerium zwei Sitzungen anberaumt wurden, um das Flugzeug zu beurteilen, bestand der Prinz entgegen seiner sonstigen Gewohnheit darauf, anwesend zu sein. Die niederländische Regierung ihrerseits machte gern von seinen Beziehungen Gebrauch, als es Auseinandersetzungen über die Zahlung von Lizenzgebühren gab, wurde der Prinz gebeten, sich zuerst mit McNamara im Pentagon und dann mit Tom Jones in Verbindung zu setzen, um den holländischen Standpunkt zu vertreten.[10] Schließlich wurden die Tiger durch Kanada bezogen, und die spätere holländische Untersuchungskommission fand ebenso wie bei Lockheed keinerlei Anzeichen, daß Bernhard Einfluß auf die Beschaffung ausgeübt hatte; aber Tom Jones zollte Weisbrod und seinen Beziehungen zu «den höchsten Stellen» Anerkennung für seine Bemühungen, den Tiger in den Niederlanden zu propagieren.[11] Es besteht wenig Zweifel, wer mit den höchsten Stellen gemeint war.

Nachdem die Holländer die Northrop-Flugzeuge gekauft hatten, wurde Tom Jones geraten, Prinz Bernhards Freund Teengs Gerritsen anzustellen, dem zu helfen der Prinz seinerzeit Jones gebeten hatte. Gerritsen war immer noch für Lockheed tätig und erhielt regelmäßig Instruktionen über die Firmenstrategie. Tom Jones sagte später unter Eid aus, er habe Courtlandt Gross, damals Vorsitzender von Lockheed, gefragt, und er habe erklärt, daß er nichts dagegen habe, wenn Gerritsen für Northrop arbeite. Aber mir gegenüber bestritt Gross, daraufhin angesprochen worden zu sein, und den leitenden Angestellten von Lockheed war gewiß nicht bekannt, daß Gerritsen auch für die Konkurrenz arbeitete.[12]

Tom Jones war beeindruckt, wie er später erklärte, von Gerritsens Vergangenheit («Er war einer jener untadeligen Holländer») und heuerte ihn an für $ 10000 im Jahr als «eine vertrauenswürdige Verbindungsstelle zwischen den höchsten Ebenen der niederländischen Regierung und dem Präsidenten von Northrop». Ebenso wie der Prinz schien sich Gerritsen keine Gedanken über

Loyalitätskonflikte zu machen: er brachte es fertig, ganz und gar Holländer und ganz und gar Amerikaner zu sein, ganz und gar Lockheed und ganz und gar Northrop – alles zur gleichen Zeit.

Der Prinz und Gerritsen waren eindeutig für Jones weiterhin nützlich, obwohl das Verhältnis weit weniger dokumentiert ist als das zu Lockheed – zum Teil deshalb, weil Northrop nicht so versessen darauf war, alles zu Papier zu bringen. Aber einen interessanten Einblick gewährte eine Unterlage vom September 1971, als Northrop erwog, einen neuen Lobbyisten in den Niederlanden anzuheuern. Northrops Mann in Paris, Geoffrey Parsons, riet Tom Jones, die Frage mit Bernhard zu besprechen; die Hauptaufgabe des Lobbyisten, erklärte Parsons, würde es sein, Northrops neues Flugzeug, die Cobra, «über die wirtschaftlichen und politischen Hindernisse im holländischen Parlament» hinwegzubringen.[13] Doch könnte es dem Prinzen ungehörig erscheinen, dieses Vorhaben mit ihm zu besprechen; allerdings habe der Prinz manchmal deutlich gemacht, daß er vor dem holländischen Parlament wenig Hochachtung habe.

Jones suchte auch nach einem Verbündeten in Frankreich, eine unangenehme Aufgabe auf dem Höhepunkt von de Gaulles Anti-Amerikanismus. Er fand einen in General Paul Stehlin, der gerade erst als Stabschef der französischen Luftwaffe in den Ruhestand getreten war. Ein überzeugter Atlantiker: er hatte eine amerikanische Frau, hatte an der Harvard University Gastvorlesungen gehalten und war in Amerika viel gereist. Jones heuerte Stehlin 1964 mit dem bescheidenen Honorar von $ 7500 an, damit er die «politische, wirtschaftliche und militärische Situation in Europa» untersuche und «Northrop auf geschäftliche Gelegenheiten auf den mit der Verteidigung zusammenhängenden Bereichen aufmerksam» mache. Stehlin schrieb jede zweite Woche an Jones, traf sich einmal im Monat mit den Northrop-Leuten und besuchte sie alle zwei Jahre in Los Angeles. Jones fand Stehlins Rat sehr nützlich und erklärte später: «Er konnte gewöhnlich Monate oder gar Jahre vor anderen Leuten Änderungen der nationalen Politik, die sich auf die Verteidigung auswirkten, aufspüren und erkennen.» Stehlin selbst machte nie ein Geheimnis daraus, daß er an das atlantische Bündnis glaubte und es töricht fand, daß Frankreich versuchte, sich allein zu verteidigen; später wurde er Abgeordneter der französischen Nationalversammlung und hielt häufig Reden über dieses Thema.[15] Aber seine Northrop-Zahlungen blieben geheim.

Doch der wichtigste europäische Absatzmarkt war die Bundesrepublik, und Jones war überzeugt, daß es Northrop dort einfach an politischer Einflußmöglichkeit mangele. Ein Beamter im deutschen Verteidigungsministerium, behauptete er, habe ihm 1966 selbst gesagt, daß Northrop in Bonn unzulänglich repräsentiert sei.[16] Wenig später hörte Jones von einem Northrop-Angestellten in Los Angeles, dessen Schwager Frank DeFrancis in Washington sei Berater der deutschen Botschaft und könne vielleicht nützlich sein. Jones setzte sich mit DeFrancis in Verbindung; er erwies sich als ein schlitzohriger Schlauberger, ein untersetzter, redegewandter amerikanischer Jurist von vierzig Jahren, der erklärte, er sei seit den Tagen der Besatzung sozusagen mit der deutschen Regierung aufgewachsen. Von Luftfahrt verstehe er nichts: «Von einem Flugzeug weiß ich nicht das Geringste», sagte er später, «außer der Nase und dem Schwanz.»[17] Aber er hatte exzellente Beziehungen in der Bundesrepublik, unter anderem zu Bundestagsmitgliedern. Jones stellte DeFrancis prompt an mit einem jährlichen Honorar von $ 50000, das später auf $ 100000 erhöht wurde. Den anderen Mitgliedern des Verwaltungsrats sagte er nichts davon. Von nun an sprach Jones einmal in der Woche mit DeFrancis, oft sogar täglich.[18]

Auch DeFrancis durfte andere Leute bezahlen, damit sie für Northrop arbeiteten, die Beträge wurden ihm erstattet, sobald Jones sie genehmigte; aber wieviel er bezahlte und wofür, blieb im dunkeln. 1972 zahlte er einmal $ 40000 in bar über den «Savy-Fonds» in Paris, angeblich, um zwei einflußreiche Deutsche, Dr. Eddy Hess und Dr. Franz Bach, zu schmieren, aber zumindest ein Teil des Geldes ging nach Washington.[19] Jedenfalls war klar, daß Jones DeFrancis von Anfang an als Kanal für Northrops geheimen Schmiergelderfonds angesehen hatte.

DeFrancis trug bald dazu bei, daß Jones noch tiefer in die europäische Unterwelt hineingeriet oder, wie Jones sich ausdrückte, daß «Northrop ein feineres Verständnis für die europäischen Märkte erhielt». 1969 war Jones enttäuscht von dem Fortschritt, den der Tiger-Jäger in Europa und anderswo machte, er brauchte finanzielle Unterstützung für sein neues Flugzeug, die Cobra. Jones und DeFrancis planten deshalb, eine getrennte Organisation zu gründen, die *Economic and Development Corporation* und ein «zusätzliches Absatzwerkzeug» sein sollte. Die Gesellschafter sollten «vermögende Ausländer» sein und diskret Northrops eigene Absatzbestrebungen ergänzen. Sowohl Jones als auch DeFrancis betonten bei ihrer Aussage nachdrücklich, sie hatten sich eine ähnliche geheime Organisation von Lockheed zum Vorbild genommen. («Wir versuchten», sagte DeFrancis, «mit deren Auslandsmethoden Schritt zu halten.»[20]) Aus Lockheed-Quellen wurde bekannt, daß ihr Agent Weisbrod tatsächlich schon früher versucht hatte, Lockheed für einen solchen Plan zu erwärmen, der indes abgelehnt wurde. Northrops geheime Firma, die EDC, wurde schließlich zwei Jahre später jeweils auf einer seltsam vagen Basis gegründet; sie war als Aktiengesellschaft in der Schweiz eingetragen. Ihr Manager war ein Dr. Andreas Froriep, ein Investment-Berater, von dem Jones behauptet, daß er ihn nie kennengelernt habe. Dennoch wurden dieser Firma im Lauf der nächsten vier Jahre $ 700000 vorgeschossen. Sie erhielt die Zusage einer Provision von 1,5 Prozent auf alle direkten Verkäufe von Tiger-Jägern überall auf der Welt. Jones erklärte, daß die neue Organisation «ein hohes Maß an Flexibilität bei der Vermittlung der besten Leute bieten» und den Jäger «auf vertraulicher Basis» verkaufen könnte.[21]

Was die EDC wirklich erreichte und wie, bleibt Schweizer Bankgeheimnis. In der späteren Untersuchung haben die Vorstandsmitglieder der EDC sich geweigert, Aussagen über die Zahlungsempfänger zu machen. Der Untersuchungsausschuß kam zu dem Schluß, daß Jones und DeFrancis gleichermaßen wenig Urteilsvermögen bewiesen hatten, als sie die EDC gründeten, ohne irgendeine Kontrolle auszuüben, und «den Anschein von Inkorrektheit nicht überzeugend widerlegen konnten». Aber DeFrancis hatte keine Zweifel, daß die EDC sich beim Verkauf der Jäger als sehr wirksam erwiesen hatte. «Sehen Sie sich doch nur den Erfolg des Programms an», sagte er 1974. «Man kann ihn nicht direkt ermessen, das will man auch nicht. Der Erfolg war da.»[22]. Jedenfalls sah die EDC verdächtig nach einer jener Tarnfirmen aus, die oft gegründet werden, um verschleierte Zahlungen zu leisten, die nicht aufgespürt werden können.

Frank DeFrancis war nicht nur das Hauptbindemitglied zur europäischen Halbwelt, er hatte auch einflußreiche Freunde auf dem Kapitolhügel; und Washington sah Tom Jones als den Schlüssel zu einer kommerziellen Zukunft an. Ein «sehr lieber Freund» von DeFrancis war der Kongreßabgeordnete Mendel Rivers aus South Carolina, Vorsitzender des Ausschusses für die Streitkräfte im Repräsentantenhaus – eine Position von entscheidender Bedeutung für jede Rüstungsfirma. Ebenso wie Senator Russell aus Georgia war er sehr darauf bedacht, seinem eigenen Staat Arbeit zuzuschanzen, und sein Wahlslogan war «Rivers Delivers» («Rivers wird's schon richten»). Im Jahre 1968 oder 1969 sprachen Frank DeFrancis und Tom Jones bei Mendel Rivers vor und regten an, das Pentagon solle eine Neuausrüstung des Fertigungsbandes für den Tiger finanzieren, um dessen Aktionsradius zu erhöhen und damit seine Verkaufsaussichten im Ausland zu verbessern. Kurz darauf legte Rivers dem Ausschuß für die Streitkräfte diesen Antrag vor. In den folgenden achtzehn Monaten, als der Kongreß gerade versuchte, die Rüstungsausgaben zu senken, gelang es Rivers, zuerst das Pentagon, dann das Repräsentantenhaus und schließlich den Beratungsausschuß beider Häuser des Kongresses zu überzeugen, daß das Pentagon $ 28 Millionen als «Heckpfennig» zur Neuausrüstung der Tiger-Herstellung von Northrop beisteuern sollte. Es war eine eindrucksvolle Ausübung persönlicher Macht von Rivers und seinem Hauptberater, Russel Blandford, einem ehemaligen General im Marineinfanteriekorps. Aber es war auch ein Triumph für DeFrancis; denn erst kürzlich hatte er einen geheimen Vertrag mit Tom Jones unterzeichnet, der ihm eine Provision von 0,5 bis 1,5 Prozent für alle direkten Tiger-Verkäufe an ausländische Regierungen zugestand. Nachdem für die Neuausrüstung grünes Licht gegeben war, hatte DeFrancis gute Aussichten, durch Exporte ein kleines Vermögen zu verdienen.

Tom Jones bekundete weiterhin Anerkennung für DeFrancis' Dienste. Im August 1971 hielt Northrops Chefberater George Gore in einer Aktennotiz eine Unterhaltung mit Tom Jones fest:

«Tom rief mich heute an und fragte, ob ich die $ 50000 an DeFrancis geschickt habe. Ich erwiderte, ich habe sie schon letzte Woche abgeschickt, am selben Tag, an dem er davon sprach, und das war der 29. Juli. Tom sagte dann, ich müsse einsehen, daß DeFrancis uns unschätzbare Dienste geleistet habe bei der Erlangung des F-5-21-Auftrags und daß wir den Auftrag ohne DeFrancis' Hilfe nicht bekommen hätten. Dann wies er ausdrücklich darauf hin, daß, falls ihm, Jones, etwas zustoßen solle, alle unsere Abmachungen mit DeFrancis erfüllt werden sollten.»[23]

Auch für General Blandford wurde von Northrop gesorgt. Als er 1972 aus dem Ausschuß für die Streitkräfte ausschied, besprach Tom Jones mit DeFrancis, wie er am besten angestellt werden könnte. Blandford stand bereits in den Diensten eines Konkurrenten von Northrop, so daß sie zu dem Schluß kamen, er sollte einen Beratervertrag von einer Charter-Fluggesellschaft erhalten, United Governmental Services, die im Alleinbesitz von DeFrancis war; in dieser Eigenschaft wurden Blandford fünf Jahre lang nicht weniger als $ 1000 monatlich bezahlt. Bei seiner späteren Vernehmung gab General Blandford zu, «es mag wohl zutreffend sein, seine Beschäftigung so zu interpretieren, daß er bezahlt wurde, um Northrop Dienste zu leisten»[24].

Northrops Büro in Washington spann derweil sein eigenes Vertragsnetz, gab Parties, verlieh Flugzeuge oder gewährte einflußreichen Abgeordneten oder Pentagon-Beamten Freiflüge. 1971 pachtete Northrop eine Entenjagd mit einem Gästehaus in Maryland in der Nähe der Chesapeake Bay, zwei Autostunden von Washington entfernt. Dorthin lud die Firma während der Enten-Jagdzeit ausgewählte Gäste übers Wochenende ein. Am ersten Wochenende im Oktober 1971, es war einigermaßen repräsentativ, befanden sich unter den Gästen Senator Howard Cannon, der Kongreßabgeordnete Bill Minshall, zwei Admiräle und vier Generäle – sozusagen eine Kamee des militärisch-industriellen Komplexes; in den folgenden drei Jahren gab es 144 solcher Einladungen, die Northrop $ 37000 kosteten. Es gab Unmengen zu trinken, Diner im Tidewater Inn, die Enten wurden von einer Firma in Easton gerupft und ausgenommen.[25] Northrop war gewiß nicht die einzige Firma, die so gastfrei war. James Schlesinger, zu jener Zeit Verteidigungsminister, bezeichnete den Fall Northrop als «nur die Spitze des Eisbergs». So hatte zum Beispiel Rockwell eine Jagdhütte auf Wye Island in der Chesapeake Bay, wo einflußreiche Gäste bewirtet wurden. Aber Northrop war eine kleinere und zielstrebigere Firma. Tom Jones behauptete, «es geschah ganz und gar im Geist enger Beziehungen», und viele der Gäste erklärten später, sie seien als alte, persönliche Freunde eingeladen worden; doch Schlesinger bemerkte dazu: «Diese alten persönlichen Freundschaften schienen sich mit beachtlicher Schnelligkeit entwickelt zu haben.»[26] Als die Prüfer des Northrop-Falles später das ganze Ausmaß der großzügig zur Verfügung gestellten Hotelsuiten, der Klubs für Offiziersfrauen, der Abendgesellschaften, Fußballspiele usw. erkannten, stellten sie ein «übereinstimmendes Gesamtbild der Heimlichtuerei» fest. Das Pentagon warf seinen Beamten vor, wenig Urteilsvermögen bewiesen zu haben.[27]

In Paris war derweil im Lauf der Jahre Bill Savys Schmiergeldfonds angeschwollen, allerdings mit einigen seltsamen Fluktuationen. In Wahljahren waren die Auszahlungen immer größer, und 1969 wurde plötzlich viel mehr geschmiert. Die erste sprunghafte Zunahme kam gleich, nachdem das Repräsentantenhaus das Gesetz über die Neuausrüstung von Northrop verabschiedet hatte; die zweite, nachdem der Beratungsausschuß beider Häuser den $ 28 Millionen für Northrop zugestimmt hatte.[28] Bis 1970 hatten Savys Zahlungen $ 180000 erreicht; im selben Jahr und bis 1972 betrugen sie nicht weniger als $ 240000. Von einem Großteil dieses Geldes weiß man bis heute noch nicht, wo es letztlich landete, aber der Bestimmungsort eines Teils wurde schließlich klar. Jimmy Allen, der sich um Northrops geheime Umtriebe kümmerte, führte eine Liste mit Bitten um politische Spenden; wenn Savy Bargeld brachte, verteilte Allen es an nützliche Freunde, unter anderem an Holmes Tuttle, der für die Republikanische Partei Spenden sammelte, an Gene Wyman, der dasselbe für die Demokratische Partei tat, und an Senator Russell von Georgia[29], den auch eine enge Freundschaft mit Lockheed verband.

Im Februar 1972 genehmigte Jones eine Sonderzahlung an Savy von $ 120000. Er brauchte das Geld als Spendenbeitrag zur Wiederwahlkampagne von Präsident Nixon. Nachdem es bei Savy durch die Mangel gedreht worden war, kam es prompt in Hundertdollarnoten zu Jones zurück. Dann wurde Tom Jones im August 1972 in seinem Büro in Century City von Herbert Kalmbach aufgesucht, dem Geldeintreiber für Nixons Wahlkampagne. Sie unterhielten sich fünfzehn Minuten, dann holte Tom Jones ein Päckchen aus seinem Schreibtisch und gab es Kalmbach; es enthielt $ 75000 in Hundertdollarscheinen, Tom Jones nahm (laut Kalmbach) an, das Geld sei für Nixons Wahlkampagne bestimmt[30]; in Wirklichkeit war es für den geheimen Sonderfonds für die Verteidigung der Watergate-Einbrecher. Als diese geheime Spende ein Jahr später ans Licht kam, bot sie den ersten Anhaltspunkt für die langwierige Enthüllung aller geheimen Umtriebe von Northrop.

Tiger, Tiger

Für Tom Jones bedeutete die Unterstützung des Pentagon für seinen neuen Tiger, die er mit DeFrancis' Hilfe erlangt hatte, der Beginn eines Exportbooms. Der Tiger II oder F-5 E, wie er genannt wurde, war mit seinen stärkeren Triebwerken wendiger als sein Vorgänger und wurde im November 1970 von der amerikanischen Regierung formell zum internationalen Jäger gewählt. Das erste Programm sah 325 Flugzeuge vor, aber bis Mitte 1975 waren Aufträge über insgesamt 700 Maschinen erteilt, und zuletzt wurde die Zahl der bestellten Jagdflugzeuge auf 1500 geschätzt. Der Tiger war bereits an 21 Länder geliefert worden, zuerst 1965 an den Iran, dann unter anderem an Taiwan, Griechenland, Südkorea, die Philippinen, die Türkei, Äthiopien, Marokko, Norwegen, Thailand, Vietnam und Libyen. In Washington hielt man den Tiger durch das militärische Beistandsprogramm für ein wichtiges Instrument der Außenpolitik, weil er für die Länder der Dritten Welt das Bindeglied zum Westen darstellte. Als McNamaras Doktrin, Waffen zu verkaufen, statt sie zu verschenken, sich durchsetzte, wurde der Tiger eines der wichtigsten Rüstungsgüter für den Export, weil er gegen Aufständische wie gegen äußere Feinde einsetzbar war. 1975 konnte Tom Jones sich rühmen, daß das Tiger-Programm $ 2 Milliarden zur amerikanischen Zahlungsbilanz beitrug; das Netz der ausländischen Agenten, behauptete er, sei ein wichtiger Bestandteil von Northrops Erfolg. Vierzig Prozent von Northrops Produktion wurden jetzt exportiert. Mit ihrer Effizienz und Kostenbewußtheit war die Firma ein Vorbild für andere. Sie war niemals mit Lieferungen in Verzug. Niemals hatte Northrop, wie Tom Jones beteuerte, ein Flugzeug verkauft, «wenn nicht von offizieller Seite die Zusicherung vorlag, daß es im Interesse der Nation geschah»[31].

Leitende Angestellte von Northrop, die mir später erklären wollten, wie es dazu kommen konnte, daß sich ihre Firma in Bestechungen und Korruptionen verstrickt hatte, betonten nachdrücklich, daß es bei ihnen ganz anders gewesen sei als bei Lockheed: sie seien aus Versehen durch Lockheeds Beispiel vorübergehend zu Gesetzwidrigkeiten verleitet worden, doch während Bestechungen einfach zu Lockheeds Lebensstil gehörten, seien sie für Northrop ganz unnötig, denn Northrops Flugzeug sei einmalig und verkaufe sich aufgrund seiner Vorzüge. Aber dieser Vorteil macht, wie mir scheint, Northrops Verhalten, sei es in Europa oder (wie wir später sehen werden) in der Dritten Welt, nur um so schändlicher. Tom Jones hatte gewiß viel weniger Sorgen als Bob Gross oder Dan Haughton; aber es gibt kaum Anzeichen, daß er Skrupel hatte, sein korruptes System aufzuziehen, das schließlich ja noch über das von Lockheed hinausging; der Antrieb war offensichtlich nicht, die Firma zu retten, sondern immer größere Profite einzustreichen und Macht zu gewinnen.

Mittlerweile war es Jones gelungen, zwischen seiner Firma und dem Pentagon eine enge Beziehung herzustellen. Beide Seiten waren darauf stolz. Nie hatte sich Northrop durch riesige Nachforderungen bei schwierigen Projekten unbeliebt gemacht. Der Tiger war zu einem Symbol der freien Welt geworden. Staaten, die erst kürzlich die Unabhängigkeit erlangt hatten, sahen ihn als Zeichen ihrer Mannbarkeit und Souveränität an. Das Pentagon und das Außenministerium verbanden nur allzugern gute Geschäfte mit vernünftiger Diplomatie. Aber dieses Bündnis mit Northrops Dynamik und skrupelloser Geschäftstüchtigkeit mußte unweigerlich die Frage aufwerfen: Wurde dieses Rüstungsunternehmen wirklich kontrolliert? Konnte diese Maschinerie der Bestechungen, Einflußausübung und «Ausgucks», nachdem sie einmal in Gang gesetzt war, nicht den ganzen Entscheidungsprozeß, welche Waffen eine Nation haben sollte, verzerren? Ging es in erster Linie um den Vorteil des Außenministeriums oder um den Vorteil Northrops?

Kapitel 8

Das britische Dilemma

Die heißesten Plätze in der Hölle sind für diejenigen reserviert, die einer moralischen Krise gegenüber gleichgültig sind.

Harold Wilson, 21. Dezember 1965

Die unter Hochdruck betriebenen Rüstungsverkäufe von Henry Kuss im Pentagon verfehlten ihre Wirkung in ganz Europa nicht. Sie machten jedes Land auf die Notwendigkeit aufmerksam, den Verkauf eigener Waffen zu forcieren. Die Europäer fühlten sich als Käufer wie als Verkäufer gleichermaßen bedroht: Je mehr sie darauf rechneten, fortgeschrittene Waffen wie den Starfighter oder den Tiger von Amerika zu erhalten, um so nötiger wurde es, die Kosten durch Verkäufe anderswo wieder hereinzuholen. Aber natürlich kamen ihnen auch dabei die Amerikaner in die Quere. Diese mißliche Situation forcierte den Wettlauf um die Bewaffnung der Dritten Welt.

Nirgends war das Dilemma offenkundiger als in Großbritannien. Als 1964 die Labour-Regierung unter Harold Wilson ihr Amt antrat, befand sich das Land in einer neuen Rüstungskrise. Ebenso wie in Washington war es auch hier die eher humanitäre Partei, die sich als die entschlossenere erwies, Waffen zu verkaufen. Der neue Verteidigungsminister Denis Healey sah sich als britischen McNamara, der die Streitkräfte auf Vordermann brachte; kämpferisch und aggressiv hatte er den besonderen antikommunistischen Eifer des ehemaligen Kommunisten. In der Opposition hatte Healey viel von Großbritanniens moralischem Ziel gesprochen, aber im Amt war er Pragmatiker und neigte dazu, bei der Verfolgung der Mittel den Zweck aus dem Auge zu verlieren. Die Labour-Regierung war Feuer und Flamme für «die fieberhafte technologische Revolution»; im Luftfahrtministerium arbeitete unter Roy Jenkins ein dynamischer junger Labour-Politiker, der von der neuen Begeisterung erfüllt zu sein schien. John Stonehouse hatte sich zuerst einen Ruf erworben als Verteidiger der unterdrückten Afrikaner – Rhodesien hatte ihm die Einreise verweigert –, doch jetzt zeigte er sich als ein zäher Unterhändler und Verkäufer; der hochgewachsene Mann mit dem energischen Kinn und den kalten Augen war ein Symbol des neuen, geschäftstüchtigen Großbritannien.

Allerdings schätzten Labour-Politiker und ihre Beamten die Aussichten der britischen Rüstungsindustrie recht düster ein. Anfang der sechziger Jahre ging es den britischen Flugzeugfirmen weit weniger gut als im ersten Nachkriegsjahrzehnt; Englands Anteil am Weltexport von Flugzeugen war von 33 Prozent 1959 auf 14 Prozent 1964 gesunken. Die neuen Flugzeuge waren zudem kaum Exportschlager gewesen. Ende 1964 beauftragte Harold Wilson einen Ausschuß unter Vorsitz von Lord Plowden mit einer Untersuchung der Luftfahrtindustrie, der ein Jahr später einen unerfreulichen Bericht vorlegte; Plowden erkannte an, daß die britische Sachkenntnis und Technologie für die Herstellung fortgeschrittener Flugzeuge durchaus vorhanden seien, daß aber die beiden wichtigsten Unternehmen, BAC und Hawker-Siddeley, trotz der Fusionen weit größere Absatzmärkte brauchten, als Großbritannien bieten konnte. Plowden kam zu dem Schluß, daß die einzige Lösung in der Zusammenarbeit mit anderen, hauptsächlich europäischen Ländern lag – und in höheren Exporten. Er drängte darauf, die Regierung solle sich in viel stärkerem Maße für militärische Verkäufe einsetzen, wobei die Militärattachés die Rolle von Vertretern übernehmen und ausländischen Kunden billige Kredite eingeräumt werden sollten. Es war bemerkenswert, daß in dem ganzen Plowden-Bericht, der unter dem Vorsitz eines Beamten von untadeliger Gesinnung erstellt war, mögliche moralische Bedenken gegen den verstärkten Absatz von Rüstungsgütern überhaupt nicht erwähnt wurden.[1]

Während die Plowden-Untersuchung noch im Gange war, wurde sich die Labour-Regierung klar, daß alle Lieblingsprojekte der britischen Industrie gestrichen und statt dessen amerikanische Flugzeuge gekauft werden müßten. Die Transportmaschine HS 681 wurde durch Lockheeds Hercules ersetzt, gegen den sich die Deutschen gesträubt hatten. Der Jäger P 1154 wurde durch die Phantom von McDonnell ersetzt. Der kostspieligste britische Fehlschlag von allen war der Jagdbomber TRS2, die große Hoffnung der Industrie. Seine Kosten waren jetzt so hoch, daß Healey ihn streichen und sich auf Amerika verlassen mußte, wo sich McNamara für ein Lieblingsprojekt stark machte, den von General Dynamics entwickelten Jagdbomber F 111. Er war ein spektakulärer Schwenkflüger, noch unerprobt; ihn zu kaufen würde billiger sein, als den TSR2 zu entwickeln, aber er müßte in Dollar bezahlt werden. Ebenso wie in Amerika vier Jahre zuvor war es der Bedarf an Devisen, der die Ankurbelung des Waffenabsatzes beschleunigte; der bedenkliche Entschluß wurde ohne große Debatte gefaßt als Nebenprodukt des nationalen Rüstungsproblems.

Henry Kuss war bereits so etwas wie ein Buhmann für alle Europäer geworden. Er forderte sie geradezu heraus, ihre eigenen Waffenverkaufsorganisationen zu schaffen oder auszubauen. Die Engländer mit ihren gewaltigen Summen für die amerikanischen Waffen sahen sich jetzt genötigt, den Waffenexport viel ernsthafter zu betreiben. Im Juli 1965 bat Denis Healey Sir Donald Stokes, den Chef von Leyland Motors, ihn bei Waffenexporten zu beraten; er wurde, wie mir ein Minister später sagte, «berufen wie die meisten Regierungsausschüsse, um uns dazu zu bringen, das zu tun, was wir ohnehin tun mußten». Wie McNamara und viele spätere Waffenhändler kam Stokes aus der Autobranche. Damals galt er als Großbritanniens Meisterverkäufer. Er empfahl auch prompt, die Regierung solle nach ungefähr denselben Grundsätzen wie Kuss in Washington ihre eigene Organisation für Rüstungsverkäufe aufziehen.

Im Januar 1966 eröffnete Healey dem Parlament, er werde einen Waffenhändler einstellen, rechtfertigte das pragmatisch mit der Notwendigkeit, Devisen zu beschaffen, und gab eine Erklärung von klassischer Ambivalenz ab:

«Während die Regierung es für überaus wichtig hält, Fortschritte auf dem Gebiet der Rüstungskontrolle und Abrüstung zu erzielen, müssen wir gleichzeitig alle nur möglichen Schritte ergreifen, damit dieses Land nicht versäumt, sich seinen rechtmäßigen Anteil an diesem nützlichen, kommerziellen Absatzmarkt zu sichern.»

Es gab Proteste von linksgerichteten Abgeordneten. Frank Allaun sagte: «Wir wollen nicht, daß dieser Herr zu einem weiteren Krupp oder Zaharoff wird», und Emrys Hughes befürchtete, weil dadurch einem wirtschaftlichen Konflikt mit Amerika Vorschub geleistet werde, werde sich das Wettrüsten verstärken.[2] Aber Healy beharrte darauf, daß die Waffenverkäufe so effizient wie möglich durchgeführt werden müßten. Vier Monate später informierte er, daß es nunmehr einen neuen Posten im Verteidigungsministerium gebe: «Head of Defence Sales», womit dafür gesorgt werden solle, daß Großbritannien «den Vorteil der vollen Beteiligung am Absatzmarkt erlange».[3]

Der erste Inhaber des Postens, Raymond Brown, war kein Berufsbeamter wie Kuss, sondern ein Geschäftsmann, der sich aus eigener Kraft heraufgearbeitet hatte. Er war eine ungewöhnliche Erscheinung in der Welt von Whitehall, wie ein Fernlenkgeschoß an einem Himmel voller Hubschrauber. Er war ein umgänglicher Mann mit rundlichem Gesicht, strahlenden Augen und einem gepflegten, dreieckigen Schnurrbart, Mitbegründer einer Elektronikfirma mit Namen Racal (die erste Silbe ging auf seinen Vornamen zurück), die auf dem amerikanischen Markt einen spektakulären Erfolg errungen hatte. Brown hatte der Regierung schon 1956 geraten, eine gut abgestimmte Exportkampagne für Elektronik zu starten. Jetzt zog er voll munterer Energie im Verteidigungsministerium ein. Er wurde unterstützt von einem General, einem Oberstleutnant der Luftwaffe, einem Brigadekommandeur und einem Major. Jeden Morgen hielt er eine «Sprechstunde» ab, um Waffenhändler über Spezifikationen, Koordination und Exportmärkte zu beraten. Er drängte die Generäle und Admiräle, für Ausbildung und Unterstützung von Waffenverkäufen zu sorgen, und versuchte, den Beamten etwas Geschäftssinn beizubringen. (Schlagen Sie nie vor, das System zu ändern, wurde er gewarnt; reden Sie davon, «von den Vorschriften abzuweichen».) Er war der Typ des offenen und ehrlichen Industriekapitäns, der Politiker beruhigt. Mit Healey und Anthony Benn im Ministerium für Technologie kam er gut aus. Im Vergleich zu den Pedanten von Whitehall wirkte er wie eine frische Brise.

Brown war nicht der Mann, der einen grundlegenden Unterschied zwischen Waffen und etwas anderem sah. «Was die moralische Frage betrifft», sagte er zu mir, «so verbanne ich sie einfach aus meinen Gedanken.» Aber er war verletzt, als Linke ihn mit Zaharoff verglichen oder jüdische Freunde auf dem Golfplatz ihn im Scherz einen Todeslieferanten nannten. Er versuchte, Healey zu überreden, den Namen seiner Abteilung, Defence Sales Organization, zu ändern, damit er harmloser klinge, etwa wie das ILN von Kuss, und er schlug Export International Relations vor. Aber die Regierung behielt den Namen bei («Sieht den Briten ähnlich, immer so verdammt ehrlich»). Brown betrachtete sich selbst im wesentlichen als einen Förderer der britischen Technologie, und eine seiner Leistungen war die Veröffentlichung eines riesigen illustrierten Bandes, etwa wie ein gebundener Versandhauskatalog, über sämtliche Rüstungsgüter, die Großbritannien anzubieten hat. Er signierte das erste Exemplar. Darin wurden alle Panzer, Kanonen und Mörser in einer so nüchternen Sprache beschrieben, als ob es sich um Haushaltsartikel handelte. «Durch seine Schußweite, Mobilität und Feuerkraft ist dieses fortschrittliche, leichte und robuste Gerät», heißt es in einer neuen Ausgabe über die 105-mm-Kanone, «ideal geeignet zur Verwendung in schwierigen, begrenzten Kriegslagen, und zwar überall, von der Arktis bis zu den Tropen.»

Brown brauchte sich nicht mit vielen potentiellen und moralischen Problemen herumzuschlagen, denn den größten Teil seiner Zeit widmete er anderen Staaten des Westens, die sich schließlich selbst um ihre Moral kümmern konnten. In Europa hatte er kein großes Betätigungsfeld für seine Geschäftstüchtigkeit, weil die britischen Flugzeuge mit Lockheeds Starfighter oder Hercules und dem Tiger von Northrop nicht konkurrieren konnten. Er versuchte, den Niederlanden Panzer zu verkaufen, und sprach persönlich bei Prinz Bernhard als dem Generalinspekteur der Streitkräfte vor, aber die deutschen Leopard-Panzer wurden den englischen vorgezogen (Brown fragt sich noch heute, warum). Doch in Amerika konnte Brown nach dem Ankauf der F 111 von General Dynamics darauf bestehen, daß die Geschäfte zweigleisig abgewickelt werden müßten. Er knüpfte bei einem Glas Martini eine freundschaftliche Beziehung zu Henry Kuss an, und sie kamen zu dem Schluß, daß es Platz genug für beide gebe. Browns erstes Ziel waren $ 300 Millionen, aber schon in den nächsten vier Jahren gelang es ihm, militärische Ausrüstung im Wert von $ 1,3 Mrd. zu verkaufen.

Die Entwicklungsländer bildeten nur einen kleinen Teil seiner Kunden, denn sie waren erst in sehr begrenztem Maße in der Lage, Waffen zu kaufen. Einmal machte Brown im Iran Station, um britische Panzer anzubieten, und das zahlte sich später mit den riesigen Aufträgen für die Chieftain aus. Er war auch beteiligt an der Gründung einer neuen Organisation, die Staatsaufträge für die Dritte Welt von Regierung zu Regierung in die Wege leiten sollte: Millbank Technical Services. Diese Organisation wurde mit der Zeit immer aktiver, aber im Vergleich zu den Möglichkeiten in Amerika und Europa waren die Mittel der meisten Länder der Dritten Welt noch sehr beschränkt.

Das saudiarabische Geschäft

Doch ein Teil der Dritten Welt hatte sich schon zu einem wichtigen Absatzmarkt für Waffen entwickelt, ehe Raymond Brown seinen Posten übernahm. Die ölproduzierenden Staaten im Nahen Osten hatten viel Geld. Der reichste, Saudi-Arabien, bot jetzt eine besondere Gelegenheit. Mitte der sechziger Jahre schlossen die Engländer ein riesiges Waffengeschäft mit den Saudis ab. Ein Vorgeschmack von künftigen Möglichkeiten. Je mehr die Europäer von Amerika kauften, um so mehr mußten sie auf der ganzen Linie verkaufen; und während die Firmen im Kampf an vorderster Front standen, machten die Regierungen auf eigene Faust Geschäfte.

Die Aussicht auf einen Auftrag der Saudis hatte sich Anfang der sechziger Jahre ergeben, als die Ägypter unter Nasser gegen die Royalisten im Jemen kämpften und damit das Saudi-Regime bedrohten. Die Saudis machten sich Sorge über ihre Luftverteidigung, und westliche Rüstungsfirmen, darunter Lockheed, Northrop, British Aircraft Corporation und Dassault, rückten an, um etwas zu verkaufen. Da die Öleinkünfte bereits stiegen und es wenig gab, wofür sie ausgegeben werden konnten, bot das dünn besiedelte und schutzlose Königreich ungeahnte Möglichkeiten.

Ein Mann, der diese Chance vor allem erkannte, war Geoffrey Edwards, ein robuster Geschäftsmann aus Yorkshire mit einer herrischen Stimme, einem mächtigen Kinn und einem Löwenhaupt. Die Abenteuer dieses Mannes bieten einen ungewöhnlichen Einblick in die Arbeitsweise des großen Waffenhändlers. Er war zuerst 1960 nach Saudi-Arabien gekommen, um die Lage auf dem Baumarkt zu erkunden. Bald wurde er sich darüber klar, daß das Waffengeschäft bessere Aussichten bot, und setzte sich mit britischen

Firmen in Verbindung, um ein Angebot für die saudiarabische Luftverteidigung abzugeben. Associated Electrical Industries (AEI) konnte ein Radar-Frühwarnsystem liefern, British Aircraft Corporation konnte Lightning-Jäger liefern, und eine Dienstleistungsfirma, Airwork, konnte die Schulung übernehmen. Es wurde ein Konsortium gebildet, als dessen Agent Edwards fungierte, der auf Provisionsbasis bezahlt werden sollte und sich für lange Verhandlungen wappnete.

Er kaufte ein Haus in Dschidda, flog ständig zwischen Dschidda und London hin und her und gab (wie er behauptet) £ 180 000 an eigenem und geborgtem Geld aus. Er stellte bald eine enge Beziehung zu Prinz Sultan, dem Halbbruder von König Feisal, her, der gerade Verteidigungsminister geworden war. Außerdem traf er die kluge Vorsichtsmaßnahme, Prinz Sultans Bruder, Prinz Abdul Rahman, als Agenten anzustellen und ihm die halbe Provision von AEI zu versprechen. Auch zog er einen prominenten saudiarabischen Finanzmann, Gaith Pharaon, (dem er schließlich £ 80 000 bezahlte)[4], zu Rate, dessen Vater war einer der engsten Berater des Königs. Nachdem nun sichergestellt war, daß ihm alle Türen offenstanden, machte sich Edwards geduldig daran, sich für seine Auftraggeber einzusetzen.

Aber jetzt waren noch andere ernsthafte Konkurrenten auf der Bildfläche erschienen. Die Dassault-Vertreter versuchten, die Mirage zu verkaufen, hatten zwar einige sprachliche Schwierigkeiten, boten aber verlockende Bedingungen. Ermutigt durch ihre europäischen Erfolge, propagierte Lockheed den Starfighter, und Northrop bot den Tiger an, unterstützt von ihrem neuen und verbindungsreichen Agenten Kim Roosevelt[5] und verschiedenen saudiarabischen Agenten. Die Amerikaner hatten einen gewissen diplomatischen Vorteil, denn das britische Auswärtige Amt zögerte, die englischen Anbieter allzusehr zu unterstützen; es war der Ansicht, daß Saudi-Arabien ein amerikanisches Reservat sei (wie Kuwait ein britisches) und daß ein britisches Waffengeschäft das empfindliche Gleichgewicht stören könnte.

Während dieser Konkurrenzkampf im Gange war, kam im Oktober 1964 die Labour-Partei an die Macht und sah sich sofort ihrer ersten Wirtschaftskrise gegenüber. Edwards, obwohl persönlich sehr rechtsstehend, erkannte gleich eine Chance für stärkere staatliche Unterstützung. Am Tag nach der Wahl besuchte er einen alten Labour-Freund, Fred Mulley, der ihn bei dem damaligen Luftfahrtminister Roy Jenkins einführte. Edwards erklärte ihm, welche wirtschaftlichen Konsequenzen das Geschäft mit Saudi-Arabien haben würde.[6] Das Labour-Kabinett war sehr aufgeschlossen. Es erschien prompt ein erstaunlicher Verkäufer auf der saudiarabischen Szene, John Stonehouse, der parlamentarische Staatssekretär von Roy Jenkins. Zum Entsetzen vieler britischer Diplomaten wurde John Stonehouse ein eifriger Förderer aller Waffengeschäfte, vor allem aber des saudiarabischen. Später beschrieb er, was er zu den Chefs der Luftfahrtindustrie gesagt hatte: «Die alte Vorstellung, daß Minister und Beamte sich die schmutzige kommerzielle Welt vom Leibe halten sollten, ist Unsinn ... Uns alle im Ministerium müssen Sie als eine Erweiterung Ihrer eigenen Verkaufsorganisation ansehen.»[7]

Stonehouse flog nach Dschidda, wohnte bei Edwards, zu dem er in einem herzlichen Verhältnis stand. «Die meisten Leute in der Regierung betrachteten Geoffrey Edwards mißbilligend, «ein Waffenhändler, der auf seine fette Provision aus ist», schrieb er später. Aber Stonehouse sah ein, daß Schmiergelder bezahlt werden mußten. «War es etwa sinnvoll, sich als Pharisäer aufzuspielen, wenn Großbritanniens Fabriken dringend die Aufträge brauchten?»[8] Diese Erfahrung in Saudi-Arabien, behauptete Stonehouse später (als er sich gegen den Vorwurf des Betrugs verteidigte), habe ihm die Augen geöffnet über das Ausmaß der Korruption in der Welt des Big Business.[9] Welchen Anteil Stonehouse daran hatte, die Saudis zu beeinflussen, ist immer noch ungeklärt; aber gewiß hat er keine Mühe gescheut, sie zu beruhigen und ihnen zu versprechen, daß die britische Regierung im Fall eines zukünftigen Konflikts keine Ersatzteile zurückhalten würde.

Im Herbst 1965 wurde der Konkurrenzkampf zwischen den Engländern, Amerikanern und Franzosen hart und erbittert. Jede Firma setzte ihre eigene Agentengruppe ein, wobei ein Agent oft mehrere Firmen vertrat, und jede Firma warf den anderen Bestechung vor. Die Northrop-Leute waren sehr energisch; Prinz Mohammed, der zu ihnen gehörte, gab dem König Einzelheiten über die Bestechungssummen bekannt, die Lockheed seinen Beamten bezahlt hatte, während Kim Roosevelt seine Beziehungen zum Geheimdienst nach Kräften ausnützte: «Meine Freunde in der CIA behalten die Dinge auch im Auge», versprach er Northrop.[10] Aber Lockheed war überzeugt, daß die Saudis sich für den Starfighter entscheiden würden, den McNamara selbst empfohlen hatte als Bestandteil eines vollständigen Systems für die saudiarabische Verteidigung. Und Lockheed hatte jetzt die Vorsichtsmaßnahme ergriffen, einen jungen, ortsansässigen Agenten mit guten Beziehungen anzuheuern, Adnan Kaschoggi, der (wie wir später sehen werden) noch engere Beziehungen zu Prinz Sultan hatte als Geoffrey Edwards. Die Amerikaner hatten den Eindruck, wie Roosevelt berichtete, daß «die saudiarabische Regierung sich nur sehr widerstrebend für das französische oder britische Angebot entscheiden würde».[11]

Aber hinter der Bühne spielte sich jetzt ein reger diplomatischer Austausch auf hoher Ebene zwischen London und Washington ab, eine Folge der britischen Zahlungsbilanzkrise, die durch die Wahrscheinlichkeit noch verstärkt wurde, amerikanische F 111 kaufen zu müssen. Sir Donald Stokes, immer noch Berater für Waffenexporte, suchte McNamara in Washington auf und erörterte mit ihm die Frage, ob Großbritannien neue Absatzmärkte im Ausland finden könne, um mit dem Erlös die amerikanischen Flugzeuge zu bezahlen. Denis Healey plante bereits, wie wir gesehen haben, Großbritanniens Defence Sales Organization auf die Beine zu stellen, um die Kosten zu bestreiten; aber Ray Brown konnte nicht die ganze Summe hereinholen. Nur die zusätzlichen Gewinne aus dem Geschäft mit Saudi-Arabien würden den Restbetrag decken. McNamara und Henry Kuss erkannten, daß die politische Lage in England gespannt war; die Briten brauchten unbedingt einen Exporterfolg, um die verheerenden Fehlschläge ihrer Industrie wettzumachen. Saudi-Arabien war ein passender Trostpreis.

Für Healey und McNamara war das eine klare Lösung, und beide setzten sich mit ihrem ganzen Gewicht dafür ein. John Stonehouse und Geoffrey Edwards flogen nach Washington, um Kuss vorzuschlagen, daß die Engländer und Amerikaner ein gemeinsames Angebot für britische Lightning-Jäger und amerikanische Hawk-Raketen abgeben sollten. Henry Kuss erklärte, daß seine Abteilung «nicht einfach automatisch» die Angebote von Lockheed und Northrop zurückziehen könne, aber wenn König Feisal mit dem gemeinsamen Angebot einverstanden sei, werde das Pentagon es gern unterstützen.[12] Es war ein heikler Vorschlag; Stonehouse sagte darüber: «Wenn die amerikanischen Firmen, die sich um einen Auftrag bemühen, von dem sie wissen, daß sie ihn in der Tasche haben, zu dem Schluß kämen, daß ihr eigener Verteidigungsminister es den Tommies leicht macht, dann wäre die Hölle los, und ein Sturm der Entrüstung würde ausbrechen, und um unsere Chancen wäre es geschehen.»[13] Doch wurden rasch Schritte unternommen, um Feisals Einverständnis zu sichern: sowohl der britische als auch der amerikanische Botschafter betonten die Vorzüge des Abkommens, und im November 1965 flog Stonehouse wiederum nach Saudi-Arabien. Doch der entscheidende Faktor war die Tatsache, wie Kuss mir später sagte, daß die amerikanische Regierung «die Hunde zurückgepfiffen hatte», und Healey erklärte: «Wir hätten das Angebot nicht unterbreiten, geschweige denn den Auftrag erhalten können ohne amerikanische Kooperation.»[14]

Doch die Waffenhändler machten weiter, als ob nichts geschehen wäre. Lockheed schickte ein ganzes Heer von Managern los und bot den Starfighter zu einem ermäßigten Preis an; sogar David Rockefeller von der Chase Manhattan Bank hatten sie mitgebracht, um die Finanzierung zu besprechen. Geoffrey Edwards war so aktiv wie eh und je, und eine Delegation britischer Parlamentsabgeordneter war beeindruckt von der «heftigen amerikanischen Konkurrenz»; auch Healey betonte später, daß «die Konkurrenz von Lockheed bis zum letzten Augenblick anhielt und in der Tat sehr scharf war». Aber in Wirklichkeit war der Konkurrenzkampf nur ein überspanntes Schattenboxen, denn ohne diplomatische Unterstützung konnten die Firmen nichts erreichen. Nachdem Lockheed nicht zum Zuge gekommen war, sprach Courtlandt Gross wutschnaubend bei Kuss vor, der ihn zu besänftigen versuchte, indem er ihn daran erinnerte, daß Lockheed doch kürzlich die Hercules an Großbritannien verkauft habe.

Im Dezember 1965 gab John Stonehouse stolz bekannt, daß die Saudis das gemeinschaftliche Angebot angenommen hatten, das auf britischer Seite $ 154 Millionen für Flugzeuge und Raketen von BAC, $ 70 Millionen für das Radarsystem von AEI und $ 61,6 Millionen für die Ausbilder von Airwork umfaßte. Der Auftrag wurde als das größte Exportgeschäft bezeichnet, das Großbritannien je getätigt hatte. Die britische Regierung wußte sehr wohl, daß sie es gedeichselt hatte. Sie überließ es Geoffrey Edwards jedoch gern, den Ruhm und das Geld einzuheimsen. Stonehouse und auch Prinz Sultan zollten ihm Anerkennung. Dank seiner Provisionen war er jetzt Millionär. Doch bekam er bald Schwierigkeiten durch seine Mit-Agenten; drei von ihnen, darunter Sultans Bruder, verklagten ihn, und er seinerseits verklagte AEI, die ihm nichts bezahlen wollte, nachdem sie einen sehr fragwürdigen Agenten, Antoine Kamouh (der später in Paris ermordet wurde), bezahlt hatte.[15] Dennoch verdiente Edwards glatte zwei Millionen Pfund – eine damals so spektakuläre Summe, daß die Saudis sofort anordneten, daß von nun an nur ihre Staatsbürger als Agenten fungieren dürften. Edwards zog sich nach Jersey zurück und wurde später vorübergehend Agent für Lockheed; er unterstützte mehrere rechtsgerichtete Organisationen und gründete schließlich eine Firma, die mit dem Nahen Osten Handel trieb.

Die britischen Einkünfte aus dem Saudi-Geschäft erschienen zuerst recht beträchtlich. Im Werk Warton der British Aircraft Corporation in der Nähe von Preston – und beide Wahlkreise waren für die Labour-Partei von großer Bedeutung – sicherte der Auftrag auf Lightnings für die nächsten Jahre Hunderte von Arbeitsplätzen. Als die amerikanische Firma Raytheon nicht rasch genug Hawk-Raketen für die Saudis herstellen konnte, die sie zu ihrer Verteidigung gegen den Jemen brauchten, wurden die Engländer gebeten, im Ernstfall über eine Luftbrücke, «Operation Zauberteppich» genannt, Hunter- und Lightning-Jäger sowie Thunderbird-Raketen auszufliegen, was weitere Arbeitsplätze sicherte.

Doch gab es bald zunehmend Komplikationen. Die Ausbildung von Piloten und die Wartung der Flugzeuge überstiegen die Möglichkeiten der Firma Airwork, die den Auftrag erhalten hatte. Das britische Verteidigungsministerium mußte sich stärker engagieren. Ehemalige RAF-Piloten wurden angeworben, um die Flugzeuge zu fliegen. Den Saudis praktisch unterstellte Söldner; und schließlich mußte die britische Regierung eine eigene Organisation in Riad aufziehen, um gemeinsam mit den Saudis das Programm zu überwachen. Was wie ein scheinbar einfaches, kommerzielles Geschäft begann, endete wie viele künftige Waffengeschäfte als ein größeres staatliches Engagement; und die Kosten für die Flugzeuge und Dienstleistungen waren so gestiegen, daß es sehr zweifelhaft ist, ob dabei überhaupt ein Gewinn übrigblieb. Die Saudis ihrerseits waren mit den Lightnings nicht zufrieden, die ursprünglich für die Nahkampfverteidigung der britischen Inseln entwikkelt worden waren und sich offensichtlich nicht für ein riesiges Wüstenland eigneten. So waren die britischen Firmen nach dem arabisch-israelischen Krieg von 1967 bei den Saudis weniger gut angesehen. Im Jahr darauf lehnten diese die angebotenen britischen Saladin-Panzerwagen ab und entschieden sich für die französischen Panhard.

In den siebziger Jahren konnten die Engländer ihre Stellung zum Teil wiedergewinnen. Sie erhielten große, neue Wartungsaufträge. Aber die amerikanischen Firmen wurden jetzt immer dominierender, als die wachsenden Öleinkünfte den Saudis größere Ausgaben ermöglichten. Der ursprüngliche britische Auftrag und die Provisionen von Edwards wurden – wie Kapitel 11 zeigt – bald in den Schatten gestellt durch die Aufträge, die Lockheed und Northrop erhielten, und die ungeheueren Provisionen von Adnan Kaschoggi. Und John Stonehouse , der das Geschäft durchgeboxt hatte? Seine spätere Karriere war absolut phantastisch: er stieg höher auf in der Regierung, begann aber bald privat zu spekulieren und geriet in Schulden; er verschwand am Strand von Miami, wurde unter falschem Namen in Australien aufgespürt und schließlich 1976 wegen Betrugs und Urkundenfälschung verurteilt.

Wirklich interessant war das britische Geschäft mit den Saudis nicht so sehr wegen seines Umfangs, sondern wegen der Tauschmöglichkeiten, die es bot. Zwei Monate, nachdem Stonehouse das Geschäft zuerst angekündigt hatte, gab die britische Regierung im Februar 1966 bekannt, daß sie von General Dynamics fünfzig F 111 zum Preis Von $ 725 Millionen gekauft habe, die im Lauf von zehn Jahren in Dollar bezahlt werden müßten; aber erst zwei Monate später verriet Denis Healey, daß die Dollar zum Teil durch das saudiarabische Geschäft gedeckt seien, auf das zu verzichten die Amerikaner bereit gewesen waren; und in einer etwas gewundenen Erklärung behauptete er immer noch, daß damit keine Verpflichtung verbunden gewesen sei, die F 111 zu kaufen.[16] Doch nur, weil ihnen das Geschäft mit den Saudis erlaubt wurde, konnten es sich die Engländer leisten, von den Amerikanern zu kaufen. Die Saudis waren bloße Schachfiguren im westlichen Währungsspiel. Wie sich achtzehn Monate später herausstellte, konnten es sich die Engländer ohnehin nicht leisten, die fünfzig F 111 zu kaufen; nach der Wirtschaftskrise und Abwertung des Pfundes im November 1967 wurde der Auftrag storniert. Gleichzeitig wurden die britischen Truppen östlich von Suez schneller zurückgezogen. Letztlich waren die Saudis dazu überredet worden, britische Flugzeuge zu kaufen, die sie gar nicht haben wollten, damit Großbritannien die Möglichkeit erhielt, amerikanische Flugzeuge zu bezahlen, die es sich nicht leisten konnte.

Die Apartheid bewaffnen

Die alte britische Besorgnis über die Todeslieferanten hatte sich nicht völlig gelegt. Die ganzen sechziger Jahre hindurch konzentrierte sich der moralische Druck bezüglich des Waffenverkaufs auf ein Land: Südafrika. Das war ein sehr verlockender Absatzmarkt, der bei weitem größte Waffenkäufer in Afrika, mit engen historischen Bindungen an Großbritannien. Aber südafrikanische Waffen ließen sich nicht von der Apartheid-Politik trennen, über die sich die Welt in den sechziger Jahren um so mehr entrüstete, als die schwarzen Staaten im Norden die Unabhängigkeit erlangten. Den wirtschaftlichen Nutzen des Waffenverkaufs gegen den moralischen Vorteil des Verzichts abzuwägen wurde quälender, je schlechter Großbritanniens Wirtschaftslage wurde.

In den fünfziger Jahren hatte Südafrika den größten Teil seiner Waffen aus Großbritannien importiert, darunter Saracen und Centurion-Panzer, Unterseeboote und Zerstörer. Britische Investitionen trugen zum Aufbau der südafrikanischen Rüstungsindustrie bei, und die britische Firma ICI war mit 50 Prozent an African Explosives and Chemical Industries beteiligt, dem wichtigsten inländischen Munitionsproduzenten. Als Hawker-Siddely 1955 für die Königliche Marine das Kampfflugzeug Buccaneer herstellte, war Südafrika der einzige weitere Kunde und bestellte sechzehn. Aber als die südafrikanische Regierung repressiver wurde, sprach sich die britische Labour-Opposition immer entschiedener gegen die Lieferung von Waffen aus. Das Massaker von Sharpeville in 1961, als Saracen-Panzer gegen die schwarze Volksmenge auffuhren, ließ erkennen, daß die Landesverteidigung und die Unterdrückung im Inland jetzt untrennbar waren, was der südafrikanische Verteidigungsminister auch unumwunden aussprach: «Die erste Aufgabe der Truppen ist es, der Polizei bei der Aufrechterhaltung von Recht und Ordnung behilflich zu sein.»

Im August 1963 forderten die Vereinten Nationen alle Staaten auf, den Verkauf von Waffen und Munition an Südafrika unverzüglich einzustellen, und ein Jahr später wurde die Resolution auf Ausrüstung zur Waffenherstellung ausgedehnt. Die britische konservative Regierung enthielt sich beide Male der Stimme, aber als die Labour-Partei im Oktober 1964 an die Macht kam, gab Harold Wilson ein totales Ausfuhrverbot für Waffen nach Südafrika bekannt. Wie die meisten Ausfuhrverbote war das Embargo nicht so total, wie es aussah: bereits erteilte Aufträge, auch über die sechzehn Buccaneer, durften ausgeliefert werden; Ersatzteile für Düsenflugzeuge (das sickerte später durch) wurden geliefert; ebenso elektronische Ausrüstung, die für die Rüstung entscheidend wichtig sein konnte. Das große unterirdische Radarnetz mit seinem Zentrum in Devon im Transvaal war gänzlich von Marconi ausgerüstet worden. Aber das Embargo stellte dennoch ein wirkliches Opfer für Großbritannien dar: Die Exporteinbuße in den folgenden drei Jahren wurde auf $ 240 Millionen geschätzt. Die Amerikaner schlossen sich dem britischen Ausfuhrverbot an.

Indes wurde das Embargo schon bald durchkreuzt. Die südafrikanische Regierung sah sich nach anderen Waffenlieferanten um und fand sie in Frankreich; in den nächsten zehn Jahren kaufte Südafrika 64 Mirage-Jäger, 75 Hubschrauber und eine Menge anderes französisches Kriegsmaterial. Diese Beziehung wurde wertvoll für Südafrika und rentabel für Frankreich. 1968 war Südafrika nach Israel und Belgien Frankreichs drittgrößter Rüstungskunde geworden, und die Franzosen konnten Waffen als Köder für große zivile Aufträge verwenden. Noch ärgerlicher war, daß die Franzosen es fertigbrachten, scharfer Kritik ihrer afrikanischen Kunden weiter nördlich zu entgehen. Sie behaupteten (was unglaubwürdig war), ihre an Südafrika gelieferten Waffen seien nicht geeignet für die Unterdrückung im Inland, und erklärten, daß die französische Hilfe für Schwarzafrika von hohen Exporten an andere Länder abhängig sei. De Gaulle gelang es sogar, als der besondere Fürsprecher der Dritten Welt zu erscheinen, indem er sich lauthals gegen den Vietnamkrieg aussprach. Die Engländer empfanden das als Undankbarkeit der schwarzen Staaten.

Doch waren die Südafrikaner immer noch erpicht darauf, mehr britische Waffen zu kaufen – nicht nur wegen ihrer faktischen Brauchbarkeit, sondern als Beweis eines umfassenderen britischen Engagements. Im November 1967 sahen sie eine neue Chance, die britische Regierung in Versuchung zu führen. Nach der Wirtschaftskrise und Abwertung (die zur Stornierung der F 111 geführt hatten) mußte Großbritannien mehr denn je den Export steigern. Die Südafrikaner konnten dem Labour-Kabinett eine verlockende «Wunschliste» (wie es so neckisch in dem Gewerbe heißt) in Aussicht stellen. In der Liste waren weitere Buccaneer-Flugzeuge, Westland-Hubschrauber, Fregatten und Flugabwehrraketen aufgeführt, alles zusammen im Wert von etwa 450 Millionen $.

Es war eine überwältigende Versuchung für eine verarmte Regierung, die das Kabinett spaltete und die unterschiedlichen Moralauffassungen beleuchtete. Der Außenminister, der ungestüme George Brown, stand der Sache wohlwollend gegenüber. Er verabscheute die Apartheid (erklärte er später), aber er war überzeugt von Südafrikas Bedeutung für die westliche Verteidigung, und er glaubte nicht, daß diese Waffen die Lage der schwarzen Südafrikaner wirklich gefährdeten.[17] Brown wurde von Denis Healey unterstützt, der sich in der Opposition immer gegen die Apartheid ausgesprochen hatte, aber als Verteidigungsminister nun bestrebt war, den Waffenexport zu forcieren. Die linksgerichteten Kabinettsmitglieder ließen dann den Vorschlag in die Öffentlichkeit durchsickern; es fand eine spannungsgeladene Kabinettssitzung statt, und Harold Wilson, dessen Haltung vorher undurchsichtig gewesen war, erklärte sich jetzt voll moralischem Eifer gegen die «Rüstungslobby», was Brown in Wut brachte.[18]

Dann folgte eine klassische Parlamentsdebatte, in der die alten moralischen Argumente wieder vorgebracht wurden. Stephen Hastings, ein konservativer Abgeordneter, fragte den Premierminister: «Bemißt er das Gewissen der Labour-Partei nach der Zahlungsbilanz?» John Boyd-Carpenter bemerkte, daß die Labour-Regierung durchaus bereit sei, Waffen an Saudi-Arabien oder den Sultan von Maskat und Oman zu verkaufen, der eine mittelalterliche Tyrannei ausübe. Alex Lyon auf der Labour-Seite verglich das Embargo mit dem Verhalten der Arbeiter der Baumwollspinnereien in Lancashire im 19. Jahrhundert, die der Arbeit fernblieben, um diejenigen zu unterstützen, die für die Sklavenbefreiung in den Vereinigten Staaten kämpften. Ben Whitaker, der hochherzige Labour-Abgeordnete für Hampstead, erinnerte daran, daß den Kämpfern gegen den Sklavenhandel dauernd gesagt wurde, Großbritannien könne es sich nicht leisten, damit aufzuhören.

Der Führer der Konservativen, Edward Heath, wies darauf hin, daß Südafrika Großbritanniens drittgrößter überseeischer Kunde sei und entscheidend wichtig für die Verteidigung des Südatlantik. Aber Michael Stewart, der ehemalige Außenminister und eindrucksvollste Hüter des Gewissens des Kabinetts, beharrte darauf, daß der Waffenhandel immer anders angesehen werden müsse als jeder andere Handel: «Ich glaube aus voller Überzeugung, daß in allen Punkten – Moral, letzte Weisheit und wahrste Nützlichkeit auf lange Sicht für unser Land – unsere Politik vor drei Jahren richtig war und jetzt richtig ist.»[19]

Theoretisch hielten die Engländer das Embargo also weiter ein. Aber in der Wirklichkeit war es nie ganz so, wie es nach außen aussah. Ein Rüstungsvertreter beschrieb es mir gegenüber so: «Wir konnten ihnen einige Hubschrauber verkaufen, weil sie halb französisch waren; und natürlich sind das höchst mörderische Maschinen gegen Eingeborene. Als die Südafrikaner mit einem Auftrag über Küstenwachboote ankamen, sagten wir ihnen, sie sollten den Auftrag umschreiben, damit es so aussieht, als würden die Boote für zivile Zwecke gebraucht: ‹Sicherlich muß es bei euch doch ein paar *schwarze* Fischerboote geben, die Schutz brauchen?› Den größten Teil der Munition, die die Südafrikaner haben wollten, konnten sie durch das Verteidigungsabkommen von Simonstown bekommen. Was den Aufträgen ein Ende machte, war hauptsächlich die Tatsache, daß sie kein Geld mehr hatten.»

1970 sahen die Südafrikaner von neuem eine Chance, die Engländer in Versuchung zu führen, als die Konservativen wieder an die Macht kamen. Ihr Führer, Edward Heath, war verpflichtet, die Waffenverkäufe wieder aufzunehmen, und er beharrte auf seiner Politik trotz wütender Proteste vom schwarzen Commonwealth und Bedenken von Washington und in seinem eigenen Kabinett. Doch stellte sich bald heraus, daß die Südafrikaner nicht viel kaufen wollten: sie waren jetzt ziemlich autark und mußten bei ausländischen Waffen sicher sein, daß der Nachschub nicht unterbrochen würde. Von Großbritannien wollten sie nur ein paar Marine-Hubschrauber. Harold Wilson führte jetzt den Angriff und spottete über Edward Heath, der «ein glitzerndes Dorado» von Rüstungsaufträgen angedeutet hatte, von dem es sich dann herausstellte, daß es nicht einmal eine Million Pfund wert war. Was die Südafrikaner wollen, sagte er, seien nicht so sehr Waffen als vielmehr ein «Zeugnis der Ehrbarkeit», und das sollte man ihnen nicht geben. «Was nützt es einem Menschen – oder einer Regierung – durch drei oder vier Hubschrauber die Kontrolle über ein paar weitere Quadratmeilen des Indischen Ozeans zu gewinnen – denn mehr als das ist es nicht – und die Schlacht um Hunderte von Millionen Herzen auf den Kontinenten, die der Ozean bespült, zu verlieren?»[20]

Als Südafrika in den folgenden Jahren seinen Kollisionskurs mit schwarzen Staaten und Guerillabewegungen, die ringsum auftauchten, fortsetzte, wurde es immer unmöglicher, zwischen militärischer und ziviler Ausrüstung oder zwischen Landesverteidigung, Verteidigung im Inneren oder Polizeimaßnahmen einen Unterschied zu machen. Als sich im Juni 1976 schwarze Kinder in der Johannesburger Vorstadt Soweto zusammenrotteten, wobei es Hunderte von Toten gab, wurden die französischen Hubschrauber Alouette eingesetzt, um Tränengas auf die Menge zu schießen. Auf dem Gebiet der Elektronik war die Grenzlinie zwischen ziviler und militärischer Verwendung immer verschwommen, und die Waffenhändler machten sie noch verschwommener. 1975 bestellten die Südafrikaner bei der britischen Firma Marconi ein computergesteuertes Fernmeldenetz, das *Troposheric Scatter System*, im Wert von $ 20 Millionen. Es war typisch für die «Grauzone» zwischen militärischer und ziviler Ausrüstung. Es vermochte selbst niemanden zu töten; aber es war unentbehrlich für die computergesteuerte Kriegführung und das elektronische Schlachtfeld. In jedem fortgeschrittenen Polizeistaat waren jetzt hochentwickelte Fernmeldeanlagen von den Mitteln der Unterdrückung nicht mehr zu trennen.[21]

Das britische Embargo wurde auch weiter weniger rigoros gehandhabt, als es den Anschein hatte; ein Waffenhändler brüstete sich mir gegenüber, er habe nach 1974 unter der Labourregierung mehr Rüstungsgüter exportiert als unter den Konservativen. 1976 kam heraus, daß es den Südafrikanern gelungen war, Ersatzteile für Centurion-Panzer im Wert von einer Million Pfund zu importieren durch eine Firma auf Jersey, die einen gefälschten Auftrag erteilt hatte. In Jersey erhielt die Firma eine Geldstrafe von nur $ 1 600. Was die Defence Sales Organization verblüffte, war nicht, daß die Lieferung durchgerutscht war, sondern daß die Südafrikaner diese List angewandt hatten, denn sie hätten die Ersatzteile wahrscheinlich ohnehin offiziell bekommen können. Doch das anglo-amerikanische Embargo für Flugzeuge, Panzer und Kanonen wurde aufrechterhalten.

Das weiße Südafrika wurde zu einem Heerlager, das von vielen auf Geld erpichten Ländern versorgt wurde, wobei die britische Politik wenig Unterschied machte. Handfeuerwaffen und Munition konnten die Südafrikaner jetzt selbst herstellen; die Franzosen oder Italiener waren immer noch froh, schwereres Kriegsmaterial zu liefern, während die Israelis jetzt engere Beziehungen anknüpften und ihre Kfir-Jäger zu verkaufen versuchten (s. Kap. 17). Sogar russische Schrotflinten und Faustfeuerwaffen strömten auf diesen florierenden Markt, wo es in fast jedem weißen Haushalt ein Schießeisen gab. Während Kommunisten verfemt waren und ins Gefängnis geworfen wurden, kam die Hälfte der neuen Faustwaffen aus kommunistischen Ländern, und eine der beliebtesten Schrotflinten, die 1976 in Südafrika verkauft wurde, war die russische 12kalibrige Baikal, die in Johannesburg unbeschränkt zu haben war. «Osteuropa braucht dringend Devisen», erklärte ein ortsansässiger Händler. «Es ist ihnen gleich, an wen ihre Agenten die Gewehre verkaufen, solange sie prompt bezahlt werden.»[22]

In Anbetracht dieser Entwicklung waren viele britische Konservative und andere der Meinung, das Embargo sei eine sinnlose und kostspielige Geste gewesen, durch die Großbritannien seinen Einfluß in Südafrika eingebüßt und alle möglichen anderen Lieferanten Eingang gefunden haben. Das ständige Argument aller Waffenhändler wurde wieder einmal bestätigt: «Wenn wir nicht verkaufen, wird es ein anderer tun.» Aber ich glaube nicht, daß man sich die Sache so einfach machen kann. In einer so explosiven Situation hat die Lieferung oder Vorenthaltung von Waffen eine Bedeutung, die weit über die Schießeisen hinausgeht. Trotz aller Einschränkungen und Schlupflöcher war das anglo-amerikanische Embargo Bestandteil eines langwierigen Trennungsprozesses von der weißen südafrikanischen Politik. Wäre das Embargo nicht durchgeführt worden, hätten sich die Engländer und Amerikaner viel stärker verpflichtet gefühlt, das weiße Südafrika zu unterstützen, und das hätte die Gefahr eines totalen Konflikts mit den von China und Rußland unterstützten schwarzen Staaten im Norden eingeschlossen. Ebenso wie die Anti-Sklaverei-Bewegung ein Jahrhundert zuvor mußte das Embargo unter einem weiteren Blickwinkel betrachtet werden; das Verbot des Sklavenhandels wurde fünfzig Jahre lang immer wieder vereitelt und durchbrochen und setzte sich letztlich doch durch.

Das südafrikanische Embargo und das saudiarabische Waffengeschäft und unzählige andere Waffengeschäfte im Nahen Osten, Afrika und Asien gehörten allesamt zur Erbschaft des sich auflösenden britischen Empire. Die Länder, die seit Jahrzehnten ein ausgesprochenes Reservat für britische Waffen und der britischen Kontrolle unterworfen waren, traten jetzt als junge Nationen in Erscheinung, entschlossen, ihre Unabhängigkeit und Entscheidungsfreiheit geltend zu machen. Die Mehrzahl von ihnen war sehr arm, aber sie hielten sich an die Symbole der Macht, die der Westen ihnen vorgeführt hatte. Dabei standen die Waffen im Vordergrund; und der Westen war ihnen gern gefällig. Die Nationen dieser neuen Dritten Welt, die weitgehend aus ehemaligen europäischen Kolonien bestand, waren nun wichtige Faktoren im Machtkampf des Kalten Krieges. Sie wurden von beiden Seiten mit Waffen versorgt, weil man sich ihre Unterstützung sichern wollte. Und einige von ihnen waren auch reich genug, die Waffen zu bezahlen. Bei diesem globalen Wettlauf spielte Großbritannien jedoch in seinen ehemaligen Schutzgebieten eine immer unbedeutendere Rolle. Die neuen moralischen Zwangslagen und die Probleme der Kontrolle konzentrierten sich immer mehr auf Washington.

Kapitel 9

Israel gegen Araber

Es ist fast ein Perpetuum mobile. Wir sind uns alle einig, das Wettrüsten ist eine Katastrophe, und wir sind uns alle einig, daß es zu einem endgültigen Konflikt führen kann, der die zivilisierte Welt, wie wir sie kennen, mehr oder weniger vernichten würde. Das alte Problem ist: Wer tut den ersten Schritt zum wirklichen Rückzug?

Sam Cummings, April 1967[1]

Von allen Hinterlassenschaften des britischen Weltreichs war die explosivste die Lage des von feindlichen Araberstaaten umgebenen Staates Israel. Der Konflikt war ja nicht nur lokal, er reichte tief in die Konfliktlinien innerhalb der Großmächte und in die Rivalitäten zwischen ihnen hinein. Als sich der britische Einfluß verringerte, wurde das Gebiet auch zu einem Kampfplatz für die anderen Großmächte, zuerst für Frankreich, dann für Rußland, dann für die Vereinigten Staaten. Alle pumpten dauernd Waffen hinein. Alle sorgten immer wieder für Ausgleich, wenn eine Seite zuviel bekommen hatte; wie bei der Spielbank wurden die Einsätze stetig höher und die Rüstungskontrolle schwieriger.

Das Hauptwettrüsten zwischen Israel und Ägypten wurde angeheizt durch andere Rivalitäten – zwischen Amerika und Rußland, zwischen den arabischen Staaten, zwischen Arabern und Iranern oder zwischen den politischen Parteien der Großmächte. Je höher die Einsätze wurden, um so mehr verstärkte sich auch der kommerzielle Druck, Waffen zu verkaufen. Die Region wurde zum bei weitem größten Absatzmarkt der Rüstungsindustrie; sie wirkte als Schrittmacher für andere Regionen. Zudem hatte sie gefährliche Nebenprodukte: zum Beispiel den libanesischen Bürgerkrieg. Die verschiedenen Stadien des arabisch-israelischen Wettrüstens und die vier Kriege in fünfundzwanzig Jahren machten beide Supermächte besorgter über die Gefahren für die Welt und die Notwendigkeit einer internationalen Kontrolle, offenbarten aber auch die Schwäche des Konzepts von regionalem Gleichgewicht und lokaler Abschreckung, denn stets wurde das Gleichgewicht gestört oder ging verloren.

Im ersten Stadium war die Größenordnung der Waffen noch relativ klein, da Geldmangel und das anglo-amerikanische Monopol beiden Seiten Schranken auferlegten. Im ersten arabisch-israelischen Krieg von 1948–49 hatten sich die einen wie die anderen mit möglichst viel überzähliger Ausrüstung aus dem Weltkrieg eingedeckt. Mit Hilfe amerikanischer Geldspenden hatten sich die Israelis ein buntscheckiges Arsenal britischer Waffen zugelegt, die sie aus den Schrotthaufen Europas gekauft und in Israel wieder instand gesetzt hatten. Auch die Tschechoslowakei hatte ihnen Waffen verkauft: unter anderem Mauser-Gewehre, Avia-Jäger und umgebaute Messerschmitts. Ausgerechnet der Staat, der zum Schreckgespenst für die Sowjets werden sollte, wurde zuerst durch den Osten bewaffnet. Am Ende des ersten Krieges, als die Grenzen noch unsicher waren, verständigten sich die westlichen Großmächte, Großbritannien, Frankreich und die Vereinigten Staaten, über die Notwendigkeit einer Waffenkontrolle und unterzeichneten die Dreiererklärung von 1951. Darin sprachen sich die Mächte gegen ein Wettrüsten zwischen Arabern und Israelis aus. Sie kamen überein, daß ein besonderer Ausschuß, Near Eastern Arms Coordinating Committee, für ein ungefähres Gleichgewicht zwischen den drei wichtigsten Staaten, Ägypten, Irak und Israel, sorgen sollte. Das Abkommen war unvollständig, denn es wurde damit kein Versuch unternommen, den Zustrom von Waffen aus anderen Ländern einzudämmen. Die Belgier verkauften an beide Seiten Handfeuerwaffen, Spanien verkaufte Maschinengewehre an Ägypten, und Israel kaufte Sherman-Panzer bei britischen und kontinental-europäischen Waffenhändlern. Aber im Vergleich mit dem, was später noch kommen sollte, war es doch eine sehr wirksame Beschränkung, und die drei Mächte hatten praktisch ein Monopol auf schwere Waffen in diesem Bereich. Die Engländer lieferten damals 95 Prozent der Jagdflugzeuge, die in den Nahen Osten gingen; die Amerikaner waren stark mit Korea beschäftigt, und die Franzosen bauten ihre Rüstungsindustrie erst wieder auf.

Doch bereits 1953 störten die Franzosen das Gleichgewicht. Die Produkte von Marcel Dassault gaben ihnen Gelegenheit, ihren Einfluß auszuüben, indem sie sich der Waffenverkäufe in einem viel umfassenderen diplomatischen Spiel bedienten. Während Großbritannien es ablehnte, Meteor-Jäger an Israel zu liefern, stieg Frankreich in das Geschäft ein und bot vierundzwanzig Ouragan-Jäger von Dassault an, die im nächsten Jahr durch Mystères ergänzt werden sollten. Im französischen Außenministerium bestanden deswegen ernstliche Meinungsverschiedenheiten, aber die Verschärfung des algerischen Krieges verhärtete die anti-arabische Einstellung. Angeblich gingen die Franzosen auf eigene Faust vor, aber das Ouragan-Geschäft war mit einer amerikanischen Subvention finanziert worden. Washington war erleichtert, daß Israel moderne Jäger erhielt. Dadurch wurden die amerikanischen Verkäufe an Ägypten ausgeglichen. Die Vereinigten Staaten vollführten selbst einen Balanceakt, indem sie die Araber mit Waffen und die Israelis mit Geld unterstützten und sich der Europäer als Strohmänner für den israelischen Nachschub bedienten. Schon nach drei Jahren war die Dreiererklärung praktisch diskreditiert.

In Ägypten und Israel gleichermaßen wurden die Regierungen stark von der militärischen Elite beeinflußt. Sie war jedoch in beiden Ländern ihrem Wesen nach sehr unterschiedlich. In Ägypten hatte die lange Herrschaft der britischen Armee dazu geführt, daß Nasser und seine Revolutionskameraden militärische Stärke mit nationaler Unabhängigkeit gleichsetzten. Der Waffenkauf wurde stets von großen Reden zur Souveränität begleitet. In Israel waren es die Guerillaführer, die zur Gründung der Nation beigetragen hatten, die dem Militär ein besonderes politisches Prestige verliehen. Der industrielle Sachverstand der Israelis ließ sich vortrefflich auf militärische Technologie umstellen.

Auch erschwerte der Kalte Krieg die Einhaltung des Gleichgewichts. Die Engländer und Amerikaner versuchten, eine «Nord-Linie» von Nationen als Verteidigungssystem gegen Rußland zu errichten, zu der nach ihrem Wunsch auch Ägypten gehören sollte. Aber als 1954 Präsident Nasser an die Macht kam, war Ägypten entschlossen, sich der Zuordnung zu entziehen. Als 1955 der Bagdad-Pakt der prowestlichen Nationen unterzeichnet wurde, hielt Ägypten sich fern. Nasser, der sich sowohl durch Israels Waffengeschäfte als auch politisch durch seine arabischen Nachbarn bedroht fühlte, hielt jetzt anderswo nach Waffen Ausschau. Er versuchte es vergeblich in Großbritannien und Amerika. Am 27. September 1955 gab er ein neues Waffengeschäft bekannt: Die Tschechoslowakei würde Ägypten mit sowjetischen Waffen beliefern, darunter Jagdflugzeuge, Bomber, Panzer, Flugabwehrkanonen und Bazookas, und als Gegenleistung sollte sie Baumwolle und getrocknete Datteln erhalten. Dies war eine historische Entwicklung in der Geschichte des Waffenhandels; denn obwohl die Tschechoslowakei der angebliche Lieferant der Waffen war, kennzeichnete das Geschäft doch eindeutig den Einzug der Sowjets in Ägypten. Es war das erstemal, daß Rußland schwere Waffen außerhalb seiner Einflußsphäre zur Verfügung stellte.

Dies sollte der erste von vielen derartigen Einbrüchen sein. Das Geschäft stand im Widerspruch zur Nah-Ost-Haltung der Russen. Sieben Jahre zuvor waren sie unter den ersten gewesen, die den Staat Israel anerkannten; dieser Schritt gehörte jedoch zu einer umfassenden Strategie des Kalten Krieges, mit der Rußland versuchte, in die anglo-amerikanische Sphäre einzubrechen. Von nun an sollte das Wettrüsten zwischen Israel und den Arabern durch das wichtigere Wettrüsten der Supermächte und die Rivalitäten im Westen kompliziert werden.

Jetzt verhinderten die Sonderinteressen der Westmächte jedes Abkommen, das die sowjetische Intervention wirkungsvoll ausgeglichen hätte. Zuerst wollten die Engländer und Amerikaner die Araber nicht gegen sich aufbringen, weil sie für ihre Ölversorgung und Verteidigung wesentlich waren, und zögerten, Israel gegen Ägypten zu bewaffnen. Großbritannien versuchte, dem Dreierabkommen Geltung zu verschaffen, aber die in den Algerien-Krieg verwickelten Franzosen (die Algerier wurden von Ägypten unterstützt) sahen jetzt in Israel ihren unersetzlichen Verbündeten. Sie lieferten große Mengen von Panzern und Jagdflugzeugen, zuerst mit amerikanischer Erlaubnis, dann heimlich. Alljährlich strömten nun in den Nahen Osten Waffen im Wert von etwa $ 200 Millionen gegenüber etwa $ 40 Millionen Anfang der fünfziger Jahre.[2] Als Nasser 1956 den Suezkanal verstaatlichte, kam es zu einem neuen Brennpunkt: die Engländer taten sich plötzlich mit Israel und Frankreich zusammen, um Nasser zu erledigen. So begann der zweite arabisch-israelische Krieg, angestiftet im wesentlichen von Großbritannien und Frankreich. Weit davon entfernt, das Gleichgewicht zu wahren, hatten die europäischen Mächte versucht, es zu stören. Erst durch Amerikas Widerstand wurden sie dann behindert. Dieser zweite Krieg stellte gegenüber dem ersten eine gewaltige Eskalation dar, bot er doch ein Prüffeld für westliche und sowjetische Waffen, deren Ruf auf dem Spiel stand. Auf ägyptischer Seite wurden hundert Mig-15-Jäger am Boden zerstört, während auf israelischer Seite die Mystères von Dassault ihre Überlegenheit bei Luftkämpfen mit ägyptischen Migs bewiesen: die Leistung von Dassault wurde jetzt weltweit bekannt.

Der Krieg und seine Zerstörungen riefen eine neue Auftragsflut hervor. Den Ägyptern lieferten die Russen rasch die Mig 17, Bomber und U-Boote, so daß Ägypten nach einem Jahr behauptete, besser gerüstet zu sein als zuvor. Und nachdem die Beziehungen 1959 vorübergehend getrübt waren, nahmen die Russen die Lieferung von Mig 18 und Mig 21 wieder auf. Den Israelis wollten Großbritannien und Amerika ihre modernsten Überschalljäger, die Starfighter von Lockheed und die Lightnings von BAC jedoch nicht liefern. Aber die Franzosen hatten nun mit der Mirage III von Dassault ein Gegenstück zu den Mig 21. Als de Gaulle 1958 an die Macht kam, während der Algerienkrieg noch wütete, war er entschlossen, die Israelis zu stärken. 1961 war die erste Mirage heimlich in Israel eingetroffen und verlieh der israelischen Luftwaffe neue Zuversicht und Wagemut. 1963 erbeuteten die Israelis eine Mig 21 und entdeckten ihre schwachen Punkte; die Konstrukteure von Dassault wurden eingeweiht: Israel war zu einer «Zweigniederlassung der französischen Luftwaffe» geworden, das wichtigste Prüffeld für die Dassault-Werke.[3] 1964 wurde die Mirage III zum erstenmal wirklich auf die Probe gestellt; vier syrische Migs verletzten den israelischen Luftraum und stießen auf zwei israelische Mirages, die eine Mig abschossen und die anderen in die Flucht schlugen.

Während die Amerikaner öffentlich angeblich immer noch ablehnten, die Israelis zu beliefern, um arabische Freunde nicht zu verärgern, drängten sie in Wirklichkeit ihre Verbündeten, es heimlich zu tun. Sie bedienten sich dabei insbesondere der Bundesrepublik, die sich moralisch verpflichtet fühlte, Israel zu helfen. Die Deutschen taten pflichtschuldig so, als ob es ihre eigene Initiative wäre. So brachten sie 1964 eine große Lieferung auf den Weg, unter anderem zweihundert überschüssige amerikanische Panzer. Die Lieferung wurde entdeckt, und das US-Außenministerium mußte zugeben, daß es die deutsche Hilfe gedeckt hatte. In der anschließenden Erregung lud Nasser den ostdeutschen Parteichef Walter Ulbricht nach Kairo ein, worauf die Westdeutschen die Hilfe an Israel dann einstellten; nun waren die Amerikaner gezwungen, Israel direkt zu versorgen, aber auch dies geschah zunächst noch heimlich. Die versteckt erfolgten Lieferungen durch Verbündete hatten mittlerweile die Ängste und Unsicherheit der Araber in bezug auf ein wirkliches Gleichgewicht gestärkt.

Die Russen bewaffneten jetzt nicht nur Ägypten, sondern auch andere arabische Schützlinge, die vom Westen abgerückt waren, unter ihnen Syrien, Irak und Algerien. Die alten britischen und französischen Bündnisse und Rivalitäten traten vor dem Wettstreit der Supermächte zurück. Aber keine Seite wollte das ungefähre Gleichgewicht zwischen Israel und den Arabern nachhaltig stören oder einen Krieg provozieren, der den Weltfrieden bedrohen könnte. Die Westmächte hatten zwar unterschiedliche Ziele, alle aber fürchteten eine kriegerische Auseinandersetzung, die entweder Israel vernichten oder sie selbst von ihrer Ölversorgung abschneiden könnte; die Russen andererseits wußten, daß die Vereinigten Staaten die Vernichtung Israels nicht hinnehmen könnten und also in den Krieg eingreifen würden. Alle Großmächte unterstützten die Friedenstruppe der Vereinten Nationen, die als Stolperdraht diente. Aber das Gleichgewicht war entsetzlich heikel; mit jeder neuen Aufrüstungsphase nahmen die Angst und Unsicherheit auf beiden Seiten zu, die palästinensischen Guerillas waren entschlossen, Druck auf die arabischen Regierungen auszuüben. 1965 begann de Gaulle, nach dem Ende der Algerienkriege die Unterstützung Israels einzustellen. Im folgenden Jahr verkaufte Frankreich dem Libanon einige Mirage, für Israel ein neues Gefühl von Unsicherheit in bezug auf zukünftige Waffenlieferungen. Und selbst bei einem anscheinend annähernden Gleichgewicht war durch die modernen Waffen mit einem Präventivschlag eine so gewaltige Überlegenheit zu erlangen, daß das Gleichgewicht über Nacht gestört werden konnte.

Anfang 1967 hatten die Ängste auf beiden Seiten wieder den Siedepunkt erreicht; die Ägypter und Syrer wurden von den Russen vor einem israelischen Angriff gewarnt. Nasser reagierte darauf, indem er die Friedenstruppe hinauswarf und den Golf von Akaba für Israel sperrte; die Israelis sahen sich zum Kampf gezwungen, um zu überleben. Am 5. Juni 1967 fegte eine Welle Mirage im Tiefflug über das Niltal unter Umgehung der Radaranlagen und ließ wieder einmal einen Bombenhagel auf die auf den ägyptischen Flugplätzen stehenden Migs herab; am Ende des Tages hatten die Israelis dreihundert ägyptische Flugzeuge und neunzehn Flugplätze zerstört. Nun konnten sie die Sinaiwüste, das Westufer und die Golanhöhen besetzen. Es war ein gemeinsamer Sieg für Israel und Dassault. Die technischen Leistungen der Mirage und ihrer Piloten, die in der ganzen Welt über Fernsehen bekannt wurden, änderten das gesamte Bild der modernen Kriegführung. Der Präventivschlag dieses Sechs-Tage-Krieges, des dritten arabisch-israelischen Krieges, zeigte den Widersinn der Vorstellung vom Gleichgewicht; und die einzige Garantie für Frieden schien jetzt die offenkundige Überlegenheit der Israelis zu sein.

Aber neues Aufrüsten und neue Bündnisse folgten bald. Frankreich machte jetzt eine deutlichere Kehrtwendung, da ihm seine Ölversorgung mehr Sorgen bereitete. Zwar wurden in Mérignac von Daussault vierzig neue Mirages für die Israelis gebaut, aber de Gaulle erließ ein Ausfuhrverbot. Als 1969 Pompidou Präsident geworden war, genehmigte er eine drastische neue Entwicklung der Rüstungsverkäufe als Waffe der Diplomatie. In Libyen hatten die jungen Obersten die Macht an sich gerissen. Sie verzichteten auf die alten britischen Rüstungsabkommen, so daß sie jetzt Waffen von Frankreich erwarteten – insbesondere die noch in Mérignac lagernden Mirages. Dieser Versuchung konnte Pompidou nicht widerstehen: Frankreich vermochte damit die wachsenden Kosten des Ölimports auszugleichen und in ein Ölgebiet einzudringen, von dem die Engländer und Amerikaner ausgeschlossen worden waren. Französische Diplomaten erklärten, die jungen Obersten wollten die Mirages nur als teure Spielzeuge haben; aber natürlich konnten die Libyer, wenn sie wollten, auch Ägypten einige der Mirages leihen, was sie schließlich auch taten. Als Pompidou im Februar 1970 Amerika besuchte und von den Juden scharf kritisiert wurde, rechtfertigte er den Verkauf an Libyen mit dem althergebrachten Argument der Waffenhändler: «Politik und Frankreich sind wie die Natur: sie haben den *Horror vacui.* Es gab eine Leere, die gefüllt werden mußte, und wir fanden, es sei in unserem Interesse – und, wie ich hinzufüge – im Interesse anderer, sie zu füllen.» Aber der Verkauf fortgeschrittener Flugzeuge an dieses leere Land mit nur zwei Millionen Einwohnern mußte sich auf das Gleichgewicht in der ganzen arabischen Welt auswirken.

Die Franzosen hatten Israel im Stich gelassen. Nun sahen sich die Vereinigten Staaten gezwungen, entgegen ihrer traditionellen Politik direkt einzugreifen. Damit wurde das Wettrüsten zwischen Israel und Ägypten noch sehr viel stärker eine Funktion der Konfrontation zwischen den Supermächten. Die

Vereinigten Staaten hatten bereits Skyhawk-Jäger und Hawk-Raketen geliefert, aber nach dem Krieg drängten die Israelis stärker. Sie wurden dazu ermutigt, denn in den USA war Wahljahr. Im November erklärten sich die Vereinigten Staaten bereit, Israel fünfzig Phantom-Jäger zuzugestehen – die weitaus tödlichsten Flugzeuge in dem Bereich. Als die Ägypter ihre Aufrüstung fortsetzten, vermehrten die Amerikaner ihre Hilfe um Raketen, Panzer, Hubschrauber und weitere Flugzeuge. Jetzt war der größte Teil der israelischen Waffen amerikanisch. Die Vereinigten Staaten behaupteten, wenn sie Waffen unter strenger Kontrolle lieferten, könnten sie Israel zu einer Regelung bewegen; aber mittlerweile hatten sich die Einsätze wiederum erhöht.

In Ägypten hielten sich die Russen nun für verpflichtet, die gewaltigen Verluste durch modernes Kriegsgerät wettzumachen, und nach dem Sechs-Tage-Krieg betrug der Wert der Waffen, die von beiden Seiten in den Nahen Osten geliefert wurden, jährlich $ 600 Millionen gegenüber $ 200 Millionen ein Jahrzehnt zuvor.[4] Die Technologie stellte von sich aus Anforderungen. Während des Zermürbungskrieges über den Suezkanal hinweg im Jahre 1970 schickten die Russen ihre neuen SAM-3-Raketen sowie russische Truppen zu ihrer Bedienung nach Ägypten; ihre fortgeschrittenen elektronischen Waffen erforderten mehr russische Techniker und Ausbildung. «Das schiere Ausmaß der sowjetischen militärischen Unterstützung für die Vereinigte Arabische Republik im Jahre 1970», schrieb das Institut für Strategische Studien, «war ohne Beispiel. Niemals zuvor hat die Sowjetunion auch nur annähernd soviel hochentwickelte militärische Ausrüstung in so kurzer Zeit in ein nicht-kommunistisches Land gebracht.» Genau wie die Amerikaner vollführten die Russen einen Balanceakt: sie wollten nicht so viele Waffen liefern, daß damit ein Krieg hätte provoziert werden können, in den sie womöglich selbst hineingezogen würden; aber es durfte in den Augen der arabischen Welt nicht so aussehen, als ließen sie ihre Schützlinge im Stich. Die beiden Supermächte hatten ein gemeinsames Interesse, eine Provokation zu vermeiden, so daß sie bei den Verhandlungen über eine Feuereinstellung im Zermürbungskrieg August 1970 zusammenarbeiteten.

Jetzt gab es bei den Bündnissen wiederum eine überraschende Wendung. Im September 1970 starb Nasser. Sein Nachfolger, Präsident Sadat, kalkulierte Israels Stärke ein. Er setzte seine Hoffnung auf Verhandlungen mit Amerika. Mit Recht ging er davon aus, daß Rußlands Unterstützung nicht die Garantie für einen Krieg umfaßte; denn Moskau weigerte sich, seine modernsten Waffen, etwa die Mig 23 Foxbat, zu liefern, und kümmerte sich jetzt mehr um die Bewaffnung Indiens als Ägyptens. Im Juli 1972 gab Sadat plötzlich bekannt, daß er die Russen aus Ägypten ausweisen wolle. Der Bruch war kein vollständiger: die Sowjets ließen ihr riesiges Arsenal zurück:

1700 Panzer, 620 Kampfflugzeuge und 130 Sam-Batterien. Moskau konnte seine Bindungen mit Syrien und Irak noch verstärken; und die Russen ließen erkennen, daß sie recht erleichtert waren, Ägypten mit all seinen Schwierigkeiten zu verlassen. Aber ihre Vertreibung zeigte, daß das Argument, durch Waffen ließe sich eine Kontrolle über die Politik des Schützlings ausüben, ein Trugschluß war. Die Waffenlieferungen der Sowjets an Ägypten im Lauf von zehn Jahren hatten ihnen wenig diplomatische Vorteile eingebracht.

Eine Zeitlang hoffte Sadat, Washington könne Israel dazu bewegen, sich von den neuen Grenzen zurückzuziehen; aber als er Anfang 1973 das große Aufgebot von amerikanischen Phantoms und anderen Waffen sah, kam er zu dem Schluß, daß Ägypten jetzt (im Bündnis mit Syrien und Jordanien und mit Unterstützung von Saudi-Arabien) den Präventivschlag führen müsse und eine endgültige Regelung erzwingen würde. Und so kam es im Oktober 1973 zum vierten Krieg mit überwiegend russischen Waffen auf ägyptischer und amerikanischen und französischen Waffen auf israelischer Seite. Als die Araber auf israelisches Gebiet vordrangen und die Ägypter den Suezkanal überquerten, wurden die Supermächte stärker in den Krieg hineingezogen als in einen der drei vorangegangenen. Die Russen brachten auf dem Luftweg Nachschub für Ägypten, während die Amerikaner Israel eiligst mehr Phantom-Jäger zur Verfügung stellten. Die Verzweiflung auf beiden Seiten ermöglichte es den Supermächten, einigen Einfluß auf ihre Schützlinge auszuüben. Zu guter Letzt wurde in Moskau zwischen Kissinger und Breschnjew der Waffenstillstand ausgehandelt. Die Israelis schätzten die Kriegskosten auf ihrer Seite an Ausrüstung und Hab und Gut auf ungefähr 4 Milliarden Dollar.

Wieder hatte sich das Gesicht des Gleichgewichts verwandelt: Die Russen hatten Ägypten verlassen, die Amerikaner hatten sehr viel mehr Einfluß in Kairo, blieben jedoch weiterhin die Hauptlieferanten von Israel. Die Lage war in mancher Hinsicht ähnlich wie vor 1955, ehe die Russen nach Ägypten gekommen waren, als auch die Amerikaner das Gleichgewicht auf beiden Seiten einhielten. Aber jetzt bewaffneten die Amerikaner die Israelis direkt und belieferten gleichzeitig viele der arabischen Staaten, während sie es den Europäern überließen, die Ägypter zu bewaffnen. Es schien, als böten sich bessere Aussichten auf wirksame Kontrolle; aber auch diese Hoffnung wurde schon bald brüchig. Denn nun war Israel dank früherer Hilfe durch Franzosen und Amerikaner imstande, für ein gut Teil seiner Waffen selbst zu sorgen; außerdem fügte der gewaltige Zufluß von Ölgeldern in die arabische Welt der Gleichung eine neue Variable hinzu und bot neue kommerzielle Anreize zum Export. Wie wir später sehen werden, wurde das arabisch-israelische Wettrüsten zu einem Teil eines noch viel umfassenderen Wettrüstens im gesamten Nahen Osten.

Zwar bewaffneten die Amerikaner sowohl die Israelis als auch die Araber, doch schienen sie dadurch nicht in die Lage versetzt zu werden, den Nachschub wirksamer zu kontrollieren. Denn nun war das Wettrüsten schon fast ein Wettstreit zwischen zwei taktischen Linien in Amerika: die Rüstungsfirmen wollten in die reichen arabischen Staaten exportieren; der Kongreß war entschlossen, Israel mittels massiver Hilfe von Washington einen technologischen Vorsprung zu sichern. Dies war ein Wettrennen zwischen Kalifornien und Washington: die Möglichkeiten, dem Wettrüsten Einhalt zu gebieten, waren jetzt ebenso im Pentagon und im Kongreß wie in Kairo und Jerusalem gegeben.

Das Vierteljahrhundert seit der Gründung des Staates Israel hat nach vier arabisch-israelischen Kriegen betrüblich wenig an Rüstungskontrolle geleistet. Die vier Großmächte hatten die Seiten und die Interessen gewechselt. Sie hatten ebenso dazu beigetragen, Kriege zu provozieren wie sie einzudämmen. Nun waren die Arsenale derart angewachsen, daß sie für die Lieferländer einen wichtigen volkswirtschaftlichen Faktor darstellten. Und jetzt schlug der ganze Nahe Osten beim Waffenkauf ein atemberaubendes Tempo an. Zwischen 1950 und 1961 betrug die jährliche Zuwachsrate bereits das Doppelte des Weltdurchschnitts – 11,5 Prozent gegenüber 6,5 Prozent; nach 1961 war die durchschnittliche Zuwachsrate auf 20 Prozent oder fast das Siebenfache des Weltdurchschnitts (2,8 Prozent) angestiegen. 1974 betrug das Bruttosozialprodukt im Nahen Osten $ 845 pro Kopf der Bevölkerung, davon $ 135 für die Rüstung. Eine vergleichbare Eskalation des Wettrüstens hat es in der neueren Geschichte nur einmal gegeben, und zwar in den Jahren vor dem Zweiten Weltkrieg.[5]

Kapitel 10

Kungelei in der Dritten Welt

Wer im Ausland Geschäfte macht, muß die Sitten der Länder in Betracht ziehen.

Dan Haughton, 1975[1]

Als McNamara 1961 seine Waffenverkaufsorganisation mit Henry Kuss im Pentagon gründete, gehörte die Mehrzahl der Kunden zur Gruppe der Industrieländer. Die Absatzkampagnen wurden von Regierung oder Firmen unerbittlich geführt, als sie ihre Hercules oder Tiger an Europa oder die F 111 an Großbritannien verkauften. Von diesen entwickelten Ländern konnte erwartet werden, daß sie stark genug waren, selbst ihre Interessen wahrzunehmen. Aber Kuss verkaufte allmählich immer mehr Waffen an die Dritte Welt, zunächst einen wachsenden Anteil an den Nahen Osten. In der Dritten Welt wirkte sich das Tun und Treiben der Waffenhändler sehr viel stärker aus, denn sie konnten Einfluß auf Prioritäten und Denkweise der Entwicklungsländer ausüben. Theoretisch vermochte das Kontrollsystem im Pentagon und Außenministerium zu gewährleisten, daß die Länder nur kauften, was sie wirklich brauchten. Außer Arms Control and Disarmament Agency gab es im Außenministerium noch das Office of Munitions Control, um die Lizenzerteilung bei allen tödlichen Waffen zu überwachen. Aber dieses Amt war nicht wirklich befugt, die Verkäufe des Pentagon zu kontrollieren, und sein Personal war winzig im Vergleich zu den Pentagon-Teams und den Heerscharen von Firmenvertretern, die in Washington für ihre Waren Reklame machten und durch die Hauptstädte der Dritten Welt streiften. Wie skrupellos und wirkungsvoll sie ihren Druck ausübten, sollte erst ein Jahrzehnt später ans Licht kommen.

Mitte der sechziger Jahre. Der Kongreß begann, sich Sorgen zu machen über die Auswirkungen der Rüstungsgeschäfte auf die Dritte Welt. Die Sorgen gründeten sich z. T. auf den indisch-pakistanischen Krieg von 1965, bei dem auf beiden Seiten amerikanische Waffen (zugleich mit denen anderer

Länder) eingesetzt wurden. Pakistanis in Patton-Panzern kämpften gegen Inder in Sherman-Panzern, und beide Armeen wurden in ebenfalls amerikanischen Transportmaschinen an die Front geflogen. Die Vereinigten Staaten erließen bald ein Waffenausfuhrverbot an beide Seiten (von dem sie später «nicht-tödliche» Waffen ausnahmen). Die Rolle, die Amerika in dem Krieg spielte, rief scharfe Kritik hervor. «Die Waffen, die wir nach dieser Politik lieferten», sagte J. K. Galbraith, der frühere Botschafter in Indien, «*verursachten* den Krieg ... Hätten wir keine Waffen geliefert, hätte Pakistan nicht nach dem getrachtet, was wir vor allem vermeiden wollten, nämlich einer militärischen Lösung.»

Die Besorgnis über die amerikanische Rolle verstärkte sich, als entdeckt wurde, daß Pakistan neunzig amerikanische F-86-Sabre-Düsenjäger während des Embargos zur Verstärkung seiner winzigen Luftwaffe erhalten hatte. Die Flugzeuge waren, wie sich herausstellte, von der Bundesrepublik exportiert worden, angeblich in den Iran, aber in Wirklichkeit zum Einsatz in Pakistan.[2] Das Geschäft hatte ein deutscher Agent vermittelt, Gerhard Mertins, ein wortreicher Waffenhändler, damals noch Partner von Sam Cummings. Mertins unterhielt zu jener Zeit enge Beziehungen zum deutschen Geheimdienst, und es war ganz klar, der Verkauf war vom Pentagon genehmigt. («Können Sie sich vorstellen», sagte Mertins später zu mir, «daß wir keine amerikanische Genehmigung hatten?») Das Geschäft nützte allen außer den Indern: Die Westdeutschen wollten die Flugzeuge verkaufen, die durch die neuen Starfighter überholt waren; Mertins bekam seine Provision; die Pakistanis brauchten die Maschinen dringend; und die Amerikaner wollten den Pakistanis gern gefällig sein, ohne daß es ruchbar würde.

Noch mehr Kummer bereiteten dem Kongreß die Verkäufe an den Iran, der bereits ein umstrittener Absatzmarkt für Waffen war, wie wir in Kapitel 14 sehen werden. Im Juli 1966 hatte sich Washington bereit erklärt, dem Schah die neuen Phantom-Jäger von McDonnell zu liefern. Und nur sechs Monate später traf der Iran ein Abkommen mit Rußland, aufgrund dessen er militärische Ausrüstung im Wert von $ 110 Millionen kaufte. Der Senatsausschuß für Auswärtige Beziehungen war beleidigt. Der Unterausschuß für den Nahen Osten und Südostasien hielt unter seinem Vorsitzenden, Senator Symington (einem ehemaligen Staatssekretär für die Luftwaffe, der sich jetzt allmählich von einem Falken in eine Taube verwandelte), Hearings ab.

Henry Kuss sagte vor den Senatoren aus und beteuerte, daß seine Verkäufe zum größten Teil in die sieben Industrieländer gingen; der Schah sei eine Ausnahme, da er Geld habe, um Waffen zu kaufen, und zudem ein verläßlicher Verbündeter. Aber Senator Fulbright, der Vorsitzende des Ausschusses für Auswärtige Beziehungen, protestierte beredt: «Ich bin im Iran gewesen, es ist ein höchst trostloses Land. Es gibt ein paar sehr reiche Leute, aber die Mehrheit könnte leicht ihr Heil in der Revolution suchen. Ich glaube, Sie erweisen ihnen einen sehr schlechten Dienst, wenn Sie sie mit diesen Waffen dermaßen überhäufen.» Jeffrey Kitchen vom Außenministerium versicherte den Senatoren, daß man versuche, die Menge der in den Nahen Osten geschickten Waffen zu begrenzen, aber Senator Symington erwiderte: «Wie können Sie behaupten, wir hätten versucht, die Waffenverkäufe zu begrenzen, wenn sie von jährlich $ 300 Millionen auf jährlich $ 1,7 Milliarden gestiegen sind?» Und Symington kam zu dem Schluß: «Wir stellen fest, daß wir entweder nicht imstande oder nicht gewillt waren, beträchtliche Waffenverkäufe an eben die Alliierten, die wir verteidigen und finanzieren, zu kontrollieren, was ein ständiges Wettrüsten überall auf der Welt hervorruft. Es ist schwer zu verstehen. Unsere Politik könnte den Keim des Dritten Weltkriegs in sich tragen.»[3]

Die Untersuchungen des Kongresses brachten das Ausmaß ans Licht, in dem die Regierung Waffenverkäufe an die Dritte Welt forcierte. Es stellte sich heraus, daß die Militärberater in ausländischen Hauptstädten (die MAAG oder Beratergruppen für militärischen Beistand), ursprünglich als Berater für die militärischen Hilfsprogramme eingesetzt, sich jetzt als Verkäufer betätigten, um das Büro von Kuss zu unterstützen (ähnlich der Methode der Engländer und der Franzosen). 1967 kam heraus, daß das Pentagon billigen Kredit von der Export-Import Bank erhielt, zur Finanzierung der Waffenverkäufe; etwa ein Drittel der Kredite der Eximbank galten dem Waffengeschäft. Die *New York Times* enthüllte, daß die Dritte Welt 1964 allein für den Schuldendienst, der zum großen Teil auf Waffenkäufe zurückzuführen war, jährlich vier Milliarden Dollar aufbringen mußte und diese Summe etwa der Hälfte der neuen Wirtschaftshilfe in jenem Jahr entsprach.[4]

Einen Großteil des Drucks, Waffen zu kaufen, übte das Pentagon selbst aus, ermuntert von den MAAGs; je stärker sich aber die Rüstungsfirmen auf den Export eingestellt hatten, um so aggressiver wurden sie. Dafür bot die Dritte Welt mehr Freiheit als Europa. Je mehr Länder die Unabhängigkeit erlangten, um so stärker konnten die Firmen diese gegeneinander ausspielen, wie Zahroff fünfzig Jahre zuvor. Die kaufenden Regierungen in jungen Nationen unterlagen nicht den Zwängen der alten Industriestaaten. Die militärische Elite war immer bestrebt, ihr Prestige und wohl auch ihr Einkommen durch neue Waffen zu erhöhen. Hier hatte der Begriff militärisch-industrieller Komplex eine weit tiefere Bedeutung, denn das Militär konnte die Leitlinien für die Entwicklung eines Landes vorzeichnen. So war ein günstiger Boden bereitet für die «missionarische Tätigkeit» der Rüstungsfirmen, wie sie es nannten, oder die «Broschürenwerbung», wie das Außenministerium sich ausdrückte – die Anregung von Bedürfnissen und Gelüsten durch eine blendende Verkaufstechnik. Theoretisch konnten die westlichen

Regierungen die Verkäufer in Schach halten. Aber als aus der Militärhilfe Rüstungsverkäufe wurden, war es – das gab Henry Kuss zu – «erheblich schwieriger, zu verkaufen, statt zu verschenken, und trotzdem seine Ziele zu erreichen».[5]

Die Rüstungsfirmen versuchten dauernd, neue Absatzmärkte zu erschließen, und bearbeiteten zu diesem Zweck Armeen und Luftwaffen: In den Lockheed- und Northrop-Papieren finden sich immer wieder Hinweise darauf, wie sie auf diese Weise die nationalen Prioritätensetzungen beeinflußten. Lockheeds rentabelster Exportartikel in den sechziger Jahren waren die Militärtransporter Hercules, die in der Wirtschaft von Georgia eine wichtige Rolle spielten. Für die riesigen Hercules gab es keine wirkliche Konkurrenz; die russischen AN-12- und die deutsch-französischen Transall-Transportmaschinen waren sehr viel weniger zweckmäßig, um Truppen schnell und wirksam zu verlegen. Die Armee- und Luftwaffenoffiziere schätzten dieses spektakuläre Flugzeug, aber es war oft zweifelhaft (wie in Italien), ob es für die nationale Verteidigung wirklich nötig war. In solchen Situationen verbündete sich Lockheed mit den Militärs zu Lasten ziviler Ausgaben. Später fragte ich einen Lockheed-Manager aus Georgia, warum die Firma das Flugzeug so unbedingt verkaufen mußte, da sie doch praktisch ein Monopol darauf hatte. «Wir konkurrieren doch auch immer mit anderen Regierungsprojekten», erwiderte er. Und der Verkauf der Hercules im Ausland war auch für das Pentagon besonders interessant, weil es (wie es zugab) die Fertigungsstraße in Georgia in Betrieb halten wollte für den Fall, daß es selbst mehr Hercules bestellen wollte.

Sehr lebhaft wurden die Wirkungen dieser Geschäftstüchtigkeit 1972 in Kolumbien veranschaulicht, als Lockheed ihre Hercules zu einer Zeit propagierte, da der Präsident eine Senkung des Militärhaushalts gefordert hatte. Lockheeds Vertreter in Bogota, Edwin Swartz, verständigte Lockheed in Georgia, daß «hohe Offiziere der Luftwaffe» sich sehr für den Ankauf einer dritten Hercules einsetzen würden als Gegenleistung für Schmiergelder oder Bakschisch in Höhe von $ 100 000. Der Agent in Bogota berichtete, er habe herausgefunden, daß sich die Luftwaffe über die Kürzung des Militärhaushalts hinwegsetzen würde, «Wenn Sie es rechtfertigen können, daß Sie mehr Ausrüstung brauchen, um die nationale Sicherheit zu gewährleisten.» – «Unter uns gesagt», fügte er hinzu, «stimmt das eigentlich nicht, wie Sie sich vorstellen können, aber wichtig für uns ist, daß sie Bakschisch haben wollen; und dafür sind sie bereit, fast alles zu tun.» Der Sinn war eindeutig: der Zweck der Bestechung war, dort Waffen zu verkaufen, wo sie nicht gebraucht wurden.

Die am stärksten militarisierte Nation von allen neuen Staaten war wohl Indonesien. Diese ehemalige niederländische Kolonie hatte 1949 die Selbständigkeit erhalten. Bis Mitte der sechziger Jahre bot Indonesien den Waffenhändlern ein großes Betätigungsfeld. Präsident Sukarno gab nicht weniger als 75 Prozent des Haushalts für Rüstung aus; ein Beispiel für ein unterentwickeltes Land, das sich einen militärischen Apparat aufbaute, der in keinem Verhältnis zu seinen wirtschaftlichen Möglichkeiten stand.[6] Zu Sukarnos Zeiten hatte sich Lockheed der Dienste der einflußreichen Familie Dasaad bedient, die den Verkauf von Hercules und Jet-Star durchgezogen hatte, bis Sukarnos prokommunistische Politik dazu führte, daß die Amerikaner und Engländer ein Ausfuhrverbot gegen ihn erließen. Als die Provisionen stiegen, wurde Lockheed unruhig.

Im Juni 1965 wollten die Indonesier, daß der Preis eines vierten Jet-Star um $ 100 000 erhöht werde, damit Dasaad eine zusätzliche Provision gezahlt werden könne. Der zuständige Lockheed-Mann, W. G. Myers, führte besorgte Gespräche mit Dan Haughton und Carl Kotchian und erklärte: «Diese Kungelei ist entschieden zu weit gegangen . . . das ist einfach nicht in Ordnung, alles muß seine Grenzen haben.» Kotchian war dafür, die zusätzlichen $ 100 000 zu bezahlen, aber Haughton weigerte sich schließlich, sie zu genehmigen; das Flugzeug wurde trotzdem verkauft.[7] Aber die Kungelei mit den Indonesiern ging weiter.

1966 wurde Sukarno durch General Suharto gestürzt, und Lockheed bemühte sich hektisch, herauszufinden, ob Dasaad immer noch Einfluß hatte. Ned Ridings, der Verkaufsleiter für den Bereich, konsultierte den Luftattaché an der amerikanischen Botschaft, Oberst Bill Slade, der versprach, es durch die CIA herauszubekommen. Er berichtete Ridings, daß Dasaad auch bei der neuen Regierung «in» sei. In der Tat hielt der «alte Das» den Schein aufrecht, als habe er noch Einfluß; Ridings bemerkte, daß ein großes Bild von General Suharto jetzt den Platz einnahm, an dem früher ein Bild von Sukarno gehangen hatte.[8] Von Genf aus intervenierte der allgegenwärtige Fred Meuser, um Dasaads Wichtigkeit zu betonen. Doch bald sickerte durch, daß Dasaad nichts mehr zu bestellen hatte, und Lockheed ging jetzt dazu über, direkt mit Luftwaffenoffizieren zu verhandeln, für die sie Schmiergelder auf ein Sonderkonto in Singapur einzahlten, dem «Witwen- und Waisenfonds». Die Firma Lockheed wollte einen neuen Agenten einschalten, wie sie ausführlich erklärte, um sich vor Enthüllungen zu schützen – und um zu erreichen, daß die Zahlungen steuerabzugsfähig wären. Aber die Indonesier bestanden auf direkten Zahlungen, und so gab es nun ein abgekürztes Verfahren zwischen den beiden Seiten des militärisch-industriellen Komplexes.[9]

Aber es gab immer noch lästige Konkurrenten. Einer davon war das Pentagon selbst, das der indonesischen Luftwaffe kostenlos Ersatzteile lieferte. «Das Pentagon», klagte Lockheed in einer Aktennotiz in 1970, hat «diesen Leuten das Blaue vom Himmel versprochen und mit Sonderrabatt geliefert.»

Ein weiterer Konkurrent war die Firma Aviquipo. Sie bot den Indonesiern eine Provision von 10 Prozent auf Ersatzteile an. Das Doppelte von dem, was Lockheed gewährte. Schon bald stellte sich heraus, daß Aviquipo eine Tochtergesellschaft von Lockheed war. «Es ist heutzutage schon schwer genug, Geschäfte zu machen», beklagte sich ein Lockheed-Manager in einer Aktennotiz, «ohne daß man jemanden im eigenen Haus hat, der die Aufgabe noch schwieriger macht.»[10] In einem Land, das durch seine bisherigen Rüstungsausgaben schon fast ruiniert war, versuchte Lockheed immer noch, die Einsätze zu erhöhen und sich mit Bestechungen selbst Konkurrenz zu machen.

Auch tausend Meilen nördlicher konkurrierte Lockheed mit dem Pentagon in einem weit weniger militaristischen Klima. Auf den Philippinen; ein Land, in dem laut dem amerikanischen Luftwaffen-Kommandeur, General Gideon, die militärische Bedrohung «sehr gering» war.[11] Aber dennoch wurden Ende der sechziger Jahre zweiundzwanzig Northrop-Tiger auf die Philippinen geschickt. 1971 wollte Lockheed der philippinischen Luftwaffe unbedingt ihre Hercules verkaufen. In diesem Fall bediente sich die Firma ihres Agenten, eines Public-Relation-Mannes mit Namen Buddy Orora, bei McCann Erickson angestellt. Vorher hatte er im Büro des philippinischen Präsidenten gearbeitet. Als oben das Geschäft unter Dach und Fach zu sein schien, kreuzte das Pentagon mit einem Angebot von zwölf alten C-119-Transportern auf, die seit Jahren eingemottet gewesen waren. Lockheed bat Buddy Orora, «diese Verhöhnung des philippinischen Volkes» zu enthüllen, dafür zu sorgen, daß sie allgemein bekannt werde, und die «sich daraus ergebende Entrüstung» anzuheizen. Orora verfuhr wunschgemäß, gab die Geschichte an Journalisten weiter und versprach, weitere Einzelheiten über inoffizielle Kontakte mit der philippinischen Regierung folgen zu lassen. «Von da an sollte sich alles automatisch einrenken und, wie zu hoffen war, eine Stufe erreichen, auf der sich die Behörden genötigt sehen, die amerikanische Regierung zu ‹ersuchen›, die Angelegenheit zu überprüfen.»[12] Die Geschichte bietet einen interessanten Einblick in Lockheeds Methode, ausländische Regierungen anzustacheln, damit sie ihre Forderungen erhöhen.

Mitte der sechziger Jahre war Lateinamerika die große Enttäuschung für die Rüstungsfirmen, denn dieser traditionell lukrative Absatzmarkt war ihnen durch die Beschränkungen des Pentagon weitgehend verschlossen. Seit dem Chacokrieg zwischen Bolivien und Paraguay in den dreißiger Jahren hatte es in Amerika keinen Krieg mehr gegeben; dafür gab es Rivalitäten und Grenzstreitigkeiten wie die zwischen Chile und Peru (die Electric Boat und Vickers so lieb waren, als sie in den dreißiger Jahren versuchten, Chile «aufzuputschen»).[13] Fast alle Länder hatten aber eine Militärregierung, so daß Waffenhändler stets willkommen waren. Nach dem Zweiten Weltkrieg waren die Vereinigten Staaten nach einigen Raubzügen der Engländer der Hauptlieferant, aber das Aufrüsten ging recht gemächlich vor sich. Dies war kein Wettlauf um Waffen, eher ein «Waffenspaziergang»[14]. Nach der Revolution in Kuba im Jahre 1959 versuchte das Pentagon unter McNamara, eine friedliche wirtschaftliche Entwicklung zu fördern, statt viel Geld in die Rüstung zu stecken, und konzentrierte sich darauf, Waffen gegen Revolutionäre und Guerillas zu liefern. Da die Vereinigten Staaten durch ihre Wirtschaftshilfe Druck ausüben konnten, gelang es ihnen, den Ankauf von fortgeschrittenen Waffen zu verhindern; zum Beispiel ließen sie nicht zu, daß Chile Northrop-Tiger kaufte, und noch 1968 besaß kein lateinamerikanisches Land Überschalljäger; aber die militärischen Führer waren über diese Beschränkung immer verbitterter und sahen sich in Europa nach anderen Lieferanten um; 1966 kaufte Chile von Großbritannien Hawker-Unterschalljäger. 1968 wurde der Burgfrieden im Waffengeschäft nachdrücklicher gebrochen, als sich die französische Regierung bereit erklärte, der neuen Militärjunta in Peru den Überschalljäger Mirage 5 zu verkaufen.

Das französische Geschäft verstärkte den Groll der amerikanischen Rüstungsfirmen auf Washington und die, wie *Aviation Week* sich ausdrückte, «anmaßende, paternalistische Betrachtungsweise» des Kongresses. In den vier Jahren von 1968 bis 1972 verkauften europäische Länder an Lateinamerika Waffen im Wert von über $ 1,2 Milliarden, die Amerikaner dagegen nur für $ 335 Millionen. Aber die Rüstungsfirmen arbeiteten kräftig hinter der Bühne, vor allem auf dem von allen am schnellsten wachsenden Absatzmarkt, Brasilien, das nicht nur eine Militärregierung, sondern auch eine blühende Wirtschaft hatte. Wieder war Northrop fest im Sattel und propagierte seine Tiger-Jäger auf die übliche Weise. Sie engagierten 1971 zwei Agenten in Brasilien, die dann die Firma NASA (Nacional de Servicos de Aeronautica) gründeten. Sie waren gute Freunde von General Edivio, dem Kommandeur von Brasiliens zweiter taktischer Luftwaffe; der General versicherte den Northrop-Leuten, er habe volles Vertrauen zu ihnen. In den folgenden drei Jahren überwies Northrop an NASA $ 2,3 Millionen an «Provisionen», um das Jäger-Geschäft zu bewerkstelligen. Derweil ging die Firma ihrem unbarmherzigen Lobbying in Washington nach, wo ja ihr Netz von Gästehäusern gut eingeführt war.[15] Die Bemühungen der Firma wurden großzügig belohnt. Am 5. Juni 1973 revidierte Präsident Nixon die bisherige amerikanische Politik, so daß Tiger-Jäger an Brasilien, Argentinien, Chile, Kolumbien und Peru verkauft werden konnten. Schon bald folgte eine neue Welle von Geschäften, eingeleitet durch einen Auftrag von Brasilien über zweiundvierzig Northrop-Tiger im Wert von $ 120 Millionen. Dieses Geschäft, jubelte *Aviation Week*, sollten die Eröffnungsschritte sein für eine gründliche Eroberung des lateinamerikanischen Marktes durch die USA.[16]

Nun war Lateinamerika wieder ein für Waffenhändler frei zugänglicher Tummelplatz, und die Einsätze wurden rasch erhöht. Brasilien rüstete jetzt stärker auf, nicht nur gegen Insurgenten, sondern auch gegen seine Nachbarn. Es wurde eine Goldgrube für amerikanische, britische und französische Rüstungsfirmen; nach 1973 haben Boeing, Lockheed, Hughes und Bell Helicopters große Geschäfte mit Brasilien getätigt. Die Rivalität zwischen Peru und Chile wurde stärker denn je. Nachdem Peru die Tiger-Jäger verweigert worden waren, nahm es ein Angebot auf sechsunddreißig sowjetische Jäger zu viel günstigeren Bedingungen an. Washington konnte nicht ernstlich Protest einlegen angesichts des Ausmaßes anderer amerikanischer Waffenverkäufe dicht an den sowjetischen Grenzen, vor allem im Iran.[17] So trug die Aufrüstung im Nahen Osten dazu bei, die Aufrüstung anderswo zu rechtfertigen. Der «Waffen-Spaziergang» beschleunigte sich jetzt rasch zu einem Wettlauf um Waffen auch in Lateinamerika.

Kapitel 11

Der saudiarabische Mittelsmann

Wenn man einer Regierung Geld anbietet, um sie zu beeinflussen, ist es Korruption. Aber wenn jemand nachher für geleistete Dienste Geld bekommt, dann ist es eine Provision.

Adnan Kaschoggi, 1976

Wo immer die Rüstungsfirmen in der aufstrebenden Dritten Welt seit Mitte der sechziger Jahre tätig waren, im Nahen Osten waren die Gewinne am höchsten; und unter den neuen Kunden entwickelte sich Saudi-Arabien mit seinen steigenden Öleinkünften zum reichsten. Die Saudis hegten einige berechtigte Befürchtungen für ihre Verteidigung; wie wir (in Kapitel 8) gesehen haben, wurden sie Mitte der sechziger Jahre durch Ägypten über die Kämpfe im Jemen bedroht. Damals machten sie ihre ersten großen Waffengeschäfte mit britischen und amerikanischen Firmen. Aber die Bedrohung durch Ägypten flaute nach 1967 ab. Es wurde immer schwerer, die eigentliche Art der Gefahr auszumachen. Das Land ist riesig – halb so groß wie die Vereinigten Staaten – und gegen einen ernsthaften Aggressor nicht zu verteidigen. Die Saudis waren nicht sehr erfahren in militärischer Technologie, und durch das Vorhandensein zweier getrennter Streitkräfte unter zwei rivalisierenden Prinzen wurde das Problem noch erschwert. Für den Verteidigungsminister, Prinz Sultan, einen der Brüder von König Feisal, waren die konventionellen Streitkräfte eine Art persönlicher Armee. Auch sein Stellvertreter war einer seiner Brüder. Dem Prinzen Abdullah, einem Halbbruder, unterstand die Nationalgarde, die ehemalige «weiße Armee der Beduinen», eine Konkurrenzarmee. Die beiden Prinzen wetteiferten miteinander um die neuesten Waffen. Als die Öleinkünfte stiegen, wurde – sowohl für die Prinzen als auch für die Rüstungsfirmen – der Anreiz, das Land zu militarisieren, größer. Es war nicht schwer, die Ängste der Saudis zu schüren, denn ihre Regierung war noch wesentlich militanter antikommunistisch als das Pentagon, eine lukrative Situation für Mittelsmänner.

Schon 1964, lange vor den großen Waffengeschäften, hatte Lockheed einen

Agenten angeheuert, Adnan Kaschoggi. Nicht lange, und er war der größte Waffenhändler von allen. Sein Einfluß und sein Vermögen kamen denen des großen Zaharoff gleich. Er spielte eine so wichtige Rolle, daß sein Werdegang besondere Beachtung erheischt. Er war erst sechsundzwanzig Jahre alt, als Lockheed ihn engagierte, und kein reicher Mann, aber er besaß eine faszinierende persönliche Ausstrahlung und die ganze Wendigkeit eines Mannes, der in zwei Welten daheim war. Nonchalant und fehlerlos, spricht er schnell und prägnant und wechselt mühelos vom harten Arabisch zu fließendem amerikanischem Englisch. Seine umgängliche Art und das herzhafte Lachen verbergen die Wachsamkeit in den dunklen Augen. Die Hände sind ständig in Bewegung, er ballt sie zur Faust und hämmert damit, legt sie aufs Herz, fährt damit durch die Luft, er umgibt seine eigene Welt mit eloquenter Mimik. Er verkörpert die Vitalität einer jungen arabischen Generation, entschlossen, dem Westen ihren Stempel aufzudrücken und es mit der internationalen Macht der Juden aufzunehmen. In Saudi-Arabien beruhte seine Bedeutung von Anfang an auf seiner besonderen Beziehung zu Angehörigen der königlichen Familie.

Sein Vater, ein strenger und frommer Arzt aus Mekka, war einer der Leibärzte des großen Königs Ibn Saud gewesen; Ärzte haben in Arabien seit eh und je einen über ihren Beruf hinausgehenden Einfluß ausgeübt. Adnan ist der älteste Sohn der zweiten der drei Frauen seines Vaters. Er hat insgesamt zehn Geschwister. Er wurde auf das Victoria College in Ägypten geschickt, ein sehr britisches Institut. Zu seinen dortigen Freunden zählte der spätere König Hussein von Jordanien. Wie andere ehrgeizige junge Saudis besuchte er dann eine Hochschule in Kalifornien, zuerst die Chico State University nördlich von San Francisco und später Stanford. Er hat nie ein Examen abgelegt. Aber schon in Kalifornien zeigte sich sein geschäftliches Interesse. Er machte die Bekanntschaft eines Lastwagenfabrikanten, der ihm später den Vertrieb seiner LKWs in Saudi-Arabien übertrug.

In die Heimat zurückgekehrt, ermöglichten ihm seine guten Beziehungen, Nutzen aus den wachsenden Öleinnahmen zu ziehen. Er war mit König Saud befreundet, dem ausschweifenden Sohn von Ibn Saud, und unter Kaschoggis prinzlichen Freunden waren zwei, die in der Regierung sehr mächtig werden sollten: Prinz Fahd (heute der eigentliche Herrscher) und Prinz Sultan, der jetzige Verteidigungsminister, mit dem schon Geoffrey Edwards eifrig Kontakt für das britische Rüstungsgeschäft gepflegt hatte. Sultan war die entscheidende Figur im Waffenhandel. Aus seinen Lehr- und Wanderjahren in Amerika brachte der junge Kaschoggi in die beengten Verhältnisse von Riad und Dschidda eine Kenntnis der weiten Welt und einen starken Sinn für die Genüsse des Lebens mit. Er liebte das Nachtleben von Beirut, heiratete eine siebzehnjährige Engländerin, die ihm eine Tochter und vier Söhne schenkte.

Bald war er ein erfolgreicher Geschäftsmann. Er wurde Vertreter von zwei britischen Firmen, Rolls-Royce und Marconi. Von König Saud erhielt er die Konzession, die Gipsvorkommen in Saudi-Arabien auszubeuten. Drei Jahre später, als der Bürgerkrieg im Jemen ausbrach, begann er mit Waffen zu handeln. Dem Herrscher besorgte er französische Waffen – er war stets bereit, verschiedene Nationalitäten zu vertreten. Später begann er Geschäfte in Beirut zu machen, wo Banken und Immobilien Hochkonjunktur hatten. Hinter ihm standen stets die Prinzen.

Die finanzielle Beziehung zwischen Kaschoggi und den Prinzen zu ergründen war und ist unmöglich. Saudi-Arabien war nicht nur eine vorindustrielle Gesellschaft, sondern vor allem eine feudale. Die Hauptquelle des privaten Reichtums war die königliche Familie, der ein Großteil der Öleinnahmen zufloß, die kleine Schicht der Kaufleute war weitgehend auf die Gönnerschaft entweder der Prinzen oder der amerikanischen Firmen oder im besten Fall von beiden angewiesen. Erfolgreiche Agenten wie Kaschoggi hatten etwa dieselbe Stellung wie die Truchsessen im Mittelalter an europäischen Höfen, die bei der Versorgung der Paläste und der Heere gewaltige Vermögen erwarben und sich ihre Dienste gut bezahlen ließen.

In dieser Umgebung ist der westliche Begriff Korruption praktisch bedeutungslos. Wenn ein Agent zuviel forderte oder den falschen Mann unterstützte, konnte er hingerichtet werden oder in Ungnade fallen. Aber solange er seinen Maklerberuf erfolgreich ausübte, war er für seine Herren unersetzlich. Als die amerikanischen Firmen in Saudi-Arabien eintrafen, nachdem Preis und Produktion des Öls gestiegen waren, spielten die Agenten – vor allem diejenigen mit amerikanischer Erfahrung – eine weit größere Rolle als zuvor.

In dieses antiquierte Labyrinth schlitterten die Lockheed-Manager 1964, ermutigt durch ihre Erfolge in Europa und begierig, ungeduldig und entschlossen, so rasch wie möglich Flugzeuge zu verkaufen. Von Saudi-Arabien wußten sie sehr wenig, nur daß es schnell reich wurde; und sie brauchten (wie Dan Haughton später erklärte) jemanden, der sie «über Sitten und Gebräuche unterrichtete».[1] Kaschoggi vertrat bereits zwei britische Firmen und schien mit seinem überzeugenden Stil und seiner kalifornischen Vergangenheit der richtige Mann. Im Oktober 1964 hatte Lockheed ein Abkommen unterzeichnet, aufgrund dessen Kaschoggi als Agent für die Hercules-Transporter fungieren und zwei Prozent für jeden Flugzeugverkauf berechnen sollte. *Wofür* die Provision eigentlich war, blieb ungesagt, aber Kaschoggi und seine Freunde waren sehr daran interessiert, daß die Verpflichtung weiterbestand. Im Juli 1965 bat er einen Lockheed-Mann in New York, Gerald B. Juliani, dafür zu sorgen, daß Provisionen weder in Beirut noch in Saudi-Arabien erwähnt würden und die gesamte Provisionskorrespondenz über seinen Vertreter in Genf, Gérard Boissier, gehen sollte.[2] Wieder einmal war die Schweiz der Schlüssel zum Netz.

Im Briefwechsel zwischen Lockheed und Kaschoggi wird eine Kluft erkennbar nicht nur zwischen verschiedenen Kontinenten, sondern auch zwischen verschiedenen Jahrhunderten. Auf der einen Seite die hochorganisierte moderne Industriebürokratie und auf der anderen der mit allen Wassern gewaschene Repräsentant feudaler Fürsten; das wirkt so anachronistisch, als würden Männer in grauen Flanellanzügen in einem Shakespeare-Stück auftreten. Nie wird klar, wo die Saudi-Regierung aufhört und wo Kaschoggi beginnt. Im August 1967 beschwert sich Kaschoggi, daß ihm seine $ 50 000 nicht bezahlt worden seien, die ihm nach dem Verkauf der fünften Hercules zustünden. Lockheed bestritt die Zahlungsverpflichtung, woraufhin Kaschoggi vorschlägt, Lockheed solle einfach «auf dem üblichen Weg» eine Rechnung über die $ 50 000 an die saudiarabische Regierung schicken, und er versprach, daß sie sofort beglichen werde. «In diesem besonderen Fall», schrieb der Lockheed-Mann Gene Otsea in Genf, «hat er großes Interesse daran, die Sache durchzudrücken, denn das Geld wird in Wirklichkeit in seiner Tasche landen.»[3]

1967 hatte Kaschoggi eine neue und größere Firma gegründet, Triad, in Liechtenstein eingetragen mit einer Adresse in Genf. Offiziell wurde die Gesellschaft von den drei Brüdern Kaschoggi, Adnan, Adil und Essam, geleitet, aber im wesentlichen war Adnan der alleinige Boss des expandierenden Unternehmens. Seine Beziehung zur saudiarabischen Regierung und besonders zum Verteidigungsministerium war seit dem Sechs-Tage-Krieg im Juni 1967 wichtiger geworden. Obwohl die Saudis nicht in den Krieg verwikkelt waren, wuchsen doch ihre Sorgen über ihre militärische Ausrüstung. Sie brauchten mehr Lastwagen – die Kaschoggi von seinem ersten Auftraggeber in Kalifornien beschaffte – mit dem Ergebnis, daß er außerdem den Auftrag erhielt, den Flughafen in der Ölstadt Dhahran zu betreiben. Kaschoggi beteuert, seine Verträge seien darauf zurückzuführen, daß er liefern konnte, was die Saudis brauchten. Jedenfalls ist auch hier wieder die Tatsache, daß der Verteidigungsminister, Prinz Sultan, sein guter Freund und Gönner war, nicht unwichtig. Was eigentlich mit dem ganzen Geld geschah, das an Kaschoggi gezahlt wurde, bleibt ein Schweizer Bankgeheimnis; Dan Haughton sagte dazu nur: «Wir glauben, daß ein Teil des Geldes woanders landete.»[4]

Man muß versuchen, das Problem von Lockheeds, von Dan Haughtons Standpunkt aus zu sehen. Er ist nie in Saudi-Arabien gewesen, aber er wußte von seinen Vertretern, daß saudiarabische Beamte Bakschisch verlangt hatten; und nach seinen Erfahrungen in Europa mit den Starfighter-Aufträgen und den Zahlungen an Prinz Bernhard neigte er zweifellos dazu, an «die Sitten des Landes» zu glauben. Er war überzeugt, daß bei den europäischen

Firmen, besonders bei den französischen Breguet oder Dassault, Bestechung an der Tagesordnung war. Auch hatte das Pentagon nicht erkennen lassen, daß es etwas dagegen hätte, wenn Lockheed es ebenso machte. Als er mit dem Pentagon über Bestechungen und Schmiergelder sprach, war es darum auch nicht die ethische Seite, die ihn interessierte, sondern ob diese Zahlungen nach den Bestimmungen für ausländische Rüstungsverkäufe abzugsfähig seien. Denn gleichzeitig hörte er ja dauernd, wie wichtig Exporte für die Zahlungsbilanz seien. Stets war er sich seiner Verantwortung gegenüber seinen 60 000 Arbeitnehmern in Kalifornien und Georgia bewußt. Je gefährdeter die Zukunft der Firma im Inland war, um so entscheidender waren Exporte. Während sich Lockheed immer tiefer in Korruption verstrickte, erhielt Haughton öffentlich in Amerika Beifall als Meister-Manager – 1966 als «Management-Mann des Jahres» und 1968 als «Vertriebsfachmann des Jahres». Die Bestechungen und Schmiergelder gingen nicht zu Lasten von Lockheeds Gewinn- und Verlustrechnung; sie wurden einfach auf den Preis aufgeschlagen, den der Kunde bezahlte. Anfang der sechziger Jahre scheinen die Schmiergelder noch nicht sehr beträchtlich gewesen zu sein; erst in den siebziger Jahren, als Lockheeds Umsatz in Übersee annähernd eine Milliarde Dollar jährlich betrug, wurden die Provisionen so groß, daß sie «unerfreuliche Nebenwirkungen» verursachten.[5]

Aus allen Erklärungen von Lockheed, ob sie nun privat oder öffentlich abgegeben wurden, gewinnt man immer wieder den Eindruck, daß sie sich selbst, auch wenn andere sie für allmächtig hielten, als arme Teufel sahen, die gegen unsichtbare Kräfte und schlaue Ausländer kämpften und Geld bezahlten, um lieb Kind zu werden, wo immer sie konnten, sie mußten sich ja den Sitten anpassen. Doch mittlerweile wurden die Summen so hoch, daß sie dazu beitrugen, die «Landes-Sitten» erst zu produzieren. Die Provisionen verwandelten sich in beispiellose private Vermögen. Allein die Anwesenheit der großzügig mit Geld umgehenden ausländischen Firmen veränderte die Volkswirtschaft wie ein Luxusdampfer die tropische Insel, an der er anlegt.

Schon Ende der sechziger Jahre war Kaschoggi bereits kein einfacher Waffenhändler mehr: er war zunehmend in die internationale Politik verstrickt. Ebenso wie Zaharoff fünfzig Jahre zuvor war er durch den Waffenhandel im großen Stil in die Welt der Diplomatie eingedrungen (obwohl er genau wie Zaharoff dazu neigte, seine Rolle übertrieben darzustellen). Er hatte in Amerika gelebt; darum war für ihn der Einfluß der israelischen Lobby auf die amerikanische Außenpolitik zu einem Alptraum geworden. Er war entschlossen (ebenso wie die saudiarabische königliche Familie), einen Gegendruck auf Washington auszuüben, insbesondere nach der arabischen Demütigung des Sechs-Tage-Krieges im Jahre 1967.

Bei der Präsidentenwahl von 1968 sahen die Araber die Demokraten als die

Partei der Juden an. Die Saudis setzten ihre Hoffnung auf einen republikanischen Sieg. Kaschoggi hatte einen persönlichen Grund, auf die Republikaner zu setzen: 1967 hatte er Richard Nixon kennengelernt. Im Juni jenes Jahres, kurz vor Ausbruch des Sechs-Tage-Krieges, hatte Nixon Marokko besucht. Er war sehr enttäuscht über seine Aufnahme – König Hassan wollte ihn nicht einmal empfangen. Dann traf er Kaschoggi in Paris. Ein gemeinsamer Freund, ein Rechtsanwalt mit Namen John Pochna, hatte sie im Hotel Ritz miteinander bekannt gemacht, sie aßen im Restaurant Rasputin zu Abend, und Kaschoggi versicherte Nixon, daß er in anderen arabischen Ländern gebührend empfangen werden würde. Er bot an, Nixons weitere Reise zu finanzieren und ihm sein Privatflugzeug zur Verfügung zu stellen.

Seine Großzügigkeit ließ Voraussicht erkennen zu einer Zeit, da Nixons politische Zukunft nicht verheißungsvoll und Kaschoggi noch nicht übermäßig reich war. Er sah Nixon später in Amerika wieder und knüpfte eine weitere Verbindung durch seinen Geschäftsfreund Charles Rebozo an, den Immobilienmakler aus Florida, der bei der Wahlkampagne von 1968 Nixons enger Vertrauter war. Als Präsident Nixon im Januar 1969 sein Amt antrat, war Kaschoggi bereits ein verläßlicher Freund: im folgenden Monat fand Nixon während eines zweitägigen Aufenthalts in Paris als Gast von de Gaulle trotz seines überreichen Programms Zeit für ein Gespräch mit ihm. Kaschoggi erwähnte seine Besorgnis wegen seines Freundes, König Hussein, der sich bei seinem Besuch bei Präsident Johnson schlecht behandelt gefühlt hatte und nach Washington nicht wieder zurückkommen wollte. Nixon versicherte Kaschoggi, daß Hussein gebührend empfangen werde, und der jordanische König fand später in Washington eine äußerst freundliche Aufnahme.

Präsident Nixon sah Kaschoggi mehrmals. Die Gesprächsthemen sind nicht bekannt. (Als Nixon schließlich zurücktrat, schrieb ihm Kaschoggi einen Beileidsbrief und erhielt eine herzliche Antwort.) Später wurde behauptet, Kaschoggi habe für Nixons Wahlkampagne 1972 eine Million Dollar gespendet (obwohl Spenden von Ausländern illegal sind), und kurz vor der Wahl schrieb Mohammed Haykal, damals Chefredakteur von *Al Ahram* in Kairo, daß «wir Araber fast die eifrigsten Spender für Nixons Kampagne waren». Zwischen $ 10 Millionen und $ 12 Millionen seien aus arabischen Quellen in Nixons Wahlkampffonds geflossen.[6] Haykals Zahl wird für stark übertrieben gehalten, aber für Kaschoggi wäre es sehr leicht gewesen, diskret etwas zu Nixons Kampagne beizusteuern. Die Watergate-Ankläger vernahmen Kaschoggi, der zugab, daß er als geschäftliche Investition $ 50 000 bezahlt habe, um eine Schallplatte zu finanzieren, die Nixons Wahlkampf unterstützte. Es ist möglich, daß weitere Beträge durch Charles Rebozo bezahlt wurden und auch andere Wahlkampfspenden teilweise auf Kaschoggi zurückgingen (ein Freund von Kaschoggi, Robert Vesco, spendete

$ 200 000.) Bei einer Zahlung neigten einige Araber zu der Annahme, daß sie von Kaschoggi und den Prinzen stammte: die $ 150 000, die die Firma Northrop zahlte, und die Hälfte davon der Vorsitzende Tom Jones persönlich.

Während die Firma Lockheed ihre Beziehung zu Kaschoggi mit immer höheren Provisionen festigte, wandelte auch Tom Jones wiederum in Lockheeds Spuren, wie er es in Europa getan hatte. Er erweiterte sein geheimes Northrop-Netz, um im Nahen Osten Tiger-Jäger zu verkaufen. Die Northrop-Leute waren nicht, wie Lockheed, durch eine finanzielle Krise im Inland genötigt, den Export zu forcieren: der Tiger war praktisch konkurrenzlos und hatte die Unterstützung des Pentagon. Aber Northrop war ebenso skrupellos wie Lockheed, ging nur geschickter vor. Schon 1965 hatte sich Jones einen Nahost-Berater mit sehr guten Beziehungen zugelegt, Kim Roosevelt, als Enkel von Theodore Roosevelt und ehemaliger CIA-Beamter hatte er immer noch einige Verbindungen zu dem Amt. Roosevelts Hauptbetätigungsfeld war, wie wir in Kapitel 14 sehen werden, der Iran, und er stand dem Schah sehr nahe. Aber auch mit Saudi-Arabien war er gut vertraut und ein Freund des neuen Monarchen, König Feisal, der der Nachfolger seines Bruders Saud geworden war. Es war Roosevelt, der Northrop 1970 darauf hinwies, wie wichtig es sei, einmal mit Kaschoggi zu reden. Die Northrop-Manager trafen sich dementsprechend in Paris mit Kaschoggi und vereinbarten, daß er sie in Saudi-Arabien vertreten sollte. Es gab ein Schriftstück, das (wie Northrops Anwalt erklärte) «öffentlich und allgemein bekannt war, um unsere Beziehung zu Kaschoggi im Land selbst zu rechtfertigen». Aber alle anderen Unterlagen und Abmachungen waren geheim. Die Tatsache, daß Kaschoggi auch Lockheed vertrat, schien kein Hindernis zu sein.

Bald fanden sich die Northrop-Leute, wie Lockheed vor ihnen, im Labyrinth des königlich-saudiarabischen Ränkespiels nicht mehr zurecht, durch das Kaschoggi sie auf Irrwegen führte. Im Januar 1971 kam einer der Direktoren, Grant Rogin, für fünf Tage nach Paris, um Kaschoggi zu sehen, und berichtete, wie verwirrt er war: Kaschoggi habe klipp und klar gesagt, daß es noch «mehr Spieler» geben würde, ehe Northrop den Verkauf der Tiger abschließen könne, und einer der Prinzen, Chalid Bin Abdullah, betonte Rogin gegenüber, daß auch er für das Geschäft unerläßlich sei. Zu guter Letzt lud Kaschoggi Rogin in Paris zu einem Mittagessen ein, das «Tausende gekostet hatte», und versicherte ihm, daß Chalid in Wirklichkeit «nicht viel zu melden» habe. Als Rogin aus Paris zurückkam, war er offensichtlich bestürzt: «Ich werde herausfinden müssen, wer die Spieler sind . . . und zwar bald.»[7]

Im Juli 1971 war es so weit, daß Northrops entscheidender Auftrag über zwanzig Tiger unterschrieben werden konnte. In glühender Hitze kam das Northrop-Team zu der feierlichen Prozedur nach Dschidda. Geheimnisvollerweise wurde sie um einen Tag verschoben. Statt dessen suchte an jenem Abend Prinz Chalid die Northrop-Leute in ihrem Hotel sehr verärgert auf. Wie die böse Fee war er entschlossen, das Fest zu stören, denn er hatte erfahren, daß das große Geschäft zwischen den Regierungen abgewickelt werden sollte, und das bedeutete, daß er dabei nichts für sich herausschlagen könnte, während Adnan Kaschoggi seine fette Provision bekäme. «Wenn ich nichts bekomme», drohte er, «werde ich dafür sorgen, daß Adnan auch nichts bekommt.» Am nächsten Tag fanden sich alle im Verteidigungsministerium zur Unterschriftsleistung ein. Kurz nach ein Uhr erschien der Minister, Prinz Sultan, mit seinem Stellvertreter, dem Prinzen Turki. Sultan sah den Vertrag durch und fragte, ob Northrop einen Agenten in Saudi-Arabien habe. Northrop verneinte, und der amerikanische Botschafter erklärte, da das ein Geschäft zwischen Regierungen sei, gebe es keinen Vermittler. Sultan erwiderte darauf, daß es bei Verträgen dieses Umfangs gewöhnlich Monate dauere, bis sie unterzeichnet werden können, aber in diesem Fall wolle er, da er Vertrauen zur amerikanischen Regierung und zum Botschafter habe, sofort unterschreiben – was er tat. Aber noch konnte Chalid sich rächen. Das Northrop-Team hatte den drohenden Unterton in Sultans Frage nach dem Agenten nicht überhört. Gleich nach der Unterzeichnung wünschte Prinz Turki die Northrop-Vertreter zu sehen. Er habe gehört, daß eine unglückselige Unstimmigkeit mit Chalid bestehe, und er hoffe, daß die Sache zu dessen Zufriedenheit geregelt werden könne. Zu guter Letzt mußte an Chalid ein Achtel von Kaschoggis Provision gezahlt werden, die immerhin zwischen \$ 500 000 und \$ 1 Million betrug.[8]

Als die Northrop-Leute auf weitere Aufträge für die Tiger drängten, gerieten sie immer tiefer in den Bestechungssumpf. Im Oktober 1971 flog Tom Jones selbst nach Saudi-Arabien, das er nicht kannte, um bei König Feisal und anderen Politikern vorzusprechen. Am Tag seiner Ankunft aß er mit Kaschoggi zu Abend, den er auch noch nicht persönlich kannte. Kaschoggi teilte Jones mit, der Chef der saudiarabischen Luftwaffe, General Haschim, müsse \$ 250 000 erhalten; nur so könne sichergestellt werden, daß die Tiger-Aufträge durchgingen. Jones wandte sich (wie er selbst berichtete) an seinen Kollegen Bob Gates: «Das ist kein Thema, das auf diese Weise zur Sprache gebracht werden sollte; das ist sehr heikel, sehr gefährlich. Dafür haben wir ja einen Agenten, daß er uns Probleme dieser Art vom Leibe hält.» Aber Jones betonte Kaschoggi gegenüber auch ausdrücklich: «Northrop erfüllt seine Verpflichtungen.»

Später erklärte Jones: «In dem Augenblick, in dem ich etwas von Generälen hörte, hätte ich sagen sollen, ich will nicht, daß Zahlungen an Generäle geleistet werden. Ich habe diese Aussage nicht gemacht, und daher sind die von mir gebrauchten Worte: ‹Northrop erfüllt seine Verpflichtungen› mißdeutet worden.»[9] Bald darauf kam von Kaschoggi die Nachricht, daß General Haschim demnächst befördert werde und sein Nachfolger, General Suheir, auch geschmiert werden müsse. Zu guter Letzt zahlte Northrop $ 250 000 an Haschim und weitere $ 200 000 an Suheir.

Als Kaschoggi mir den Vorfall erläuterte, stellte er ihn anders dar. Das sei eben so mißlich mit den nach Saudi-Arabien kommenden Amerikanern, daß sie zu naiv seien. Sie machen sich Sorgen, wenn ein General sie morgens nicht anlächelt, und erkennen nicht, daß er wahrscheinlich bloß Ärger mit seiner Frau gehabt hat. Sie würden unnötigerweise Geld an Leute bezahlen, weil sie sich dann in einem fremden Land wohler fühlten. Northrop selbst, fuhr Kaschoggi fort, habe darauf bestanden, General Haschim zu bezahlen; aber «ich wußte, das würde Northrops Beziehungen zu Saudi-Arabien beenden, deshalb hielt ich den Scheck an, damit er ihn nicht erreichte»[10].

Lockheed hatte mittlerweile erfahren, daß Kaschoggi auch Northrop vertrat (während sie es von Prinz Bernhard und Gerritsen in Holland nie erfuhren). Kaschoggi achtete darauf, daß er beide Auftraggeber oder seine anderen Auftraggeber, zu denen Engländer und Franzosen gehörten, niemals zur gleichen Zeit bewirtete und sie sich auch nicht auf der Treppe treffen konnten; aber alle Beteiligten wußten, daß er mit ihren Konkurrenten Geschäfte machte, und hielten ihn trotzdem für unersetzlich. Sowohl Northrop als auch Lockheed stellten inzwischen fest, daß die Leute um so mehr forderten, je mehr «Provisionen» sie erhielten. Im August 1973 fand Lockheed, daß die ursprünglich vereinbarten zwei Prozent für den Verkauf von Hercules-Transportern, deren Grundpreis etwa $ 2,5 Millionen betrug, auf acht Prozent eskaliert waren – eine Erhöhung, die laut Kaschoggi zurückzuführen war «auf die größere Zahl beteiligter Spieler und die Notwendigkeit, ihre Forderungen zu erfüllen, damit die Verträge unterzeichnet werden». Und zusätzlich zu den Provisionen bezahlte die Firma pro Flugzeug bis zu $ 200000 an sogenannten «Marketing-Nebenausgaben» aus einem besonderen Fonds für unvorhergesehene Ausgaben. Wie es in einer Aktennotiz von Lockheed vom 16. August hieß, verwendete Kaschoggi einen Großteil des Fonds für eine «heimliche Zuwendung an saudiarabische Beamte; aber wir wissen tatsächlich nicht, ob die sogenannte ‹heimliche› Zuwendung überhaupt an saudiarabische Beamte ausgezahlt wurde oder auf dem Bankkonto unseres Beraters bleibt»[11].

Northrop hegte schon Anfang 1973 ernstliche Zweifel an Kaschoggi; es war bekannt, daß König Feisal sein Mißfallen über ihn geäußert hatte, und einer von Northrops Agenten berichtete, daß die Verstimmung über ihn in Saudi-Arabien zunahm, so daß er sich jetzt zu weiterer Expansion mehr dem

Ausland zuwandte – Brasilien, Sudan und Kalifornien. Und sowohl das Pentagon als auch Northrop machten sich immer mehr Sorgen über die Frage von Provisionen bei Verträgen zwischen Regierungen. Kim Roosevelt empfahl daher eine offene Aussprache mit Kaschoggi. Eine folgenschwere Besprechung wurde schließlich im August 1973 vereinbart. Sie fand im Pentagon statt, im Büro von «Dave» Alne, einem ehemaligen Marineoffizier aus Iowa, damals Direktor von International Sales Negotiations (und ein Jahr später internationaler Marketingberater für verschiedene Rüstungsfirmen). Außer Alne waren noch andere Beamte des Verteidigungsministeriums anwesend, unter ihnen Richard Violette, zuständig für staatliche Verkäufe, und Joe Hoenig, stellvertretender Direktor für Verkäufe in den Nahen Osten und nach Südasien. Auch die Luftwaffe war vertreten durch den Chef des Beschaffungsamtes, General Robert F. Trimble, der sich offensichtlich über die hohen Provisionen Sorgen machte. Northrop hatte zwei Vizepräsidenten entsandt, Jim Holcombe und Manny Gonzales. Diesem Aufgebot stand ein einzelner Araber gegenüber, Adnan Kaschoggi, unterstützt von seinem amerikanischen Rechtsanwalt, Dan Zerfas.

Der Bericht über die Besprechung, den Gonzales von Northrop erstattete und der später als Zeugenaussage[12] vorgelegt wurde, bietet ein anschauliches Bild von Kaschoggis Persönlichkeit und der Beziehung zwischen dem Pentagon und Northrop. Dave Alne begann das Gespräch, indem er auf die Besorgnis der Regierung über Provisionen hinwies und die Hoffnung ausdrückte, daß Kaschoggi einige Aufklärung darüber geben könne. Kaschoggi griff das Stichwort auf. Beredt beschrieb er die «ökonomische Infrastruktur» von Saudi-Arabien. Es sei ein Land, erklärte er, wo fast der gesamte Reichtum in den Händen der Regierung liege, die dem Volk einen Wohlfahrtsstaat biete. Der König, der ein leidenschaftlicher Anhänger der freien Marktwirtschaft sei, wollte einige selbständige Geschäftsleute in den Sattel heben, aber da es so wenig Industrie gab, sei das einzige Betätigungsfeld die Vertretung ausländischer Firmen gewesen. So sei die Rolle der Vertreter allgemein anerkannt gewesen, und nur im Rüstungsbereich – der ungewöhnliche Publizität erlangte – habe die Regierung es vorgezogen, sie nicht öffentlich bekanntzumachen.

Eine wahrlich überzeugende Rechtfertigung für hohe Provisionen: als der Eckpfeiler der freien Marktwirtschaft gegen den Kommunismus. Die Amerikaner waren gebührend beeindruckt. Alne gab zu, daß die amerikanische Regierung mit Agenten sehr diplomatisch umgehen und sich einer «sorgfältig gewählten und geschickten Sprache» bedienen müsse. Kaschoggi wies dann darauf hin, daß er französische Panzer, britische Hubschrauber und belgische Geschütze verkauft und dafür höhere Provisionen erhalten habe, als er von Northrop verlangte. Er erklärte, daß seine Provisionen hoch seien, weil sein

Büro hohe Gemeinkosten habe und manchmal zehn Jahre daran arbeiten müsse, um einen Auftrag zu erhalten, und daß nur jede fünfte Bemühung Erfolg habe. Daß er den Prinzen Geld gebe, das sei undenkbar: «Prinz Sultan braucht keinen Adnan Kaschoggi. Wenn er zehn Millionen Dollar haben will, dann braucht er sie nur von der Regierung zu nehmen ... Adnan Kaschoggi wird Prinz Sultan niemals Geld anbieten – das wäre, als ob ein Bettler einem König Reichtümer anböte.» An diesem Punkt war sogar General Trimble (wie Gonzales bemerkte) beeindruckt.

Schließlich betonte Kaschoggi den großen Wert der saudiarabischen Königsfamilie als stabilisierende Macht (alle nickten) und die Wichtigkeit der auf materiellen Werten beruhenden Loyalität. Daß ihn die Prinzen aus diesem Grunde oft gebeten haben, Waren für die Beduinen zu besorgen: das sei keine «unstatthafte Beeinflussung», sondern Loyalität (wer wagte da zu widersprechen?). Was Kaschoggis eigene Geschäfte betreffe, so baue er eine Brücke zwischen Saudi-Arabien und den Vereinigten Staaten mit Hilfe von Investitionen, die er in beiden Ländern vornehme, und das sei seines Wissens der Zweck amerikanischer Hilfsprogramme.

Alne war beeindruckt und meinte, Kaschoggi führe tatsächlich ein «billiges Hilfsprogramm» durch. William Robinson, der die Luftwaffe vertrat, hatte nur eine Frage: ob alles platzen würde, wenn Prinz Sultan von den Provisionen erführe? Gewiß nicht, erwiderte Kaschoggi, vorausgesetzt, die Amerikaner behandeln solche Fragen wie die Franzosen mit «Takt und Diplomatie». Die Besprechung endete nach zweieinhalb Stunden in einer sehr beruhigten Atmosphäre; die Pentagon-Leute schienen unerhört erleichtert zu sein. Alne dankte Kaschoggi herzlich und sagte, viele der Anwesenden hätten jetzt gelernt, daß ein Provisionsvertreter «ein ehrlicher und kluger Geschäftsmann» sein könne und nicht etwa ein «Einfluß-Hausierer, der die Hörner zeigt». Nach der Sitzung sagte Alne zu Gonzales: «Manny, es war ein Geniestreich, Kaschoggi heute hierher einzuladen. Wir konnten das aus Gründen, die auf der Hand liegen, nicht in die Wege leiten.»

Im Lichte dieser Besprechung, über die Northrop ausführlich berichtete, fällt es einem schwer, noch von der Wirksamkeit der Kontrolle der Rüstungsverkäufe durch das Pentagon oder vom Wunsch der Beamten, diese Kontrollen durchzuführen, überzeugt zu sein. Das Pentagon übersah nicht nur geflissentlich die gewaltigen Provisionen für seine eigenen Verkäufe im Ausland, es hatte auch eine enge Interessengemeinschaft mit Northrop, wie Alnes letzte Bemerkung zeigte: beiden lag daran, die Rüstungsverkäufe aufs höchste zu steigern, ohne daß sie sich ernstlich Gedanken über die Folgen machten. (Damals war die Gastfreundschaftsmaschine von Northrop in vollem Gange, und der Strom der Pentagon-Beamten zur Jagdhütte von Northrop in Maryland riß nicht ab.) Zwei Jahre später, nachdem er Berater von Rüstungsfirmen geworden war, beschrieb Alne seine Auffassung von der Frage der Kontrolle. «Der Ausdruck ‹Rüstungsverkäufe›», erklärte er dem Kongreß in einem klassischen Beispiel für Pentagon-Sprachregelung, «ist eine unzuverlässige Bezeichnung für eine Gruppe nationaler Betätigungen, die so mannigfaltig, so ungleich, ihrer Art nach so verschieden sind, daß man überhaupt keine stichhaltige Schlußfolgerung für die ganze Gruppe ziehen kann. Stichhaltige Schlußfolgerungen können nur für häppchengroße Teileinheiten von Waffenverkäufen gezogen werden.»[13] Eine andere Ausdrucksweise für das uralte Argument der Waffenhändler, das einst Fregattenkapitän Craven sich zu eigen gemacht hatte: daß es keinen grundlegenden Unterschied gebe zwischen dem Verkauf von Waffen und dem Verkauf von Pralinen oder Romanen.[14]

Außerdem geht aus dieser und anderen Aussagen eindeutig hervor, daß das Pentagon wirklich sehr geflissentlich über die Zahlungen hoher Provisionen hinwegsah. Joe Hoenig, der stellvertretende Direktor von Sales Negotiations, der bei der Besprechung mit Kaschoggi anwesend gewesen war, hat in einem bemerkenswert freimütigen Vortrag vor dem Verband der Elektronikindustrie im Juni 1974 die Einstellung des Pentagon zu Vertretern im Nahen Osten dargelegt.

Er betonte die Rolle, die Vertreter seit biblischer Zeit gespielt haben, und ihre Nützlichkeit beim Erkaufen von «Einfluß» – was sich, wie er erklärte, «erstrecken kann von normalen Freundschaften oder Familienbanden bis zur Zahlung beträchtlicher Summen an Personen in hohen Regierungsstellungen . . . es liegt auf der Hand, daß der Vertreter mit der höchsten Verdienst- oder Provisionsspanne deutlich im Vorteil ist.» Hoenig machte darauf aufmerksam, daß die Franzosen und Engländer «keine Bedenken haben gegen übermäßige Vergütungen» und daß die Regierungen im Nahen Osten zwar Geschäfte zwischen Regierungen vorziehen, um «den Einflußfaktor zu eliminieren», aber hier wohl dies nicht unbedingt meinen, was sie sagen. «Eine Arbeitsweise, die sich im Laufe der letzten zweitausend Jahre entwickelte, wird nicht so leicht aus der Welt geschafft.»[15]

Nach der Besprechung im Pentagon war Kaschoggis Stern wieder im Aufgehen. Er machte sich jetzt mehr in der Öffentlichkeit bekannt mit Hilfe eines Public-Relations-Mannes in Washington. Es erschien eine schmeichelhafte Kurzbiographie in *Business Week*, in der ein Ausspruch des französischen Bankiers Louis Dreyfus zitiert wurde: «Kaschoggi ist der einzige Mann im Nahen Osten, dem man trauen kann.» Seit Oktober 1973, nachdem der Ölpreis so enorm gestiegen war und das Rüstungsgeschäft Hochkonjunktur hatte, wurden die Provisionen noch lukrativer. Wie Lockheed später zugab, wurden Kaschoggi zwischen 1970 und 1975 nicht weniger als $ 106 Millionen bezahlt oder anvertraut. Und Northrop hatte Aufträge über mehr als eine

Milliarde Dollar erhalten. Davon standen Kaschoggi ungefähr $ 54 Millionen zu.

So entwickelte sich Kaschoggi vom Waffenhändler zum multinationalen Konzern. Er hatte Niederlassungen in Paris, London, Beirut und Kalifornien. Sein wirkliches Zuhause – und Büro – war sein Privatflugzeug, zuerst eine DC-9, dann eine Boeing 727, ein Symbol des neuen arabischen Wohlstands. Das Wohnzimmer in der Boeing ist elf Meter lang, es gibt vier Videorecorder, Telephone, ein Telex und eine Kopiermaschine. Im Schlafzimmer befinden sich zwei Schränke – einer für arabische und einer für westliche Kleidung, Kaschoggi kann beim Aussteigen das eine oder andere tragen. Mit dem Flugzeug besucht er seine Unternehmen in fünf Kontinenten. Nie bleibt er länger als ein paar Tage. Kaschoggi wußte, seine überzeugende Persönlichkeit und Gastlichkeit sind seine wichtigsten Aktivposten. Als ich mich mit ihm in seiner Londoner Wohnung mit dem Blick auf Big Ben unterhielt, hatte man kaum das Gefühl, in einer menschlichen Behausung zu sein. Die großen, kahlen Räume strahlten die Atmosphäre einer Flughafenlounge aus; zwei hochgewachsene junge Koreaner, die im Flugzeug mit ihm reisten, fungieren als Leibwache, und Menschen aller Nationalitäten gingen ständig durch die Räume wie in einem Marx-Brothers'-Film. Niemand hinterließ einen wirklichen Eindruck, bis Kaschoggi selbst erschien, eine stattliche Gestalt mit dem Gang eines Pinguins und nach hinten schlenkernden Armen, der aber anfeuernd auf seine Untergebenen wirkte.

Vom Flugzeug aus und unterstützt durch wachsende saudiarabische Geldmittel, begann Kaschoggi seinen Traum zu verwirklichen, das Instrument der sich über den ganzen Erdball ausbreitenden arabischen Finanzmacht zu sein. Er hatte das Gefühl, die arabische Welt mit derselben Kühnheit zu verwandeln, mit der die Vereinigten Staaten im vorigen Jahrhundert von den amerikanischen Tycoons verwandelt worden waren, deren Biographien er aufmerksam gelesen hatte. «In unseren Ländern haben wir jetzt dieselbe Gelegenheit», sagte er 1975, «die Rockefeller, Vanderbilt und J. P. Morgan hatten, als sie Amerika aufbauten.»[16]

Seine wirklichen Ziele aber liegen nicht in Saudi-Arabien, seine größten Hoffnungen setzt er auf Amerika. In Kalifornien hat er zwei Banken gekauft, die Security National und die Contra Costa, um Erfahrungen für ein zukünftiges Bankimperium zu sammeln. In Salt Lake City beteiligte er sich an der Finanzierung eines Industriegeländes im Wert von $ 250 Millionen. In Arizona erwarb er einen Anteil an einem Viehzuchtunternehmen. 1974 versuchte er, eine Mehrheitsbeteiligung an einer weiteren kalifornischen Bank, der First National Bank of San José, zu erwerben, scheiterte aber am Widerspruch der Aktionäre und zog sich erbittert zurück. «Ich habe immer geglaubt», sagte er zu mir, «Kapital habe keine Nationalität, aber in Amerika entdeckte ich zu meinem Entsetzen, daß Geld von der Woge von Haß beeinflußt worden ist. Es ist wirklich eine Ironie, daß die Amerikaner den Arabern ausgerechnet dann in den Hintern treten, wenn sie unter Führung von Sadat vor ihnen auf die Knie fallen.»

Dagegen expandierte er anderswo auf der Welt mit grandiosen Projekten. Im Sudan war er 1972 behilflich, einen sich automatisch erneuernden Kredit von $ 200 Millionen in die Wege zu leiten, von 31 Banken gewährt und von der saudiarabischen Zentralnotenbank garantiert. Der Kredit galt einem riesigen Projekt, das ursprünglich Zucker, Vieh, Textilien, Erz und Zement einschloß. In Brasilien war er an der Finanzierung einer großen Fleischwarenfabrik beteiligt. In Paris kaufte er das Modehaus «Jungle Jap». In Indonesien stieg er in die Schiffahrt ein. Im Libanon stellt er Möbel her. Im Pazifik gründete er eine Hotelkette. In Ägypten plant er ein Wirtschaftszentrum in der Nähe der Pyramiden von Giza im Wert von $ 400 Millionen mit zwei großen Hotels, einem Touristenzentrum und einer brandneuen Pyramide, die mit goldenen Spiegeln verblendet werden und eine ägyptische Ausstellung aufnehmen soll. In Korea freundete er sich mit Präsident Park an und trug dazu bei, die neue enge Beziehung zwischen Korea und Saudi-Arabien zu festigen. Alles eine bemerkenswerte Erweiterung des Waffenhandels.

Kaschoggis Lebensstil wurde immer pompöser. Es fällt ihm nie schwer, Geschäft mit Vergnügen zu verquicken. Unermüdlich besucht er Parties in Las Vegas, Paris, Cannes und Beverly Hills. In Kalifornien freundet er sich mit dem Schriftsteller Harold Robbins und seiner Frau Grace an, die ihn zusammen mit Hollywood-Leuten einladen. 1974 erschien Robbins' Bestseller, *The Pirate*, über einen amüsierfreudigen arabischen Tycoon mit einem luxuriösen Privatflugzeug.

Der Waffenhandel blieb das Kernstück von Kaschoggis Geschäften; sein fürstlicher Stil erleichterte ihm die geschäftlichen Beziehungen und sorgte dafür, daß die amerikanischen Firmen ihre beiderseitige Verbindung zu würdigen wußten. Seine Privatjacht, die *Khalidia*, kreuzte eine Zeitlang vor der Ostküste der Vereinigten Staaten. Kaschoggi gab Feste an Bord. Kaschoggi sah keinen grundlegenden Unterschied zwischen Geschäft und Gastfreundschaft, so daß Gefälligkeiten fast unmerklich in Verpflichtungen verwandelt werden konnten. Das ging ganz zwanglos. In Paris gab er seinen Gästen aus Kalifornien jene Empfänge, «die Tausende kosteten», dazu lud er aufmerksame Geschäftsfreunde und hübsche, gebildete Mädchen ein, die scheinbar fasziniert waren, sich mit Männern mittleren Alters zu unterhalten. Es gab lang ausgedehnte Drinks und dann das Diner gegen Mitternacht, die Mädchen wurden noch herzlicher. Den geblendeten, harmlosen Managern von Lockheed oder Northrop muß es fast wie Zauberei vorgekommen sein, als ob wirklich der Geist aus *Tausendundeine Nacht* dahintersteckte. Manchmal war zufällig ein Privatflugzeug am Flughafen und brachte sie an irgendeinen hübschen Ort; Kaschoggis Jacht lag zufällig im Hafen, und man würde der Mannschaft einen Gefallen tun, wenn man eine Fahrt unternähme. Der Stil war so lässig, daß er über jede Art von Geschäft oder Gegenleistung hinauszugehen schien. Woher sollten die Manager wissen oder warum sollten sie es wissen wollen, daß die ganze Maschinerie der Gastfreundschaft, von den Mädchen bis zu den Flugzeugen, nicht im mindesten lässig, sondern unter großen Kosten sorgfältig organisiert war und allein den Zweck hatte, sie zu erfreuen? Und was war nach arabischer Tradition überhaupt dagegen einzuwenden – wo *war* denn die Grenze zwischen Geschäft und Gastfreundschaft?

Kaschoggi bezeichnete sich immer als eine Brücke zwischen zwei Kulturen und auch zwischen zwei Moralvorstellungen. «Man kann die amerikanische Moral nicht verpflanzen», betonte er mir gegenüber. Wenn die Amerikaner versuchen würden, ohne ihn auszukommen, die Brücke abzubrechen, dann würden sie sich (behauptet er) in einer viel gefährlicheren Situation befinden, denn sie müßten direkt mit der saudiarabischen Regierung verhandeln in einem Land, von dem sie in bezug auf ihre Ölversorgung so völlig abhängig sind. Gewiß sei die Geschäftsauffassung auf den beiden Seiten der Brücke sehr unterschiedlich. Von der westlichen Seite aus könne Kaschoggi wie ein moderner J. P. Morgan erscheinen, aber in Riad oder Dschidda sei er der Freund königlicher Prinzen, deren Privatvermögen dem Blick jedes Untersuchungsausschusses entzogen seien. Doch auf der Brücke verläuft der Verkehr in beiden Richtungen: während die westlichen Konzerne Saudi-Arabien verwandeln, wird die arabische Einstellung mit all dem neuen Reichtum hinter ihr auch die westlichen Konzerne beeinflussen – etwa so, wie das römische Reich, nachdem es sich nach Osten ausgedehnt hatte, durch den orientalischen Luxus korrumpiert wurde. Es sei ein pikanter Zufall, daß nach 1973, als die Vereinigten Staaten gerade mühsam nach sauberen Geschäftsmethoden strebten und den Einfluß des Geldes auf die Politik beschränken wollten, der neue arabische Reichtum eine viel unbekümmertere Einstellung zu Provisionen und Bestechungen förderte. Während die Araber verwestlicht wurden, sei der Westen arabisiert worden.

Es war Kaschoggis besondere Begabung, eine Atmosphäre zu schaffen, in der höchst ungewöhnliche Geschäfte durchaus normal und erfreulich erschienen – sei es nun in den Schlupfwinkeln des Pentagon oder bei mitternächtlichen Diners im *Rasputin.* Unter seiner Ägide hatte keine der beiden Seiten viel Grund, die Vorteile in Zweifel zu ziehen. Die Aufrüstung in Saudi-Arabien setzte sich stets im schnelleren Tempo fort. Es war gut für Lockheed und Northrop, es war gut für Kaschoggi und gut für die Prinzen.

Das Pentagon oder das Außenministerium verspürte wenig Verlangen, sich querzulegen.

Ob in Saudi-Arabien, Indonesien oder anderen jüngst unabhängig gewordenen Nationen der Dritten Welt, überall war dem Tätigkeitsdrang der Waffenhändler freier Lauf gelassen und damit auch den alten Methoden der Bestechung und Erpressung. Der einzigartige Charakter des Waffenhandels, der im 19. Jahrhundert das Bestechungswesen gefördert hatte – die wenigen beteiligten Personen, die Geheimniskrämerei und der große Umfang einzelner Geschäfte – förderte dieselben Methoden noch heute. Für Lockheed und Northrop gab es eine Menge Präzedenzfälle im Nahen Osten, und Lockheeds fixe Idee von französischen Bestechungen war zweifellos nicht ganz unberechtigt. Aber die Amerikaner, die versuchten, die Europäer bei diesem Spiel zu übertreffen, begannen, es zu institutionalisieren und als Ersatz für «Takt und Diplomatie» eine ausgeklügelte Organisation aufzuziehen mit Deckfirmen und einem starren, routinemäßigen Vorgehen. Das Bestechen wurde allmählich zu einem Nebenerwerbszweig und bot seine eigenen, eingebauten Anreize. Daß die Firmen auf ihrer Eigenständigkeit beharrten, über eigene Nachrichtendienste verfügten, daß sie Feldzüge unternahmen und Schlachtordnungen einhielten, veranlaßte sie, sich der Bestechung zu bedienen, als wären sie kriegsführende Nationen. Ihre ständige Angst vor anderen Firmen taucht immer wieder in den Unterlagen auf, während kaum je auf eine wahrgenommene Bedrohung durch ein feindliches Land hingewiesen wird: der Feind ist nicht Moskau, sondern Daussault – oder die amerikanischen Konkurrenten. Der skrupellose Wettbewerb, den das Pentagon seit McNamara so umsichtig angeregt hat, schickte jetzt seine Stoßwellen durch die Welt.

Die Bestechungen selbst hatten trotz ihres Ausmaßes viel weniger Bedeutung als der Drang, dessen Symptome sie waren – der hektische Wettlauf, um jeden Preis an die neuen Nationen der Welt Waffen zu verkaufen. In welchem Umfang auch immer Erpressung angewandt wurde, sie wurde nur ermöglicht durch die rasende Hast der Waffenhändler: zum Tanzen gehören zwei. Die Firmen waren es, die den Tanz begonnen hatten. Schmiergelder wurden um so bereitwilliger bezahlt, als sie den Zugang zu einem expandierenden Markt boten, wie aus vielen Unterlagen hervorgeht. Das Verlangen nach Waffen konnte immer gesteigert werden durch Angst oder Ehrgeiz; und das war es (zu diesem Schluß war 1936 die britische Königliche Kommission gekommen)[17], was die Rüstungsindustrie von allen anderen Industrien unterschied. Unter den jungen Nationen, die das Joch der Kolonialherrschaft abgeschüttelt hatten, fanden die westlichen Firmen und Regierungen ein besonderes Betätigungsfeld, hatten aber auch eine besondere Verantwortung, denn sie trugen dazu bei, Prioritäten zu setzen und die Charaktere der neuen

Nationen zu formen. Es gab viele Staatschefs wie Präsident Sukarno (oder später der Schah), die keiner Aufmunterung bedurften, um sich bis an die Zähne zu bewaffnen; aber in dieser Situation war die Beflissenheit der Firmen, das Militär mit solchen Anreizen wie dem «Witwen- und Waisenfonds» aufzustacheln, um so deprimierender. Das Pentagon oder die europäischen Verteidigungsministerien waren nicht geneigt, die Methoden der Firmen allzu genau unter die Lupe zu nehmen. Ihnen lag vor allem daran, die Firmen lebensfähig und konkurrenzfähig zu erhalten: die Dritte Welt begann, zu den Verteidigungskosten der Großmächte beizusteuern. Denn Ende der sechziger Jahre wurden die Probleme der Firmen ernster – besonders in Kalifornien.

Kapitel 12

Die kalifornische Krise

Gut, bring mich zur Fabrik des Todes und laß mich noch mehr lernen. Die eine oder andere Wahrheit muß hinter all dieser furchtbaren Ironie stecken.

Shaw, «Major Barbara», 1905

In den vornehmen Vororten von Los Angeles, in Beverly Hills oder Westwood, merkt man nicht, daß diese Stadt die Rüstungshauptstadt der Welt ist. In der zersiedelten Landschaft zwischen Los Angeles und dem Ozean, entlang Sunset oder Wilshire Boulevard, werden die Reihen der Villen im gotischen, klassisch-spanischen und italienisierten Stil exotischer und exklusiver, je näher sie den Bergen oder dem Meer liegen; dagegen scheinen sich die Wolkenkratzer, mit den Rechtsanwaltskanzleien, Banken oder Versicherungsgesellschaften, der Jagd nach abstraktem und knapp gewordenem Geld verschrieben zu haben. Nachdem Hollywoods große Zeit längst vorüber ist, hält Los Angeles noch immer an seinem Showbusiness-Stil fest. Hotels und Restaurants dienen nach wie vor als Bühne für glanzvolle Auftritte der Gäste, und der Name Hollywood verleiht chemischen Reinigungen oder miesen Nachtlokalen noch immer einen verblaßten Zauber. Die schimmernden Wolkenkratzer von Century City, dem neuen Geschäftszentrum auf dem Gelände der alten Studios von Twentieth Century Fox, schlachten die Erinnerungen an Filme nach Kräften aus: die Avenue of the Stars führt zum Shubert Theatre und einem surrealistischen Hotel, dessen Portiers als königlich-britische Leibgardisten verkleidet sind. Es verblüfft, daß einer dieser Wolkenkratzer das Verwaltungsgebäude der Northrop Corporation ist.

Die Vergnügungsindustrie drückt auch den arbeitsamen Vororten einen Stempel von Unwirklichkeit auf: die Parkanlagen und Rummelplätze – Disneyland, Magic Mountain oder Knott's Berry Farm –, die die Nachfolge der Kinos als Unterhaltungszentren angetreten haben, tauchen neben den Fabriken und Autobahnen auf, bieten dem düsteren Stadtbild ringsum Trotz und fordern ihre Kunden auf, sich in Nostalgie und Phantasie zu flüchten; überall entlang den Hochstraßen ragen die riesigen Reklameschilder und -wände wie Ausrufungszeichen über die niedrigen Schuppen hinaus, so daß die Stadt kaum den Boden zu berühren scheint. In einer so ungewöhnlichen Umgebung kommt es einem langweilig und prosaisch vor, über die Abhängigkeit Kaliforniens von der Rüstungsindustrie oder von Flugzeugexporten nach Saudi-Arabien oder dem Iran zu sprechen.

Aber die Statistiken sind unwiderlegbar. Von den gesamten Rüstungsaufträgen in den Vereinigten Staaten entfallen 30 Prozent auf Kalifornien, mehr als auf jeden anderen Staat. Etwa eine halbe Million Bewohner Kaliforniens ist in der Luft- und Raumfahrtindustrie beschäftigt, und die machen 30 Prozent der gesamten Fertigungsindustrie des Staates aus; und Hauptstütze der Luft- und Raumfahrtindustrie ist die Rüstung. Dem Umsatz nach sind die größten kalifornischen Firmen die Ölfirmen, angeführt von Standard Oil of California; aber die größten Arbeitgeber sind die Rüstungsfirmen, angeführt von Rockwell mit 40000 Beschäftigten in Kalifornien und Lockheed mit 37200. (Walt Disney kann selbst mit dem Heer von Studenten, das in der Hochsaison für Disneyland arbeitet, nur 17500 Kaliforniern einen Arbeitsplatz bieten.)[1] Die Prosperität des Gebietes von Los Angeles hängt also nicht in erster Linie vom Showbusiness ab, sondern von Ölkonzernen und Rüstungsfirmen, von Lockheed, Rockwell, McDonnell Douglas oder Northrop, deren große Werke die Stadt umgeben wie ein Heerlager außerhalb der Mauern.

Jenseits der palmenbestandenen Prachtstraßen von Beverly Hills, die zum internationalen Flughafen führen, sieht man bis zum Horizont nichts als einstöckige Häuser, unterbrochen nur von den Schildern der Speiselokale oder Tankstellen und den hoch aufragenden Ansiedlungen der Luft- und Raumfahrtindustrie. In Culver City heben sich die hellgrünen Hangars von Hughes Aircraft schimmernd vom Ödland ab: dieser Nachlaß von Howard Hughes ist jetzt auf Elektronik und Satelliten spezialisiert. Er erzielt mehr als 95 Prozent seiner Gewinne mit der Rüstung. In El Segundo verkündet eine lange Reihe von Werksanlagen neben Aviation Boulevard südlich des Flughafens den Namen des B1-Bomberprojekts von Rockwell. Die kleine Stadt Hawthorne dahinter wird von der Northrop Corporation beherrscht.

Das Verwaltungsgebäude läßt alle Anzeichen eines vorbildlichen Unternehmens erkennen – die gut geschnittene Hecke, der Parkplatz mit den Namen aller Angestellten in absteigender Ordnung, die makellose Eingangshalle mit dem Ölgemälde eines Northrop-Flugzeuges auf einer Staffelei, die Hauszeitschrift *Northrop News*, die die Leistungen der Northrop-«Familie» erläutert. Als ich dort zu Besuch war, tauschten vergnügte Männer in hellen Hemden Firmenwitze aus, während sie auf das Firmenflugzeug warteten, *Northrop News* feierte die Fertigstellung des dreitausendsten Tiger. Es gab eine besondere Flugzeughalle mit der Aufschrift «Saudiarabische Aufträge» (110 Tiger waren bereits von den Saudis bestellt worden), und auf die Schiebetüren des größten Hangars waren zwei brüllende Tiger mit blitzenden Fängen gemalt, die auf ihre Jagdbeute lauerten. (Die Firmen bevorzugen Namen aus dem Dschungel oder Zoo – Tiger, Kobra, Adler, Jaguar oder Kater.)

Die Rüstungsfirmen vermengen gern Phantasie und Wirklichkeit. Im alten Stadtzentrum von Beverly Hills, neben dem byzantinischen Rathaus und der palladianischen Post steht ein Herrenhaus im Kolonialstil der Südstaaten mit blaßblauen Fensterläden und schlanken Säulen und einem Kuppeldach über dem Portikus; im Garten hinter dem Haus sprudelt aus einer italienisierten Skulptur ein Springbrunnen. Drinnen sind die Flure mit dicken Teppichen ausgelegt und führen an großen Wandleuchtern und eleganten Türen vorbei zu einer prachtvollen Doppeltreppe, von der allgemein angenommen wird, sie sei die Originaltreppe aus *Vom Winde verweht.*[2] Das Haus ist rein Hollywood und wurde von Jules Stein, dem ehemaligen Chef von MCA, gebaut. Jetzt beherbergt es die Hauptverwaltung Von Litton Industries, einem Weltkonzern, dessen wichtigste Tätigkeit die Herstellung von Waffen ist – Elektronik, Raketen und Zerstörer – und der in steigendem Maße in den Nahen Osten exportiert.

Doch das wirkliche Zentrum der Rüstungsindustrie von Los Angeles hat nichts Exotisches. Auf dem Weg von Hollywood nach Norden führt die Autobahn an den trocknen, braunen Hängen der Santa-Monica-Berge entlang und hinunter in die flache Weite des San Fernando Valley. Plötzlich ist es heißer, die Luft ist trockener; die kreuz und quer laufenden Straßen, die zum Verkauf ausgestellten Gebrauchtwagen und die schmalen, kleinen Häuser erinnern an das Weichbild trostloser texanischer Städte. Vor dem Zweiten Weltkrieg war das Tal noch voller Walnußhaine und bot mit seinen weiten, offenen Flächen Ranches für Filmschauspieler und Gelände für Außenaufnahmen von Westerns. Doch jetzt wimmelt es dort von Fabrikarbeitern und Industriebetrieben. In der Mitte des Tals, in der Trabantenstadt Burbank, erheben sich die großen Flugzeughallen von Lockheed rings um den Flughafen Burbank, der Lockheed gehört. Selbst hier spürt man noch ein Echo des alten Hollywood-Zaubers, denn der Flughafen war der Schauplatz der berühmten Schlußszene von *Casablanca* mit Humphrey Bogart und Ingrid Bergmann. Aber damit hört der Zauber auf; drinnen im Verwaltungsgebäude von Lockheed haben die Stimmen einen mittelwestlichen oder südlichen Klang, und es gibt keine romatischen Dialoge. Es ist eine Männerwelt, eine Welt von Ingenieuren, peinlich genau, in sich geschlossen und immer einer Sache verschrieben – vor allem den Waffen.

Die Lockheedianer waren bei den übrigen Bewohnern von Los Angeles nie sehr beliebt. Mehr als jede andere Firma haben sie leichtlebige, subtropische kalifornische Städte in einen industriellen Komplex mit einer organisierten Armee von Arbeitern verwandelt; selbst die anderen Luft- und Raumfahrtfirmen ärgern sich über die Größe und Arroganz dieses Riesenunternehmens und über seine besonderen Beziehungen zum Pentagon. Andere Geschäftsleute waren sich bewußt, daß es bei Lockheed nach Korruption roch, daß ihre Kunden darauf bestanden, von den Subunternehmern Geschenke zu erpressen, die doch, um zu überleben, auf sie angewiesen waren, im Geschäftsverkehr war die Firma Lockheed unbarmherzig bei der Auslegung des Kleingedruckten. Die Lockheedianer waren eine isolierte Gruppe. Viele von ihnen hatten die letzten zwanzig Jahre zusammen verbracht. Für sie war Dan Haughton der charismatische Führer. Für Leute von außerhalb war dessen überschwenglicher südlicher Stil eher absurd. «Als ich ihn reden hörte», sagte ein Vertreter von Motoren, «hätte ich ihm am liebsten zugerufen: ‹Hören Sie schon auf, Colonel Sanders!›» Aber trotz aller Arroganz waren Lockheeds grundlegende Probleme eng verknüpft mit der Tatsache, größte Rüstungsfirma der Welt zu sein. Wie groß die feindseligen Gefühle an Ort und Stelle auch immer sein mochten, kein Kalifornier kann in einem Staat mit fast 10 Prozent Arbeitslosigkeit außer acht lassen, daß Lockheed fast vierzigtausend Arbeitsplätze bietet. Und der Groll ist um so größer wegen der problematischen Gleichung: *Rüstung gleich Arbeit.*

Es ist kaum überraschend, daß Rüstungsfirmen Meister in Sprachregelungen sind; Waffen werden Kapazitäten, Abschreckungsmittel oder Systeme genannt werden, Rüstungsfabriken sind Anlagen, die der Verteidigung dienen, Exporte wurden als Transporte bezeichnet, Kriegsvorbereitungen als Logistik, und der Krieg selbst ist ja lediglich ein Konflikt. Was könnte harmloser, ja sogar löblicher sein als Exporte zur «Verteidigung». Der Endzweck der Waffen wird leicht vergessen, weil die Mittel der Zweck sind und der Stand der Technik so faszinierend. So gibt es kaum Anzeichen der Besorgnis bei den Männern an der Spitze, soweit ich feststellen konnte, über die Art ihres Geschäfts. Stets wurden die Verkäufer von ihrer Begeisterung fortgerissen, sobald sie die Aussichten für die Bewaffnung der ganzen Welt beschrieben. Nur einmal in all meinen Gesprächen ist ein leitender Angestellter, Präsident einer großen Rüstungsfirma, aus der konventionellen, neutralisierten Redeweise ausgebrochen: Als er über Rüstungsexporte sprach, hielt er plötzlich inne: «Ich wünschte bei Gott, wir könnten mit diesem ganzen Waffenhandel aufhören.»

Auf der anderen Seite des Gebirges, in der großen kalifornischen Wüste im Osten, kann die Rüstungsindustrie in der Edwards Air Base ihre Leistungsfähigkeit unter Beweis stellen, dort werden die Flugzeuge getestet und von der Luftwaffe geflogen. Unheimlich, wie plötzlich sich alles verändert: Man fliegt über die Gebirgskette, und die ganze Landschaft wird braun, abgesehen von ein paar grünen Quadraten, bewässerten Parzellen, auf denen Luzerne angebaut wird, hell und symmetrisch wie Kartentische. Die Flugzeuge landen auf einem riesigen, ausgetrockneten See, der einen natürlichen Flugplatz bildet. Die leere Wüste mit Temperaturen von 50° C, wo der einzige Schatten von den fliegenden Flugzeugen stammt, ist der einsame Lebensraum der Maschinen, ihrer Piloten und Mechaniker. In Kalifornien, heißt es, gebe es drei Arten von Menschen – Ozean-Menschen, Berg-Menschen und Wüsten-Menschen –, und die meisten Flieger scheinen gefühlsmäßig von der Wüste angezogen zu werden. Auch die Leute von der Küste lernen die Herausforderung des Klimas und die Kameradschaft in der isolierten Gemeinschaft schätzen.

Hier widmet sich jedermann der Aufgabe, die Militärflugzeuge zu vervollkommnen, ohne durch liberale Politiker oder soziale Prioritäten gestört zu werden. Flotte junge Luftwaffenoffiziere weisen stolz auf die Vorzüge der in der Wüstensonne bratenden, brandneuen Jagdflugzeuge und Bomber hin. Da stehen Reihen von Northrop-Tigern, je nach den auftraggebenden Ländern in verschiedenen Farben angestrichen. Da sind F 15 Eagles, von McDonnell Douglas (St. Louis) herübergeflogen, mit langen Nasen wie anmutige Raubtiere. Und auf dem Ehrenplatz steht der umstrittene Rockwell-B-1-Bomber. Ein eifriger Luftwaffensprecher unterrichtete mich über seine Leistungen; in 15 000 m Höhe könne er mit Überschallgeschwindigkeit fliegen, dann im Sturzflug auf 30 m heruntergehen, mit Unterschallgeschwindigkeit weiterfliegen und in wenigen Sekunden seine Atombomben abladen. Der Bombenschütze werde Offensivwaffensystemoperator genannt. Und merkwürdig, der Riesenbomber war schöner als jede zivile Verkehrsmaschine. Mit seinen glatten Konturen und dem wohlgerundeten Rumpf, die Triebwerke säuberlich unter den Flügeln versteckt, lag er auf der Rollbahn und schimmerte mit seinem weißen Anstrich wie ein prächtiger Fisch.

Dabei wurde im Sommer 1976 von vielen Militärexperten in Zweifel gezogen, ob man diesen B-1-Bomber wirklich brauchte, denn nukleare Sprengköpfe ließen sich durch Raketen viel schneller und sicherer abfeuern. Der Preis des Bombers wurde im Juli 1976 auf $ 88 Millionen pro Stück geschätzt. Doch auf diesem vorgeschobenen Posten gehörte der B 1 so sehr zum täglichen Leben seiner Bewunderer und der von ihm Abhängigen, daß ihnen sein Ableben kaum vorstellbar erschien. Es gab noch einen anderen triftigen Grund, das Projekt fortzusetzen, auf den mein Führer schleunigst hinwies: Es würde in Kalifornien mindestens 20000 Arbeitsplätze sichern. Hier in der Wüste schien das leidenschaftliche Engagement der Luftwaffe sehr folgerichtig zu sein. Nur von Los Angeles aus mit all seinen akuten sozialen Problemen wirkten die Kosten unerschwinglich.

Im südlichen Kalifornien ist die Gleichung Rüstung = Arbeitsplätze augenfällig. Aber in San Francisco, vierhundert Meilen weiter nördlich, wird sie einem schon weit weniger deutlich. Die Ortschaften im Kreis Santa Clara zwischen San Francisco und San José, die kleinen Farmen auf den Hängen der Hügel mit den weißgestrichenen Zäunen und die im waldigen Gelände versteckt liegenden Holzhäuser erwecken einen friedlichen Eindruck, wie er ihren heiligen Namen entspricht. Die Stanford University mit ihrem ländlichen Campus scheint mit Kommerzialismus nichts im Sinn zu haben, und in der Universitätsstadt Palo Alto lassen die schmucken Alleen und gepflegten Rasenflächen die ganze vornehme Zurückhaltung reicher Hochschulen erkennen.

So ist es ein Schock für den Besucher, wenn er entdeckt, daß auch hier die Rüstungsindustrie direkt unter der Oberfläche liegt: daß der Kreis Santa Clara mehr Rüstungsaufträge hat als jeder andere Kreis in den Vereinigten Staaten, die sich für 1977 auf ungefähr drei Milliarden Dollar oder 3,5 Prozent der gesamten Rüstungsaufträge belaufen. Stanford ist der Mittelpunkt eines Netzes von Fabriken und Laboratorien, die dazu beigetragen haben, die elektronische Kriegführung zu revolutionieren. Die Professoren der Elektronik selbst haben lukrative Firmen im industriellen Bereich gegründet. Große Konzerne sind dann eingestiegen, um sich die Intelligenz der Universität zunutze zu machen. Das Ergebnis ist ein militärisch-wissenschaftlicher Komplex, der dem von Massachusetts gleichkommt. Verläßt man Stanford auf der Fernstraße 101, erkennt man das an den Reihen von Elektronikfirmen, so säuberlich und hygienisch, daß die Gegend den Namen Silicon-Tal erhalten hat. Ein Großteil ihres Geschäfts ist sehr friedlich, sie liefern Taschenrechner oder Digitaluhren. Aber die Rüstung ist das Rückgrat ihrer Prosperität. Der bei weitem größte Arbeitgeber im Kreis Santa Clara ist Lockheed; in der Stadt Sunnyvale, dicht an der Fernstraße 101, beschäftigt Lockheed 15 000 Arbeitskräfte, von denen viele bei der Herstellung der Trident-Raketen für Atom-U-Boote eingesetzt sind – ein Auftrag, dessen Höhe für 1977 auf $ 1,6 Milliarden geschätzt wird.

Radikale Gruppen im Kreis Santa Clara haben kühne Planungen gefordert, um die Rüstungsindustrie auf friedliche Zwecke umzustellen. In *Plowshare Press*, einer eindringlichen Streitschrift, wird dargelegt, wie das Tal durch die Autobahnen und die Zersiedlung zerstört wird, und gefordert, das in Raketen und Todesmaschinen investierte Geld solle statt dessen für Massenverkehrssysteme oder Erforschung der Sonnenenergie verwendet werden; einige abtrünnig gewordene Lockheed-Ingenieure unterstützen die Forderung, sich friedlicher Forschung zuzuwenden. Aber immer noch ist das Pentagon der oberste Schirmherr des Tals. Hier, in den Trabantenstädten von Sunnyvale oder auf dem Campus von Stanford wäre ein heutiger Andrew Undershaft in seinem Element, er würde Vollbeschäftigung und Wohlfahrt für alle versprechen als Gegenleistung dafür, daß dem Glauben des Waffenschmieds allgemein Geltung verschafft wird: «Allen Menschen, die einen gerechten Preis dafür bieten, Waffen zu geben, ohne Ansehen der Person oder der Grundsätze.»[3]

Jeder kalifornische Politiker weiß, daß Rüstung Arbeitsplätze bedeutet. Selbst die radikalsten, die sich gegen Kernkraftwerke, Ölgesellschaften oder Umweltverschmutzung durch die Industrie aussprechen, spielen die Rüstungsfrage herunter: sogar Tom Hayden, der ultraradikale und erfolglose Bewerber um einen Senatssitz im Jahre 1976. In der politischen Geographie ist die individuelle Beurteilung von Rüstungsregionen und Verteidigungspolitik nicht unbedingt ehrlich. Es gibt natürlich militante Falken in den Hochburgen der Luft- und Raumfahrtindustrie, etwa Barry Goldwater jr., Clair Burgener oder Bob Wilson in der Marine-Hochburg San Diego weiter südlich. Aber es gibt auch Kongreßabgeordnete für Luft- und Raumfahrtbezirke, die sich sicher genug fühlen oder in ihrem Denken so unbeeinflußt sind, daß sie gegen hohe Verteidigungsbudgets opponieren, wie Don Edwards, der demokratische Abgeordnete für den Kreis Santa Clara oder Yvonne Burke, die demokratische Abgeordnete für den Hughes-Aircraft-Kreis Culver City. Es gibt auch den nicht unterzukriegenden Robert Leggett, den Abgeordneten für den Bezirk Vallejo, zu dem die riesige Werft Mare Island in der Bucht von San Francisco gehört. Als langjähriges Mitglied des Ausschusses des Repräsentantenhauses für die Streitkräfte hat Leggett immer wieder gegen höhere Verteidigungsausgaben gestimmt, die er als eine Verschwendung von Steuergeldern bezeichnete, aber er hat sich ebenso eifrig um Pentagon-Aufträge für seine Werft bemüht, daß er sie als eine «Oase der Vollbeschäftigung» bezeichnen konnte. Als im Juli 1976 herauskam, daß er seit dreizehn Jahren mit einer ehemaligen Sekretärin in Washington eine zweite Familie unterhielt, wollten ihm seine Wähler darauf keinen Vorwurf machen, sondern wählten ihn vier Monate später wieder. Er war der Hüter ihrer Arbeitsplätze.

Aber die Ansichten von Kongreßabgeordneten sind unwichtig im Vergleich mit denen der Gewerkschaft, auf deren rückhaltlose Unterstützung die Luft- und Raumfahrtfirmen zählen können. Ich unterhielt mich mit dem regionalen Leiter der Vereinigten Auto-Arbeiter, Gerry Whipple, der für die sechs westlichen Staaten zuständig ist und viele Beschäftigte in der Luft- und

Raumfahrtindustrie vertritt. Welche Einstellung er zu Rüstungsausgaben habe, fragte ich, und zum B-1-Bomber? Er ließ sofort eine Tirade vom Stapel. «Der B 1 ist das beste Abschreckungsmittel, das wir haben, und bietet verdammt viele Vorteile, nämlich ein sehr notwendiges Beschäftigungsprogramm, und er kurbelt die Luft- und Raumfahrtindustrie an. Vergessen Sie nicht, in nationalen Krisenzeiten werden die Luft- und Raumfahrtfirmen mit hübschen Versprechungen aller Art zum Dienst gepreßt; aber wenn die Krise vorbei ist, werden sie abserviert. Kalifornien ist aufgebaut worden auf Nahrungsmitteln, Rüstung und Öl; man kann nicht von uns erwarten, daß wir uns auf Industrien für Müllbeseitigung oder billige Häuser umstellen. Es gibt einige superliberale Kongreßabgeordnete, die in höheren Regionen schweben und davon träumen, Häuser statt Bomber zu bauen; aber die Arbeiter können nicht stolz darauf sein, billige Häuser herzustellen, wenn die Familien mit niedrigem Einkommen sie bloß dafür brauchen, um die Küchenabfälle in den Korridor zu schmeißen. Man kann Arbeitern nicht einfach einen Besen in die Hand drücken und sie Laub zusammenkehren lassen. Die Leute, die den B-1-Bomber herstellen, glauben, sie arbeiten für das Gemeinwohl und sind stolz darauf. Das hier war einmal die Weltkapitale der Luft- und Raumfahrt, und jetzt schätze ich, daß es in einem Teil der Industrie bis zu 50 Prozent Arbeitslosigkeit gibt; das Pentagon knapst mit jedem Dollar, und die Firmen ziehen nach Texas oder Georgia um. Wenn der B-1-Bomber nicht fertiggestellt wird, wird es wirkliche Probleme mit der Beschäftigung und der Kapitalinvestition geben. Und was den Export von Waffen betrifft, wenn wir es nicht täten, würde es jemand anderes tun; ohne Waffen wären diese Länder völlig schutzlos.»

Mit solcher Unterstützung brauchen die Firmen nicht viel Zeit darauf zu verwenden, die Kongreßabgeordneten direkt zu bearbeiten; sie überlassen es den Gewerkschaften. Ein liberaler Politiker in Los Angeles meinte traurig: «Von den Firmen hören wir bloß faule Ausreden über die Rüstung, aber sie haben kein Geld in Kampagnen gesteckt. Das brauchen sie auch nicht; sie können sich auf die Hurrapatrioten und die Gewerkschaften verlassen. Die Gewerkschaften brauchen keine geheimen Besprechungen mit uns; sie halten öffentliche Versammlungen ab und schlagen mit der Faust auf den Tisch wegen der Arbeitsplätze – die Holzhammermethode. Und *dagegen* können wir nicht viel sagen.»

Es kriselt

Kaliforniens Abhängigkeit von der Rüstung ist in den letzten fünfzig Jahren zu einer unumstößlichen Tatsache geworden, ein Grund, warum die Wirtschaft ungesichert blieb. Seit die Werften und kleinen Flugplätze im

Ersten Weltkrieg ihre Blütezeit erlebt hatten, seit dem abrupten Niedergang im Jahre 1919, der gewaltigen Expansion im Zweiten Weltkrieg und der Depression von 1946 waren die Arbeiter an alle Ängste von Boom-oder-Pleite gewöhnt. Nach dem Koreakrieg und der starken Zunahme der Rüstungsausgaben schien die Industrie es endgültig geschafft zu haben, ihr Beitrag zur Sicherheit der Nation wurde zweifelsfrei anerkannt. Aber noch war Kalifornien nicht gesichert. Es blieb immer noch abhängig von der unbeständigen Politik und den wechselnden Entscheidungen im dreitausend Meilen entfernten Washington. Trotz aller Gewinne, trotz ihrer Größe waren die Firmen dem noch stärkeren Nachfragemonopol des Pentagon auf Gnade und Ungnade ausgeliefert. So entstand das Paradox, das stets die Besucher verblüfft hat: während die Kalifornier sich gern als die eifrigsten Verfechter der freien Marktwirtschaft und des standhaften Pioniergeistes hinstellen, sind sie mehr als jeder andere Staat von der Ausgabenpolitik der Bundesregierung abhängig. Je größer die Abhängigkeit, um so trotziger die Haltung rechtsstehender Politiker, seien sie nun Anhänger von Nixon, Birch oder Reagan, die versprechen, ihr Volk von Washingtons Vorherrschaft zu befreien.

Die Schlüssel zur Prosperität Kaliforniens waren nicht in Burbank oder Sacramento zu finden, sondern in der kampfbereiten Festung am Potomac. Dennoch war sich das Pentagon seinerseits ständig des Konkurrenzdrucks, der Forderungen nach Arbeitsplätzen und des politischen Einflusses bewußt, sei es nun in Kalifornien, Missouri oder Long Island; und wie eisern ein Verteidigungsminister auch sein mochte, er konnte es sich nicht leisten, ganze Gemeinden zugrunde gehen oder Fertigungsstraßen verschwinden zu lassen. Bosse der Luft- und Raumfahrtindustrie wie Dan Haughton von Lockheed oder Tom Jones von Northrop waren Männer von großer politischer Schlagkraft. Sie konnten sich gut zwischen den beiden Seiten behaupten. Sie waren weit mehr als Flugzeughersteller: sie waren Betriebsführer und kämpften (so sahen sie es) für den Lebensunterhalt von Zehntausenden von Arbeitern.

In den langen Jahren des großen Luft- und Raumfahrt-Booms, die ganzen fünfziger und sechziger Jahre hindurch, war die Lage der Firmen oft prekär, aber gemessen nach Arbeitsplätzen und Umsatz expandierte die gesamte Branche ständig. Die Entwicklung von Düsenjägern und -bombern, Raketen, Raumfahrzeugen, der elektronischen Kriegführung und die gewaltige Zunahme der Verkehrsluftfahrt – Flugreisen in Jets, Super-Jets und Jumbo-Jets –, all das brachte neue Herausforderungen und Möglichkeiten mit sich. Es gab ein paar schlechte Jahre, in denen das Geschäft zurückging, etwa 1958, ehe der Sputnik gestartet wurde, oder 1964, ehe der Vietnamkrieg an Intensität zunahm. In jenem Jahr behauptete die Management-Beratungsfirma Arthur D. Little, die Luft- und Raumfahrt sei keine Wachstumsindustrie mehr.

Aber als sich im nächsten Jahr der Vietnamkrieg verschärfte, erhielten die Firmen vom Pentagon eine neue Flut von Aufträgen und eine neue Gelegenheit, die Waffen zu testen, die sie für hypothetische Kriege hergestellt hatten. In den beiden nächsten Jahren nahm die Zahl der Arbeitsplätze dauernd zu, bis die Belegschaft der gesamten amerikanischen Luft- und Raumfahrt 1968, dem Wunderjahr der Industrie, mit 1,5 Millionen Beschäftigten – davon 600000 in Kalifornien – einen nicht einmal im Zweiten Weltkrieg erreichten Höchststand verzeichnete. Auf die kalifornische Luft- und Raumfahrtindustrie, die Flugzeuge, Raketen und Elektronik umfaßt, entfielen 37 Prozent der Gesamtproduktion des Staates.

Die Industriekapitäne selbst versicherten, daß der Boom anhalten werde. Tom Jones schrieb im Juli 1967, daß Kalifornien ein Ende des Vietnamkrieges begrüßen würde, weil «die Vorstellung längst überholt ist, daß das Kriegsende den Beginn einer Rezession bedeute ... Unsere Industrie verdient es, daß der Mythos von ‹Boom oder Pleite›, der seit dem Zweiten Weltkrieg herrscht, ein Ende nimmt.» Er wies darauf hin, daß die Hälfte der an Generalunternehmer erteilten Aufträge für das Raumfahrtprogramm, für das jährlich mehr als sieben Milliarden Dollar ausgegeben werde, jetzt an Kalifornien vergeben würden; und daß die amerikanische Präsenz in Südostasien zu einem langfristigen pazifischen Boom beitrage. «Diejenigen, die kürzlich dort waren, um die Situation aus erster Hand zu sehen, sind sehr ermutigt durch Anzeichen des Fortschritts und wissen, daß das nur der Anfang ist.»[4]

Aber schon bald zeigte sich, daß das Jahr 1968 der Höhepunkt gewesen war. Der Vietnamboom ließ nach, das Raumfahrtprogramm wurde gekürzt, der Pazifikboom verwirklichte sich nicht. Die Luftverkehrsgesellschaften erteilten große Aufträge über die neuen Großraumjets. Die erfolgreichste Firma war jedoch Boeing, und sie stellte ihre Jumbos im Staat Washington her. Auf lange Sicht waren die Aussichten auch für Verkehrsmaschinen nicht rosig; wie bei den Eisenbahnen in den 1880er Jahren herrschte unter den Luftverkehrsgesellschaften bei sich verringernden Gewinnen eine mörderische Konkurrenz. Die Aussichten auf einen neuen Boom der Überschall-Verkehrsmaschinen waren jetzt gering, und das Goldene Zeitalter der Luft- und Raumfahrt schien seinem Ende zuzugehen oder (im Ingenieurjargon) eine Asymptote zu erreichen. In den vier Jahren nach 1968 sanken die Zahl der Arbeitsplätze und der Umsatz ständig und in einem so bedenklichen Ausmaß, wie es seit zwanzig Jahren nicht der Fall gewesen war. 1971 gab es in der Luft- und Raumfahrtindustrie nur noch 440000 Arbeitsplätze, 157000 weniger als drei Jahre zuvor.

Schon 1967 hatten große Luft- und Raumfahrtgesellschaften Katastrophen erleben müssen. Die Firma Douglas mit ihrer langen Tradition berühmter

Verkehrsmaschinen war mit ihrer neuen DC-9 gewaltig in Verzug, teils infolge Materialverknappung und schleppender Lieferungen durch den Vietnamkrieg.

Für Donald Douglas, den alternden Firmengründer, war die Zukunft wieder einmal so dunkel wie das Innere eines Schiffs, aber er konnte all dem nicht mehr die Stirn bieten; er blieb nach wie vor Vorsitzender, kam zu den Mittagssitzungen mit seiner jungen Frau und seinem großen Hund mit dem deutschen Namen «Wunderbar». Immer noch regierte er seinen Sohn Donald junior, jetzt Präsident der Firma. Nach verzweifeltem Lavieren sah sich die große Firma dem Bankrott gegenüber und wurde zu einem Spottpreis von der Firma McDonnell aus St. Louis übernommen, die mit ihren an die Luftwaffe in Vietnam gelieferten Phantom-Jägern hübsche Gewinne erzielt hatte. Es war eine schmerzliche Demütigung für die Direktoren von Douglas; die Gewinne aus dem Krieg hatten sich als sicherer erwiesen als die Wagnisse des Friedens, und in der neuen fusionierten Gesellschaft war Jim McDonnell, in Missouri «Mister Mac», der unbetrittene Boss im kalifornischen Werk.

Eine weitere renommierte kalifornische Firma, North American, erlebte eine ähnliche Kalamität. Im Zweiten Weltkrieg hatte sie mehr Flugzeuge hergestellt als ganz Großbritannien und unter dem Gründer «Dutch» Kindelberger ihr Produktionsprogramm um Elektronik und Raketen erweitert sowie Ausrüstung für die Apollo-Mondfähren geliefert. Doch nach Kindelbergers Tod im Jahre 1962 verlor die Firma ein gut Teil ihrer Stoßkraft. Sie befand sich in Liquiditätsschwierigkeiten, als der Wettlauf um die Eroberung des Weltraums abklang. Schließlich fusionierte sie 1967 mit der Rockwell Corporation, dem aggressiven Konzern in Pittsburg, der nach neuen Möglichkeiten für Forschung und Entwicklung suchte. Rockwells Sammelsurium von Industrien entspricht ebenso wie die Sammelsurien von General Dynamics oder General Electric der Tendenz der Rüstungsfabriken, sich mit allen möglichen anderen Technologien zu verschachteln. Willard Rockwell macht kein Hehl aus seinen Ambitionen: «1980, so ist geschätzt worden, werden nur zweihundert Konzerne 60 bis 75 Prozent des Welt-Bruttosozialprodukts kontrollieren, und wir gedenken einer davon zu sein.»[5]

Die Krise machte sich an der ganzen Westküste bemerkbar. Die Firma Boeing, die noch 1968 eine Belegschaft von 100000 gehabt hatte, erlitt eine Reihe von Rückschlägen, wozu die Streichung ihres Überschallprojekts gehörte. Die Beschäftigtenzahl sank auf 38000, und Seattle drohte eine Geisterstadt zu werden. Wie andere Luft- und Raumfahrtfirmen versuchte auch Boeing, Werke und Arbeiter auf andere Produkte umzustellen: die Firma begann den Bau eines Massenverkehrssystems in West-Virginia und einer Entsalzungsanlage auf den Jungferninseln. In San Diego begann die Rohr

Corporation, Waggons für die neue U-Bahn in San Francisco herzustellen. Aber die Kosten dieser friedlichen Projekte erwiesen sich als viel höher als erwartet, und wie schon oft, fiel es den Firmen, die an großartige Rüstungsprojekte gewöhnt waren, schwer, sich auf die Anforderungen des kommerziellen Marktes einzustellen. Boeings Glück wendete sich schließlich mit Hilfe des Jumbo, der Boeing 747; aber die Investition für dieses neue Flugzeug allein war fast so hoch wie das gesamte Betriebsvermögen der Firma. Die Moral der Geschichte lag auf der Hand: Ein solches Wagnis konnte ohne Zusammenarbeit mit anderen nicht wieder unternommen werden.

In die spektakulärste Krise von allen geriet Lockheed. Fast die ganzen sechziger Jahre hindurch war das Unternehmen die größte Rüstungsfirma des Landes gewesen, der führende «Generalunternehmer» für Pentagon-Aufträge. Der Export des Starfighters, der ständige Absatz von Hercules und Orion im Ausland hatten die Gewinne erhöht. Und das Pentagon war die Hauptstütze mit so wertvollen Aufträgen wie den Polaris-Raketen in Sunnyvale. Die Intensivierung des Vietnamkrieges brachte einen neuen Rekordumsatz, und in dem Fiskaljahr, das im Juni 1965 endete, erhielt Lockheed Aufträge in Höhe von $ 1,7 Milliarden, das Doppelte dessen, was der nächste Konkurrent, General Dynamics, verbuchen konnte. Der Hercules-Transporter wurde das Haupttransportflugzeug in Südvietnam selbst, und Lockheeds Düsentransporter, der Starlifter oder C-141, flog die Hälfte der amerikanischen Soldaten aus der Heimat an die Front. Die Aussichten für riesige Transportmaschinen schienen noch verheißungsvoller, denn 1964 hatte Lockheed Boeing unterboten und einen Vertrag vom Pentagon erhalten, um den größten aller Transporter zu entwickeln – die C 5 A Galaxy. Sie sollte viermal so groß sein wie die Hercules und siebenhundert Mann oder sechs Greyhound-Busse befördern können; und es bestand die Möglichkeit, sie später in eine Verkehrsmaschine umzuwandeln, die, wie Lockheed sagte, «ein Ozeandampfer der Luft» sein würde. Sie würde 20000 Lockheed-Arbeitern in Georgia eine gesicherte Zukunft bieten. Sie war eine doppelte Freude für Senator Russell von Georgia, dem Vorsitzenden des Ausschusses für die Streitkräfte, der stets die Interessen seines Staates im Auge hatte.

Aber Lockheed geriet in eine gefährliche Abhängigkeit vom Pentagon, als dieses seine Protektion einschränkte. Denn trotz aller Stärke des militärisch-industriellen Komplexes konnte sich das Pentagon immer noch gegen die Firmen behaupten. Lockheeds Helikopter Cheyenne, ein ausgesprochenes Fiasko, wurde plötzlich abbestellt, und in Georgia wurde der Galaxy-Transporter viel teurer und zeitraubender, als Lockheed versprochen hatte; nach fünf Jahren betrugen die zusätzlichen Kosten mehr als eine Milliarde Dollar. In der guten alten Zeit, so jammern die Lockheed-Leute heute, hätte das kaum etwas ausgemacht; die grundlegenden Entscheidungen im Kongreß und im Pentagon wurden von einer Handvoll Männer (wie Senator Russell) getroffen, die Verständnis dafür hatten, daß Flugzeuge immer teurer und komplizierter werden als angenommen. Aber nun, unter der strengen Fuchtel von McNamara und aufgrund der scharfen Vorschriften des Total Package Procurement waren die zusätzlichen Kosten viel schwerwiegender. Da verlangte das Pentagon doch tatsächlich, daß Lockheed eine Konventionalstrafe von $ 16000 für jeden Tag bezahlte, um den sich die Lieferung der Flugzeuge verzögerte.

Im März 1969 bat Dan Haughton das Pentagon ganz unverfroren um eine Vorauszahlung von $ 640 Millionen, weil die Firma Lockheed sonst (wie er behauptete) ihre Rüstungsprogramme, bei denen sie Geld zusetzte, nicht weiterführen könnte. 1970 war Lockheed in ernsten Schwierigkeiten: Haughton erklärte, die Regierung sei unerbittlich: «Das Gold der guten Absicht», sagte er, «hat sich in den Sand der Wirklichkeit verwandelt.» Der Streit über die Kosten der Galaxy war nun zu einem beträchtlichen Skandal geworden, der von einem verärgerten Pentagonbeamten, Ernest Fitzgerald, aufgedeckt und von Senator Proxmire in Washington dann weiterverfolgt wurde. Proxmire war entschlossen, mit der staatlichen Hilfe Schluß zu machen. Während der Vietnamkrieg tobte, konzentrierte sich der ganze Haß auf den militärisch-industriellen Komplex, auf Lockheed. Die Firma wurde zum Sündenbock für alle Rüstungsunternehmen, die einerseits keck ihre Selbständigkeit betonten und andererseits Hilfe vom Pentagon verlangten. Lockheeds Verbindungen wurden bekannt: 1968 sickerte durch, daß Lockheed 210 pensionierte Obersten oder noch höhere Offiziere beschäftigte.[6] Jedoch lag all der Polemik ein grundlegendes Dilemma zugrunde: Die Kosten und Risiken großer Rüstungsaufträge wurden so groß, daß keine Firma sie realistischerweise allein übernehmen konnte. Aber das System basierte immer noch auf Wettbewerb, sei es zwischen den Firmen oder den Waffengattungen, und nur einige wenige Kritiker (wie J. Kenneth Galbraith) befürworteten ernstlich die Verstaatlichung. So spielten die Firmen weiterhin «Pentagon-Spiele» – zuerst gaben sie ein viel zu niedriges Angebot ab und brachten die Pentagon-Leute damit in eine Lage, in der ihnen nichts anderes übrigblieb, als die Firmen zu retten.[7]

Lockheed hatte sich ja bemüht, die Abhängigkeit von der Rüstung zu vermindern. 1967, während des Vietnamkrieges, baute die Firma Schiffe, Talsperren und Computer. Dan Haughton entwarf für sich ein neues Image als Chef einer Firma mit einem vielfältigen Produktionsprogramm – mit den Worten der *Los Angeles Times*: «Gluckhenne einer exotischen, heranwachsenden Brut.» Es gehörte mit zu diesen Bestrebungen, daß Haughton die Produktion von Verkehrsflugzeugen wiederaufnehmen wollte, er begann ein Großraumflugzeug zu planen, die spätere TriStar. Ein fürwahr tapferes

Unterfangen, denn Boeing und Douglas waren Lockheed auf dem Gebiet der Verkehrsmaschinen voraus und konnten ihre Konstruktionen aus Militärtransportern entwickeln, während die TriStar «waffenverdächtig» war, er war von Anfang an für die zivile Luftfahrt vorgesehen. Außerdem sollten die Triebwerke von der britischen Firma Rolls-Royce geliefert werden, die diesen Auftrag als einen historischen Durchbruch zur Erschließung des amerikanischen Marktes ansah. Diese Zusammenarbeit galt als Anzeichen für ein neues Stadium der anglo-amerikanischen Interdependenz. Rasch stellte sich heraus, daß die TriStar weit teurer und viel später lieferbar wäre als geschätzt. Zudem erlitt Rolls-Royce beispiellose Verluste bei der Entwicklung des Triebwerks: es fehlte an der langen Erfahrung mit militärischen Triebwerken, wie sie General Electric (als Hersteller der Douglas-Triebwerke) besaß, auch waren die Bedingungen des Vertrags mit Lockheed hart. (Als die britische Firma Hawker-Siddeley von diesen Bedingungen hörte, schloß sie vorsichtshalber eine Versicherung für den Fall des Bankrotts von Rolls-Royce ab.) Die Lahmen führten die Lahmen.

Und so wurde Lockheed im Januar 1971 von einem neuen Unglück ereilt: Rolls-Royce mußte tatsächlich Konkurs anmelden. Die konservative britische Regierung erwies sich als unbarmherzig. Aber Washington konnte es nicht soweit kommen lassen. Die Engländer beschlossen, das Rüstungsgeschäft von Rolls-Royce zu verstaatlichen und den Rest seinem Schicksal zu überlassen. Das bedeutete, Rolls-Royce konnte seine Verpflichtungen Lockheed gegenüber nicht erfüllen und wurde durch den Bankrott von Konventionalstrafen befreit. Für Lockheed schien der Zusammenbruch von Rolls-Royce den eigenen anzukündigen; Haughton flog hin und her über den Atlantik. Er schmeichelte und drohte, während die Regierungen auf beiden Seiten beunruhigt waren über eine mögliche Massenarbeitslosigkeit erfahrener Ingenieure. Nach heftigem Gerangel erklärten sich die Engländer bereit, die Triebwerkentwicklung weiterhin zu finanzieren unter der Bedingung, daß Washington für Lockheeds Zukunft bürgte.

In Washington wurde jetzt auf die Regierung Nixon heftiger Druck ausgeübt, Lockheed zu unterstützen; eine Bankengruppe war bereit, der Firma einen Kredit Von $ 250 Millionen einzuräumen, allerdings nur unter der Bedingung, daß die Regierung sich für ihr Überleben verbürge. Im Mai 1971 gab Finanzminister John Connally offiziell bekannt, er werde den Kongreß bitten, eine Kreditbürgschaft der Bundesregierung zu genehmigen. Bei den anschließenden historischen Hearings über die Sicherheitsleistung kamen die fundamentalen Probleme der Verantwortung von Regierungen für Rüstungsfirmen und Konzerne im allgemeinen zur Sprache. Senator Proxmire, der wiederum den Angriff anführte, meinte, das sei «der Beginn eines Wohlfahrtsprogramms für große Konzerne». Connally betonte die Notwendigkeit, 31 000 Arbeitsplätze zu erhalten, erhielt nur schwache Unterstützung von David Packard, dem stellvertretenden Staatssekretär im Verteidigungsministerium. Von einem Zuhörerplatz aus beklagte Admiral Rickover die Neigung zum «Staatssozialismus» und zitierte Herbert Spencers Ausspruch: «Um die Menschen vor den Folgen ihrer Narrheit zu schützen, muß man die Welt mit Narren füllen.»[8] Aber der Druck von Lockheed und von Nixon im Weißen Haus war stark. Auch bearbeitete Senator Cranston aus Kalifornien seine Kollegen unermüdlich, um Lockheed zu retten. Schließlich billigte der Senat im August 1971 mit einer Stimme Mehrheit den Kredit. Aber das Gespenst von Lockheeds Bankrott war keineswegs verscheucht. Denn jetzt lebte die Firma, woran Senator Percy sie erinnerte, «von der Gnade des Kongresses»[9]. Mittlerweile hatte sie sich ja politisch noch unbeliebter gemacht.

Zwar war sie immer noch die größte Rüstungsfirma der Nation, aber jetzt doppelt abhängig vom Steuerzahler; die Gefahren der letzten Jahre hatten in ihr ein noch größeres Gefühl der Unsicherheit und Aggression erzeugt. Die unmittelbare Krise war durch das Verkehrsflugzeug heraufbeschworen worden, doch die Galaxy und das ganze Verhältnis zum Pentagon hatten ihre wenig liebenswerte Eigenschaft, abwechselnd Druck auszuüben und zu betteln, verstärkt. Welche Charaktermängel manche Lockheed-Manager auch gehabt haben mögen – Habgier, Skrupellosigkeit, Verlogenheit –, gerechterweise muß gesagt werden, daß das Pentagon ein System ersonnen hat, das geeignet war, die schlechtesten Seiten der Firmen ans Licht zu bringen: wie Hähne beim Hahnenkampf waren sie angestachelt worden, sich gegenseitig mit ihren eisernen Sporen zu durchbohren und anzutreiben. Diese Raserei hat die Lockheed-Leute genau wie die anderen Firmen zu ihrem Tun und Treiben im Ausland ermutigt, zu bestechen und zu schmieren, um sich ihre entscheidend wichtigen Aufträge zu sichern, und an Prinz Bernhard, Kaschoggi oder den Witwen- und Waisenfonds Zahlungen zu leisten, ohne sich viel Gedanken über die Folgen zu machen. Als die Unsicherheit zunahm, verfuhren sie leichtfertiger denn je.

Kapitel 13

Japan: hinter dem schwarzen Vorhang

So etwas wie Wahrheit gibt es in Japan nicht.
Ein Lockheed-Manager

Im August 1972, die Firma Lockheed hatte nach ihrer Finanzkrise noch nicht wieder festen Boden unter den Füßen und war entsetzlich knapp an Aufträgen, flog ihr Direktor Carl Kotchian von Los Angeles nach Tokio. Er war überzeugt, daß von diesem Besuch die Zukunft von Lockheed und von Rolls-Royce abhing. Aber gerade diese Reise wurde zum Beginn eines Unternehmens, das mehr als jedes andere von Lockheeds Abenteuern im Ausland schließlich die dunkelsten Punkte des Verhältnisses von Wirtschaft und Staat aufdecken sollte. In einmalig ausführlicher Weise wird hier das Verfahren der Bestechung deutlich. Eine der Folgen dieser Reise war zudem eine in der Nachkriegsgeschichte beispiellose politische Umwälzung Japans.[1]

In den letzten fünf Jahren war Kotchian der Mann, der am unmittelbarsten für die Genehmigung von Lockheeds Bestechungen verantwortlich war. 1967 Präsident geworden, war er praktisch der Außenminister von Lockheeds Imperium, denn der Vorsitzende Dan Haughton reiste in der Regel nur nach Großbritannien und Kanada. Die beiden Männer hielten engen Kontakt und führten endlose Ferngespräche. In Burbank wurde Kotchian im allgemeinen als Haughtons «Spezi» angesehen. Kotchian hatte jedoch seine eigenen, bestimmten politischen Ansichten; er hatte an der Stanford University Betriebs- und Volkswirtschaft studiert. Er dachte gern über internationale Angelegenheiten oder den Welt-Kommunismus nach. Er war ständig mit dem Kampf gegen die Kommunisten beschäftigt, sollte er hier einmal schwanken, so stärkte ihm seine Frau Lucy wieder den Rücken. Stets hielt er bei seinen Reisen die CIA auf dem laufenden über alle Unternehmungen: sie wußten, was er tat, und «wenn sie wollten, hätten sie es stoppen können.»

An Kotchians Auffassung von Bestechung war nichts einfältig oder niederträchtig: für ihn waren Zahlungen an Ausländer Geschäftsunkosten oder eine Versicherungsprämie, wie eine «Feuer- oder Lebensversicherung», die jeder vernünftige Mensch abschließt. Das einzige Kriterium war die Rentabilität; daher war er im Falle Indonesien nicht der Ansicht von Dan Haughton, der versucht hatte, die «Kungelei» einzuschränken (vgl. Kap. 10). Solche Zahlungen gehörten zum großen Kampf ums Geschäft und um die Freiheit der Welt: er sah – und sieht – nichts Unrechtes in dem, was er tat. Er war überzeugt, daß die Engländer mit ihren Exporten gescheitert waren, weil sie nicht bestechen wollten.

Kotchian übernahm die Verantwortung für die Entscheidungen der Firma, und wenn auch viele andere Lockheed-Leute auf einzelnen Sektoren daran beteiligt waren, so hatte nur Kotchian den Überblick über das Ganze. Er versuchte, die Auslandsvertreter einzuschalten, aber oft gab es Gezänk, so daß er die Dinge mit geheimen Agenten durchziehen mußte. Es war eine einsame Verantwortung, die er trug. Sie erforderte, sich mit undurchschaubaren Leuten einzulassen, und darüber konnte er den anderen nichts sagen. Aber all das war dramatisch und aufregend im Vergleich mit den alltäglichen Verhandlungen und der Verwaltungsarbeit. Später las er übrigens mit Vorliebe Spionageromane, die ihn an diese Geschäfte erinnerten. Während der Watergate-Skandale erklärte sich Kotchian mit Nixon solidarisch; er bewunderte ihn. Er konnte nachvollziehen, was es bedeutet, für sich allein eine solche Prüfung durchzumachen. Wahrscheinlich begann auch Kotchian wie einige der früheren Waffenhändler, allmählich die Heimlichkeit um ihrer selbst willen zu genießen.

Ende der sechziger Jahre, als Lockheed sich zum erstenmal einem möglichen Bankrott gegenübersah, gewann Japan bei Kotchians Umtrieben die größte Bedeutung. Vor dem Boom im Iran war Japan der reichste überseeische Absatzmarkt für die Luft- und Raumfahrtindustrie. Ebenso wie die Bundesrepublik hatte Japan keine wesentliche eigene Rüstungsindustrie und daher keine großen Flugzeugfabriken. Regierung und die Luftverkehrsgesellschaften mußten sich ihre Flugzeuge im Ausland beschaffen.

In Japan war der Zusammenhang zwischen Geld und Politik nicht zu übersehen. Geld *war* Politik; Hier gab es gleichsam die Karikatur eines Washingtoner Skandals: Bedeutende Politiker waren Aktiengesellschaften und Finanzleuten für ihre Unterstützung zu Dank verpflichtet, und auf jedes Geschäft und jede Ernennung übte das Geld Einfluß aus. Hinter der geordneten Welt führender Unternehmungen waren einige wenige, sehr reiche Drahtzieher am Werk, gleichsam Reinkarnationen aus dem Amerika des 19. Jahrhunderts. Korruption in Japan war stets besonders mit Geschäften mit Rüstungsfirmen verknüpft gewesen. Vor dem Ersten Weltkrieg hatte Vickers einen japanischen Admiral bestochen, um den Auftrag für ein Kriegsschiff zu erhalten – ein Skandal, der zum Sturz des Ministerpräsidenten führte.[2] Aber normalerweise wurden die Art der Geschäfte und die Macht der Mittelsmänner durch den *kuromaku* verborgen, den schwarzen Vorhang – eine Metapher aus dem japanischen Theater.

Der geheime Agent

Japan war für Kotchian der Schlüssel zu Lockheeds Rettung. Er machte seinen Kollegen in Kalifornien sehr rasch klar, daß hier sein spezielles Arbeitsgebiet läge. Um seine Ziele zu erreichen, schlüpfte er sofort hinter den schwarzen Vorhang. In Lockheeds Japan-Netz war der wichtigste Mann Yoshio Kodama, seit siebzehn Jahren ihr geheimer Agent. Kodama war eine weit theatralischere Persönlichkeit als Lockheeds andere Waffenhändler – als Prinz Bernhard, Fred Meuser oder sogar Kaschoggi. Mit seinen Schlitzaugen und dem ausdruckslosen Mund sah er aus wie ein angeschlagener Boxer. Bei der japanischen Linken hieß er «das Ungeheuer»: seit zwei Jahrzehnten war er ein zwielichtiger Drahtzieher auf der politischen Rechten gewesen. Jede Umwälzung in Japan hatte er überlebt und stets seine blendende Karriere fortgesetzt. In den zwanziger Jahren war er schon als Junge nationalistischer Politiker geworden, hatte scharfe Angriffe gegen den Kommunismus und gegen Korruption gerichtet und eine direkte Herrschaft durch den Kaiser befürwortet. Zur Zeit von Pearl Harbor wurde der erst Dreißigjährige mit der Beschaffung von Kriegsmaterial in China beauftragt. Am Ende des Krieges besaß seine Agentur einen gewaltigen Schatz an Diamanten, Platin und Bargeld; die Hälfte davon wurde von der amerikanischen Besatzungsarmee beschlagnahmt, aber die andere Hälfte soll nie entdeckt worden sein. Am Tag der japanischen Kapitulation im August 1945 war Kodama dabei, als sein Held, Admiral Onishi, der die Kamikaze-Piloten ausgebildet hatte, Harakiri beging. «Ich drückte ihm fest die blutbedeckten Hände», schrieb er später in seinen Memoiren, «aber ich konnte die heißen Tränen nicht aufhalten, die mir aus den Augen stürzten.»

Kurz danach kam Kodama für drei Jahre ins Gefängnis, wo er zusammen mit anderen prominenten Japanern, unter anderem dem Ministerpräsidenten aus der Kriegszeit, General Tojo, auf seinen Kriegsverbrecherprozeß wartete. Als 1948 der Kalte Krieg begann, waren die Amerikaner jedoch gegenüber Verdächtigten, die sich als Antikommunisten hervorgetan hatten, nachsichtiger. An eben dem Tag, an dem Tojo hingerichtet wurde, wurde Kodama zusammen mit anderen prominenten, künftigen Politikern entlassen. Erst siebenunddreißig Jahre alt, stellte Kodama seine Macht hinter dem schwarzen Vorhang rasch wieder her. Im Gefängnis hatte er einflußreiche, rechtsstehende Freunde gewonnen, und offenbar verfügte er immer noch über versteckte Reichtümer an Platin und Diamanten. Ob der Schatz wirklich so groß war oder ob die amerikanischen Nachrichtendienste Geld zur Verfügung stellten, darüber kann man nur Mutmaßungen anstellen. Jedenfalls gab Kodama, wie er selbst berichtete, große Summen an den Gründer der neuen Liberalen Partei, Ichiro Hatoyama, den späteren Ministerpräsidenten; und er finanzierte auch andere zukünftige Ministerpräsidenten, unter ihnen Nobusuke Kishi, mit dem zusammen er im Gefängnis gewesen war.

Es mag ungewöhnlich erscheinen, daß ein mutmaßlicher Kriegsverbrecher, dessen Vermögen aus dem Waffenhandel stammte, so rasch zu dieser zentralen Stellung aufsteigen konnte. Aber Japans Bruch mit der Vergangenheit war weniger drastisch als der Deutschlands. In einem verarmten Land hatte Kodama Geld. Sein starker und mystischer Konservatismus übte auf seine Altersgenossen und die Jugend immer noch einen gewissen Zauber aus. Für General MacArthurs Besatzungstruppen wurden angesichts des drohenden Koreakrieges Kodama und seine antikommunistischen Freunde wertvolle Verbündete. Als dieser Krieg ausbrach, war doch Kodama tatsächlich mit den amerikanischen Truppen in Seoul, und oft ist der Verdacht geäußert worden, daß die CIA über ihn pro-amerikanischen japanischen Politikern Zuschüsse zukommen ließ.

So war Kodama 1958 bereits einer der mächtigsten Männer in Japan. Mit seiner Agentur, die er von einem kleinen Büro im Ginza-Bezirk von Tokio aus betrieb, hatte er ein neues Vermögen erworben. Er verfügte über eine Gruppe junger Anhänger, die, wie es hieß, seinen Gegnern das Leben sehr schwer machen konnten. Einer seiner Protégés, Nobusuke Kishi, war jetzt Ministerpräsident, es herrschte Hochkonjunktur – eine Folge der amerikanischen Käufe für den Koreakrieg. Kishi und viele seiner Anhänger in der Wirtschaft traten mit Kodama dafür ein, daß Japan wieder eine militärische Rolle spielen sollte, so wie Strauß dies für die Bundesrepublik vorhatte. Die beiden ehemaligen Feinde wurden jetzt zu wichtigen Verbündeten, die dringend gegen die Kommunisten wiederbewaffnet werden mußten. Allerdings gab es in Japan eine tiefe allgemeine Antipathie gegen die Aufrüstung nach den Erfahrungen von Hiroshima (vgl. Kap. 18). Es mußte zu politischen Spannungen kommen.

Damals, in der Zeit des Neubeginns, zog die Firma Lockheed ebenso wie in Europa ihren ersten großen Werbefeldzug in Japan auf, um den Starfighter zu verkaufen. Wie in Europa war auch in Japan Ken Hull der Planer. Er leitete unter Bob Gross Lockheeds internationale Abteilung. Hull kannte das Nachkriegs-Japan mit seiner Mischung von Armut und Geldgier recht gut. Ihm war klar, daß die Japaner das Know-how der Amerikaner haben wollten, aber gewiß nicht ihre Ethik; er war entschlossen, eine private Verbindung zur japanischen Machtstruktur herzustellen. Als erstes engagierte er den amerikanisch-japanischen Public-Relations-Mann, Taro Fukuda, der ihn über Regierungskontakte beraten sollte. Fukuda, in Salt Lake City geboren, war Dolmetscher bei den amerikanischen Streitkräften gewesen und hatte sich mit Kodama angefreundet, als Kodama im Gefängnis saß. So hatte Kodama ihm dann zu einem guten Start in Public Relations verholfen und stets engen Kontakt mit ihm gehalten. Es ergab sich geradezu zwangsläufig, daß Fukuda Lockheed bei Kodama (der kein Englisch sprach) einführte.

Ken Hull war stark beeindruckt von Kodamas Beziehungen. Er sah in ihm den großen japanischen Patrioten. Zwar wußte er nicht, ob Kodama mit dem Geheimdienst zu tun hatte, aber er wußte, daß er sehr gewichtige Freunde unter den amerikanischen Besatzern besaß. Kodama schlug vor, Lockheed solle ganz offen mit einer der Handelsgesellschaften arbeiten, der Marubeni Corporation. Eine zwar relativ junge Firma, die aber schon begann, den eingeführten Handelsgiganten Mitsubishi und Mitsui (der Firma, die einst für Vickers so wichtig gewesen war und bis zum heutigen Tag Lockheeds Agent) den Rang streitig zu machen. Außerdem bot Kodama an, ohne Marubenis Wissen als Lockheeds geheimer Agent hinter der Bühne Druck auszuüben. Kodamas Erfolg beruhte wie der aller großen Waffenhändler, von Zaharoff bis Kaschoggi, darauf, daß er in dem Ruf stand, ein Zauberkünstler zu sein: beiden Seiten konnte er suggerieren, es gebe einen Bereich, in dem es auf den heimlichen Einfluß ankomme.

Lockheed stand vor einer schwierigen Aufgabe, denn ihr amerikanischer Konkurrent Grumman hatte seinen Jäger, den Super-Tiger (F 11 F)[3] in Japan sehr viel erfolgreicher propagiert als in Europa; Ende 1958 hatte der japanische Verteidigungsrat beschlossen, mit dem Grumman-Flugzeug einen Versuch zu machen. Aber die Grumman-Leute hatten viel weniger Erfahrung mit internationalen Geschäften außerhalb ihres Sitzes auf Long Island als Lockheed. Für die Unterhändler beider Firmen war Japan mit seiner fremdartigen Sprache und seinen merkwürdigen Sitten noch weit verblüffender als Deutschland oder Holland; die Versuchung, sich des «abgekürzten» Verfahrens zu bedienen, war sehr groß. Einer dieser Unterhändler schilderte mir seine Erinnerungen an jene Zeit: «Man sitzt in seinem Hotelzimmer und glaubt, alles richtig gemacht zu haben mit den vielen technischen Einzelheiten, man hat dem General nicht ins Gesicht gefurzt, und man wartet und wartet und denkt: ‹Was habe ich vergessen?› Dann kommt irgendein Mittelsmann daher und sagt, er glaube, der und der Politiker sei käuflich. Da ist man dann direkt *erleichtert*, daß man an den Mittelsmann etwas auszahlen kann; da hat man wenigstens etwas zu tun und fühlt sich sicherer.»

Beide Seiten tappten im dunkeln. Zuerst erfuhren die Grumman-Leute, daß die Entscheidung, ihr Flugzeug zu kaufen, verschoben sei. Plötzlich bemerkten sie, daß alle möglichen Stimmen sich jetzt für den Starfighter aussprachen: Luftfahrtexperten tauchten auf. Sie vermuteten eine unheilvolle Macht am Werk, aber sie wußten nicht, wer es war. Kodama hinter dem schwarzen Vorhang war in einer sehr günstigen Ausgangslage. Er besaß einen ungewöhnlichen Einfluß auf den Ministerpräsidenten Kishi, seinen alten Protégé. Die Zeitung *Yomiuri Shimbun* (sie gehörte einem Freund von Kodama), setzte sich für den Starfighter ein, und der stellvertretende Stabschef der Luftwaffe, General Minoru Genda, sprach sich öffentlich für das Lockheed-Flugzeug aus. Genda war Befehlshaber bei dem japanischen Angriff auf Pearl Harbor gewesen und ein weiterer Freund von Kodama aus der Kriegszeit; im Juli 1959 wurde er zum Stabschef der Luftwaffe befördert, er ging nach Kalifornien und flog den Starfighter persönlich. Gendas Beifall mag wie der der deutschen Piloten durch echte Begeisterung über ein so hochentwickeltes Flugzeug hervorgerufen worden sein; aber er war auch ein sehr politischer General. Drei Jahre später wurde er Mitglied des japanischen Reichstags (und ist es heute noch).

Aus welchen Gründen auch immer, das Lobbying für den Starfighter brachte raschen Erfolg: das Grumman-Flugzeug wurde abgelehnt, und Japan bestellte 230 Starfighter, die fast alle von Mitsubishi in Japan in Lizenz hergestellt wurden. Später wurde geschätzt, daß Lockheed Schmiergelder an japanische Beamte in Höhe von etwa $ 1,5 Millionen und an Kodama ein Honorar für seine Dienste von $ 750000 gezahlt hatte. Die Einzelheiten der Bestechungen wurden offenbar an die CIA weitergegeben, und ein ehemaliger Beamter des amerikanischen Nachrichtendienstes bestätigte später, daß jede Maßnahme von Washington gebilligt worden war.[4] Das Interesse der CIA im Verein mit Kodamas komplexen Beziehungen läßt weitere Zweifel darüber aufkommen, inwieweit die Firma Lockheed ihre eigene Außenpolitik betrieb oder die Washingtons auf einer anderen Ebene.

Auch in den sechziger Jahren nahm sich Kodama insgeheim der Interessen von Lockheed an, doch bot sich keine mit dem ersten Starfighter-Geschäft vergleichbare Gelegenheit. 1968 erhielt McDonnell Douglas mit Hilfe ihrer Agenten einen Auftrag von der japanischen Luftwaffe über Phantoms, der bei Lockheed Mißtrauen weckte. Ob nicht Bestechung vorlag? Lockheed befand sich in Kalifornien bereits in der Krise und war entschlossen, mit zwei Flugzeugen wieder auf dem japanischen Markt Fuß zu fassen. Das eine war das U-Boot-Abwehrflugzeug Orion (P 3), mit Hilfe von Agenten wie Prinz Bernhard und Lefebvre d'Ovidio in ganz Europa bereits propagiert (vgl. Kap. 6); in Japan wurde Kodama jetzt eine Provision von $ 8,5 Millionen für einen erwarteten ersten Auftrag über fünfzig Orions angeboten, der Lockheed eine halbe Milliarde Dollar einbringen würde.

Das andere war die Verkehrsmaschine TriStar, deren Aussichten düster waren. Als Kotchian anläßlich der Pariser Luftfahrtausstellung im Juni 1968 ein Lunch für hohe Würdenträger gab, unter ihnen Prinz Bernhard, wurde bekannt, daß ein Konsortium von vier europäischen Luftfahrtgesellschaften das Lockheed-Flugzeug abgelehnt hatte. Die letzte große Chance war jetzt Japan, und 1969 startete Kotchian einen Werbefeldzug von zunehmender Intensität, um die Japaner dazu zu bringen, seine Verkehrsmaschine zu kaufen. Die beiden Hauptkonkurrenten von Lockheed waren mit ihren Verkehrsmaschinen gut eingeführt, unterhielten ein ausgedehntes Netz von Wartungseinrichtungen und hatten Vertreter mit guten politischen Beziehungen. Die Abteilung für zivile Luftfahrt von McDonnell Douglas wurde von Mitsui vertreten, deren Einfluß auf den Präsidenten von All Nippon Airlines, Tetsua Oba, so offenkundig war, daß er schließlich zurücktreten mußte. Boeing hingegen wurde von der Handelsgesellschaft Nissho-Iwai betreut, an die Boeing, wie sich später herausstellte, große «unzulässige Zahlungen» geleistet hatte. In ein so gut verteidigtes Territorium einzubrechen mußte als hoffnungslose Aufgabe für Lockheed und Rolls-Royce erscheinen; aber wenn Kotchian das Geschäft machen könnte, würde es Lockheed nicht nur eine Milliarde Dollar einbringen, sondern vielleicht auch den Weg in den übrigen Fernen Osten bahnen. Kotchian war (wie er sagt) überzeugt, daß Kodama es schaffen könnte; aber viele Leute vermuteten, daß die Quelle, aus der er seine Zuversicht schöpfte, in Wirklichkeit sein kalifornischer Landsmann Richard Nixon war.

Mit der Überwachung von Lockheeds Werbefeldzug hatte Kotchian John Clutter beauftragt, einen viel weniger umgänglichen und gesprächigen Mann als sein Vorgänger Ken Hull. Clutter hatte dauernd Schwierigkeiten mit Kodama, der ständig mehr Geld verlangte, als Clutter angemessen fand; und Clutter hatte seinen eigenen japanischen Mitarbeiterstab, der schon bald um ein spezielles Verkäuferteam für die TriStar vermehrt wurde. Zu diesem Team gehörte Al Elliot, ein geselliger Public-Relations-Mann, der in Japan lebte, seit die Amerikaner das Land besetzt hatten. Das war die offizielle Verkaufsorganisation. Aber Kotchian zog den krummen Weg vor. Er setzte großes Vertrauen auf Taro Fukuda, den japanischen PR-Mann, sein Hauptmentor und Führer in Tokio. In Fukudas Wagen war Kotchian 1971 zu einem geheimnisvollen Treffpunkt außerhalb von Tokio gebracht worden, um Kodama persönlich kennenzulernen. Kotchian war fasziniert von dem untersetzten Mann mit dem kurzen Haar und der sanften Stimme, der so gar nicht wie ein mächtiger Mann aussah, aber so viel über die japanische Politik wußte[5]. Gegen Clutters Rat bestand er darauf, daß Kodamas Honorar als Marketing-Berater erhöht werden sollte. Kotchian war entschlossen, darüber wurden sich die anderen Lockheedianer klar, den Japanfeldzug auf seine Weise zu führen.

Kotchian machte sich nicht viel Gedanken über Kodamas politische Ansichten oder sein Verhalten. Er wußte, daß Kodama als Kriegsverbrecher eingestuft, aber nicht verurteilt worden war; und er hatte Kodamas Buch *Sugamo Diary* gelesen, in dem er seine einflußreichen Freundschaften im Gefängnis erwähnte. Seit diesem ersten Treffen sah Kotchian Kodama jedesmal, wenn er nach Tokio flog. Kodamas Zauber beruhte nicht nur auf dem Geheimnis, das ihn umgab, sondern auch darauf, daß er den Eindruck von wirklicher Energie erweckte. «In Japan ist es leicht, ein Räuber zu sein», erklärte mir ein Lockheed-Mann, «aber sehr schwer, konstruktiv zu sein. Kodama tat wirklich etwas.»

Zwei Monate, die Japan veränderten

Am 20. August 1972 kam Kotchian mit seiner Frau Lucy nach Tokio. Bereits zum viertenmal in diesem Jahr. Sie stiegen im Okura ab und bezogen das Appartement 1070, die beste Suite im besten Hotel von Tokio. Zuvor hatte gerade Kissinger darin gewohnt. Die politische Atmosphäre in Tokio war elektrisch geladen. Der neue Ministerpräsident, Kakuei Tanaka, einen Monat zuvor hatte er sein Amt angetreten, stand in dem Ruf, zwielichtigere finanzielle Freunde zu haben als die meisten seiner Vorgänger. Jeder Parteiführer in Japan braucht große Summen, um die Wahlkosten zu bestreiten und Geschenke zu machen, aber Tanaka, ein Selfmademan, hatte sich fragwürdiger Quellen bedient, um sich nach oben durchzuboxen. Der Sohn eines Pferdehändlers hatte mit fünfzehn Jahren als ungelernter Arbeiter begonnen und war zum Chef einer Baufirma aufgestiegen. 1948 wurde er wegen Bestechung angeklagt, aber später freigesprochen. Er errang rasch eine prominente Stellung in Politik und Big Business. Zuerst wurde er Finanzminister, dann Minister für Handel und Industrie und schließlich Ministerpräsident. Seine Wahl rief einiges Murren hervor, aber als Mann aus dem Volk fand er öffentlich Anklang; er war erst zweiundfünfzig und hatte im Vergleich zur älteren Generation, die durch ihr Jurastudium und ihre Verbindungen zum Establishment geprägt war, einen forschen und extravertierten Stil. Seine Wahl fiel in einen spektakulären wirtschaftlichen Boom.

Zwischen Japan und den Vereinigten Staaten herrschte eine angespannte diplomatische Aktivität. Präsident Nixon hatte den Japanern kürzlich mit den Einfuhrbeschränkungen für japanische Textilien, der Dollar-Yen-Schlacht und seinem Besuch in Peking, ohne Verständigung Tokios, ziemlich kräftige Schocks verpaßt. Jetzt drängte er Tanaka, mehr amerikanische Waren zu importieren, um den gewaltigen Überschuß abzubauen. Eine Woche nach Kotchians Ankunft in Tokio sollte sich Nixon mit dem japanischen Ministerpräsidenten zu Gesprächen auf Honolulu treffen; viele Japaner befürchteten einen neuen «Nixon-Schock». All das, meinte Kotchian (wie er selbst berichtete), könnte Lockheed zum Vorteil gereichen; er wollte Gerüchte in Umlauf setzen, die zu nähren nicht schwierig war, daß zum Beispiel Nixon Lockheed besonders nahestand, was den Japanern Eindruck machen würde; schließlich war Nixon Kalifornier und hatte ein Jahr zuvor Lockheed gerettet, indem er den $ 250-Millionen-Kredit genehmigte. (Im nachhinein mag es unklug erscheinen, daß Kotchian auf diese Weise die Vorstellung einer Verschwörung in die Welt setzte, aber all dies geschah ja noch vor Watergate.) Kotchian spannte Al Elliot ein, der auf Parties leicht an Journalisten herankam. Nach Kotchians Ansicht war nichts einfacher, als Journalisten von etwas zu überzeugen, was sie glauben wollten. Elliot plauderte. Kotchian sei ein Freund von Nixon und habe ihn bei seiner letzten Wahlkampagne mit Spenden unterstützt. Nixon setze Tanaka bereits zu, er solle Lockheed-Flugzeuge kaufen; Elliot machte seine Sache so gut, daß sowohl amerikanische als auch japanische Zeitungen die Geschichten brachten. Einige japanische Gewährsleute waren nun überzeugt, daß Nixon bei einer früheren Zusammenkunft in San Clemente im Januar 1972, als Tanaka Minister für Handel und Industrie war, ihn tatsächlich schon gedrängt habe, Lockheed-Maschinen zu kaufen. Ob Nixon sich wirklich dafür eingesetzt hat, ist nach wie vor unbekannt.

(Nixons Mitarbeiterstab vermochte gewiß die Bedürfnisse der Luft- und Raumfahrtindustrie mit den Bedürfnissen von Nixons Wahlkampffonds in Verbindung zu bringen. Der frühere Präsident von Grumman International, Dr. Thomas Cheatham, sprach kurz vor eben diesem Treffen zwischen Nixon und Tanaka auf Honolulu mit einem Mitarbeiter im Weißen Haus, Richard Allen. Cheatham sagte später aus, er habe Allen gefragt, ob Nixon nicht Tanaka gut zureden könne, ein Grumman-Flugzeug zu kaufen, die mit Radar ausgerüstete E 2 C, und als er ihn hinausbegleitete, habe Allen eine Spende von einer Million Dollar für Nixons Wahlkampffonds angeregt.[6] Ein entsprechender Handel mit Lockheed ist bis jetzt noch nicht ans Licht gekommen.)

Kotchian hatte eine sorgfältige Verkaufsstrategie für die TriStars ausgearbeitet. Die beiden großen japanischen Luftverkehrsgesellschaften, All Nippon Airlines (ANA) und Japan Air Lines (JAL) planten, Großraumflugzeuge zu bestellen. Boeing und McDonnell Douglas machten sich mit der Kurzstreckenausführung der Boeing 747 und der DC 10 heftig Konkurrenz. ANA hatte bereits beschlossen, mit der DC 10 einen Versuch zu machen, aber Kotchian hatte sie überredet, die Entscheidung zu vertagen, bis die TriStar fertig sei. Lockheed wollte diesen ANA-Auftrag haben und es JAL überlassen, die Boeing 747 für Inlandstrecken und die Douglas DC 10 für kürzere internationale Strecken zu bestellen. Man könnte, meinte Kotchian, es so deichseln, daß es fair *aussieht*, aber in Wirklichkeit war der ANA-Auftrag der bei weitem wertvollste.

Kotchian war überzeugt, daß die Entscheidung über den Auftrag weniger von den Luftverkehrsgesellschaften als vielmehr von der Regierung und den Politikern gefällt werden würde. Auf die meisten Länder außerhalb der Vereinigten Staaten traf das zu. Ganz besonders auf Japan. Der Aufmarsch von drei skrupellosen amerikanischen Firmen, die sich alle um die Kundschaft ein und derselben Regierung bewarben, war an sich schon ein Drehbuch für Korruption. Kotchian erhöhte rasch die Einsätze; er hatte es eilig und war von dem Gedanken besessen, er müsse sich vor allem den politischen Einfluß sichern. In den ersten drei Tagen traf er sich mit seinen drei Hauptagenten. Diese erste Besprechung sollte sie drei Jahre später zugrunde richten.

Der erste war Hiro Hiyama, Präsident der Marubeni Corporation, seit fünfzehn Jahren offiziell Lockheeds Vertreter. Hiyama hatte die Firma zur drittgrößten japanischen Handelsgesellschaft mit einem weit gefächerten Arbeitsbereich, unter anderem Elektronik und Chemikalien, und nützlichen politischen Beziehungen ausgebaut. Kotchian aß mit Hiyama im 16. Stock des Marubeni-Gebäudes zu Mittag, bat ihn, mit dem neuen Ministerpräsidenten zu sprechen und ihn auf die Vorzüge der TriStar hinzuweisen. Es gab einige Verständigungsschwierigkeiten; Hiyama sprach nicht gut Englisch, und Kotchian mochte nicht merken lassen, daß er ihn nicht verstand. Aber Hiyama schien den Auftrag verstanden zu haben.[7] Am nächsten Tag besuchte Kotchian den Geschäftsführer von Marubeni, Toshiharu Okubo, um ihm dasselbe darzulegen. Okubo machte einen ganz simplen Vorschlag: dem Ministerpräsidenten Geld zu versprechen. Er erklärte dann, der übliche Betrag bei einem solchen Geschäft sei 500 Millionen Yen oder etwa $ 1,7 Millionen; das Geld müsse von Lockheed in bar bezahlt werden, sobald das Zeichen gegeben werde. Kotchian war einverstanden, obwohl es das erstemal war (wie er behauptet), daß er eine japanische Amtsperson bestach. Er war überzeugt, daß seine Konkurrenten es bereits getan hatten. In seinen Augen war das Versprechen gleichsam eine Vergütung für die Teilnahme an einem Projekt – eine eher defensive denn eine offensive Maßnahme.

Am gleichen Tag besuchte Kotchian auch Kodama – dessen Einschaltung er seinen offiziellen Agenten Marubeni wohlweislich verheimlichte. Er fuhr abends zu ihm, wieder in Fukudas Wagen, parkte in einer Tiefgarage und ging durch das Untergeschoß direkt in Kodamas Büro. Kodama war mit Tanaka nicht so vertraut wie mit früheren Ministerpräsidenten, aber er hatte Verbindung zu ihm durch einen anderen Kumpan hinter dem schwarzen Vorhang, den milliardenschweren Finanzier Kenji Osano. Mit diesem mächtigen Tycoon mit dem Verhalten eines gereizten Gorillas Geschäfte zu machen, war nicht einfach. Aber hier war er in zweifacher Hinsicht wichtig: Er vor allem hatte Tanaka finanziell unterstützt, außerdem war er der größte private

Aktionär in beiden japanischen Luftverkehrsgesellschaften. Osanos Anfänge waren, wie die Kodamas, zwielichtig; wegen illegaler Benzingeschäfte war er von den Amerikanern eingesperrt worden und hatte seine Karriere mit dem Handel von Auto-Ersatzteilen begonnen. Dann hatte er ein Monopol für den Transport amerikanischer Soldaten im Koreakrieg aufgebaut; von Automobilen war er dann zu Luftverkehrsgesellschaften und einer Hotelkette in Asien und auf Hawaii übergegangen. Viele Mitglieder des Reichstags waren ihm verpflichtet. Im Gegensatz zu Kodama versuchte er nicht, seine Macht zu verbergen; zu geschäftlichen Besprechungen verabredete er sich gern in den Nachtklubs auf der Ginza. In Lockheed-Telegrammen wurde er «Lokkenkopf» genannt, er war fast völlig kahl.

Kodama konnte Kotchian bald davon überzeugen, daß er die Unterstützung seines Freundes Osano brauche, den Kotchian schon von einem früheren Aufenthalt in Tokio her kannte. Schon damals hatte er ihn aufgesucht, um ihn für Lockheed zu interessieren. Doch machte Kodama ihm jetzt klar, daß es nur eine Möglichkeit gebe, das Interesse des Milliardärs zu wecken: die Zahlung von 500 Millionen Yen. Es war dieselbe Summe, die Kotchian schon Tanaka versprochen hatte. Kotchian war einverstanden. Im Laufe eines Tages hatte er Lockheed die Verpflichtung aufgehalst, $ 3,4 Millionen an Schmiergeldern zu zahlen. Ein Teil dieser gewaltigen Summe mag auch für die Absatzförderung der Orion, des U-Boot-Abwehrflugzeuges, bestimmt gewesen sein, das für Lockheed auch sehr entscheidend war; aber diese Seite des Geschäfts bleibt im dunkeln.

In der folgenden Woche begannen sich die Räder zu drehen. Hiyama von Marubeni suchte am 23. August Ministerpräsident Tanaka in seiner Privatwohnung auf, um ihm das Versprechen von Lockheed zu übermitteln, als Entgelt für seine Unterstützung bei der Bestellung der TriStar durch ANA ihm die Zahlung zukommen zu lassen. Tanaka war einverstanden. Er sagte nur: «Yosha, yosha» (In Ordnung, in Ordnung)[8]. Ein paar Tage später, etwa am 28. August, sah Hiyama den Ministerpräsidenten wieder, diesmal auf einer Party von Geschäftsleuten, kurz bevor Tanaka sich mit Nixon auf Honolulu treffen sollte. Hiyama wies jetzt (in einem sehr bezeichnenden Gespräch) darauf hin, daß auch der britische Premierminister Edward Heath demnächst nach Japan kommen werde, um Mittel und Wege zu finden, wie die passive Handelsbilanz mit Großbritannien bereinigt werden könne. Die Verkehrsmaschine TriStar werde zwar in den Vereinigten Staaten hergestellt (betonte Hiyama), aber die Triebwerke von Rolls-Royce in Großbritannien. Wenn Japan die TriStar kaufen würde, wären also zwei Fliegen mit einer Klappe geschlagen, denn es würde der britischen Zahlungsbilanz ebenso nützen wie der amerikanischen.[9] Hiyamas Darlegungen schienen Tanaka einzuleuchten, und am nächsten Tag, als Tanaka sich zu seiner wichtigen

Besprechung mit Nixon aufmachte, wurde Kotchian die gute Nachricht übermittelt.[10]

Was auf Honolulu genau gesagt wurde, wird wahrscheinlich nie bekannt werden; im offiziellen Kommuniqué hieß es nur, die Japaner würden amerikanische Flugzeuge kaufen, es wurde nicht erwähnt, welche. Doch kurz nach der Zusammenkunft erzählte Tanaka seinem Freund Osano, Nixon habe geäußert, er wäre dankbar, wenn eine japanische Luftverkehrsgesellschaft einige Lockheed-TriStars kaufen würde – was natürlich bedeutete, daß Osano dies an ANA weitergeben sollte.[11] Tanaka telephonierte sogar selbst mit dem Präsidenten von ANA, Tokuji Wakasa, und drängte darauf, bei Lockheed zu kaufen, während die Japan Air Lines die DC 10 von McDonnell Douglas kaufen solle – genau die Aufteilung, die Kotchian hatte haben wollen. Ob Nixon wirklich auf diese Weise als Lockheeds Vertreter fungiert oder Tanaka ihn nur als Vorwand benutzt hatte, um Druck auszuüben, damit er sein Schmiergeld bekam, ist immer noch unbekannt.

Von diesen Dingen ahnte Kotchian nichts. Er hatte ein schwieriges Gespräch mit Wakasa von ANA, der bohrende Fragen über Triebwerkstörungen und die finanzielle Stabilität von Rolls-Royce stellte, die Kotchian dann an den Verkaufsleiter von Rolls-Royce, Dennis Jackson, weitergab. Kotchian hatte mittlerweile das japanische Wort für Besorgnis gelernt, *shimpai*, das er seinen Freunden gegenüber ständig im Munde führte. Zwei Wochen nach dem Treffen auf Honolulu gelang es Kotchian, den schreckenerregenden Osano in seinem Büro hinter dem Tokioter Hauptbahnhof mit den überfüllten Vorzimmern und den vielen Telephonen zu sprechen. Der kahle «Lockenkopf» stürmte durch die Räume und schien hunderterlei Dinge gleichzeitig zu erledigen. Er zeigte Kotchian die Visitenkarten der Vertreter von Boeing und McDonnell Douglas, die schon bei ihm gewesen waren; aber er versprach Kotchian, er werde sich beim Staatssekretär erkundigen, was vor sich gehe.

Am selben Tag betrat ein neuer Schauspieler die Tokioter Bühne: Edward Heath, Großbritanniens Premierminister, stattete Japan einen Staatsbesuch ab und führte lange Gespräche mit Tanaka. Die Engländer machten sich Sorgen über die steigenden japanischen Einfuhren von Autos und Elektronik, ohne daß die britischen Exporte vergleichbar stiegen, es werde bereits Druck ausgeübt, Schutzmaßnahmen zu ergreifen. Unter diesen Umständen war die Aussicht, die TriStar mit britischen Triebwerken an Japan zu verkaufen, für Großbritannien viel wichtiger als für die Vereinigten Staaten. In der britischen Botschaft glaubte man, daß die Chance, die Sache durchzuziehen, fünfzig zu fünfzig stehe; denn die Engländer nahmen an, daß die Japaner etwas gegen Boeings Vorherrschaft hätten und Douglas mißtrauten. Die britischen Diplomaten hatten den Eindruck, daß Kotchian, der sich in seiner

Hotelsuite verkrochen hatte, lauter Fehler mache und in den tiefen japanischen Gewässern den Boden unter den Füßen verloren habe.

Was Heath mit Tanaka wirklich beschloß, ist ebenso wie im Fall Nixon nicht bekannt; im Kommuniqué war nur vage von einer Verständigung über eine ausgeglichene Handelsbilanz und technische Zusammenarbeit in der Zivilluftfahrt die Rede. Aber britische Diplomaten nehmen an, daß Heath die TriStar-Frage angeschnitten habe und Tanaka bereits wisse, wie wichtig sie für Großbritannien sei. Es war nicht ganz so ungehörig, daß Heath sich für Rolls-Royce einsetzte, wie es gewesen wäre, wenn Nixon sich für Lockheed eingesetzt hätte, denn Rolls-Royce hatte keinen britischen Konkurrenten. Heath war gewiß sehr ermutigt durch seine Gespräche mit Tanaka, den er schätzte und später nach Großbritannien einlud. Jetzt war er überzeugt, daß Großbritannien keine Importbeschränkungen gegen Japan erlassen dürfte. Er machte sogar Pläne für ein britisches Handelszentrum in Tokio. Es ist heute ein Denkmal für seinen Optimismus. Es ist leicht möglich, daß Heaths Besuch in Tokio bei der Entscheidung über das TriStar-Geschäft für Lockheed wichtiger war als irgendeine von Kotchians großen Bestechungen.

Kotchian wartete immer noch mit zunehmender *shimpai* darauf, daß seine Bestechungen Frucht tragen sollten. Endlich, drei Wochen nach seinem Besuch bei Osano, wurde er aufgeregt von seinem Dolmetscher Fukuda angerufen: Lockheed werde einen Auftrag von Japan Air Lines erhalten. Kotchian war entsetzt, denn das war das Gegenteil von dem, was er geplant hatte: der Auftrag würde kleiner sein als der von All Nippon, und da JAL es mit der Bestellung nicht eilig hatte, könnte sie es sich auch noch anders überlegen. Das mußte eine Verschwörung seiner Konkurrenten sein, dachte Kotchian, um Lockheed auszuschalten. Sie hatten sein Komplott auf den Kopf gestellt. Er war in eine Falle geraten. Er war (wie er später behauptete) völlig mit den Nerven herunter (erstaunlich bei einem so phlegmatischen Mann), selbst seinen Appetit büßte er ein. Er ging wieder zu dem schrecklichen Osano und hätte Clutter gern dabei gehabt als Rückenstärkung gegen «Japans einflußreichsten Mann». Kotchian beschwerte sich über den JAL-Auftrag, aber Osano war wütend, denn Kotchian hatte vorher seine Strategie nicht offen dargelegt: er nannte Kotchian einen «sonderbaren Kauz» und brach das Gespräch ab, um nach Hawaii zu fliegen.[12]

Kotchian nahm nun wieder seine Zuflucht zu seinem geheimen Agenten, verabredete sich schließlich mit Kodama für acht Uhr abends. Wieder ging es in dem dunklen Gebäude über die Hintertreppe. Kotchian erklärte seine *shimpai*, sein Plan sei umgestoßen worden, berichtete von Osanos Verärgerung. Kodama erwiderte, irgendwelche Leute an der Spitze hätten vielleicht die ganze Situation nicht begriffen; dann rief er in Kotchians Gegenwart schlichtweg den Minister für internationalen Handel und Industrie an, Nakasone, sprach fünfzehn Minuten mit ihm und versicherte Kotchian dann, der Minister werde sich gleich am nächsten Morgen der Sache annehmen. Kotchian ging in sein Hotel zurück und rief Dan Haughton in Kalifornien an. Es war, fand Kotchian, der qualvollste Tag in seiner langen Lockheed-Karriere.

Am nächsten Tag ging er gleich zur Marubeni Corporation, um die schlechte Nachricht zu überbringen und zu berichten, wie er die Sache wieder rückgängig zu machen versucht hatte. Offensichtlich kam dem Geschäftsführer Okubo erst jetzt der Verdacht, daß Kotchian Kodama als seinen geheimen Agenten eingeschaltet hatte, doch schien er nichts dagegen zu haben. Später bestätigte Okubo, daß tatsächlich ein Komplott gegen Lockheed geschmiedet worden war, das nun erfolgreich zerschlagen sei. Acht Tage später kam Osano aus Hawaii zurück, wieder empfing er Kotchian; diesmal war er sehr guter Laune, wohl, wie Kotchian glaubt, ein Ergebnis der Intervention Kodamas.

Kotchian führte seinen Angriff jetzt an fünf Fronten. Der erste wurde über die offiziellen Agenten, die Marubeni Corporation, gegen den Ministerpräsidenten eingeleitet, die vier anderen gingen alle über den geheimen Agenten Kodama. So war alles gründlich abgesichert, Kotchian hegte wenig Zweifel, daß Kodama die Schlüsselstellung innehatte. Beim Gespräch mit ihm hatte er stets das Gefühl, seine Erwartungen würden «bis ins Innere der Regierung vorangetrieben»[13]. Aber die Fähigkeit, genau diesen Eindruck zu erwecken, war (ebenso wie bei Prinz Bernhard) das Wesentliche an Kodamas geschäftlichem Erfolg.

Stress machte sich bei Kotchian bemerkbar: nach weiteren drei Wochen wachte er mit hohem Fieber und Leibschmerzen auf. Ihm war nach Selbstmord zumute, und ein Arzt diagnostizierte Prostatitis; er verbrachte drei Tage im Bett in seinem Hotelzimmer. Schließlich hörte er im Fernsehen die Nachricht, All Nippon Airlines würde die TriStars von Lockheed kaufen. Aber er mochte es nicht glauben, daß die Sache nun unter Dach und Fach war. Sie war es auch nicht. Abends rief ihn Okubo von Marubeni an und berichtete, daß Lockheed den Auftrag nur unter der Bedingung (eine von mehreren) erhalten würde, daß so bald als möglich weitere 120 Millionen Yen in bar bereitgestellt werden. Kotchian, immer noch angegriffen, war bestürzt über all die Millionen Yen. Er bat Okubo, um Mitternacht herüberzukommen, um ihm die Lage zu erklären. $ 300000 sollte der Präsident von ANA, Wakasa, erhalten – für jedes der ersten sechs bestellten Flugzeuge $ 50000. Und $ 100000 sollten auf sechs Politiker verteilt werden, unter ihnen der frühere Verkehrsminister Hashimoto, der, wie es hieß, dafür gesorgt habe, daß die Entscheidung verschoben wurde, um Lockheed eine Chance zu geben.[14] Wenn Kotchian das Geld am nächsten Morgen beschaffen könnte, würde Lockheed den Auftrag ganz bestimmt am nächsten Tag erhalten.

Es war ein großer Auftrag, selbst für Lockheed. Früh um sechs weckte Kotchian Jack Clutter, seinen wortkargen Vertreter, und bestellte ihn zu sich ins Hotel. Kotchian bat ihn, bis 10 Uhr $ 100000 zu besorgen und $ 300000 später. Clutter versprach es. Die erste Rate wurde abgeliefert. Nachmittags wurde Kotchian zu ANA gebeten, wo sich alle leitenden Herren im Sitzungssaal versammelt hatten. Mit ausdrucksloser Förmlichkeit wurde ihm gesagt: «Meinen Glückwunsch, Mr. Kotchian, Ihre Firma hat unseren Auftrag erhalten.»

Am nächsten Tag war Allerheiligen, und Kotchian frohlockte über seinen Sieg. Trotz all der zwielichtigen Machenschaften sah er ihn als einen militärischen Triumph an: es war der intensivste Verkaufsfeldzug seines Lebens gewesen: «Nach siebzig ununterbrochenen Tagen des Kampfes an der Spitze der Lockheed-Truppen, in denen ich buchstäblich in der großen Stadt Tokio herumgerannt bin.»[15] Abends gab er in seiner Suite eine Party, die Siegesfeier: das ganze Lockheed-Team war eingeladen, die Rolls-Royce-Vertreter und Kotchians getreuer Dolmetscher Fukuda; aber die Feier war doch eine Scheinveranstaltung, keiner der wirklichen Drahtzieher war dabei. Der PR-Mann Al Elliot packte einen japanischen *Daruma* aus, eine Puppe aus Pappmaché, die einen berühmten buddhistischen Mönch darstellt. Er erklärte, was es damit auf sich habe: wenn man sich etwas wünscht, müsse man das linke Auge des *Daruma* anmalen; und wenn der Wunsch in Erfüllung geht, müsse das rechte angemalt und die ganze Puppe dann verbrannt werden. Kotchian nahm einen Pinsel und malte das linke Auge schwarz an. Die Party nahm ihren Fortgang mit Champagner.

Zwei Tage später kam die formelle Bestätigung der Bestellung für die ersten sechs Lockheed-Flugzeuge. Kotchian steckte sie in die Brieftasche und flog zurück nach Los Angeles. Am Flughafen wurde er von Dan Haughton und einer ganzen Schar von Lockheed-Managern abgeholt. Abends gab es für das Ehepaar Kotchian eine Party. Die Firma war gerettet. Kotchian schwärzte das zweite Auge des *Daruma*, der Wunsch war in Erfüllung gegangen, aber er hat es versäumt, die Puppe zu verbrennen. Vielleicht, so sinnt er heute, hat Buddha sich später gerächt.

Die Zwölf-Millionen-Dollar-Rechnung

Kotchian ließ in Tokio eine schwindelerregende Verbindlichkeit in vier getrennten Kategorien zurück. Die erste betraf Marubeni, die offiziellen Agenten, die auf eine Provision von $ 160000 für jede verkaufte TriStar Anspruch hatten. Für die insgesamt 21 Flugzeuge belief sich ihre Provision schließlich auf $ 3,4 Millionen, die auf dem Verhandlungswege später auf $ 2,9 Millionen herabgesetzt wurden.

Die zweite und bei weitem größte Verbindlichkeit bestand gegenüber dem geheimen Agenten Kodama, der für verschiedene unterschiedliche Dienste bezahlt wurde. Aufgrund seines Agentenvertrages stand ihm von 1969 bis 1972 eine Million Dollar zu, eine weitere halbe Million in den nächsten beiden Jahren. Seine Provision für die ersten sechs verkauften TriStars betrug $ 1,7 Millionen, für die nächsten acht Flugzeuge noch einmal $ 960000. Weitere $ 150000 standen ihm zur Weiterleitung an Fukuda zu, den PR-Mann und Dolmetscher. Hinzu kamen die horrenden $ 1,7 (oder 500 Millionen Yen) für «Lockenkopf», den milliardenschweren Osano, wie Kodama in seinem ersten Gespräch mit Kotchian vorgeschlagen hatte. Kotchian hatte offenbar keine Möglichkeit, festzustellen, ob dieses ganze Geld wirklich weitergeleitet wurde; er wußte nur, daß Kodama im Lauf von sechs Jahren ungefähr $ 6,3 Millionen erhalten hatte.

Das Geld zu übermitteln war ein schwieriges Problem, denn Kodama bestand immer auf Barzahlung. Lockheed mußte daher die New Yorker Firma Deak and Company einschalten, die auf diskrete Auslandsüberweisungen spezialisiert war; sie war von Nicholas Deak gegründet worden, einem gebürtigen Ungarn, der Offizier im militärischen Geheimdienst OSS (dem Vorläufer der CIA) gewesen war und jetzt zwanzig Niederlassungen in Übersee hatte. Es wird angenommen, daß sich die CIA manchmal Deaks bedient (zum Beispiel bei der Finanzierung des Coup gegen Mossadegh im Jahre 1953). Daß Lockheed jetzt mit ihm arbeitete, ließ die alten Verdächtigungen, Lockheed unterhalte Beziehungen zur CIA, wieder aufleben. Durch Deak konnte Lockheed Bargeld an Kodama zahlen, ohne daß ihre Wirtschaftsprüfer es erfuhren; denn im Gegensatz zu Lockheeds Hausbank, der Bank of America, wurde Deak vom Währungskommissar nicht überprüft. Deaks Büro in Los Angeles schickte das Geld nach Hongkong; von dort brachte es ein ehemaliger Priester, José Aramiya, Deaks geheimer Agent, nach Tokio, wo es einem der Lockheed-Leute, Clutter oder Elliot, ausgehändigt wurde.[16] Auf diese Weise wurden insgesamt sieben Millionen Dollar an Kodama gezahlt. Kurz nach Kotchians Abreise aus Tokio hatte Kodama in seiner säuberlichen Handschrift bereits Quittungen über 330 Millionen Yen oder eine Million Dollar unterzeichnet.

Die dritte Verbindlichkeit bestand gegenüber Okubo, dem Geschäftsführer von Marubeni, über den Kotchian dem Ministerpräsidenten heimlich $ 1,7 Millionen versprochen hatte. Diese Zahlungen wurden von Jack Clutter arrangiert, nachdem das Bargeld von Deaks Niederlassung in Hongkong gekommen und in Apfelsinenkartons verpackt worden war. Das gleiche geschah mit den $ 400000, die Okubo am 29. Oktober um Mitternacht verlangt hatte, kurz bevor das Geschäft unter Dach und Fach war, und von denen ein Teil für die Politiker, aber der größere Teil für die Fluggesellschaft bestimmt war. Das Geld für die Fluggesellschaft wurde nach der Lieferung der ersten sechs Maschinen prompt bezahlt; aber als der nächste Auftrag kam, stellte Lockheed fest, daß pro Flugzeug *weitere* $ 50000 bezahlt werden mußten. ANA erhielt noch eine zusätzliche diskrete Zuwendung; denn als Lockheed später ein Flugzeug für einen Werbeflug nach Australien ausleihen wollte, mußten zusätzliche Gebühren in Höhe von $ 180000 bezahlt werden – in bar.

Diese Zahlungen an Okubo und die Fluggesellschaften mußten sorgfältig verheimlicht werden, denn sie waren in keinem Lockheed-Vertrag vorgesehen, und deshalb nahm Kotchian seine Zuflucht zu einer weiteren Geheimorganisation, der ID Corporation. Sie war auf den Caymaninseln, dem karibischen Steuerparadies, von einem wendigen amerikanisch-japanischen Geschäftsmann mit Namen Shig Katayama gegründet worden. Er hatte seine Karriere als Nachrichtenoffizier bei den amerikanischen Besatzungstruppen in Japan begonnen. Getarnt als Schrotthändler, war er nach wie vor für den Nachrichtendienst tätig. Sein Spezialgebiet waren Narkotika. Zwischen dem aalglatten, selbstbewußten und zweisprachigen Katayama und Lockheed bestanden schon lange Verbindungen; als Lockheed Anfang der sechziger Jahre in Indonesien die Trommel für Waffen rührte, hatte er heimlich den Verkauf von Armalite-Gewehren von Japan geplant, das Geschäft platzte allerdings durch den Sturz von Präsident Sukarno.

Katayama hatte sich mit Jack Clutter und Al Elliot angefreundet. Als Lockheed jemanden brauchte, um das geheime Bargeld zu überbringen, baten sie ihren unschätzbaren Freund, nach Hongkong zu fliegen und einige Quittungen über 600 Millionen Yen oder etwa 2 Millionen Dollar zu unterschreiben; als Entgelt bekam er insgesamt $ 75 000. «Ich glaube, die Ethik läßt bei der Geschichte viel zu wünschen übrig», gab er später zu, als er gefragt wurde, ob er glaube, daß seine Unterschrift soviel wert sei.[17] Das auf diese Weise erhaltene Geld wurde an Okubo und die Fluglinie weitergeleitet. Okubo besorgte seinerseits für Lockheed Quittungen in einem kindischen Kode: einer seiner Kollegen bei Marubeni, Hiroshi Itoh, setzte seine Unterschrift unter die Worte «Ich habe hundert Erdnüsse erhalten.» Eine Erdnuß war eine Million Yen.

Mit all diesen krummen Wegen hatte Kotchian es fertiggebracht, daß nicht weniger als zwölf Millionen Dollar für den Auftrag bezahlt werden mußten – der größte Teil davon waren keine rechtmäßigen Provisionen, sondern Schmiergelder. Kotchian fand das noch ganz annehmbar im Verhältnis zum Umfang des Geschäfts – weniger als drei Prozent des Gesamtwerts der verkauften vierzehn Verkehrsflugzeuge, bescheiden im Vergleich mit der 10 %igen Provision in manchen Ländern wie Saudi-Arabien. Und Kotchian war – mit einiger Berechtigung – überzeugt, daß seine Konkurrenten ebenfalls große Summen an Schmiergeldern bezahlten.

Aber auffällig war an Lockheeds Bestechungen, daß sie so leichtfertig und ohne Berücksichtigung der örtlichen Verhältnisse vorgenommen wurden. Weil Kotchian so versessen darauf war, den Markt zu erobern, hatte er die Einsätze erhöht, obwohl er offenbar das Spiel überhaupt nicht verstand. Beeindruckt von Kodamas Leistungen zwölf Jahre zuvor und fasziniert von diesem Zauberkünstler, zahlte Kotchian seine riesigen Summen aus, ohne Gewißheit über ihre Bestimmung zu haben. Bis zum heutigen Tage weiß er nicht, welcher seiner Wege eigentlich zum Ziel geführt hatte; aber während ich das schreibe (in Tokio im Februar 1977), läßt die Anklageschrift gegen Tanaka erkennen, daß der von Lockheeds offiziellem Agenten Marubeni über Osano und den Ministerpräsidenten Tanaka eingeschlagene Weg der entscheidende gewesen war. Die beiden Politiker Nixon und Heath hätten es vielleicht ohnehin erreicht, es scheint, als habe der geheime Agent riesige Summen zu eigenem Nutz und Frommen eingeheimst. Es entsprach den besten Sitten und Gebräuchen des Gewerbes.

Als der Lockheed-Auftrag bekanntgegeben wurde, gab es einige Verwunderung und Spekulationen unter den Konkurrenten und den Angestellten der beiden Fluglinien. Lockheed erklärte, die TriStar sei teilweise wegen ihrer besonderen Geräuschlosigkeit und bequemen Sitzordnung gewählt worden. Doch gab es auch skeptische Kommentare. Die Zeitschrift *Time* brachte einen Artikel mit der Überschrift: «Jemand da oben mag Lockheed», und die Zeitschrift *Fortune* deutete sogar Korruption an. Aber die Fragen waren wie so viele Fragen der japanischen Wirtschaft bald hinter dem schwarzen Vorhang verborgen. Die drei Hauptakteure, Tanaka, Kodama und Osano, setzten ihre verwickelten Karrieren ungestört fort. Erst dreieinhalb Jahre später wurde durch eine ungewöhnliche Serie von Zufällen plötzlich der Vorhang gelüftet.

Kapitel 14

Die Bewaffnung des Schahs

Tanzt die Regierung den Flugzeugfirmen auf der Nase herum oder die Flugzeugfirmen der Regierung? Die Frage läßt sich nicht leicht beantworten.

Senator Frank Curch, September 1976

Als Kotchian sich in Japan so verzweifelt bemühte, Lockheed-Verkehrsmaschinen zu verkaufen, war der Tiefpunkt der Luft- und Raumfahrtindustrie bereits überwunden. Im Jahr von Watergate, 1972, als Tom Jones seine geheimen Zahlungen an Nixon leistete und Kotchian Schmiergelder in Japan verteilte, stieg der amerikanische Absatz bereits wieder. Aber nicht vom Pentagon kam die Rettung, sondern vom Ausland.

Die größten Firmen, insbesondere Boeing, erhielten jetzt riesige Aufträge von ausländischen Luftverkehrsgesellschaften für die neuen Großraumjets: zwischen 1972 und 1973 stieg der Export an zivilen Flugzeugen von $ 1,6 Milliarden auf $ 2,3 Milliarden und 1974 auf $ 3,4 Milliarden. Aber sehr viel unerwarteter und ermutigender für die meisten Firmen, unter ihnen Lockheed, war die gewaltige Zunahme der Rüstungsaufträge aus dem Ausland. Zwischen 1972 und 1973 stiegen die militärischen Luft- und Raumfahrtexporte von $ 840 Millionen auf $ 1,4 Milliarden, 1974 auf $ 1,8 Mrd. und 1975 auf $ 2,5 Milliarden.[1] Diese blühenden Rüstungsgeschäfte sollten sich als länger anhaltend und gewinnbringender erweisen als der Export von Verkehrsflugzeugen. Das Gleichgewicht der gesamten Branche wurde verändert: Nun war die amerikanische Rüstungsindustrie, um überleben zu können, gefährlich abhängig vom Auslandsabsatz und vor allem von Verkäufen an die Dritte Welt. Eine Situation, die Europa nicht fremd war; für die Vereinigten Staaten war sie jedoch neu. Die Konsequenzen reichten weit über die Industrie hinaus.

Die Ursachen dieses Wandels lagen mehrere Jahre zurück. Schon 1969, zur Zeit von Präsident Nixons Amtsantritt, bereiteten die Entwicklungen im Nahen und Fernen Osten den Weg.

Großbritannien hatte durch Premierminister Harold Wilson nach der Wirtschaftskrise und Abwertung des Pfundes von 1967 den Rückzug der britischen Truppen östlich von Suez einschließlich des Persischen Golfes beschleunigt. Washington sah diese Gegend als ein gefährliches Vakuum an, das entweder durch amerikanische Präsenz oder durch einen mächtigen Alliierten ausgefüllt werden müsse. Zur gleichen Zeit entwickelten Nixon und Kissinger als Folge der amerikanischen Verluste in Vietnam die «Nixon-Doktrin», wonach die Vereinigten Staaten eher Waffen als Truppen zur Verfügung stellen und in wichtigen Gebieten ihre verläßlichen Verbündeten mit großen Arsenalen ausstatten wollten. 1970 erläuterte David Packard, stellvertretender Verteidigungsminister, diese Doktrin: «Wir können am ehesten hoffen, unsere überseeischen Engagements und Ausgaben zu vermindern, wenn wir alliierte und befreundete Nationen veranlassen können, noch mehr für ihre eigene Verteidigung zu tun. Um diese Hoffnung zu verwirklichen, ist es erforderlich, daß wir, wenn es gewünscht wird, ihnen weiterhin die Instrumente zur Verfügung stellen oder verkaufen, die sie für diese größere Last brauchen, die zu übernehmen wir sie nötigen.»[2]

So konnte die amerikanische Rüstungsindustrie trotz sinkender Pentagon-Aufträge schon einige Entlastung durch Bestellungen aus anderen Ländern erwarten. Damals wurde die Nixon-Doktrin von den meisten Politikern vor allem deshalb mit Erleichterung begrüßt, weil sie ein Mittel war, die amerikanischen Truppen aus Südostasien abzuziehen. Aber sie war doch in Wirklichkeit ein Glücksspiel von außerordentlicher Kühnheit, denn sie setzte voraus, daß Verbündete in Asien oder anderswo, denen es nunmehr freistand, Waffen zu kaufen, sie klug und im westlichen Interesse anwenden würden. Die Einsätze bei dem Glücksspiel sollten bald abrupt erhöht werden.

1971 wies die Außenhandelsbilanz der Vereinigten Staaten zum erstenmal seit 1893 ein Defizit auf. Exporte wurden jetzt sehr viel dringender als zehn Jahre zuvor. Damals hatten McNamara und Henry Kuss den Waffenhändlern des Pentagon grünes Licht gegeben. Nun verschärften die schlechte Lage der Luft- und Raumfahrtindustrie und die allgemeine Arbeitslosigkeit die Krise. Im Weißen Haus prüfte Nixon die Frage, wie die Handelsbilanz verbessert werden könne. Politische und wirtschaftliche Gründe drängten ihn, die Beschränkungen von Rüstungsverkäufen zu lockern. Wie in den 1880er Jahren die Baisse im Eisenbahnbau Vickers und Carnegie veranlaßt hatten, Kanonen herzustellen, trug Ende der 1960er Jahre die Krise in der Luft- und Raumfahrtindustrie dazu bei, die Regierung und die Rüstungsfirmen darin zu bestärken, mehr Waffen an das Ausland zu verkaufen.

Ganz im Rahmen der Tradition des 19. Jahrhunderts neigten Nixon und Kissinger dazu, den Verkauf von Waffen als Fortsetzung der Diplomatie anzusehen; beide hatten keine ernstlichen Hemmungen bei der Wahl ihrer

Mittel. Die Demütigungen von Vietnam und Amerikas geschwächte Wirtschaft hatten neue politische Haltungen gefördert: man war skeptischer und auf kürzere Sicht ausgerichtet; Waffen wurden wieder als Pfänder im Spiel der Welt gesehen, um Einigungen auszuhandeln oder abhängige Staaten zu beschwichtigen. Zynismus, wie er in einer Bemerkung zugrunde liegt, die ein ranghoher Diplomat 1976 mir gegenüber machte, war weit verbreitet: «Jetzt, da wir keinen moralischen Einfluß mehr haben, ist vielleicht der Verkauf von Waffen die einzige Einflußnahme, die uns noch bleibt.» Ohne jeden Zweifel haben Nixon und Kissinger das gefördert. Die hastig betriebene Reise-Diplomatie verstärkte die Versuchung, Waffen als diplomatische Bestechungen zu verwenden. Daß Waffen dazu dienten, Ergebnisse zu erzielen, verdoppelte in Wirklichkeit die Gefahr, denn dadurch wurde die Aufrüstung gerade in solchen Gebieten gefördert, in denen die Wahrscheinlichkeit am größten war, daß die Waffen auch eingesetzt würden.

So war also die Erholung der Rüstungsindustrie 1972 schon im Gange, dem Jahr von Nixons Wiederwahl und der nachdrücklichen Ablehnung von McGoverns Vorschlägen, die Rüstungsausgaben zu senken. Aber der wirkliche Start begann ein Jahr später mit dem vierten israelisch-arabischen Krieg. Zunächst sorgten die unmittelbaren Folgen des Krieges für einen Schwall von Aufträgen beider Seiten, um die zerstörte Aufrüstung durch neue Systeme zu ersetzen – vor allem Flugabwehrsysteme. Aber sehr viel wichtiger war die Vervierfachung des Ölpreises. Sie bescherte den Staaten am Persischen Golf, allen voran Iran und Saudi-Arabien, einen ungeahnten Reichtum. Für jede Nation, die plötzlich reich wird, sind Waffen die einfachste und schnellste Möglichkeit, Geld auszugeben. Sie verleihen den Herrschern Prestige und neue Autorität. Krankenhäuser, Schulen oder Wohlfahrtseinrichtungen sind mit gewaltigen Verwaltungsproblemen und sozialem Umbruch verbunden, aber Rüstungsfirmen bringen ihre eigene Infrastruktur mit, sorgen für Ausbildung und stellen die Verbindung zur entwickelten Technologie her, nach der die Herrscher trachten. Provisionen oder Bestechungsgelder verstärken den Anreiz, wodurch übrigens im Lauf des Verfahrens sogar eine gewisse Umverteilung des Reichtums erfolgt.

In Washington hatte die Erhöhung des Ölpreises ein geradezu panisches Entsetzen über die Auswirkungen auf die internationale Wirtschaft und Amerikas Zahlungsbilanz ausgelöst. William Simon, der Finanzminister, war nicht geneigt, Rüstungsaufträge zu verhindern. Die schnellste Art und Weise, das Ölgeld wieder in Umlauf zu bringen oder «den Überschuß aufzuwischen», sei, Waffen zu verkaufen – das sei viel sicherer, hieß es, als das überschüssige Ölgeld «auf den Weltmärkten für kurzfristiges Geld herumschwappen» zu lassen.[3] In dieser auf den Kopf gestellten Welt wurden jetzt Waffen als das Mittel angepriesen, die Welt sicherer zu machen.

Erst allmählich wurde amerikanischen Politikern und der Öffentlichkeit das Ausmaß dieses Trends klar; mit der Ölkrise und der drohenden Anklage gegen Nixon gab es zu viele andere Sorgen. Aber im Sommer 1974 zeigten die Zahlen, was da eigentlich passierte: In einem Jahr hatten sich die gesamten Auslandsverkäufe des Pentagon verdoppelt. Von $ 3,9 Milliarden 1973 waren sie 1974 auf $ 8,3 Milliarden gestiegen. Der Waffenhandel der Welt hatte sich bis zur Unkenntlichkeit verändert.

Der Werdegang eines Kriegsherrn

Von den 1974 insgesamt an das Ausland verkauften Waffen erhielt eine einzige Nation fast die Hälfte – im Wert von $ 3,9 Milliarden. Der Schah des Iran, der zwölf Jahre zuvor als eine bloße Schachfigur der westlichen Diplomatie gegolten hatte, wurde rasch der Beherrscher des größten Waffenarsenals außerhalb von Amerika, Rußland und Europa. Der Werdegang dieses Kriegsherrn veranschaulicht zum einen, was ein einzelner bewirken kann, und zeigt zum anderen die Grenzen der westlichen Rüstungskontrolle.

Die Entschlossenheit des Schahs war eine Folge bitterer Erfahrungen. Als er 1941 von den Engländern auf den Thron gesetzt worden war, nachdem sie seinen Vater ins Exil geschickt hatten, wurde er von der britischen Regierung und der britischen Ölgesellschaft Anglo Iranian (später BP) als eine Marionette angesehen. Churchill sagte dazu: «Wir haben einen Diktator ins Exil geschickt und einen konstitutionellen Monarchen eingesetzt.» Der Schah mußte dann mitansehen, daß sein Land von den Russen besetzt und von den Alliierten als Basis benutzt wurde und daß seine Untertanen nach dem Krieg «einfach die Hacken zusammenschlugen und den Befehlen der Ölgesellschaft gehorchten»[4]. Sein Groll und seine Ambitionen schwelten. Sein Verhältnis zum Westen wurde noch heikler, nachdem der engagierte Dr. Mossadegh Ministerpräsident geworden war. Er hatte die Ölfirmen verstaatlicht und den Schah des Landes verwiesen. Nur mit Hilfe eines Coups, den die CIA und der britische Geheimdienst angezettelt hatten, konnte er zurückkehren. Dieser peinliche Zwischenfall unterstrich seine Abhängigkeit, doch wollte er nicht daran erinnert werden und auch nicht riskieren, daß ihn noch einmal ein extrem nationalistischer Politiker überbot.

Er hatte schon vorher eine Leidenschaft für Waffen. Er hatte selbst den Flugzeugführerschein erworben, ist Abonnent der *Aviation Week* und verfolgte alle Entwicklungen auf dem Weltmarkt der Flugzeuge, Raketen und Kriegsschiffe. Das brachte ihm einen Vorteil bei Verhandlungen mit weniger militärisch versierten westlichen Diplomaten. In den fünfziger und sechziger Jahren war er auf britische und amerikanische Hilfe angewiesen, um Kriegsmaterial zu bekommen. Dies schien wegen seiner Grenze zur Sowjetunion gerechtfertigt, aber stets erhielt er sehr viel mehr als er offensichtlich brauchte. Schon Präsident Kennedys Sonderberater Theodore Sorensen beklagte dies: «Der Schah bestand darauf, daß wir für eine kostspielige Armee aufkommen, die für Grenzzwischenfälle und die innere Sicherheit zu groß ist und in einem totalen Krieg nichts nützt.» Seine Armee, so fand Sorensen, «ähnelte dem Mann aus dem Sprichwort, der zu schwer ist für leichte Arbeit und zu leicht für schwere Arbeit». Die Russen bekundeten ihre Empörung, daß die Amerikaner ein so reaktionäres Regime unterstützten; und Chruschtschow beschwerte sich 1961 bei Kennedy über die Behauptung des Schahs, er habe seine Macht von Gott erhalten: «Jeder weiß, daß der Vater des Schahs die Macht an sich gerissen hat, und der war nicht Gott, sondern Unteroffizier in der iranischen Armee.»[5]

Ob der Schah damals wirklich Selbstvertrauen besaß, war zweifelhaft; seine 1961 erschienene Autobiographie erweckt den Eindruck eines ungeformten und unsicheren Charakters[6]: als junger Mann von zarter Konstitution, war er von seinem mächtigen Vater, dem Gründer der Dynastie, sehr eingeschüchtert worden. Doch er machte sich den mystischen Kult um den Pfauenthron zunutze, damit konnten sowohl das eigene Volk als auch die westlichen Politiker geblendet werden. Mit seiner Mischung von Autorität und Charme vermochte er stets Präsidenten und Premierminister einzulullen. Kennedy war nicht beeindruckt, aber Lyndon Johnson war sehr anfällig und Nixon ebenso. Das Außenministerium war ängstlich bemüht, diesen ehrfurchtgebietenden Herrscher nicht zu beleidigen. Je mehr also die Öleinkünfte stiegen, ein um so wichtigerer Rüstungskunde wurde der Schah. Die Gier des Schahs nach Waffen war unersättlich; wenn er heute über Flugzeuge spricht, klingt er wie Sam Cummings: wie ein Schuljunge, dessen Träume in Erfüllung gegangen sind und der die Welt wie seinen Spielzeugladen ansieht.

Es war eine begeisternde Aussicht für die Rüstungsfirmen, denn der Schah hatte nicht nur genug Geld, sondern wußte auch knifflige Einzelheiten der neuesten technischen Errungenschaften zu würdigen. Schon 1962 hatte er Kalifornien besucht, wo er Tom Jones von Northrop kennenlernte, gerade als die Produktion der Tiger-Jäger anlief; so kam es, daß die iranische Regierung als erste ausländische Regierung die Tiger kaufte, die 1965 im Iran zu fliegen begannen. Tom Jones war mit dem Schah ebenso persönlich befreundet wie mit Prinz Bernhard, der zuweilen mit dem eigenen Jet nach Teheran flog, um den Schah zu besuchen. Die beiden Männer, der Kaiser und der Waffenkönig, waren von derselben Leidenschaft für Flugzeuge erfüllt und hatten denselben Playboy-Stil, hinter dem sich ihr zielstrebiger Ehrgeiz verbarg.

Tom Jones festigte sein Bündnis mit dem Iran, indem er Kermit Roosevelt zu seinem Agenten machte, dessen Bemühungen in Saudi-Arabien wir schon erwähnt haben.[7] Roosevelt ist eine der eher erfreulichen Erscheinungen unter den Waffenhändlern. Der Enkel von Theodore Roosevelt hat sowohl ein aristokratisches Selbstvertrauen als auch eine freibeuterische Ader geerbt; hinter seinem sich nur zögernd zeigenden Charme verbirgt sich eine elementare Zähigkeit. Während des Krieges war er bei der OSS. Damals lernte er König Feisal kennen, später kam er zur CIA. Wie so viele Waffenagenten steckte er tief in der Welt der Geheimdienste, aber auf einer sehr hohen Ebene. Er war es, der den Coup organisierte, durch den Mossadegh 1953 gestürzt und der Schah wieder auf den Thron gesetzt wurde. Obwohl der Schah es vorzog, seine Abhängigkeit von der CIA zu vergessen, konnte sich Roosevelt erstaunlicherweise seine Freundschaft und sein Vertrauen mit gelegentlichem Auf und Ab bewahren.

Roosevelts Erfolg mit der CIA im Iran hatte weitere geheime Operationen, für die er verantwortlich war, zur Folge, unter anderem den Coup in Guatemala. Aber er merkte, daß er in Situationen gedrängt wurde, an die er nicht wirklich glaubte – etwa der Versuch eines Coups in Syrien, und so schied er 1957 aus der CIA aus.[8] Er genoß einen ganz besonderen Ruf; eine Zeitlang arbeitete er für Gulf Oil, aber 1963 wurde ihm nahegelegt, aus der Firma auszuscheiden. Wie sich herausstellte, just zu der Zeit, als Gulf den Weg der Bestechungen einschlug. Er gründete dann seine eigene Firma, *Kermit Roosevelt and Associates*, die Geschäftsverbindungen mit dem Nahen Osten unterhielt. Im Januar 1965 unterzeichnete sie einen Vertrag mit Northrop, aufgrund dessen ihr jährlich $ 15000 (die später auf jährlich $ 75000 erhöht wurden) gezahlt werden sollten für «die Beobachtung aller Vorgänge im Nahen Osten» und für die Herstellung von Kontakten zwischen Northrop und «den höchsten Regierungsstellen im Nahen Osten».[9]

Kim Roosevelt war Northrops Botschafter im Iran. Im April 1965 war er in Teheran, sprach mit seinem alten Freund, General Khatami von der Luftwaffe, und drängte ihn, mehr Jägerstaffeln aufzustellen; am nächsten Tag sah er den Schah und versuchte, mehr Tiger zu verkaufen anstelle von F111 (die General Dynamics herstellte), von denen der Schah glaubte, daß sie einen größeren Aktionsradius hätten. (»Darüber weiß ich nicht genug, um es zu erörtern», gab Roosevelt zu.) Der Schah war sehr herzlich und lud ihn ein, zusammen mit seiner Frau einen Urlaub bei ihm zu verbringen. Zwei Tage später wurde ein Attentat auf den Schah verübt, und Roosevelt wurde sich deutlich der Tatsache bewußt, daß «die iranische Stabilität auf dem Leben eines Mannes beruht». Sechs Monate später war Roosevelt wieder in Teheran, um über Ausbildung in Elektronik zu verhandeln, sowohl für die Luftwaffen als auch für Savak, die iranische Geheimpolizei.[10]

Aber der Schah kaufte bei allen möglichen anderen Rüstungsfirmen, und im nächsten Jahr, 1966, erlaubte ihm das Pentagon, die neueste Ausführung der Phantom-Jäger von McDonnell, F4D, zu kaufen. Das war zwar vier Jahre nach der amerikanischen Luftwaffe, aber der Schah hatte jetzt Priorität unter den ausländischen Kunden. Er war immer noch bestrebt, nicht von einem bestimmten Land abhängig zu sein, und spielte gern eine Nation gegen die andere aus. Er kaufte ausgiebig von Großbritannien und Frankreich. So machte er sofort nach dem Phantomgeschäft seinen kühnsten Schachzug. Er flog nach Moskau und gab im Februar 1967 ein Waffengeschäft über $ 110 Millionen bekannt, das gepanzerte Truppenfahrzeuge, Lastwagen und Flugabwehrkanonen einschloß. Die Sowjets hatten noch nie Waffen an ein Land geliefert, das dem westlichen Bündnis angehörte. Der amerikanische Kongreß war entsprechend entsetzt und ordnete Hearings an (vgl. Kapitel 10). Aber die Hearings ließen erkennen, daß die Annäherungsversuche des Schahs an Rußland Washington nur veranlassen würden, noch mehr Waffen zu verkaufen; der erpresserische Trick sollte sich bald als wirkungsvoll erweisen.[11]

Es bestand niemals ernstlich die Gefahr, daß sich der Schah in das kommunistische Lager würde locken lassen; im Gegenteil, die Firmen konnten sich seine antikommunistischen Ängste zunutze machen und auf sein gutes Verhältnis zu Lyndon Johnson bauen. Im September 1968 schrieb Tom Jones von Northrop einen listigen Brief an Kim Roosevelt und bat ihn, den Schah zu überreden, Northrops geplantes neues Flugzeug zu unterstützen, die P-530 (später Cobra), die den Tiger ersetzen sollte. Jones betonte, wie vorteilhaft die enge Beziehung zwischen dem Schah und Johnson sei und «daß es bei allen Besprechungen mit dem Schah wichtig ist, daß sie auf der Basis fundamentaler nationaler Ziele geführt werden und nicht den Anschein erwecken, als handelte es sich um einen Verkaufsplan». Northrop versuchte dann, das deutsche, italienische und britische Gemeinschaftsprojekt eines konkurrenzfähigen Mehrzweckkampfflugzeuges zu vereiteln (das als MRCA oder Tornado schließlich doch vorankam). Tom Jones wußte, daß der Schah bald Bundeskanzler Kurt Kiesinger sehen würde, und wollte, daß er mit Kiesinger über das Northrop-Flugzeug spreche und darauf hinweise, daß es «ein gemeinsames Interesse an der Freiheit» repräsentiere und entschieden vorzuziehen sei. Jones schickte sich jetzt an, den Schah selbst als seinen Super-Verkäufer einzusetzen, um die übrigen westlichen Bündnispartner auf Trab zu bringen.[12]

Ob Roosevelt und Jones wirklich überzeugt waren, daß ihre Jäger im Iran die freie Welt retteten, mag bezweifelt werden. Als Kim Roosevelt versuchte, König Feisal von Saudi-Arabien zum Kauf der Tiger zu überreden, betonte er, wie wichtig es sei, eine angemessene Bodenkontrolle zu haben, und wies warnend auf «einen seiner Nachbarn» hin, der selbst ein erfahrener Flieger sei und sich das beste Flugzeug ausgesucht hat, dem es aber «völlig an Bodenbedingungen mangelt und der daher so gut wie blind ist».[13]

Der Tomcat

Als die Einnahmen des Schahs und seine Aufträge stiegen, profitierten alle größeren Rüstungsgesellschaften. Natürlich auch Lockheed, Boeing und McDonnell Douglas, vor allem dank ihrer Agenten (Boeing war weitsichtig genug, den Onkel der Kaiserin als Agenten anzustellen). Zwar kam ein Großteil dieses neuen Geschäfts der Westküste zugute, aber der spektakulärste Nutznießer war die Grumman Corporation auf Long Island, nur vierzig Meilen von New York City entfernt, in der Nähe der trostlosen Trabantenstadt Hicksville. Die Beziehung zwischen Grumman und dem Schah sollte die umstrittenste aller neuen Verbindungen zwischen Firmen und Staaten werden.

Die Firma Grumman war nie ein sehr auf Export erpichtes Unternehmen gewesen. Sie war mit der amerikanischen Marine groß geworden, seit ihr Gründer LeRoy Grumman 1931 sein erstes Marineflugzeug gebaut hatte, einen kleinen Jäger. Im Zweiten Weltkrieg wurden 25000 Arbeitnehmer beschäftigt und 17000 Kampfflugzeuge gebaut, darunter zwei berühmte Jäger, die Wildcat und die Hellcat. Nach dem Friedensschluß weitete sie ihr Produktionsprogramm aus. Sie stellte Kanus aus Aluminium, Boote aus Metall, einen Zerstäuber zur Schädlingsbekämpfung und einen Reisejet (den Gulfstream) her. Seit 1960 erhielt sie bedeutende Raumfahrtaufträge für Satelliten und Mondfähren, doch verlor sie gegen Lockheed (vgl. voriges Kapitel) in den Schlachten um den Absatz von Jägern in Japan und Europa. Grumman blieb vom Pentagon und besonders von der Marine abhängig: sieben verschiedene Grumman-Flugzeuge waren in Vietnam im Einsatz.

1969 erhielt Grumman den Auftrag, für die Marine einen neuen Jäger zu bauen, was ein brillantes Geschäft zu sein schien. Der F-14 oder Tomcat, wie er dann genannt wurde, hatte Pfeilflügel, die ihm ermöglichten, mit einer Geschwindigkeit von über Mach 2 wie eine Rakete emporzuschießen und zu Luftkämpfen herumzuschwenken. Er konnte eine mehrläufige Kanone mitführen und vier Phoenix-Raketen auf vier Ziele gleichzeitig abschießen. Er enthielt ein kompliziertes Gewirr an Elektronik einschließlich eines Computers, um die Flügel zu steuern; er wurde als der erste «fliegende Computer» bezeichnet. Er sollte ein «Mig-Killer» sein und es mit der neuen Mig 25 oder «Foxbat» aufnehmen, um die amerikanische Luftüberlegenheit in den achtziger Jahren zu sichern. Er war der erste völlig neu entwickelte amerikanische Jäger seit einem Jahrzehnt. Sein Hauptkonkurrent, der Eagle oder F-15A, den McDonnell Douglas für die Luftwaffe entworfen hatte, hinkte ein Jahr hinterher.

Der Tomcat flog zuerst im Dezember 1970. Er wirkte plump mit seiner langen, spitzen Nase und glatten Umrissen vorn und eingeklinkten Raketen und zwei schmutzigen schwarzen Löchern hinten. Aber seine Leistung war atemberaubend. Ende 1971 flogen sieben Tomcats. Jedoch hatte dieses Projekt Grumman fast bankrott gemacht. Der Auftrag war einer der letzten, die auf McNamaras Prinzip des Total Package Procurement beruhten, das Lockheed mit der Galaxy fast zugrunde gerichtet hätte, und wieder einmal waren die Kosten hinaufgeschnellt. 1971 brachte das Projekt einen Verlust von $ 18 Millionen und 1972 einen von $ 70 Millionen; und derweil gingen Grumman bei der allgemeinen Auftragsbeschneidung andere Aufträge verloren, so daß es schwieriger war, die Entwicklungskosten auf andere Projekte umzulegen. Der Preis für jeden Tomcat stieg von $ 7,3 Millionen auf $ 11 Millionen – damals der teuerste Jäger, der je gebaut wurde. Hinzu kam, daß durch den Tod des jungen Präsidenten Llewellyn Evans Grummans Vorstand nicht voll funktionsfähig war.

Der neue Präsident, John Bierwirth, unternahm es, die Firma zu retten. Er kam von National Distillers, hatte einen durchaus kosmopolitischen Werdegang gehabt. Für ihn gab es keinen grundlegenden Unterschied zwischen Schnaps und Waffen. Er war entsetzt über Grummans Abhängigkeit von der Marine («eine niederdrückende Erkenntnis»)[14]. Als erstes überredete er die Marine, mehr zu bezahlen und Grumman Geld zu leihen, und dann sah er sich nach ausländischen Kunden um, die die Grumman-Flugzeuge und vor allem den Tomcat kaufen könnten. Auch die Marine machte sich inzwischen Sorgen; sie hatte das Flugzeug zuerst nur für sich geplant, aber jetzt hatte sie ein begründetes Interesse, Grummans Zukunft zu sichern. Einige Marine-Leute fanden es bedenklich, daß man Ausländer ein Flugzeug kaufen lassen wollte, das noch im Entwicklungsstadium war und noch ernste Probleme hatte. Aber die Kosten zu verteilen war dringend nötig.

Grumman hatte schon lange an den Schah gedacht, noch ehe das Pentagon daran interessiert war. Was nun als erfinderische Verkaufstechnik folgte, läßt einen grundlegenden Mangel im System der Rüstungskontrolle erkennen. Sie zeigt, daß eine Firma den Appetit einer souveränen Macht anzuregen vermag, der die amerikanische Regierung dann keinen Korb mehr geben kann.

Grumman hatte einen sehr wendigen Vertreter, Colin Jupp, einen gebürtigen Australier mit Beziehungen zum Nachrichtendienst, der sich 1953 «ganz zufällig» im Iran aufhielt, gerade als der Schah durch den Coup wieder auf den Thron gelangte. Jupp war (wie er später den Senatoren erklärte) als Teilnehmer an einer archäologischen Expedition dort, in deren Verlauf er viele einflußreiche Iraner und auch den Schah kennenlernte, der sich die Ausgrabungen ansah. Jupp war auch mit dem amerikanischen Militärattaché in Moskau, Oberst Mansfield, befreundet; und Mansfield wiederum kannte den iranischen Attaché in Moskau, General N. Payrow, der großen Einfluß auf den Schah hatte.

So war Colin Jupp 1971 in einer sehr günstigen Lage. Er lud Oberst Mansfield ein, die Firma Grumman auf Long Island zu besuchen, um ihm den Tomcat zu zeigen, eine Antwort auf die «sowjetische Luftbedrohung», und Mansfield seinerseits unterrichtete die Iraner. Im Oktober 1971 bot sich Jupp eine weitere Gelegenheit, als der Schah die 2500-Jahr-Feier des persischen Reiches beging. Spiro Agnew führte die amerikanische Delegation. Auch Jupp war geladen; er schenkte General Khatami ein Modell des Tomcat und versuchte, Agnews Stab dazu zu überreden, auf die Vorzüge des Flugzeuges hinzuweisen. Im März 1972 erbat Howard Fish vom Pentagon (vgl. Kapitel 18) für die Marine die Erlaubnis, dem militärischen Berater des Schahs, General Hassan Toufanian, Auskünfte über geheime Einzelheiten zu geben. In Washington hatte Grumman einen sehr nützlichen Verbündeten in Charles Colson, der ihr Anwalt und Berater gewesen war und jetzt eine sehr einflußreiche Stellung im Weißen Haus hatte. Im April 1972 sprach Jupp im Weißen Haus vor, um mit Colson und Bob Haldeman zu reden, um die Unterstützung des Präsidenten für den Verkauf des Tomcat an den Schah zu erhalten.[15]

Derweil verlangte es den Schah noch immer nach mehr Waffen. Im November 1971 hatte er zwei Inseln in der Straße von Hormus besetzt und damit neue Ängste unter seinen arabischen Nachbarn erregt. Auf der Insel Khark, dem Irak sehr nahe, begann er mit dem Bau eines großen, neuen Marinestützpunktes. Anfang 1972, als die Engländer den Persischen Golf endlich verlassen hatten, besaß er bereits ein Arsenal, das militärische Besucher und Journalisten erstaunte. Und schon bald bestand er darauf, den Tomcat oder ein Gegenstück aus der neuen Generation amerikanischer Jagdflugzeuge zu erhalten. Anfang 1972, als Nixons Wahlkampagne auf Touren kam, traf eine ganze Reihe Washingtoner Politiker in Teheran ein: zuerst John Chaffee, Nixons Marinestaatssekretär, dann Robert Seamans, Staatssekretär für die Luftwaffe, und schließlich im Mai die Spitzenpolitiker selbst. Nixon und Kissinger waren zu Gesprächen über die SALT-Abrüstungspläne in Moskau gewesen und machten auf dem Rückweg in Teheran Station, um mit dem Schah zu reden.

Sie sprachen allein miteinander; Joseph Sisco, Staatssekretär für den Nahen Osten im Außenministerium, saß in seinem Hotelzimmer und wurde über das Ergebnis nicht unterrichtet. Erst viel später wurde die ganze Bedeutung klar. Der Schah betonte Nixon gegenüber, daß russische Foxbats (Mig 25) schon den iranischen Luftraum verletzt hätten und er deshalb die neuesten Jagdflugzeuge haben müsse. Nixon war einverstanden, an den Iran «praktisch alle konventionellen Waffen, die gewünscht wurden» zu verkaufen und dem Iran eine unbegrenzte Anzahl amerikanischer Techniker zur Verfügung zu stellen; er stellte es dem Schah persönlich frei, zwischen den beiden

Flugzeugen der neuen Generation, Tomcat und Eagle, zu wählen.[16]

Es war das erste Mal, daß einem Nicht-Industrieland zugestanden wurde, dasselbe Niveau der technologischen Entwicklung zu erreichen wie die Vereinigten Staaten. Nixons Entschluß war keine wesentliche Prüfung vorangegangen, und er wurde an das Pentagon weitergegeben, ohne daß eine Möglichkeit bestand, ihn zu revidieren. Er bahnte den Weg für die nächste massive Expansion des Schahs. Von nun an fiel es dem Pentagon schwer (wie mir ein Pentagon-Beamter erklärte), dem Iran gegenüber eine logische Politik zu betreiben. Denn Nixons Entschluß beruhte nicht darauf, was die Vereinigten Staaten für das beste hielten, sondern darauf, was der Schah wollte. Es gab wenig Anzeichen dafür (wie Senator Hubert Humphrey beklagte, als er vier Jahre später einen Senatsbericht vorlegte), daß Nixon die weitreichenden außenpolitischen Folgen erkannt hatte.[17] Ein hoher Beamter des Außenministeriums sagte mir 1976, er versuche seit zwei Jahren herauszufinden, warum das Abkommen getroffen wurde: «Vielleicht wird die Antwort nur in Nixons Tonbändern zu finden sein.»

War es die mißliche Lage der Luft- und Raumfahrtfirmen, die Nixon beeinflußte? Könnte es sein – wie einige verschworene Kritiker vermutet haben –, daß der Schah versprochen hatte, Nixons Wahlkampf zu unterstützen?[18] Hatte der Schah ihn mit seiner Schilderung der sowjetischen Gefahr tatsächlich überzeugt? Oder war Nixon fasziniert von der Persönlichkeit des Schahs und fürchtete, ihn zu beleidigen? Alle diese Fragen werden vielleicht nie beantwortet werden können. Aber jedenfalls hatte der Entschluß bald eine hektische Aktivität in der Luft- und Raumfahrtindustrie zur Folge.

Im Februar 1973 gab das Pentagon bekannt, daß der Iran sich vertraglich verpflichtet habe, Waffen im Wert von $ 2 Milliarden von den Vereinigten Staaten zu kaufen – das größte einzelne Geschäft, das je abgeschlossen wurde; es umfaßte 175 Düsenjäger, 500 Hubschrauber und unzählige Luft–Boden-Raketen. Im Juni berichtete *Aviation Week*, die amerikanische Regierung habe «die Beschränkungen bei dem, was im Ausland verkauft werden kann, gelockert». Die beiden Konkurrenzfirmen McDonnell Douglas und Grumman begannen fieberhaft, ihre Flugzeuge Eagle und Tomcat zu propagieren. Grumman wies das Pentagon nachdrücklich darauf hin, daß sich die gewaltigen Kosten für die Marine verringern würden, wenn der Tomcat an den Schah verkauft würde, und bei der Pariser Luftfahrtausstellung im Juni, die von iranischen Offizieren besucht wurde, ließ sich die Firma ihre Propaganda für den Tomcat $ 250000 kosten. Der Schah sah beide Flugzeuge zusammen auf dem Luftwaffenstützpunkt Andrews in der Nähe von Washington. Die Grumman-Leute brachten für den Schah eine eigene Fliegerkombination mit seinem Wappen mit und stellten einen Wohnwagen mit Klimaanlage, zum Umziehen. Der Eagle war für eine regelrechte Vorführung noch nicht bereit, aber der Tomcat vollbrachte erstaunliche akrobatische Kunststücke, landete direkt vor dem Schah und schoß dann in die Höhe wie eine Rakete. Die Grumman-Leute beobachteten das Entzücken des Schahs, als er mit einer Handbewegung das Herabstoßen des Flugzeugs veranschaulichte.

Die Firma Grumman mußte den Auftrag unbedingt bekommen. Zu ihrer Hilfe heuerte sie einen iranisch-amerikanischen Rüstungslobbyisten an, Houshang Lavi. Er wohnte auf Long Island und betrieb mit seinen beiden Brüdern eine Firma, die Starlight International. Lavi war eine im Iran umstrittene Persönlichkeit und von General Toufanian wegen einer zu hohen Provision bei einem früheren Geschäft mit italienischen Hubschraubern unter Beschuß genommen worden; aber er war ein Freund von General Khatami, dem Chef der iranischen Luftwaffe und Schwager des Schahs (der später mit einem Segelflugzeug abstürzte und ums Leben kam). Nach dem Grumman-Vertrag sollte Lavi $ 89 Millionen erhalten (die dann auf $ 28 Millionen herabgesetzt wurden), wenn das Tomcat-Geschäft durchging.

Im August 1973 hatte der Schah beschlossen, den Tomcat zu bestellen. Zwei Monate später brach der arabisch-israelische Krieg aus, ein Embargo wurde erlassen und der Ölpreis verdoppelt. Plötzlich war die diplomatische Unterstützung des Schahs entscheidend, um zu verhindern, daß der Ölpreis noch weiter stieg; Kissinger war jedoch der Meinung, Druck auf ihn auszuüben sei eine zweischneidige Sache und könnte ihn veranlassen, sich anderswo Waffen zu besorgen. Im Dezember verlangte der Schah eine weitere Verdoppelung des Ölpreises und kam damit durch. Er würde also noch größere Öleinnahmen haben und noch mehr Waffen kaufen können.

Die Verwandlung von Öl in Waffen beschleunigte sich jetzt. Schon Ende 1974 verkaufte das Pentagon fast die Hälfte seiner Weltexporte an den Iran. Die Aufträge umfaßten Hubschrauber und Maschinengewehre, Luftkissenfahrzeuge und Raketen. Aber der umstrittenste Auftrag blieb der für den Tomcat, den der Schah im Juni 1974 auf achtzig Maschinen im Wert von fast $ 2 Milliarden erhöht hatte. Etwa die Hälfte dieser Summe entfiel auf die Triebwerke und Waffen, einschließlich der von Hughes Aircraft hergestellten Phoenix-Raketen; die andere Hälfte würde Grumman erhalten.

Die Krise bei Grumman war noch nicht überstanden; tatsächlich verschärfte sie sich zunächst, weil es an Kredit mangelte, um die neuen Aufträge auszuführen. Im August 1974 beschloß der Kongreß unerwartet, den Marine-Kredit zu sperren, der zu Grummans Finanzierung beigetragen hatte; jetzt mußte die Firma in sechs Wochen $ 200 Millionen auftreiben. Auf Long Island sah es so aus, als ob das Tomcat-Projekt aufgegeben werden müßte; in dem Hangar, in dem die Tomcats gebaut wurden, könne man es buchstäblich hören, wie die Stimmung gesunken sei, berichtete mir ein Manager: das Kreischen der Bohrmaschinen, das Hämmern und Geklapper seien ganz unregelmäßig und planlos geworden. Der Präsident John Bierwirth erwartete wieder einmal Hilfe vom Schah. Die staatliche Bank Melli Iran war bereit, Grumman ein Darlehen von $ 75 Millionen zu gewähren, um die Lieferung der Flugzeuge sicherzustellen; das ermutigte die amerikanischen Banken. Innerhalb von sechs Wochen hatte ein Bankenkonsortium Kredite bereitgestellt. Die Long-Island-Gemeinde war dem Schah jetzt doppelt verpflichtet, der Kunde war zugleich ihr Bankier geworden.

Auch die Marine war erleichtert, daß es mit ihrem Lieblingsflugzeug vorangehen werde und daß sich eine ausländische Macht an den Kosten beteiligen würde. Doch waren auch einige Admirale von bösen Ahnungen erfüllt, denn der Preis für die Rettung war tatsächlich sehr hoch: sie hatten nicht mehr vor allen anderen Ländern einen technologischen Vorsprung. Es war das alte Dilemma der Admirale im viktorianischen Großbritannien gewesen, die die Werften von Armstrong und Vickers gern exportieren ließen, damit das Ausland die Kosten der Technologie bezahlte; aber der Export konnte sie rasch ihres technischen Vorsprungs berauben und das Wettrüsten noch mehr beschleunigen.

Grummans Schicksal wendete sich bald, und das Bohren und Hämmern nahm wieder an Klangfülle zu, als die Arbeiter die fliegenden Computer montierten. Ging man durch den Hangar, konnte man nicht umhin, über die Beflissenheit und Präzision und all die komplizierten Technologien zu staunen, die für diese todbringenden Maschinen aufgewandt wurden, jede so teuer wie ein kleines Krankenhaus. Ein Schild war an jedem Flugzeug befestigt, auf dem ein gestreifter Kater zu sehen war, der eine Zigarre rauchte und in einer Hand einen Revolver hielt: er symbolisierte sehr gut die seltsame Atmosphäre dieses Ortes – halb Spielzeugladen, halb Todesfabrik.

Einige Flugzeuge trugen ein zusätzliches Schild mit den Worten «Kaiserlich-iranische Luftwaffe», im Januar 1976, dem Terminplan voraus, wurde der erste Tomcat an den Iran geliefert. Das Geschäft mit dem Iran veränderte bald das ganze Erscheinungsbild der Firma, die nicht nur Flugzeuge, sondern auch Ingenieure, Kaufleute und Ausbilder für die iranischen Piloten hinüberschickte. Die Grumman-Kolonie im Iran zählte 1976 einschließlich der Familienangehörigen achthundert Köpfe, und oft kamen iranische Offiziere nach Long Island.

Auf der Aktionärsversammlung im Mai 1976 war Grummans Stimmung jubilierend. Tausend Aktionäre versammelten sich auf der Rollbahn, um den Tomcat in Augenschein zu nehmen. John Bierwirth erklärte, die Firma Grumman habe 1975 dank der Marine und dem Iran mit $ 1,3 Milliarden den größten Umsatz ihrer Geschichte erzielt und hoffe jetzt, den Tomcat noch an viele andere ausländische Kunden zu verkaufen, unter anderem an Saudi-Arabien, Japan, Kanada und Australien. Er setzte sich einen Export in Höhe von 30 Prozent der Gesamtproduktion zum Ziel.

Mit seinem Tauschgeschäft Öl gegen Waffen war der Iran bereits zum Schrittmacher für andere waffenkaufende Länder geworden. «Dies sind die Auswirkungen von zwei Faktoren», sagte Senator Church im September 1976 bei der Eröffnung der Hearings über die Grumman-Verkäufe, «die so viel dazu beigetragen haben, daß die Regierung der Vereinigten Staaten zum führenden Waffenhändler der Welt geworden ist. Erstens die draufgängerische Werbung amerikanischer Rüstungsfirmen, ungehindert durch eine wirksame Überwachung der Regierung der Vereinigten Staaten. Zweitens die embryonalen Anfänge des Teufelskreises, in dem wir jetzt gefangen sind – der Hunger nach hochentwickelten Waffen nährt den Bedarf an Einnahmen, um die Waffen zu bezahlen, wodurch der Druck verstärkt wird, den Ölpreis zu erhöhen.»[19]

Die Verbindung zwischen Grumman und dem Iran war nicht ohne Spannungen. Im April 1975 war der stellvertretende Kriegsminister, General Toufanian, von einem amerikanischen Freund darauf aufmerksam gemacht worden, daß die Brüder Lavi von Grumman als Agenten angestellt worden seien; der General beschwerte sich (nach seinem eigenen Bericht) beim Pentagon und bei Grumman, und ihm wurde versichert, es gebe keinen solchen Agenten. Aber später wurde bekannt, daß Grumman $ 28 Millionen an Agenten bezahlt hatte, der General empörte sich öffentlich. Auf einer Pressekonferenz erklärte er den Reportern: «Das zeigt, daß die ausländischen Firmen uns ausplündern wollen. Wir werden das nicht zulassen und ihnen das zusätzliche Geld wieder abnehmen.»[20] Houshang Lavi warf seinerseits dem General vor, er habe selbst Schmiergelder erhalten, aber Toufanian bestand weiterhin darauf, daß die $ 28 Millionen zurückgezahlt werden müßten.[21]

Die Firma Grumman war nicht die einzige, die sich durch ihre Agenten Unannehmlichkeiten zuzog. Ihren Bräuchen getreu, hatten sich auch die Northrop-Leute nicht damit begnügt, Roosevelt als ihren Vertreter anzuheuern, sondern auch große Summen bezahlt, besonders für ein Projekt der Fernmeldetechnik, an dem noch drei andere Firmen beteiligt waren, Siemens, Nippon Electric und General Telephone and Electronics. Dafür hatten sie mehrere hunderttausend Dollar an Prinz Chahram gezahlt, einen Neffen des Schahs. 600000 Dollar waren in einen Schmiergeldfonds in der Schweiz eingezahlt, wovon ein Teil angeblich an iranische Beamte ging. Die iranische Regierung verlangte später, Northrop solle $ 8 Millionen zur Strafe für die Bestechungen zurückzahlen. Northrop war schließlich zu einem Preisnachlaß von zwei Millionen Dollar bereit.[22]

Aber jetzt stellte der Schah mit seiner gesamten Aufrüstung neue Rekorde auf. 1975 gehörten zu seinem Arsenal 300 Chieftain-Panzer (weitere 1680 waren bestellt), 860 Panzer mittlerer Größe (weitere 250 Scorpion-Panzer waren bestellt), drei Zerstörer (weitere sechs Zerstörer und drei U-Boote waren bestellt) und insgesamt 238 Kampfflugzeuge, während 349 Jäger, darunter die Tomcats, bestellt waren. Seine Gesamtrüstungsausgaben für 1975–76 wurden auf $ 10,405 Milliarden oder fast ein Drittel des iranischen Bruttosozialprodukts geschätzt und lagen damit um ein weniges über den Rüstungsausgaben von Großbritannien ($ 9,974 Milliarden), dessen Bruttosozialprodukt indes fünfmal so hoch war wie das iranische.[23]

Bei einem Gespräch mit dem Schah im Februar 1975 erkundigte ich mich nach dem Umfang seiner Ausgaben, und er antwortete: «Ich hoffe, meine guten Freunde in Europa und den Vereinigten Staaten und anderswo werden schließlich einsehen, daß es absolut keinen Unterschied zwischen dem Iran und Frankreich, Großbritannien und Deutschland gibt. Warum finden Sie es absolut normal, daß Frankreich soviel Geld für seine Armee ausgibt, bei meinem Land aber nicht?» Er betonte, «je mächtiger wir werden, um so verantwortlicher fühlen wir uns», und fügte hinzu: «Wir wollen kein Land von anderen, wir haben genug. Außerdem hätten wir alle diese lästigen Leute sehr viel mehr unterdrücken können, aber wir haben es nicht getan ... Unsere Truppenstärke, die wir jetzt im Persischen Golf haben, ist zehnmal, zwanzigmal größer als diejenige, die die Briten je hatten.»[24]

Das kalifornische Bündnis

Der Zustrom von Waffen in den Iran hielt unvermindert an. Im August 1976 veröffentlichte der Senatsausschuß für auswärtige Beziehungen einen gut dokumentierten Bericht über die iranische Aufrüstung, der zeigte, daß Nixons Nachgiebigkeit einen Verlust an Kontrolle bewirkt und den Rüstungsfirmen eine Goldgrube beschert hatte, während die vielen Amerikaner, die sich im Iran aufhielten, in einer Krise womöglich als Geiseln ausgenutzt werden könnten. Doch das Außenministerium widersprach sofort und erklärte, die Waffenlieferungen seien ein natürliches Ergebnis der Nixon-Doktrin. Zur gleichen Zeit, in der der Senatsbericht veröffentlicht wurde, war Kissinger wieder im Iran und versprach dem Schah noch modernere Waffen. Auf einer Pressekonferenz betonte der Schah, die Entscheidung darüber, was das Land brauche, müsse dem Iran überlassen bleiben, und drohte von neuem damit, er werde seine Waffen anderswo kaufen. «Wenn ihr nicht die Politik verfolgt, euren Freunden zur Seite zu stehen, die ihr eigenes Geld ausgeben und bereit seid, ihr Blut zu vergießen, dann ist die Alternative eine nukleare Katastrophe oder weitere Vietnams.»[25]

Kurz nach Kissingers Besuch wurde dem Schah zugestanden, 160 F-16-Jäger von General Dynamics (die gerade von der NATO[26] bestellt worden waren) im Wert von etwa $ 3,4 Milliarden zu kaufen, außerdem Raketen für weitere $ 600 Millionen.[27]

Tom Jones machte sich jetzt seine Freundschaft voll zunutze. Im September 1976 flog er nach Teheran zu einer Audienz beim Schah, um ihn zu überreden, einige F-18-Maschinen zu kaufen – die neue Version der Cobra, die von Northrop und McDonnell Douglas gemeinsam für die amerikanische Marine entwickelt wurde. Kurz danach schrieb der Schah an das Pentagon und verlangte das Flugzeug; mehrere Pentagon-Beamte hatten den starken Verdacht, daß Tom Jones den Brief selbst geschrieben hatte. Der Schah diente in der Tat als ein Agent von Northrop. Ein Agent, dem etwas abzuschlagen schwierig war.

Fast alle Rüstungsfirmen blickten jetzt erwartungsvoll auf den Schah. Als ich im Sommer 1976 in Kalifornien war, schien der Schah überall versteckt zu sein, unter jeder Bilanz, in jeder Prognose zukünftiger Gewinne. «Wo immer man sich heute im Iran aufhält», schrieb die Zeitschrift *California Business*, «man wird wahrscheinlich jemanden treffen, der mit einer in Kalifornien beheimateten Firma zu tun hat . . . Einsam? Wie wär's mit einer Reise nach Iran?» Northrop erzielte Rekordgewinne durch den Export von 140 Tiger-Jägern nach Iran, eine 50 %ige Beteiligung an der Iran Aircraft Industries und den Anteil an dem Fernmelde-Konsortium – und die F-18 standen ja noch in Aussicht. Lockheed hatte dem Schah nicht nur vierundsechzig Hercules-Transportmaschinen und sechs Orion-Aufklärungsmaschinen verkauft, sondern auch den Auftrag für ein kostspieliges Inventursystem mit Namen Peacelog erhalten, um über die ganzen Rüstungsbestände auf dem laufenden zu bleiben, eine Aufgabe, die schon selbst eine kleine Industrie ist.

Die iranischen Aufträge hatten ein ganzes Netz neuer Beziehungen geknüpft, von denen einige sehr diskret sind. Im Hilton Hotel in Anaheim in der Nähe von Disneyland beobachtete ich einen Autobus, der eine ganze Ladung junger Iraner ausspuckte, die dann in einer abgesonderten Imbißstube verschwanden, in der iranische Gerichte serviert werden. Wie sich herausstellte, bewohnten sie einen ganzen Flügel des Hotels, von iranischer Musik berieselt, wo sie von den anderen Iranern sorgfältig getrennt gehalten werden, während ihre Lehrer zur Verschwiegenheit über ihr Tun und Treiben verpflichtet worden waren. Ich erfuhr, daß sie an einem ganz geheimen Nachrichtenprojekt Ibex (nach dem Alpensteinblick so genannt) arbeiteten, das die Rockwell Corporation in Anaheim mit einem geschätzten Kostenaufwand von über $ 500 Millionen betrieb. Das Projekt hatte in Washington einige Bedenken ausgelöst, denn Rockwell hatte ehemalige Angehörige der

National Security Agency zur Ausbildung der Iraner angestellt. Ibex wurde als ein hochentwickeltes elektronisches Nachrichtensystem beschrieben, das an den Grenzen des Iran zum Schutz gegen drohende Angriff errichtet werden sollte. Aber einige Iraner hegten auch den Verdacht, daß es ein ausgedehntes «Wanzen»-System einschloß, um Gespräche von Iranern im Lande selbst abzuhören – was die sorgfältige Geheimhaltung erklären könnte.

Welches Anwendungsgebiet Ibex auch haben mochte, die Durchführung des Projektes stieß bald auf Schwierigkeiten. Ängstlich bestrebt, den Auftrag zu erhalten, hatten die Firma Rockwell wie Grumman, Northrop und die anderen ihre Zuflucht zu geheimen Agenten genommen; und sie hatte – unter anderem – Zahlungen an einen geheimen Agenten, Abolfath Mahvi, mit Postanschrift auf Bermuda versprochen, dessen Einschaltung General Toufanian erboste. Aber es gab noch schlimmere Probleme. Die jungen Trainees in dem Hotel in Anaheim begannen unter schweren psychischen Störungen zu leiden, als ihr Kursus den Höhepunkt erreichte; schließlich wurde heimlich ein Psychiater vom Außenministerium entsandt, um Rat und Hilfe zu erteilen. Als die Montage der Anlage im Iran begann, war es zweifelhaft, ob sie überhaupt funktionieren würde. Der amerikanische Botschafter Richard Helms wollte mit der Angelegenheit nichts zu tun haben. Nun war die CIA, die schon bei den Vorbereitungen des Projekts die Hand im Spiel gehabt hatte, viel stärker engagiert.

Der Schah vermutete, daß ihm ein wertloses System verkauft worden sei, und beklagte sich bitter über die Schikanen des Pentagon. Die Manager von Rockwell mit ihrer Aura der Geheimniskrämerei wurden immer unbeliebter. Im August 1976 fuhren drei von ihnen durch Teheran. Ein roter Volkswagen fädelte sich vor ihnen ein, ein kleiner Bus rammte sie von hinten. Eine Bande Terroristen erschien, bewaffnet mit polnischen Maschinengewehren, und erschoß die drei Amerikaner.[28]

Die Ibex-Morde riefen Entsetzen unter den anderen amerikanischen Angestellten im Iran hervor, und einige verließen schleunigst das Land. Die ganze Entwicklung veranschaulichte viele der Probleme, die die neue Verpflichtung gegenüber dem Iran und die wirklichen Konsequenzen der Nixon-Doktrin mit sich brachten. Das Pentagon und die CIA hatten gehofft, sie könnte ihre Rüstungsziele erreichen, indem sie es dem Schah überließen, dafür zu bezahlen, und indem sie den größten Teil des Personals stellten. Aber die Begierde des Schahs, zu kaufen, und die Begierde der Firmen, zu verkaufen, waren über das Ziel geschossen. Die Iraner waren zu unerfahren, die tatsächliche Zweckmäßigkeit des Kriegsmaterials war nie nachgewiesen worden, und die Fehler erforderten ein zunehmendes Engagement von Amerikanern, deren Präsenz jetzt allzu sichtbar war. Die Idee der Nixon-Doktrin, nämlich Waffen ohne Truppen, hatte ihren Sinn verändert. Die Waffen stellten ihre eigenen Forderungen nach «technischen Söldnern» und schufen ihre eigene Art von Neokolonialismus, während der Schah entschlossen war, seine Autorität geltend zu machen. Eine explosive Mischung.

Kapitel 15

Das Jahrhundertgeschäft

Was wirklich auf dem Spiel steht, ist, ob Europa eine Flugzeugindustrie haben wird oder zu einem unfreiwilligen Absatzmarkt für Amerika wird.

General Hugues de l'Estoile, 1973

Während Tom Jones von Northrop die Absatzmöglichkeiten im Nahen Osten ausschöpfte, hielt er den Blick ständig auf Europa gerichtet, das immer noch die Kampffront für die fortschrittlichsten Waffen außerhalb von Amerika war. Und Ende der sechziger Jahre bestand wieder Aussicht auf eine gewaltige europäische Beute. Die alternden Starfighter, unerprobt im Kampf, mußten bei den kleineren europäischen Nationen bald durch eine neue Generation leichter Jäger ersetzt werden, und es war nicht ausgeschlossen, daß andere Länder dem Beispiel der kleineren folgen würden. Die Luft- und Raumfahrtfirmen rüsteten sich für eine neue Schlacht um Europa, deren Siegespreis das Jahrhundertgeschäft sein würde, wie die Belgier es als erste nannten: *le marché du siècle.*

Dieselben Fragen tauchten auf wie ein Jahrzehnt zuvor: die Eigenart der atlantischen Allianz, die Notwendigkeit einer gemeinsamen europäischen Technologie, das Problem der Standardisierung. Aber in den dazwischenliegenden Jahren waren die Einsätze höher geworden, und die Regierungen spielten eine aktivere Rolle; Druckausübung und Lobbying betrieben jetzt ebenso die Diplomaten und Beamten der Verteidigungsministerien wie die Firmen. Paris und Washington hatten sich die Lehren aus der Starfighter-Schlacht zu Herzen genommen. Die zu treffende Wahl würde sich nicht nur auf die Zukunft der Raum- und Luftfahrtindustrie, sondern auch auf den politischen Charakter und die Entwicklung Europas auswirken. Die Schlacht war zu wichtig, um sie den Bossen der Luft- und Raumfahrtindustrie zu überlassen.

Tom Jones hatte Europa schon lange als Absatzmarkt für seinen neuen, leichten Jäger, die Cobra oder F-17, im Auge gehabt, mit dessen Entwurf (unter der Bezeichnung P-530) Northrop 1966 begonnen hatte. Als die Aussicht auf den NATO-Jäger in greifbare Nähe rückte, brachte Jones sein geheimes Netz ins Spiel, um den Kampf vorzubereiten. Sein Agent in Washington, Frank DeFrancis, mit seinen besonderen Beziehungen zur Bundesrepublik hatte viel Zeit auf den Versuch verwandt, dem britisch-deutschen Mehrkampfflugzeug MRCA, später Tornado genannt, das Wasser abzugraben: «Ich habe den MRCA mit allen Fasern meines Seins bekämpft, denn ich wußte, daß außer zwei Nationen niemand ihn unterstützen würde.»[2] Tom Jones hatte auch versucht, den Schah einzuspannen, wie wir im letzten Kapitel gesehen haben, um Dr. Kiesinger, dem damaligen Bundeskanzler, die Vorteile der Cobra deutlich zu machen. Ebenfalls brachte er Prinz Bernhard ins Spiel, nachdem dieser sich so tatkräftig für den Northrop-Tiger eingesetzt hatte, und Anfang 1971 wurden Bernhards Bemühungen in Deutschland kurz sichtbar: er sprach in Bonn mit Helmut Schmidt, damals Bundesverteidigungsminister, über die Vorzüge der Cobra, während Tom Jones selbst Schmidts Staatssekretär, Dr. Mommsen, besuchte. Schmidt schrieb an den damaligen niederländischen Verteidigungsminister Willem den Toom über die Cobra, behauptete aber später, daß er nicht die Absicht gehabt habe, sie zu kaufen.[3]

Tom Jones konnte sich auch auf seinen beachtlichen geheimen Vertreter in Paris, General Paul Stehlin, verlassen. Der pensionierte General hatte, wie wir gesehen haben, seit 1964 jährlich $ 5000 erhalten, die später auf jährlich $ 6000 erhöht wurden, aber es bedurfte kaum dieses bescheidenen Honorars, um ihn für das atlantische Bündnis zu verpflichten, denn er war leidenschaftlich pro-amerikanisch und ein Gegner der gaullistischen Politik und verfocht diese Überzeugung zum Nachteil seiner eigenen Karriere. Bis 1968 war er ganz offiziell der Vertreter von Hughes Aircraft, einer weiteren Firma aus Los Angeles, gewesen; in jenem Jahr wurde er Abgeordneter im französischen Parlament, zu dessem Vizepräsidenten er später gewählt wurde. Ende 1972 veröffentlichte er ein freimütiges Buch mit dem Titel *La Force d'Illusion*, in dem er den Niedergang der NATO, die zunehmende kommunistische Bedrohung und die Sinnlosigkeit von Frankreichs Bemühungen um Unabhängigkeit darlegte.

Als Gegenleistung für sein Honorar schrieb Stehlin regelmäßig Briefe an Tom Jones und beriet ihn vertraulich. Im Januar 1973 schickte er eine seiner «höchst scharfsichtigen Analysen» (wie Jones sie nannte) nach Los Angeles und erwähnte nebenbei, daß er gerade eine neue Wohnung in der Rue de Cirque bezogen habe, «ganz nahe am Elysée-Palast». Es war kurz vor den Parlamentswahlen, und Stehlin beurteilte die mißliche Lage der europäischen Flugzeugindustrie sehr treffend:

«Wegen der hohen Kosten von Flugzeugen, solange sie in kleinen Mengen hergestellt werden, beklagen sich die betroffenen Luftwaffen – die britische, deutsche und französische – über den raschen Rückgang ihrer Stärke. In Frankreich war zum Beispiel Dassault bis zu einem gewissen Grad in der Lage, größere Serien zu bauen, da die Firma Exportmöglichkeiten hatte. Damit scheint es, jedenfalls vorläufig, vorbei zu sein. Dassault droht, einen Teil seiner Werke zu schließen, wenn die Regierung ihre Aufträge nicht erhöht.»

Stehlin drängte Jones, eine Pressekampagne zu starten, die darlegen würde, daß die Cobra von Northrop ein billiges taktisches Flugzeug für alle NATO-Länder wäre und die Kosten weitaus geringer als die der verschiedenen nationalen Projekte.[5]

Es stimmte, wie Stehlin berichtete, daß die europäische Flugzeugindustrie sehr zersplittert war. Dennoch gab es zwei ernstzunehmende europäische Bewerber um das Jahrhundertgeschäft. Großbritannien war aus dem Rennen ausgeschieden, denn weder BAC noch Hawker Siddeley hatte einen geeigneten leichten Jäger anzubieten. Warum die britische Regierung nicht eine der beiden Firmen finanzierte, ist nach wie vor ein Rätsel. Großbritannien arbeitete mit Frankreich zusammen, um den Jaguar herzustellen, einen leichten Kampfaufklärer, was Dassault nicht davon abhielt, sein eigenes fortgeschrittenes Flugzeug voranzutreiben, die Mirage F 1, die unter Ausschluß von fast allem anderen gefördert wurde. Und das englisch-deutsche Projekt, der MRCA oder Tornado, war zu schwer und für lange Strecken konzipiert, so daß er als NATO-Jäger nicht in Frage kam. In der Luft- und Raumfahrtindustrie besteht der Verdacht, daß die Engländer den Amerikanern versprachen, sich aus dem Streit herauszuhalten; ob Großbritannien dafür irgendein Vorteil eingeräumt wurde, ist nicht bekannt.

Die Schweden dagegen, deren Bevölkerung nur ein Siebentel und deren Flugzeugindustrie sogar nur ein Zwanzigstel der britischen beträgt, boten einen recht vielversprechenden Kandidaten an. Die schwedische Firma Saab, die Autos und Flugzeuge herstellt und von einem sehr kosmopolitischen Technokraten, Curt Mileikowsky, geleitet wird, war viel kompakter und besser integriert als ihre britischen Gegenspieler; auch konnte die schwedische Luftwaffe viel deutlicher klarmachen, was sie brauchte. Drei Tage, nachdem die britische Regierung 1965 ihren TSR-2-Jagdbomber storniert hatte, brachte die schwedische Regierung im Parlament einen Gesetzentwurf ein über die Entwicklung eines neuen Saab-Flugzeuges mit Namen Viggen oder Thunderbolt, lieferbar 1971.[6] Es war, wie sich später herausstellte, wahrscheinlich Schwedens letzter Versuch, als selbständiger Flugzeughersteller am Leben zu bleiben, denn die Kosten wurden bei einem so kleinen Absatzmarkt unerschwinglich. Doch 1969 flogen sechs Prototyp-Viggen, und das Flugzeug war so erfolgreich, daß es auch für andere Länder in Frage kam. «Ich schätzte unsere Chance nur auf 8 Prozent», sagte Mileikowsky zu mir, «aber es lohnte sich, diese Herausforderung anzunehmen.»

Als Neutrale haben die Schweden vielleicht den politischen Faktor bei der Entscheidung unterschätzt. Sie sahen, daß ihre Nachbarn Norwegen und Dänemark ihr Flugzeug begrüßten als ein Mittel zu skandinavischer industrieller Kooperation, und sie versprachen sehr großzügig, «den anderen auch einmal einen Stein in den Garten zu werfen», das heißt, ihnen als Entgelt für die Flugzeuge andere Waren abzukaufen. Aber sie stellten die NATO-Loyalität ihrer Nachbarn und die Angst, Amerikas Schutz zu verlieren, nicht voll in Rechnung.

Daussault in Frankreich war wieder einmal entschlossen, die Amerikaner herauszufordern und ein Flugzeug zu konstruieren, das allen NATO-Ländern zusagen würde – obwohl Frankreich der NATO ja nur halbherzig angehört. Dassault hatte bereits auf eigene Kappe die neue leichte Mirage F 1 entwickelt, die zuerst 1969 flog; sie war viel manövrierfähiger als die Mirage III und hatte einen größeren Aktionsradius. Die Verkäufer der französischen Regierung in der Délégation Ministérielle pour l'Armement forderten Dassault auf, eine Mehrzweckversion des Flugzeuges zu entwickeln, damit es für die NATO in Frage käme, das dann F1E (E = Europa) heißen sollte. Die Franzosen waren sich darüber klar, daß die Entscheidung höchst politisch sein würde, und begannen die vier Nationen tatkräftig zu bearbeiten, die ihre Kunden werden sollten, wobei sie ihre größten Hoffnungen auf ihre Nachbarn Belgien und Holland setzten. Der Dassault-Vertreter in den Niederlanden, Jan Botterman, wurde aktiv bei holländischen Parlamentsmitgliedern, darunter ein Sozialist, Piet Dankert, der sich später (ebenso wie ein anderer Parlamentarier) beschwerte, ihm sei eine große Bestechung angeboten worden. Bei dem anschließenden Prozeß kam der Staatsanwalt zu dem Schluß, Botterman sei zwar zu weit gegangen, aber Dankert habe «zugelassen, daß eine Atmosphäre geschaffen wurde, in der bezüglich Korruption alles möglich war». Botterman wurde freigesprochen.[7] Aber Dassault übte zweifellos in den Niederlanden und auch in Belgien anhaltenden Druck aus.

Northorp, Dassault und Saab waren zunächst die einzigen Wettbewerber. In den europäischen Hauptstädten erreichte das Lobbying einen Höhepunkt. Die vier kleinen Länder an der «Nordflanke» der NATO, Niederlande, Belgien, Norwegen und Dänemark – beschlossen nach dem Rat eines Sachverständigenausschusses, dasselbe Flugzeug zu wählen. Die Franzosen stellten die Entscheidung als ein Ringen um Europas Identität hin; obwohl die Mirage im wesentlichen eine französische Konzeption war, wurde sie jetzt als ein europäisches Unterfangen gepriesen. Als der französische Premierminister Jacques Chirac im August 1974 Dänemark besuchte, erklärte er, die

Entscheidung würde «ein Test des politischen Willens zu einem geeinten Europa» sein, die Wahl eines amerikanischen Flugzeugs wäre eine Niederlage für die europäische Technologie. Zeitungsartikel erinnerten die Öffentlichkeit eifrig an die Starfighter-Katastrophen.

Die Niederlande wurden als Northrops Einflußsphäre angesehen, teils wegen ihrer besonderen NATO-Loyalität, teils wegen Northrops Beteiligung an der Firma Fokker (obwohl Prinz Bernhards ganz besondere Beziehung damals noch nicht publik war). Als der Abgeordnete Piet Dankert im Oktober 1974 mit seinen Behauptungen über Dassaults Bestechungen herauskam, übte die holländische Presse scharfe Kritik an Dassaults gewissenlosen Methoden. Marcel Dassault beklagte sich über die «Verleumdungskampagne» und «gemeinen Machenschaften». Tatsächlich gab es innerhalb des niederländischen Kabinetts eine starke Gruppe, die es vorgezogen hätte, kein amerikanisches Flugzeug zu kaufen, zu ihr gehörte der redselige Verteidigungsminister Henk Vredeling. Aber der von der Firma Dassault ausgeübte Druck rief jetzt unerwünschte Ergebnisse hervor. «Ihr törichten Franzosen!» äußerte sich später ein Minister einem französischen Diplomaten gegenüber. «Wir wollten uns für euch entscheiden, aber ihr seid zu weit gegangen!»

Belgien war Dassaults große Hoffnung, denn die Französisch sprechende Bevölkerung war Frankreich gegenüber loyal, und Belgien hatte für seine Luftwaffe schon zweiundsiebzig frühere Mirage gekauft. Der Verteidigungsminister Paul Vanden Boeynants bewunderte Dassaults Flugzeuge. Er war früher im Aufsichtsrat der belgischen Philips-Gesellschaft gewesen, die an der Mirage-Herstellung in Lizenz in Belgien beteiligt war. Gerüchte schwirrten durch Brüssel, daß belgische Abgeordnete von der einen oder anderen Seite bestochen würden. Auch Northrop verstärkte den Druck, als der entscheidende Termin näherrückte, und von Paris aus wurde General Stehlin zu einer übereilten Intervention angestachelt. Im September 1974 schrieb er einen Brief an den neuen Präsidenten Giscard d'Estaing, in dem er behauptete, die europäischen Luftwaffen- und Flugzeugindustrien würden viel mehr von einer Kooperation mit Amerika haben. «Die Wahl eines französischen Flugzeugs», schrieb er, «wird ein großer kommerzieller Erfolg für Dassault sein, aber wiederum auf Kosten der französischen Staatsfinanzen.»

Stehlin schickte Kopien seines unvorsichtigen Briefes an hohe Beamte der vier NATO-Länder, und eine davon gelangte bald in den Besitz von General de Bénouville, dem Generaldirektor von Dassault, der auch französischer Abgeordneter war. Er hatte ihn von einem hohen belgischen Offizier erhalten, der zwar persönlich (wie er erklärte) auch für ein amerikanisches Flugzeug sei, aber empört, daß sich ein französischer Offizier für ein nicht-französisches Flugzeug einsetze.[8] De Bénouville ging mit der Briefkopie sofort zu Premierminister Jaques Chirac und behauptete, «Stehlin redet Unsinn». Eine bittere Debatte entspann sich um die Generäle und Abgeordneten, die beide (wie später durchsickerte) im Dienst von Flugzeugfirmen standen, über Patriotismus und Ehre. *Le Monde* bemerkte dazu sarkastisch, Politiker sprechen jetzt von «militärischer Ehre», als ob Frankreich sich mit Amerika im Krieg befände. Was denn das Rüstungsgeschäft, ob es sich nun um seine Ziele oder Methoden handele, überhaupt mit Ehre zu tun habe? Das wirkliche Problem, meinte *Le Monde*, sei die Verquickung von Politik und Geschäft auf beiden Seiten; und die Zeitung forderte Stehlins Rücktritt – «auf den einige andere im französischen Parlament folgen sollten».[9]

Marcel Dassault griff selbst in den Streit ein und schrieb an den *Figaro*, um die Leser daran zu erinnern, daß Stehlin früher Hughes Aircraft vertreten hatte, und meinte, Stehlins Intervention sei einfach eine Bekundung von Dankbarkeit seinen früheren Arbeitgebern gegenüber. Vielleicht, spekulierte er, werde der Cobra-Jäger zu guter Letzt mit Hughes-Waffen ausgerüstet? Er schlug einen Wettbewerb zwischen den drei Hauptkonkurrenten um das NATO-Flugzeug vor – Mirage, Cobra und Viggen. Mittlerweile verlangten viele Abgeordnete, Stehlin solle als Vizepräsident der Nationalversammlung entlassen werden, kurz darauf trat er zurück, blieb als Abgeordneter aber unbußfertig in seiner Opposition gegen Dassault.

Doch während all dieses wütenden Lobbyings nahm der wirkliche Druck vom Pentagon und der Luftwaffe der Vereinigten Staaten zu. Der Verteidigungsminister, James Schlesinger, wollte unbedingt dasselbe Flugzeug auf beiden Seiten des Atlantik haben – im Gegensatz zum Starfighter, den die amerikanische Luftwaffe nie übernommen hatte. Das Pentagon war entschlossen, seinen ganzen Einfluß auszuüben, um die Europäer zum Kauf eines amerikanischen Flugzeuges zu überreden, während auch der Kongreß immer ungehaltener wurde, weil die Europäer nicht bereit waren, für ihre eigene Verteidigung zu bezahlen. Die Luftwaffe war bereits zu dem Schluß gekommen, daß sie ein leichtes Kampfflugzeug brauchte, viel billiger und leichter als der Tomcat der Marine. Lockheed war diesmal bald aus dem Rennen ausgeschieden, denn Kelly Johnson, der Meisterkonstrukteur, der die U 2 und den Starfighter entworfen hatte, konnte sich mit den Spezifikationen der Luftwaffe nicht einverstanden erklären. Und im April 1972 waren die fünf Bewerber unter den Firmen auf zwei zusammengeschmolzen: Northrop und General Dynamics. Die Luftwaffe forderte Northrop auf, einen Prototyp der F 17 oder Cobra herzustellen, und General Dynamics forderte sie auf, die F 16 herzustellen. Hätten die Europäer ihre Wahl vor der amerikanischen Luftwaffe getroffen, hätte Northrop wahrscheinlich gewonnen; jetzt unterlag die Firma der Pentagon-Politik.

General Dynamics hatte eine alte Tradition im Rüstungsgeschäft, die bis zu den U-Booten von Electric Boat zurückreichte, jener Firma, die vor dem

Ersten Weltkrieg mit Vickers zusammengearbeitet hatte.[10] Electric Boat hatte in den fünfziger Jahren mit anderen Unternehmen fusioniert, darunter Convair Aircraft, und es war ein ehrgeiziger neuer Konzern entstanden, General Dynamics, einer der ersten großen Mischkonzerne, der nicht nur Rüstungsgüter wie Raketen, Flugzeuge und Atom-U-Boote herstellte, sondern der auch Baumaterial, Fernmeldeanlagen und Kohle förderte. Sein letztes großes Flugzeugprojekt war die F 111 gewesen, das Flugzeug mit der variablen Tragflügelgeometrie, das McNamara für die Marine, die Luftwaffe und auch für Großbritannien vorgesehen hatte. Aber das Flugzeug hatte die Kosten stark überschritten, die Marine hat es nicht akzeptiert, und in Vietnam gab es mehrere Abstürze. Seit 1973 wurde es von der Luftwaffe nicht mehr bestellt, die sich für Rockwells neuen B 1-Bomber entschieden hatte. General Dynamics brauchte also dringend einen neuen Auftrag für die riesige Flugzeugfabrik in Fort Worth in Texas und begann einen heftigen Konkurrenzkampf mit Northrop. Die F 16, die einige Vorzüge der F 111 aufwies, war ein gutes Gegenstück zur Cobra und sagte der Luftwaffe zu, weil sie eine Ergänzung zu ihrem früheren Flugzeug, F 15 (Eagle) war. Das ganze Jahr 1974 hindurch zeigten die Maschinen im Vergleich miteinander, was sie konnten. Die F 16 flog mit Mach 2 bis 60000 Fuß hoch, warf zehn 2000-Pfund-Bomben ab, feuerte 13000 Schuß mit 20-mm-Munition, flog bis zu drei Stunden ohne Nachtanken; im Januar 1975 erhielt General Dynamics den Auftrag der Luftwaffe mit der Möglichkeit, daß 650 Flugzeuge bestellt werden würden.[11]

Für General Dynamics bedeutete das nicht nur Gewinn und Arbeitsplätze in Texas, sondern auch eine gute Chance, den NATO-Auftrag ebenfalls zu erhalten. Aber im Gegensatz zu ihren Kollegen bei Northrop kannten sich die Manager von General Dynamics in der Außenwelt nicht gut aus. Sie saßen in ihren Büros in Texas oder Missouri und hatten wenig Kontakte mit Europa, vielleicht wußten sie nicht einmal genau, wo Holland oder Dänemark lag. James Schlesinger in Washington wollte indes die Standardisierung erreichen und trieb sie in den Kampf, wobei er ihnen die volle Unterstützung des Pentagon zusagte. Die Situation von General Dynamics war fast das Gegenteil von Lockheeds Lage fünfzehn Jahre zuvor; nur widerstrebend ließ sich die Firma in den Streit hineinziehen und war froh, daß «Onkel Sam das Lobbying besorgte».[12]

In den ersten fünf Monaten des Jahres 1975 war der Kampf um das NATO-Flugzeug heiß. Northrop wurde bald auch von den Europäern abgelehnt, die übereinstimmend meinten, wenn schon ein amerikanisches Flugzeug, dann müsse es standardisiert sein. (Die Firma bekam allerdings bald eine neue Chance, denn ihre Cobra wurde später mit einem McDonnell-Douglas-Projekt zusammengelegt, um ein neues Flugzeug, die F 18, für die amerikanische Marine herzustellen.) Aber auch die Schweden hatten noch nicht aufgegeben und boten immer verlockendere Ausgleichsabmachungen an. Und Dassault und die französische Regierung nahmen ihre Offensive gegen den neuen amerikanischen Eindringling wieder auf. Sie legten Vorschläge für die zukünftigte Integration der gesamten europäischen Flugzeugindustrie einschließlich der verstaatlichten französischen Firma Aérospatiale vor und versicherten den anderen Ländern, daß Frankreich voll in die NATO integriert sein würde.[13]

Auf Drängen von Schlesinger hatte General Dynamics im Februar ein Marketing-Team aus Texas aufgestellt, das die Runde in den europäischen Hauptstädten machen sollte. Dassault senkte den Preis der Mirage und bot den anderen Ländern verlockendere Kompensationen an. Wie Lockheed früher, sah General Dynamics vor, daß alle Flugzeuge in Europa gebaut werden sollten, aber mit attraktiveren Anreizen für jedes der vier Länder, um zu beweisen, daß es wirklich ein europäisches Flugzeug sein würde. Und die Firma versprach den Europäern einen Gewinn- und Produktionsanteil an allen an die Dritte Welt verkauften Flugzeugen, die sich, wie sie stark übertrieben, auf zweitausend Maschinen belaufen würden.

Das Pentagon machte jetzt in den europäischen Hauptstädten unbarmherzig Reklame für das General-Dynamics-Flugzeug und erinnerte die nervösen Norweger und Niederländer daran, daß die NATO standardisiert werden müsse. Wenn sie kein amerikanisches Flugzeug kauften, werde die ganze Zukunft der europäischen Verteidigung durch Amerika ungewiß. Der Druck, der beim Kampf um den Starfighter noch so hintergründig angedeutet worden war, wurde nun ganz offen ausgeübt. Die Belgier schwankten immer noch. Das Pentagon spannte jetzt Präsident Ford ein, der zu einer NATO-Tagung nach Brüssel flog und darauf bestand, die Sache mit Ministerpräsident Leo Tindemans zu besprechen. («Können Sie sich vorstellen», fragte mich ein Dassault-Manager, «daß wir unseren Präsidenten als Vertreter einsetzen?») Die Franzosen buhlten dann ihrerseits um die Belgier, indem sie anboten, belgische Gewehre zu kaufen, wenn die Belgier die Mirage kauften.

Die vier NATO-Regierungen konnten sich immer noch nicht einig werden. Im April gab es eine neue Krise, als auf dem Parteitag der niederländischen Sozialdemokraten eine Resolution verabschiedet wurde, daß alle drei Flugzeuge zu teuer und zu provozierend seien. Es wurde eher ein Kurzstreckenflugzeug wie der Northrop-Tiger empfohlen, das nicht zu einem Wettrüsten mit Osteuropa anspornen würde. Doch sprach sich der niederländische Verteidigungsminister Henk Vredeling, selbst Sozialdemokrat, gegen die Resolution aus.[14] Die vier Länder hielten im Mai wieder eine Sitzung ab und verschoben die Entscheidung von neuem; es sah so aus, als ob womöglich jedes von ihnen ein anderes Flugzeug wählen würde.

Endlich einigten sich Ende Mai 1975 drei Regierungen ohne Belgien darauf, das General-Dynamics-Flugzeug zu bestellen. Die Niederländer schlossen insofern einen Kompromiß, als sie ihren Auftrag kürzten in der Hoffnung, daß es später vielleicht einen leichten europäischen Jäger geben würde. Die Belgier waren untereinander immer noch uneins: viele Kabinettsmitglieder sprachen sich für die Amerikaner aus, aber Vanden Boeynants beharrte auf der Mirage, auch schien die Koalition zwischen Wallonen und Flamen bedroht. Dann lud Schlesinger Vanden Boeynants nach Washington ein. Er wies darauf hin, daß die vier Länder wahrscheinlich ihre ganze anfängliche Investition in das amerikanische Flugzeug zurückbekommen würden, wenn sie mehr Flugzeuge für die Dritte Welt herstellten (eine Erwartung, die sich als ganz falsch erwies)[15]. Und er bot an, belgische Maschinengewehre im Wert von $ 30 Millionen zu kaufen, die im Französisch sprechenden Teil von Belgien hergestellt werden. Die Maschinengewehre entschieden über das Geschäft. Schließlich wurde am 6. Juni – just zur Zeit der Pariser Luftfahrtausstellung – das erfolgreiche Ergebnis verkündet. Alle vier NATO-Länder würden nun das amerikanische Flugzeug kaufen.

Sechzehn Monate später rollte das erste Produktionsmodell des F 16 aus dem Werk in Fort Worth, Texas, und schwang sich vor den Vertretern von fünf Ländern in die Lüfte. Ein historischer Augenblick für die Flugzeugindustrie. Die Starfighter, Tiger und Phantom würden durch einen einzigen standardisierten Jäger ersetzt werden. Die Nationen der NATO, hieß es in *Aviation Week*, haben gezeigt, daß sie den Mut und den Willen haben, sich gegen die östlichen Aggressoren zu verteidigen.[16] Die Herstellung des Flugzeugs in verschiedenen Ländern leitete trotz all ihrer Schwierigkeiten (so Verteidigungsminister Donald Rumsfeld) ein neues Stadium der internationalen Zusammenarbeit ein. Zweifellos waren bedeutende Zugeständnisse an die Europäer gemacht worden; es würde Fertigungsstraßen in Belgien und den Niederlanden geben und Bauteile aus ganz Europa. Aber die Aussichten auf eine unabhängige europäische Industrie waren wieder einmal zunichte geworden, wieder zahlten die Europäer für amerikanische Technologie und trugen eine halbe Million Dollar zu den Entwicklungskosten eines jeden Flugzeugs bei.[17] Die Schlüssel zur Zukunft der Luft- und Raumfahrt lagen nicht in Paris oder Stockholm, sondern in Texas, Kalifornien und Washington.

Es bestand wenig Zweifel darüber, wie das Geschäft zustande gekommen war. Die technischen Argumente waren wichtig, aber nicht ausschlaggebend; die grundlegende politische Entscheidung war unausweichlich. Die Tatsache, daß die amerikanische Luftwaffe die F 16 gewählt hatte, gewährte den Europäern eine weit größere Beruhigung, als Dassault bieten konnte. Das Pentagon war schonungslos beim Knüpfen der Verbindung zwischen der kommerziellen und der diplomatischen Entscheidung. Ein Luftfahrt-Manager sagte sogar zu mir: «Ich schäme mich, Amerikaner zu sein.» Aber dieser Druck unterstrich nur die grundlegende Schwäche der Europäer. Sie waren nicht bereit, eine eigene, unabhängige Streitmacht zu ihrer Verteidigung aufzubauen, und konnten daher auch keine eigene Luft- und Raumfahrtindustrie hervorbringen. Die europäische Einigung ist seit dem Starfighter vor fünfzehn Jahren nicht sehr weit gediehen.

Hinter all dem Lobbying, den Gerüchten über Bestechungen und den Verdächtigungen war Onkel Sam stets der mächtigste Drahtzieher. Aber der Geruch von Korruption lag immer noch in der Luft. Viel später erklärte Marcel Dassault, seine Firma habe nie bestochen, und das sei wahrscheinlich der Grund, warum sie das Jahrhundertgeschäft nicht bekam.[18] Und an eben dem Tag, an dem der amerikanische Sieg verkündet wurde, am 6. Juni 1975, kam aus Washington eine sensationelle Enthüllung. Der Ausschuß von Senator Church, der gegen Northrop und Lockheed ermittelte, deckte auf, daß General Stehlin in den letzten elf Jahren heimlich von Northrop bezahlt worden war, und veröffentlichte seinen Brief an Tom Jones vor zwei Jahren, in dem er die Pressekampagne zugunsten von Northrops Cobra empfohlen hatte.

Als die Nachricht Paris erreichte, rief Associated Press Stehlin in seiner Wohnung an und bat um eine Stellungnahme. Stehlin ging dann in sein Büro in der Nähe der Oper, kam aber gleich wieder heraus. Vor einem Autobus trat er vom Bürgersteig herunter, schreckte zurück, ging aber wieder einen Schritt vor. Er wurde überfahren, ins Krankenhaus gebracht und starb zehn Tage später.[19] Er war das erste Opfer einer Welle von Rüstungsskandalen, die jetzt plötzlich von Washington aus die ganze Welt überflutete.

Kapitel 16

Die Skandale

Kapitalismus ist die großartigste Sache, die es gibt, aber wird er nicht kontrolliert, richtet er sich selbst zugrunde.

Stanley Sporkin (Börsenaufsichtsbehörde), 1976[1]

Seit den Watergate-Enthüllungen hatten die beiden amerikanischen Rüstungsfirmen Northrop und Lockheed auf einer Bombe gesessen, deren Zeitzünder schließlich Explosionen verursachen sollte, die weltweit noch stärker nachhallten als Watergate selbst. Bei der Aufdeckung geschäftlicher Korruption nach Watergate konnten sich die Fahnder in Washington nicht auf ihr eigenes Land beschränken, selbst wenn sie es gewollt hätten, denn ein großer Teil des Beweismaterials wies auf das Ausland hin, und so weitete sich das, was im Inland ans Licht kam, rasch zu internationalen Skandalen aus. Die Lage ähnelte den Rüstungsskandalen um die Mitte der dreißiger Jahre, als der Kreuzzug des Senators Nye gegen die Todeslieferanten auch Widerhall im Ausland fand. Aber diesmal war die Wahrscheinlichkeit gering, daß die Amerikaner mit Isolationismus darauf reagieren würden, denn in den dazwischenliegenden vier Jahrzehnten hatten sich die amerikanischen Interessen enger mit denen anderer Nationen verknüpft, wie die Lockheed-Geschichte zeigte. Die Affären eines einzelnen amerikanischen Konzerns sollten Zittern und Beben in einem Dutzend Hauptstädten an allen Ecken und Enden der Welt hervorrufen.

Die ersten Anhaltspunkte für einen Skandal lieferte nicht Lockheed, sondern Northrop. Diese Firma hatte das Interesse des Watergate-Ausschusses unter Senator Sam Ervin erregt, als er sich im Anschluß an die Watergate-Einbrecher mit den Wahlkampf-Spendern befaßte. Herbert Kalmbach, der Hauptspendeneintreiber von Nixon, berichtete dem Ausschuß, daß er im August 1972 Tom Jones in dessen Büro in Los Angeles aufgesucht und daß Jones aus seinem Schreibtisch ein Paket mit $ 75 000 in Hundertdollarnoten herausgeholt habe, die angeblich für Nixons Wahlkampf sein sollten, in

Wirklichkeit aber für den geheimen Fonds zur Verteidigung der Watergate-Einbrecher bestimmt waren.[2] Diese Aussage führte natürlich zu der Frage: Wo hatte Jones das viele Bargeld her? Ein Jahr später, im Mai 1974, erhob der Watergate-Sonderstaatsanwalt Anklage gegen Northrop und Tom Jones wegen ungesetzlicher Spenden in Höhe von $ 150000, wofür jeder von ihnen die bescheidene Geldstrafe von $ 5000 erhielt.

Aber mittlerweile hatten die Watergate-Enthüllungen das lebhafte Interesse von Stanley Sporkin erregt, dem Chef der Vollstreckungsabteilung der Börsenaufsichtsbehörde (SEC). Als er die Aussage über geheime Barzahlungen für den Nixon-Fonds hörte, wurde ihm klar, daß sich da ein ganzes neues Feld illegalen Geschäftsverhaltens auftat. «Wenn man solch unverschämtes und unverfrorenes Verhalten sieht», sagte er später, «kann man sich nicht einfach darüber hinwegsetzen.»[3] Sporkin, der Sohn eines Richters, der selbst in Yale Jura studiert hatte, war ein fanatischer Ermittlungsbeamter. Er war entschlossen, mit diesen Schmiergeldfonds der Firmen aufzuräumen. Er hatte nicht genug Personal, um das riesige Gebiet zu erfassen, deshalb warnte er die Firmen, daß sie, sofern sie nicht selbst die Prüfungen vornahmen, verklagt werden würden, was natürlich die Einschaltung fremder Buchprüfer bedeutete. So sah sich eine Reihe großer Konzerne, unter ihnen Exxon und Gulf, genötigt, einen Blick in ihre Geschäftsbücher zu werfen, bei diesen «freiwilligen Veröffentlichungen» kamen sensationelle unzulässige Zahlungen ans Licht. Doch der Fall Northrop war in noch höherem Grade bezeichnend.

Nach den ersten Enthüllungen hatten die Mitglieder des Verwaltungsrats von Northrop die Buchprüfer Ernst and Ernst in Los Angeles beauftragt, mit Hilfe von Price Waterhouse einen Bericht über «das Ausmaß des Mißverhaltens» zu erstellen. Dieser im November 1974 vorgelegte Bericht enthüllte in allen Einzelheiten die Beschaffung von geheimem Geld von William Savy in Paris und die an Agenten in aller Welt geleisteten Zahlungen (vgl. Kap. 7 und 11). Der Verwaltungsrat von Northrop (verstärkt durch drei neue Mitglieder, die nach von Aktionären angestrengten Prozessen berufen worden waren) stellte dann einen eigenen Bericht zusammen, der im Juli 1975 veröffentlicht wurde. Er enthielt, in maßvoller Sprache, eine verheerende Anklage gegen die persönliche Herrschaft von Tom Jones. Der Verwaltungsrat gab einen Überblick über Jones' geheime Abmachungen mit DeFrancis, Savy, Kaschoggi und anderen und warf seinem Vorsitzenden wiederholt «mangelndes geschäftliches Urteilsvermögen», «Außerachtlassen vernünftigen Firmenverhaltens» oder den «Anschein von Ungebührlichkeit» vor. Die Verwaltungsratsmitglieder ließen die korrupten Hintergründe von geheimen Fonds wie der EDC lieber unberücksichtigt und überprüften auch die Beziehung zu Prinz Bernhard nicht. Aber sie kamen zu dem Schluß, daß Tom Jones «einen beträchtlichen Teil der Verantwortung für die in diesem Bericht erwähnten Unregelmäßigkeiten und Ungebührlichkeiten tragen muß», und sie waren nicht überzeugt, daß er offen mit den Buchprüfern gesprochen hatte. Daher empfahlen sie, daß er zwar vorläufig Geschäftsführer bleiben, aber als Vorsitzender abgelöst werden sollte.

Der neue Vorsitzende, Richard Millar, seit dreißig Jahren Mitglied des Verwaltungsrats von Northrop, war nicht geneigt, die Firma zu reformieren, und seine Ratskollegen zogen es vor, ihre Beschwerden über Tom Jones zu vergessen. Einige Verwaltungsratsmitglieder waren sogar beeindruckt von dessen Auslandsbeziehungen auf so hoher Ebene – besonders zum Schah des Iran, Northrops größtem Einzelkunden. Im Februar 1976 konnte Tom Jones die Bestleistung der Firma in ihrer ganzen Geschichte bekanntgeben: der Nettoertrag war um 37 Prozent auf $ 25 Millionen gestiegen, und der Umsatz betrug fast eine Milliarde Dollar. Monatlich wurden achtzehn Tiger fertiggestellt, und von dem neuen Marinejäger, der jetzt gemeinsam mit McDonnell entwickelt wurde, nahm man an, daß er bis in die 1980er Jahre hergestellt werden würde. Der Verwaltungsrat war nicht in der Stimmung, seine Befürchtungen aufrechtzuerhalten. Der Mann, der seine Kollegen irregeführt und getäuscht hatte, wurde wieder Vorsitzender.

Die Börsenaufsichtsbehörde hatte mittlerweile Kenntnis vom Bericht von Northrops Buchprüfern *Ernst and Ernst* erhalten, veröffentlichte aber den Teil nicht, der Einzelheiten über die Zahlungen in Übersee enthielt, um dem Außenministerium Peinlichkeiten zu ersparen. Der internationale Skandal blieb also verborgen. Doch gingen jetzt auch andere Fahnder in Washington den Spuren der Korruption nach. Der Unterausschuß des Senats für multinationale Konzerne unter dem Vorsitz von Senator Church war bereits so etwas ähnliches wie ein Buhmann für das Big Business geworden. 1972 war er nach den ersten Enthüllungen über ITTs Interventionen in Chile eingesetzt worden, um zu untersuchen, inwieweit große Firmen die Außenpolitik beeinflußten oder gestalteten. Church und sein Hauptberater, Jerome Levinson, waren bereit, die Festungen des Big Business zu stürmen, und hatten einen Mitarbeiterstab angeworben, der es, bewaffnet mit der Befugnis, die Firmen unter Strafandrohung vorzuladen, großartig verstand, ihnen Unterlagen und Geheimnisse zu entlocken.

Church und Levinson waren überzeugt, daß Außenpolitik untrennbar sei von Wirtschaftspolitik und den kommerziellen Entscheidungen der Konzerne. Sie hatten bereits eine einzigartige Menge von Beweisen über die Außenpolitik von Firmen vorgelegt, darunter ITT und die Ölkonzerne. Ihre Neugier war natürlich erregt worden durch Northrops anscheinend intime Beziehungen zu ausländischen Regierungen. Sie stellten den geheimen Teil des Buchprüferberichts unter Strafandrohung und gingen Northrops Akten in

Kalifornien durch, um geheime Unterlagen aufzuspüren. Die Senatoren im Unterausschuß beschlossen eine maximale Offenlegung und hielten dann im Juni 1975 öffentliche Hearings ab.

Senator Church eröffnete sie mit einer berechtigten Strafpredigt: «Die Unterlagen enthüllen in abscheulicher Ausführlichkeit eine schmutzige Bestechungsgeschichte ... ein Ensemble von Figuren aus einem Roman über internationale Machenschaften ...» Die Konkurrenz beim Wettrüsten, warnte er, sei außer Kontrolle geraten. Der Church-Ausschuß deckte die gesamten Northrop-Akten auf und gab Einzelheiten und die Namen von geheimen Agenten in Europa und im Nahen Osten bekannt: unter ihnen auch General Paul Stehlin.

Tom Jones sagte am nächsten Tag aus, höflich und vernehmlich. Er bereute seine Fehler, entschuldigte sich dafür und versprach, sie sollten nicht wieder vorkommen. Doch erklärte er, daß seine Tiger in den letzten zwanzig Jahren ein wirksames Instrument der amerikanischen Außenpolitik gewesen seien und der amerikanischen Industrie Anerkennung eingetragen hätten. Er ergriff auch die Gelegenheit, die Schuld abzuwälzen, und wies die Senatoren kühl darauf hin, daß Northrop mit der Einsetzung geheimer Agenten nur dem Beispiel von Lockheed gefolgt sei. Einige Andeutungen darüber fanden sich in den Unterlagen, aber (wie wir gesehen haben) brauchte Jones Lockheed nicht, um etwas über Korruption zu lernen. Er übertrieb den Präzedenzfall wohlweislich, denn er wußte, daß Lockheed nicht nur der größere Fisch war, sondern auch ein bei weitem unbeliebterer. Später rief er Dan Haughton an und sagte, er habe ihn keineswegs belasten wollen, aber immerhin hatte er die Schuld sehr hübsch weitergereicht. Lockheed war nach der gewährten Staatsbürgschaft und dem Galaxy-Skandal bereits der bevorzugte Sündenbock des Kongresses und der Presse, und anderen Luft- und Raumfahrtfirmen tat es nicht leid, die Firma jetzt am Pranger zu sehen. Northrop war viel weniger verrufen und hatte ein eher ritterliches Image, gleichsam ein David, der sich mit lauter Goliaths herumschlägt.

Sowohl der Church-Ausschuß als auch die SEC sammelten schon Material über Lockheed. Zuerst leugnete die Firma hartnäckig, Missetaten begangen zu haben, doch im August 1975 wurde in Burbank eine knappe, aber sensationelle Presseverlautbarung herausgegeben mit dem Eingeständnis, daß Lockheed seit 1970 mindestens $ 22 Millionen für Zahlungen aufgewendet habe, von denen sie glaubte, daß sie an Beamte und politische Organisationen im Ausland gegangen seien. Im September 1975 eröffnete Church die ersten Lockheed-Hearings. Der Ausschuß gab einen neuen Stoß Unterlagen zur Veröffentlichung frei, die Lockheeds Schmiergelder und Bestechungen von Indonesien und dem Iran bis zu Saudi-Arabien und den Philippinen aufzeigten. Dies sei eine Verhaltensweise, sagte Church, die Unredlichkeit in der Politik wie eine Sonntagsschule aussehen lasse. Dan Haughton, jetzt vierundsechzig Jahre alt und kurz vor der Pensionierung, erschien, um auszusagen. Zu seiner Verteidigung brachte er vor, daß Lockheed keine Geldspenden für politische Kampagnen in Amerika geleistet habe. (Kotchian war zwar dazu nach Tom Jones' Großzügigkeit gedrängt worden, aber er hatte nicht im Namen der Firma gespendet.) Haughton betonte, daß 15 000 Arbeitsplätze bei Lockheed von Exporten abhängig seien. Er gab zu, daß Lockheed $ 106 Millionen an Provision allein an Kaschoggi gezahlt habe, doch seien derlei Praktiken weit verbreitet; er legte einen Artikel aus dem Londoner *Sunday Telegraph* über das französische «Bestechungsministerium» vor.[4]

Haughton war unter Beschuß von Konservativen und auch von Radikalen. Senator Percy von Illinois, der rangälteste Republikaner im Ausschuß, war früher Präsident von Bell and Howell gewesen, mit einer Rockefeller verheiratet und normalerweise großen Konzernen gegenüber loyal, aber einige seiner Chicagoer Bankierfreunde waren der Meinung, daß Haughton zurücktreten sollte, damit das Unternehmen umstrukturiert werden könne. Percy war entrüstet, daß die Firma Lockheed, durch die Gnade des Kongresses gerade vor dem Bankrott gerettet, durch ihre Bestechungen und Zuwendungen die Ziele ihrer eigenen Regierung untergrub.

Dieses Sturmlaufen gegen Haughton war aber nur das Präludium. Fünf Monate später hatte der Church-Ausschuß schon sehr viel mehr belastendes Material gesammelt, und im Februar 1976 wurden weitere Hearings abgehalten. Im Sitzungssaal hatten sich erwartungsvoll ausländische Journalisten eingefunden. Ein Bündel Akten wurde auf den Pressetisch gelegt. Sie waren verblümt und unverständlich und bezogen sich auf politische Situationen in Japan, den Niederlanden, der Bundesrepublik und Italien. Darunter waren handschriftliche Briefe, Bankauszüge und verschlüsselte Quittungen. Eine Quittung war ein einfacher Zettel aus Tokio, auf dem nur die Worte standen: «Ich erhielt einhundert Erdnüsse.» Bei den anschließenden Vernehmungen wurden die verblümten Ausdrücke und Andeutungen klar.

Am Ende der Woche wurde der Sitzungssaal von ausländischen Journalisten belagert, angeführt von unzähligen Japanern, die in Truppenstärke aus Tokio eingeflogen waren und den ganzen Sitzungssaal besetzt hielten, bis sie von der Polizei hinauskomplimentiert und die Plätze genau zugewiesen wurden. Japanische, holländische und italienische Journalisten machten Jagd auf die Mitarbeiter des Senatsausschusses und auf die Lockheed-Manager, die in ihren Häusern abwarteten und ihre Telefone sperrten.

All das konnte nicht überraschen, denn die Zukunft von Ministerpräsidenten und Regierungen beruhte jetzt auf den Enthüllungen in Washington. Das Außenministerium war in großer Verlegenheit. Lockheed hatte gehofft, daß die Regierung ihre Agenten und hochgestellten Freunde schützen würde, und sich der Dienste von William Rogers versichert, des ehemaligen Außenministers, jetzt wieder als Rechtsanwalt tätig. Rogers hatte an Kissinger geschrieben und ihn gebeten, er möge verhindern, daß die Namen von Lockheed-Agenten veröffentlicht würden. Kissinger schrieb dementsprechend an den Justizminister Edward H. Levi und behauptete, die Lockheed-Akten enthielten «unbestätigte, sensationell aufgemachte und möglicherweise nachteilige Informationen», die die auswärtigen Beziehungen schädigen würden.[5] Aber der Einspruch wurde abgelehnt, und die Mitglieder des Church-Ausschusses beschlossen, den vollen Sachverhalt aufzudecken. Auch sie sahen politische Erschütterungen im Ausland voraus, aber nicht deren Ausmaß.

Die Lockheed-Wahlen

Es war das Beweismaterial über die Niederlande, das am unmittelbarsten schockierte, handelte es sich doch um ein Land, das normalerweise nicht mit Korruption in Verbindung gebracht wird (zumindest nicht außerhalb der Luft- und Raumfahrtkreise). Die ersten Hinweise auf Bestechungen in Holland stammten aus einer zwielichtigen Quelle, nämlich von dem früheren Lockheed-Lobbyisten in der Bundesrepublik, Ernest Hauser, der Anfang der sechziger Jahre, zur Zeit der Starfighter-Geschäfte, von Lockheed angestellt worden war. Hauser, der jetzt in Arizona lebt, war entschlossen, seine früheren Arbeitgeber anzuschwärzen, und hatte vor dem Church-Ausschuß und auch dem *Wall Street Journal* gegenüber sensationelle Behauptungen aufgestellt und unter anderem angedeutet, Lockheed habe an den Prinzen Bernhard der Niederlande gewaltige Summen bezahlt. Ein Großteil seiner Aussagen erwies sich als unzuverlässig, aber sie boten den entscheidenden Katalysator.

In geheimer Sitzung fragte der Church-Ausschuß Dan Haughton, ob Lockheed Prinz Bernhard etwas bezahlt habe. Haughtons Antwort: «Ich wünschte, Sie hätten die Frage nicht gestellt.» Die Senatoren waren bestürzt, als Haughton erklärte, Lockheed habe an Prinz Bernhard in der Tat eine Million Dollar gezahlt. Bei den öffentlichen Hearings am nächsten Tag äußerte sich Carl Kotchian diskreter und sagte, die Million Dollar sei an einen «hochgestellten holländischen Regierungsbeamten» gezahlt worden. Doch sickerte bald durch, daß dieser Mann tatsächlich Prinz Bernhard war.

Die niederländische Presse war erregt, aber ungläubig. Drei Tage später ernannte der holländische Ministerpräsident einen Ausschuß von drei Weisen unter Vorsitz von A. M. Donner, einem Richter am Europäischen Gerichtshof. Sechs Monate lang gingen sie von Burbank bis Den Haag ihren peinlichen Untersuchungen nach. Der Prinz schützte vor, sich nicht erinnern zu können, und Fred Meuser verweigerte unter Berufung auf die Schweizer Gesetze die Auskunft. Zuerst hielten die Lockheedianer zusammen und deckten den Prinzen, wie sie alle ihre Agenten deckten. Dann, beim letzten Besuch der Holländer in Burbank, gab ein Lockheed-Mann die Diskretion auf und behauptete, der Prinz habe die Zahlungen erpreßt, und er legte die beiden belastenden Briefe des Prinzen vor, mit denen er Geld gefordert hatte. Zuletzt bestätigte der Donner-Bericht die Vorwürfe gegen Bernhard, so daß der Prinz von allen öffentlichen Ämtern zurücktreten mußte. Fast hätte Lockheed die niederländische Monarchie gestürzt.

In Italien war die Reaktion auf die Lockheed-Enthüllungen erwartungsgemäß weniger empört. Der unvorsichtige Brief von Lockheeds Anwalt Robert Bixby Smith im Jahre 1969, der jetzt mit anderen Unterlagen ans Licht kam, ließ deutlich erkennen, daß zwei italienische Verteidigungsminister Bestechungen angenommen hatten, ebenso «Antelope Cobbler», nach dem Lockheed-Kode der italienische Ministerpräsident (vgl. Kap. 6). Und das schien mehrere führende Politiker in Rom hineinzuziehen, darunter die ehemaligen Verteidigungsminister Luigi Gui und Mario Tanassi. Kaum wurde die Nachricht aus Washington bekannt, da verschwand der Lockheed-Agent Lefebvre d'Ovidio mit seinen Partnern aus Italien. Ein zwanzigköpfiger parlamentarischer Untersuchungsausschuß wurde eingesetzt, ging aber sehr langsam voran; und Italien befand sich bald inmitten einer Wahlkampagne, bei der die Kommunisten den Skandal groß ausschlachteten und ihm wahrscheinlich einige Stimmen verdankten. Nach der Wahl ernannte die neue Regierung unter Giulio Andreotti einen weiteren Zeitlupen-Ausschuß, der die Beschuldigungen still und leise zu vergessen schien. Nach den scharfen Reaktionen in Holland und Japan war es jedoch weniger leicht, von Lockheed keine Notiz zu nehmen, zumal die kommunistischen Ausschußmitglieder mächtig drängten. Im März 1977 faßte dann das italienische Parlament einen Beschluß, für den es seit dreißig Jahren keinen Präzedenzfall gegeben hatte: gegen die beiden ehemaligen Minister Gui und Tanassi Anklage zu erheben, so daß sie sich vor dem Verfassungsgerichtshof würden verantworten müssen – womit eine neue politische Krise geschaffen war. Das Großreinemachen in Washington griff mit Macht auf das Ausland über.

In der Bundesrepublik wurde Lockheed ebenfalls bei einer Wahl zu einer Streitfrage. Hier waren die Hinweise auf Korruption viel weniger eindeutig als in Italien und den Niederlanden, aber der Argwohn blieb stets gegenwärtig. Die Hauptandeutungen stammten von dem unberechenbaren Ernest Hauser, der bei seiner Zeugenaussage und in seinem Tagebuch Zahlungen nicht nur an Prinz Bernhard, sondern auch an Franz Josef Strauß, Hausers früheren Freund, erwähnt hatte, der 1959 als Verteidigungsminister die ersten Lockheed-Starfighter gekauft hatte. Hauser behauptete, zwölf Millionen Dollar seien an die Partei von Strauß in Bayern gezahlt worden, was im Licht der ursprünglichen Zweifel an dem Geschäft und Lockheeds Taktik anderswo nicht unglaubwürdig war. In Deutschland wurde die Frage explosiv während der Wahlkampagne 1976, durch die Straußens Partei wieder an die Macht zu kommen hoffte. Alte Starfighter-Skandale wurden ebenfalls bald wieder aufgerührt. Strauß beantragte einstweilige Verfügungen und beschuldigte Hauser, für den KGB zu arbeiten. Hausers Aussage war fragwürdig, und in Washington weigerte sich Church, sie zu veröffentlichen. In der Bundesrepublik kam heraus, daß Strauß die entscheidenden Starfighter-Unterlagen beseitigt hatte, als er das Verteidigungsministerium verließ. Die Wahrheit kam nie ans Licht.

Aber in Japan, wo die Bestechungen am größten waren und Korruption in der Regel weitgehend verziehen wird, war die Reaktion am folgenschwersten und höchst unerwartet. Das Beweismaterial des Ausschusses wies deutlich darauf hin, daß Lockheed für das TriStar-Geschäft drei Jahre zuvor zwölf Millionen Dollar an japanische Beamte gezahlt hatte und der Ministerpräsident Tanaka beteiligt war. Aber seitdem war Tanaka wegen anderer angeblich anrüchiger Finanzgeschäfte zurückgetreten, und 1974 war sein Nachfolger Takeo Miki geworden, der in dem Ruf stand, ein ungewöhnlicher «Herr Saubermann» zu sein. Er war der Führer einer viel kleineren Gruppe innerhalb der Liberalen Partei und brauchte daher weniger Geld für die Politik, und er gehörte einem wohlhabenden und internationalen Milieu an. Er war als Ministerpräsident ausgewählt worden, um bis zu den nächsten Schachzügen eine Übergangsregierung zu bilden, und Anfang 1976 wurde davon gesprochen, daß Tanaka ein Comeback versuche. Aber jetzt bot ihm der Lockheed-Skandal die Möglichkeit, einen politischen Standpunkt einzunehmen, der ihm, so sehr er auch seinen politischen Rivalen mißfiel, die begeisterte Unterstützung der Öffentlichkeit eintrug. In den folgenden Monaten bemerkten die japanische Presse und Öffentlichkeit zu ihrer Verwunderung, daß der schwarze Vorhang aufgezogen wurde. Der unerforschbare Osten war plötzlich erforschbarer als der Westen.

Die in Washington auf den Tisch gelegten Lockheed-Akten riefen in Tokio eine politische Umwälzung hervor, viel verheerender als das Zittern und Beben in Washington. Die Regierung gab bekannt, daß der erwartete Ankauf von Lockheeds Orion-Patrouillenflugzeugen im Wert von über einer Milliarde Dollar noch einmal überprüft werde. Die für das Frühjahr vorgesehenen Wahlen wurden eiligst verschoben. Die Büros der Lockheed-Agenten, einschließlich Kodama und Marubeni Corporation, wurden gründlich durchsucht. Lockheed wurde zum Fanal für alle Arten von Verschwörungstheorien über Nixon, Tanaka oder Watergate. All das wurde gefördert durch den Zufall, daß der damalige amerikanische Botschafter, Jim Hodgson, ein ehemaliger Lockheed-Angestellter und von Nixon ernannt worden war.

Die zwiespältige Figur Kodama, die so lange im Schatten gewirkt hatte, wurde jetzt plötzlich öffentlich. Er selbst zog sich ins Bett zurück, angeblich wegen eines Schlaganfalls. Ein junger Schauspieler in einem kleinen Flugzeug und in der Uniform der Kamikaze-Piloten aus der Kriegszeit machte einen Sturzflug auf Kodamas Villa, wo der alte Mann im Bett lag, und schrie über Funk den alten Kamikaze-Ruf: «Lang lebe der Kaiser!» Der Schauspieler war sofort tot, aber Kodama wurde unverletzt aus dem brennenden Haus getragen. Ein Teil seines Geldes wurde zum Ausgleich von Steuerforderungen beschlagnahmt, und der Bettlägerige wurde immer wieder von der Polizei vernommen.

Vielen Beobachtern schien es, daß sich die Aufregung bald legen würde, denn Firmenskandale gab es in Japan oft, und sie wurden immer rasch vergessen. Aber Miki war hartnäckig und hatte die öffentliche Meinung immer noch hinter sich. Der Lockheed-Skandal erwies sich als ein sehr besonderer Fall. Die Korruption war durch Washingtons Tun und Treiben der Welt bekannt geworden und hatte einen ernstlichen Gesichtsverlust zur Folge gehabt. Jetzt hatte Japan sein Watergate; der Presse wurde freier Lauf gelassen. Die Japaner fühlten sich herausgefordert, zu zeigen, daß ihre Demokratie funktionierte. Nach und nach wurden die meisten der Männer, mit denen Kotchian zu tun gehabt hatte, und noch viele andere angeklagt: der Verwaltungsrat von Marubeni, auch der frühere Präsident Hiyama, Angestellter von All Nippon Airlines und Politiker. Taro Fukuda, Kotchians getreuer Dolmetscher, zog sich ins Krankenhaus zurück und starb an Leberzirrhose. Im Juli 1976 geschah das Unvorstellbare, was Nixon nie widerfahren war: Der ehemalige Ministerpräsident Tanaka wurde verhaftet und ins Gefängnis gebracht, weil er 500 Millionen Yen angenommen hatte. Drei Wochen später wurde er gegen eine extrem hohe Kaution von $ 700 000 bis zu seinem Prozeß auf freien Fuß gesetzt.

Im Dezember 1976 konnten die Wahlen nicht länger hinausgeschoben werden, und im Schatten des Skandals gingen die Japaner zu den Urnen. Es war die dritte nach den Lockheed-Wahlen. Die Sozialisten und Kommunisten versuchten, die Bestechung als eine typisch kapitalistische Gaunerei hinzustellen, aber die Wähler waren nicht so radikal. Die Sozialisten gewannen ein paar Sitze, die Kommunisten verloren einige. Nur fünf Monate nach seiner Verhaftung galt Tanaka in seinem ländlichen Wahlkreis als unabhängiger und sicherer Gewinner. Inflation und Reispreis und nicht Lockheed waren die Hauptprobleme; Lockheed hatte jedoch seine Wirkung getan. Zum erstenmal in ihrer fünfundzwanzigjährigen Herrschaft hatten die Liberalen ihre Mehrheit eingebüßt und Wählerstimmen an jüngere Gemäßigte verloren, die für eine saubere Regierung eintraten. Auch Miki selbst hatte ausgespielt, denn ihm wurde vorgeworfen, seine Partei gespalten zu haben. Schon bald darauf wurde ein eher konservativer Greis sein Nachfolger,

Takeo Fukuda. Aber die Maschinerie der Justiz ließ sich offenbar nicht aufhalten; im Januar 1977 begann Tanakas Prozeß. Der ehemalige Ministerpräsident erschien weinend vor Gericht, um das Plädoyer des Staatsanwalts zu hören und seine Unschuld zu beteuern. Es sah so aus, als würde sich der Prozeß über mehrere Jahre hinziehen.

Ein Jahr nach dem Bekanntwerden von Japans Lockheed-Skandal wurden die verschiedensten Schlüsse daraus gezogen. Für den amerikanischen Botschafter Jim Hogdson war er, wie er bei seiner Abschiedsrede sagte, nützlich gewesen, um zu zeigen, daß die Amerikaner die Sitten des Landes besser zur Kenntnis nehmen sollten.[7] Für Kotchian und viele andere Lockheedianer hat er nur dazu gedient, die Kommunisten zu ermuntern. Für die jüngeren liberalen Politiker zeigte er, daß Japan das ganze politische System säubern müsse. Für Senator Church zeigte er, daß «wir in einer interdependenten Welt leben. Aber das ist kein Grund, vorsichtig zu Werk zu gehen, wenn mit den korrupten Praktiken multinationaler Konzerne aufgeräumt werden soll. Alles deutet darauf hin, daß unsere Untersuchungen, Enthüllungen und Verfügungen nicht etwa die Animosität anderer Völker verstärkt, sondern im Ausland Bewunderung erregt haben.»[8] Tatsächlich war mir bei meinen Reisen in Japan, den Niederlanden oder der Bundesrepublik aufgefallen, daß nirgends Groll gegen Washington herrschte. Die Lockheed-Enthüllungen spornten eher zur Selbstprüfung und Kritik im eigenen Lande als zum Anti-Amerikanismus an. Denn Lockheed stellte ein allgemeines Problem dar, dem gegenüber kein Volk selbstgefällig sein konnte.

Doch während die Lockheed-Skandale fast eine Monarchie gestürzt hätten, drei Wahlen beeinflußten und zur Verhaftung, zum Prozeß eines ehemaligen Ministerpräsidenten führten, waren ihre Konsequenzen in Washington selbst sehr viel weniger augenfällig.

Haughtons Abgang

Lockheed war wieder einmal in einer verzweifelten Lage, denn nicht nur die japanische, sondern Regierungen überall auf der Welt hüteten sich jetzt, mit solchen notorischen Bestechern, die vielleicht doch einmal entlarvt werden würden, Geschäfte zu machen. Die vierundzwanzig Banken, die Lockheed einen Kredit von $ 600 Millionen eingeräumt hatten, waren nervöser geworden, seit Lockheed im August 1975 zum erstenmal zugegeben hatte, die $ 22 Millionen an Regierungsbeamte gezahlt zu haben. Einige der Bankiers unter Führung von Robert Abboud von der First National Bank of Chicago forderten den Rücktritt von Dan Haughton. Abboud erkundigte sich über Senator Percy, ob das Finanzministerium jetzt etwas dagegen hätte (was früher der Fall gewesen war), wenn Haughton abgesetzt würde, und erhielt den Bescheid, es sei nicht Sache des Ministeriums, das Management zu schützen. Die Bankiers waren widerstrebend mit einer weiteren Refinanzierung auf sechs Monate einverstanden, aber dann kamen im Februar 1976 die Enthüllungen über Lockheeds geheime Agenten, darunter Bernhard und Kodama. Vier Banken bestanden jetzt auf einem Führungswechsel. Dan Haughton berief den Verwaltungsrat zu einer Sondersitzung ein und gab seinen Rücktritt bekannt, aber Kotchian sträubte sich immer noch. Einige Mitglieder des Verwaltungsrats hielten ihn für einen unentbehrlichen Verkäufer, andere meinten, er sei nur der Schmiergeld-Zahlmeister der Firma. Schließlich trat Kotchian auch zurück, verbittert und überzeugt, nun Sündenbock für andere zu sein.[9] Der Verwaltungsrat wählte aus seiner Mitte Robert Haack, der besonders gute Beziehungen zu den Bankiers hatte und früher Vorsitzender der New Yorker Börse gewesen war, zum Interim-Vorsitzenden, um das Vertrauen der Luftverkehrsgesellschaften und Banken wiederherzustellen.

Dies war das Ende der neunjährigen Wunderherrschaft von Haughton. Einige Monate lang erhielten die beiden Männer noch großzügige Beraterverträge, aber sie wurden aufgehoben in Erwartung von Lockheeds eigenem Bericht. Dan Haughton zog sich nach Georgia zurück, wo er schweigend litt, doch Kotchian setzte sich über die Diskretion seiner Firma und den Rat seines Anwalts hinweg und veröffentlichte seine eigene Darstellung seines Tuns und Lassens in Tokio, ohne die geringste Reue über seine Rolle: «Ich tat es, weil ich es richtig fand», sagte er zu mir. «Und das tue ich immer noch.»

Es war für Lockheed auch eine Identitätskrise, denn gerade die fanatische Loyalität zu Haughton und Kotchian hatte die Firma zusammengehalten, und die Geheimnisse hatten die Bindungen verstärkt. Zwei Jahre vorher hatte ein Manager erraten, daß Prinz Bernhard von Lockheed beschäftigt wurde. Er machte sich Gedanken, fragte aber seinen Chef nur: «Was soll ich sagen?» Die Firma war ihr eigener Nachrichtendienst mit eigenen Treuegelöbnissen: die Lügen erhöhten die Loyalität. Bei allen Rückschlägen und Kämpfen hatte Haughton das Unternehmen mit missionarischer Zuversicht und Zähigkeit zusammengehalten, die kein anderer besaß. Er und Kotchian hatten ihre Verkäufer zu ihren strapaziösen Aufgaben angetrieben, aber in dem gesamten Lockheed-Material fand sich kaum ein Hinweis, daß irgendeiner mit ihrer energischen Führung nicht einverstanden gewesen wäre: alles diente einem höheren Zweck, dem anhaltenden kalten Krieg. Jetzt war Lockheed nur eine weitere in Schwierigkeiten geratene Firma unter der Leitung von Bankiers; und auch ohne Haughton hatte das Unternehmen, unsicher und isoliert in der Festung Burbank, große Probleme.

Es sah so aus, als ob diese Probleme Lockheed zugrunde richten würden. Der Kongreß wurde informiert, daß die Firma ihre Kredite vielleicht nicht im

Juni würde zurückzahlen können. Die kanadische Regierung stornierte einen Auftrag über Orion-Patrouillenflugzeuge im Wert von $ 750 Millionen. Die Verkehrsflugzeuge TriStar konnten sich immer noch nicht gegen die Konkurrenz durchsetzen. Boeing und McDonnell Douglas machten kein Geheimnis daraus, daß es nach ihrer Ansicht eine große Firma zuviel gab und warteten auf die Entflechtung von Lockheed.

Aber das Pentagon unter Donald Rumsfeld wollte immer noch, daß Lockheed im Geschäft bleibe, und versuchte, die ausländischen Regierungen zu beruhigen. Der neue Vorsitzende Robert Haack flog hektisch zwischen Washington, Ottawa, London und Kalifornien hin und her, um seinen Kunden gut zuzureden. Im Juni hatten sich die vierundzwanzig Banken bereit erklärt, einen Teil von Lockheeds Schulden in Kapitalanteile umzuwandeln. Im Juli hatte sich Kanada entschlossen, die Patrouillenflugzeuge doch noch zu kaufen. Im August hatte British Airways weitere TriStars bestellt. Wieder einmal war Lockheed vom Abgrund zurückgerissen worden.

Die Chalets

Bei der Luftfahrtschau in Farnborough im September 1976 versammelten sich die Chefs der Luft- und Raumfahrtindustrie zu ihrem jährlichen Treffen, das abwechselnd in Paris und Farnborough abgehalten wird. Sie flogen aus Kalifornien, Texas, Seattle oder Toulouse herüber und bezogen ihre Firmen-Chalets mit dem Blick auf den Flugplatz Farnborough, in denen sie ihre Freunde in der Industrie bewirteten. Lockheed war schon immer auch hier ein großer Verschwender gewesen, und ihr Stil hatte nicht ernstlich darunter gelitten, daß die Firma gerade erst vom Bankrott bedroht gewesen war. Von außen war ihr Chalet bloß ein nasses Zelt mit im Wind flatternden Türplanen und strenger Sicherheitskontrolle. Aber drinnen war es ein eleganter Pavillon, solide aussehend wie ein Sitzungsaal, mit einem privaten Speisezimmer, einer langen Bar, einer Reihe warmer Gerichte und aufmerksamen englischen Hostessen, die sich der Lockheedianer und ihrer Gäste annahmen.

Draußen vor dem breiten Fenster dröhnten und donnerten die Flugzeuge, aber keiner hatte viel Zeit, sie zu beobachten, denn das hier war ein Treffen der Lockheed-Leute von allen Ecken und Enden ihres Reiches. Eine Gruppe war aus Burbank gekommen, darunter Robert Haack und Bill Perreault, der wohlbeleibte, bedächtig redende Firmensprecher, der so viele hinhaltende Dementis herausgegeben hatte. Jetzt war er aufgeschlossener. Ein weiteres Kontingent war aus Georgia angereist, darunter der Manager des Werks Marietta, ein ehemaliger Stubenkamerad von Jimmy Carter. Andere waren von der Kampffront herbeigeeilt, zum Beispiel Bill Conley aus dem Nahen Osten oder Jack Davidson aus Tokio. Ehemalige Lockheedianer hatten sich ihnen zugesellt, unter ihnen Michael Parker, ehemals Privatsekretär von Prinz Philip, einst Lockheeds Mann in London und auch heute der Firma noch begeistert zugetan.

In der kameradschaftlichen Atmosphäre des Chalets machte sich ein Gefühl der Erleichterung bemerkbar, daß die Firmengeheimnisse endlich ans Licht kamen. Der Donner-Bericht war gerade veröffentlicht worden, Carl Kotchian hatte in Tokio Interviews gegeben, und beide Geschichten zeigten, daß es nicht nur Bestechungen, sondern auch Erpressungen gegeben hatte. Die Lockheedianer schienen ganz gern über die Tage von Haughtons Diktatur zu reden, wie Dan sie ausgebeutet habe, und gleichzeitig machten sie Andeutungen über die Praktiken von Boeing oder Northrop. Es hatte sich herumgesprochen, daß die Engländer weitere TriStars kaufen und der Bankkredit erneuert würde. Auch gab es eine Reihe neuer großer Aufträge aus dem Nahen Osten. Doch spürte man etwas Nostalgie nach der guten alten Zeit, als das Geschäft noch ein Kreuzzug gewesen war, voller Gefahren und Geheimnisse. «Es war der aufregendste Job der Welt», hatte ein Lockheed-Manager zu einem der Senatsfahnder gesagt, «ehe ihr dazwischengefunkt habt.»

Das Northrop-Chalet hundert Meter weiter war kleiner und karger, das Essen weniger üppig und die Gäste schäbiger. Tom Jones ragte aus der Menge hervor, groß und gutaussehend wie ein altgedienter Filmstar, scherzte mit seinen Kollegen, die er so irregeführt hatte, und beobachtete den Tiger und die Cobra, wie sie aufstiegen und herabstießen. Er war von ihnen gefesselt wie ein Junge – «Toll, wie die abzieht» – «Sehen Sie sich das mal an!» –, während seine Manager versuchten, seine Aufmerksamkeit auf sich zu lenken. Der Northrop-Skandal, so wurde mir versichert, sei jetzt vorbei, die Firma habe sich gebessert, und schließlich kenne jeder in der Luft- und Raumfahrtindustrie die Realitäten des Lebens.

Liberale stellen es gern so dar, als bewohnten die Rüstungsfabrikanten eine besondere Unterwelt wie die Höhlen der Nibelungen, die von Zerstörungssucht und Habgier erfüllt sei. Wenn diese Unterwelt nur ausgeschaltet werden könnte, würde das Leben der Gesellschaft sicherer und gesünder sein. Die Übel der Gesellschaft den Waffen oder den Menschen, die sie herstellen, zuzuschreiben, ist tröstlich und nicht ganz unberechtigt. Gewiß schienen viele dieser jovialen Männer mit sich selbst und ihren Firmen eine Art faustischen Pakt geschlossen zu haben, daß moralische Fragen nicht angeschnitten werden sollten. Sie kultivieren gern einen jugendlichen Enthusiasmus, der mit zunehmendem Alter immer überschwenglicher wird und ihnen behilflich ist, etwaige Zweifel zu unterdrücken. Hätten Dan Haughton und seine Kollegen sich mehr Fragen gestellt, wären vielleicht viele Mißstände vermieden worden. Aber schiebt man ihnen die ganze Schuld zu, dann weicht man damit dem wahren Problem aus. Denn was diese Männer getan haben, ist nur die Konsequenz von politischen Entschlüssen und Entscheidungen, die die Wähler getroffen haben. Für Lockheed und Northrop ist letztlich der amerikanische Kongreß verantwortlich. Wie weit Haughton und Jones die Grenze des Erlaubten auch überschritten haben mögen, sie sind die Früchte eines Systems, das eben dazu verdammt sein mag, solche Männer hervorzubringen.

Bestechen oder nicht bestechen

Die Bestechungen von Lockheed und Northrop waren nur die flagrantesten unter unzähligen Fällen, die im Verlauf der Untersuchungen von Stanley Sporkin von der SEC ans Licht kamen. Es dauerte nicht lange, und ein Zehntel der fünfhundert größten amerikanischen Unternehmen, unter ihnen Boeing und McDonnell Douglas, hatte fragwürdige Zahlungen von insgesamt $ 100 Millionen im Laufe von fünf Jahren zugegeben.[10] Bei der anschließenden moralischen Entrüstung war viel Humbug, denn bis zu dieser Welle von «nach-Watergate-Moral» waren Bestechungen weit und breit und stillschweigend verziehen worden. Amerikanische Botschaften im Ausland hatten (wie Lockheed in Indonesien feststellte) bereitwillig Rat erteilt, wie und wo geschmiert werden müßte. Das Pentagon selbst hatte Waffenhändler darin bestärkt, sich «den Sitten des Landes» anzupassen.

Die Grenzen der Bestechungen waren immer schwer zu ziehen. Wie steht es mit dem Abgeordneten, der sich einladen läßt, oder mit dem Journalisten, der sich im Ausland Kaviar oder Freikarten schenken läßt? Wie könnte in einer freien Gesellschaft solche gesellschaftliche Korruption je verboten werden? Ein nachdrücklicher Verteidiger der Firmen war Professor Peter Nehemkis, Dozent für Wirtschaftsrecht in Los Angeles, der früher multinationale Konzerne in Washington vertreten hatte. Die Häufigkeit von großen Bestechungen in der Luft- und Raumfahrtindustrie (erklärte er mir) sei eine unvermeidliche Folge des Konkurrenzdrucks. «Das ist ein Industriezweig, der bei Korruption blüht und gedeiht. Die Zahlungen bereiten mir keine Schwierigkeiten, nur ihre Verheimlichung.»

In Europa war die Reaktion skeptischer als in Amerika. Die Engländer waren eher belustigt als entsetzt und erleichtert, daß ihre Politiker nicht in die Lockheed-Skandale verwickelt waren. Auf die Frage nach Bestechungen bei britischen Ölgesellschaften erklärte der Staatssekretär im Finanzministerium, Joel Barnett, daran seien die Ausländer schuld, und die Hauptverantwortung hätten die Gastländer. Kurz danach stellte sich heraus, daß die britischen Steuerbehörden (ebenso wie die deutschen) zulassen, daß geschäftliche Bestechungen als steuerabzugsfähige Unkosten angesehen werden.

Die Franzosen und Italiener genossen es, die amerikanischen Bestecher anzugreifen, ohne ihre eigenen zu entlarven; sie erkannten die Chance, mehr Geschäfte im Ausland zu tätigen, wenn sie diskreter wären als die Amerikaner. Ein Dassault-Manager drückte mir gegenüber seine Verwunderung aus, daß die Amerikaner unbedingt immer alles aufschreiben und es dann bekanntgeben. «Das muß eine dieser seltsamen Auswirkungen des Mayflower-Puritanismus sein.» Die Tatsache, daß die Amerikaner zuerst die Einsätze bei den Bestechungen erhöht und sie dann leidenschaftlich verurteilt hatten, machte ihre Haltung den Europäern um so verdächtiger. Sie kamen ihnen vor wie die Figuren in den Theaterstücken von Ibsen, die unbedingt die Wahrheit aufdecken wollen und dabei alle anderen unglücklich machen und zu guter Letzt feststellen, daß die Wahrheit viel komplizierter ist. «Wenn die Amerikaner jetzt mehr von ihrem Untersuchungseifer und weniger von ihrer Geschäftsmoral exportieren können», meinte die Londoner *Times*, «dann um so besser.»

Es wäre gewiß schwierig, Bestechungen in jenen Ländern zu verbieten, in denen sie zum tagtäglichen Leben gehören, wie in Saudi-Arabien, wo die Prinzen und Kaschoggi dem Europa des 17. Jahrhunderts näher zu sein scheinen als dem heutigen Washington. Wie könnten die westlichen Firmen den Arabern vorschreiben, wie sie ihre Waffen kaufen sollen? Wenn sie für ihre Phantoms oder Hawks mehr bezahlen und den überschießenden Betrag irgendeinem vergnügungssüchtigen Prinzen zukommen lassen wollen – warum sollte irgend jemand, und am wenigsten das amerikanische Finanzministerium, etwas dagegen haben? Und wie erholsam ist es doch für die Geschäftsleute aus dem Westen, ihre Abschlüsse bei Mitternachtsparties mit hübschen Mädchen zu tätigen.

Aber die Rüstungsfirmen besaßen ein so überwältigendes Format, daß allein ihr Erscheinen in der Dritten Welt das örtliche Gleichgewicht störte. Sie selbst waren wichtige Akteure im politischen Spiel, Akteure von sehr tölpelhafter Art, Elefanten im Porzellanladen. Sie folgten nicht nur der «Sitte des Landes», sie schufen neue Sitten. Wie plausibel Lockheed auch behaupten konnte, Opfer von Erpressung geworden zu sein, sei es nun in den Niederlanden, in Saudi-Arabien oder Japan, die Firma erzeugte mit ihrer Großzügigkeit eine tolerante Atmosphäre, in der Erpressung sehr verlockend, wenn nicht gar unwiderstehlich wurde.

Das Problem, den Bestechungen Einhalt zu gebieten, war in der Tat eng verknüpft mit der Verantwortlichkeit der Unternehmen. Dadurch, daß die Regierungen in Washington zuließen, daß diese Riesenkonzerne internationale Schmiergeldfonds anlegten, verloren sie die Kontrolle über ihre eigene Politik. Die oberen Strukturen von Lockheed und Northrop waren darauf angelegt, geheime Kanäle zu unterhalten, die nur von ein oder zwei Männern an der Spitze kontrolliert und für Bestechungen im Ausland und Korruption in größerer Nähe zur Heimat verwendet wurden, denn die Bankkonten in der Schweiz und in Liechtenstein waren der Nachprüfung entzogen. Die Bestechungen konnten die Firma ebenso korrumpieren wie den Empfänger. Ein französischer Diplomat erzählte mir, er habe einen Bestechungsfall einer französischen Rüstungsfirma im Nahen Osten untersucht, den die Firma bereitwillig zugab, und dann entdeckt, daß die Bestechungen nur ein Vorwand waren, um ein geheimes ausländisches Bankkonto für ganz andere Zwecke zu errichten.

Die Wirksamkeit und Rentabilität von Bestechungen mag oft zweifelhaft erscheinen. Lockheed hat offenbar häufig große Summen an Männer wie Prinz Bernhard oder Kodama gezahlt, bei denen der Nutzen sehr unsicher war, und die großen Firmen haben sich als sehr anfällig für Bluff und mystischen Kult erwiesen. Die Anziehungskraft des «Zauberkünstlers» ist zählebig, und sobald eine Firma wie Lockheed erkennen läßt, daß sie für Bestechungen zu haben ist, wird sie eine leichte Beute für bombastische Betrüger. Unsichere Manager werden vielleicht (wie Kaschoggi glaubhaft darlegt) oft Schmiergelder zahlen, um eher sich selbst als einen anderen zu beruhigen – oder um einen Teil des Geldes selbst einzustecken. Bestechungen verselbständigen sich, sie können leicht ein Erwerbszweig für sich werden, unabhängig von irgendwelchen meßbaren Ergebnissen. Lockheed und Northrop scheinen ein Großteil ihrer Schmiergeldfonds in den Industrieländern vergeudet zu haben. Aber in der Dritten Welt waren die Bestechungen viel wichtiger, nämlich das Mittel, um sich nicht nur gegen die Konkurrenz durchzusetzen, sondern auch, um den Markt auszuweiten. Wie immer es sich mit der Ethik und den Problemen von Bestechungen bei gewöhnlichen Geschäften verhält, beim Waffenhandel mit der Dritten Welt haben sie stets eine besondere Bedeutung gehabt. Und wie wir gesehen haben, bestand seit den Tagen von Zaharoff ein enger Zusammenhang zwischen Rüstungsgeschäften und Bestechungen. Es war die besondere Begabung von Sir Basil, daß er in den damaligen Entwicklungsländern mit Hilfe von Bestechungen neuen Bedarf an Waffen erzeugte. Gerade diese Funktion des Bestechungswesens gehört zu dem einzigartigen Charakter des Waffenhandels, bei dem (nach den Worten der Königlichen Kommission von 1936) «der Erfolg einer Firma nicht das Scheitern einer anderen bedeutet, sondern eher deren Aussichten, Geschäfte zu machen, verbessert». So hat sich Lockheed in Kolumbien und auf den Philippinen der Bestechungen bedient, um ihren Kunden Waffen anzudrehen. So können Lockheed und Northrop heute im Nahen Osten gemeinsam reich werden und sogar dieselben Agenten einsetzen, weil sie wissen, daß der Rüstungsmarkt ihnen beiden genug Spielraum bietet.

Doch die wahre Bedeutung der Enthüllungen über Lockheed und Northrop beruht nicht so sehr auf den Einzelheiten der Bestechungen als vielmehr auf dem unbarmherzigen Druck, der ausgeübt wurde, damit um jeden Preis Waffen verkauft werden. Die steigenden Bestechungssummen waren nur die Symptome der zunehmenden Hektik. Ein Wettrüsten ohne Beispiel in den letzten dreißig Jahren hat die neuen Absatzmärkte für Waffen erst erschlossen.

Kapitel 17

Die Kontrolleure

Wegen der Werte und Grundsätze, nach denen wir als Nation leben, wird Amerika in die Geschichte eingehen, nicht wegen der Raffinesse und der Menge unserer Waffen.

Senatsbericht über Waffen in den Iran. 14. Mai 1976

In seinem großen Büro im äußeren Ring des Pentagon strahlte General Howard M. Fish Zuversicht und Autorität aus. Der stämmige Drei-Sterne-General aus Alabama hat eine sehr aktive Karriere hinter sich. Im Zweiten Weltkrieg wurde er mit einem Bomber über Europa abgeschossen. Im Vietnamkrieg war er Director of Tactical Analysis, ehe er 1974 Director of the Defence Security Assistance Agency (DSAA) wurde oder, mit anderen Worten, Kontrolleur der Waffenverkäufe. Ein Oberst saß in seinem Vorzimmer, und wenn Fish seine Anweisungen ins Telephon bellte, marschierten Soldaten in Uniform herein und wieder hinaus. Er schaukelte mit seinem Stuhl auf und ab, sprudelte Statistiken und Informationen in Sätzen mit rätselhafter Syntax hervor, zwinkerte mit den Augen und schloß den Mund zu einem selbstsicheren Feixen. Auf seinem Schreibtisch reckten sich sehr scharf gespitzte Bleistifte wie Raketen; am Schlips trug er eine dreisternige Krawattennadel; und neben seinem Schreibtisch standen zwei hohe Fahnen.

Die Waffenverkaufsorganisation des Pentagon hatte sich gewandelt seit den Tagen von Henry Kuss, der 1969 ausgeschieden war und seine eigene Vertriebsgesellschaft in Washington gegründet hatte (er wolle nicht mit Waffen handeln, sagt er, dabei habe man immer mit Regierungen und Waffenschmugglern zu tun). Die alte Abteilung International Logistics Negotiations war reorganisiert worden und hatte den ebenso euphemistischen Namen DSSA erhalten (die Namensänderung, wie für Kammerjäger oder Toilettenfrauen, läßt einige Verlegenheit erkennen). Der Direktor der DSSA war gleichzeitig stellvertretender Ministerialdirektor der Abteilung International Security Affairs, die sich mit Außenpolitik befaßte. Die Position in beiden Ämtern sollte die Verbindung herstellen zwischen Waffenverkäufen und ihren diplomatischen Konsequenzen. Im Namen beider Ämter sprach General Fish jetzt.

Er betonte, seine Hauptaufgabe sei nicht, Verkäufe zu fördern, sondern sie zu kontrollieren: «Darum brauchen sie einen Mann wie mich, der sowohl Kampferfahrung als auch Erfahrung mit Staatsfinanzen hat. Es kostet viel Nerven, nein zu sagen. Wir sollen kein aggressives Verkaufsbüro sein, sondern vielmehr ein Clearinginstitut, ein Koordinierungsamt. Wir sorgen dafür, daß keiner losgeht und mit Waffen hausiert. Die Leute haben das falsch aufgefaßt, was Kuss getan hat. Der wahre Zweck der Werbung ist, die Länder zu überreden: ‹Wenn ihr schon irgendwo Waffen kauft, dann kauft sie von uns.›» Das Pentagon, erklärte Fish, könne von den Rüstungsfirmen nicht unter Druck gesetzt werden: «Die Industrie ist ziemlich kooperativ; sie müssen mit dem Pentagon leben.» An Europa wolle das Pentagon im Interesse der Standardisierung unbedingt verkaufen, aber Europa auch behilflich sein, an die Vereinigten Staaten zu verkaufen. Es könne keine Rede davon sein, daß die Firmen gedrängt würden, mehr Waffen an die Dritte Welt zu verkaufen.

Ich erwähnte Fish gegenüber, daß sein Hauptverkäufer, Richard Violette, erst vor ein paar Monaten, und zwar im Oktober 1975, an einem alljährlichen Seminar der Electronic Industries Association in San Francisco teilgenommen habe. Die Firmenleute hatten ihre Zehn-Jahres-Prognosen vorgelegt, in denen betont wurde, daß es möglich sei, neue Absatzmärkte für den Waffenhandel zu erschließen, und Violette selbst hatte redselig über ausländische Militärverkäufe geplaudert. («Es ist hübsch, so viele Grauköpfe hier zu sehen, die schon so lange dabei sind wie ich.») Er legte dar, daß die staatlichen Waffenverkäufe in den sechziger Jahren durchschnittlich 1,5 Milliarden Dollar betragen hatten. «Wir waren recht stolz darauf. Dann begann es in der Periode 1972–73 richtig loszugehen . . . 1973 haben wir, wie ich voriges Jahr berichtete, für etwa $ 3,8 Milliarden Rüstungsgüter ins Ausland verkauft. 1974 stieg die Summe auf ungefähr $ 8,5 Milliarden.» Er führte dann die Länder auf, die hauptsächlich Waffen kauften, «nur um zu zeigen, wo etwas los ist», und versprach den Verkäufern, daß die Waffenexporte zwar vielleicht nicht ganz so hoch bleiben, aber nicht unter drei Milliarden sinken würden. Er war «weniger optimistisch» als einige andere Prognosenaufsteller, erklärte er, weil es Grenzen dafür gebe, wie schnell die neuen Kunden, die ölfördernden Länder, ihre Kapazität erweitern könnten.[1] Optimismus bedeutete, die größtmögliche Menge an Waffen zu verkaufen. Ich gab General Fish zu bedenken, daß Violette tatsächlich die Verkäufer antrieb, Waffen in die Dritte Welt zu pumpen. Keineswegs, erwiderte er, er erläutere nur die Tatsachen.

Wiederholt behauptete General Fish, die Waffenexporte der Vereinigten

Staaten seien in erster Linie dafür bestimmt, von Konflikten in jedem Gebiet abzuschrecken, die Notwendigkeit direkter amerikanischer Unterstützung auszuschließen und der sowjetischen Bedrohung zu begegnen. Als er im April 1976 vor dem Senat aussagte, gab er die Schätzung des Pentagon über sowjetische Waffenexporte in den letzten zwanzig Jahren an. Rußland habe achtunddreißig Ländern der Dritten Welt Waffen im Wert von fast $ 15 Milliarden zukommen lassen, und ihm sei nicht bekannt, daß die Sowjetunion auch nur ein einziges Mal einen potentiellen Waffenkunden abgewiesen habe. Die sowjetischen Waffenlieferungen an alle Länder der Dritten Welt seien Ende der siebziger Jahre auf jährlich $ 1,2 Milliarden gestiegen und hätten dazu beigetragen, den westlichen Einfluß in vielen Ländern, darunter Afghanistan, Algerien, Ägypten, Irak, Somalia, Süd-Jemen und Syrien, zu schwächen oder auszuschalten.[2]

Zweifellos haben die sowjetischen Waffenexporte seit dem ersten Abkommen mit Ägypten im Jahre 1955 in erheblichem Maße zum Wettrüsten in der Dritten Welt beigetragen. Die Sowjets haben Waffen nach Afrika und Asien hineingepumpt, und ihre Satelliten waren froh, mit Waffenverkäufen an fast jeden, vom weißen Südafrika bis zu den libanesischen Christen, Devisen einzunehmen. Die Schlacht um Beirut, die mit sowjetischen Waffen auf beiden Seiten ausgefochten wurde, war ein Denkmal für die östliche wie auch für die westliche Rüstungsindustrie. Aber es ist schwer zu glauben, daß, wie General Fish behauptet, die sowjetische Bedrohung das Hauptmotiv für die plötzliche Zunahme amerikanischer Waffenverkäufe an den Nahen Osten ist. Nach dem arabisch-israelischen Krieg von 1973, nachdem Rußland sich aus Ägypten zurückzog und Amerika in Ägypten und sogar in Syrien mehr Einfluß hatte, war die kommunistische Gefahr gewiß nicht größer. Saudi-Arabien und die Scheichtümer waren heftig antikommunistisch und wurden offenbar auch nicht von den Sowjets bedroht. Der Irak war nicht mehr mit dem Iran überquer, nachdem sich die beiden Länder im März 1975 versöhnt hatten, näherte sich aber heimlich dem westlichen Lager und erwartete von Europa eine Belebung des Handels und auch Waffen.

Das Wettrüsten im Nahen Osten war nicht durch eine wahrnehmbare neue Bedrohung aus dem Osten in Gang gesetzt worden, sondern durch die kommerziellen Gelegenheiten, die zeitlich zusammenfielen mit der Diplomatie der Nixon-Doktrin und dem Rückzug der Engländer aus dem Persischen Golf, der zu einem allgemeinen Verlust der Kontrolle über Waffenverkäufe geführt hatte. Das Kontrollsystem sah rigoros genug aus. 95 Prozent der Rüstungsverkäufe wurden über General Fish im Namen der Rüstungsfirmen durch das Pentagon selbst abgewickelt, und zwar auf dem Wege von Verhandlungen zwischen Regierungen, die als Foreign Military Sales (FMS) bekannt sind; aber auch die restlichen kommerziellen Verkäufe mußten vom

Pentagon genehmigt werden. Die Pentagon-Verkäufe wurden vom Außenministerium überwacht, das sein Office for Munitions Control dafür einsetzte, zusätzlich gab es die Arms Control and Disarmament Agency (ACDA). Alle diese Schutzmaßnahmen sorgen angeblich dafür, daß Waffen nur exportiert werden, wenn es für die amerikanischen nationalen Interessen oder die internationale Sicherheit unbedingt nötig ist. Aber der Fall Iran zeigt, daß sich der neue kommerzielle Pragmatismus, der sich aus der Nixon-Doktrin ergab, über solche Kalkulationen hinwegsetzen konnte.

Allmählich wurde sich der Kongreß der Auswirkungen der Verkäufe an den Iran bewußt, und im Juni 1975 machten sich viele Kongreßabgeordnete darüber Gedanken, daß sie auf dem besten Wege waren, eine neue Art von Engagement im Persischen Golf einzugehen. Das Pentagon sagte jetzt voraus, daß sich bis 1980 insgesamt 150000 Amerikaner am Persischen Golf aufhalten würden, davon 50000 im Iran. Die Waffenlieferungen, das gab das Pentagon zu, brachten ein ganzes System an Ausbildung in industriellen Fertigkeiten mit sich. Es war eine Verantwortung, die nicht vorausgesehen war, als die Nixon-Doktrin zuerst umrissen wurde: dem Schah war es gelungen, wie ein Pentagon-Beamter sich ausdrückte, «uns schwanger zu machen».

Der Kongreß hatte keinen Hinweis auf eine Änderung der Politik erhalten. Der Abgeordnete Lee Hamilton erkundigte sich bei Dave Alne, seit einiger Zeit Direktor von International Sales im Pentagon (der 1973 von Kaschoggi so beeindruckt war), warum sich die Verkäufe an den Iran plötzlich so erhöht hätten, und Alne erwiderte: «Erstens haben sie eine Menge Geld, und zweitens besteht der Schah unbedingt darauf, in diesem Land die Art von Verteidigungsapparat zu errichten, die er für nötig hält.»[3]

Auch viele Pentagon-Beamte machten sich Sorgen, daß die Verkäufe an den Iran künftige Schwierigkeiten in sich bergen könnten. Die Vereinigten Stabschefs fürchteten, die Aufträge des Schahs könnten sich nachteilig auf ihren Bedarf für die inländische Verteidigung auswirken, und die mit der praktischen Abwicklung befaßten Beamten bezweifelten, ob die gewaltigen Lieferungen auch wirklich aufgenommen werden könnten. Die amerikanische Marine hatte bereits einige Schwierigkeiten mit dem Tomcat. Wieviel größer würden die Probleme im Iran sein? «Ich glaube, wir haben dem Schah zu viele Tomcats verkauft», gab ein hoher Pentagon-Beamter mir gegenüber im Frühjahr 1976 zu. «Damit ist die Verpflichtung verbunden, sie zum Funktionieren zu bringen.»

Die ganze Nixon-Doktrin, die darauf aus war, regionale Mächte zur Unterstützung der westlichen Allianz aufzubauen, schien jetzt in Gefahr, sich zu verrennen und ein Frankensteinsches Ungeheuer zu erzeugen. Würde sich der Schah damit begnügen, der «Polizist am Persischen Golf» zu sein, oder würde er seine Interessenssphäre auf den Indischen Ozean ausdehnen, vielleicht im Bündnis mit Israel und Südafrika? Und wie würde *dieses* Trio in die amerikanische Außenpolitik passen?

Das Pentagon bot eloquente Rechtfertigungen an. Durch die Waffenverkäufe, erklärte mir ein Beamter, könne der Iran, weil damit alle möglichen Fertigkeiten und Ausbildung verbunden sind, auf die schnellste Weise den Sprung ins 20. Jahrhundert tun. Die Ausweitung des Militärbereichs (erklärte ein anderer) habe einen im wesentlichen demokratischen Einfluß, denn sie biete allen Gesellschaftsschichten Bewußtheit und Bildung. Das Wettrüsten (sagte Amos Jordan) erhöhe nicht die Konfliktmöglichkeiten, im Gegenteil, es könne die Gefahren vermindern, wie seinerzeit in Europa. Und mit welchem Recht könnten sich die Vereinigten Staaten überhaupt weigern, dem Schah Waffen zu verkaufen? «Er ahmt nur unsere eigenen prächtigen Gesellschaften nach», sagte ein anderer Beamter. «Seit 1968 ist es klar, daß es Sache des Schahs ist, das zu entscheiden», meinte ein dritter. «Die Zeit der Bevormundung ist vorbei.»

Aber hinter all diesen Erklärungen verbarg sich die offenkundige Tatsache, daß die Waffen bewilligt waren und im Austausch gegen Öl verkauft wurden. Es war ein Geschäft, von dem viele Beamte glaubten, es sei unumgänglich – nicht nur, um die Zahlungsbilanz zu bereinigen, sondern auch, um sich die Freundschaft der Ölländer zu erkaufen, auf die der Westen jetzt so unbedingt angewiesen war.

Der Kongreß war nicht überzeugt. Ende 1975 hatten die Senatoren Kennedy und Humphrey eine Gesetzesvorlage eingebracht, die eine bessere Kontrolle der Rüstungsverkäufe ermöglichen sollte. Ein ungeheures Lobbying war die Folge, und Firmen-Manager aus Kalifornien, Texas oder Missouri flogen nach Washington, um vor den Gefahren zu warnen. Präsident Ford legte sein Veto gegen die Gesetzesvorlage ein, die Senatoren änderten sie ab, und das Lobbying der Rüstungsfirmen begann von neuem. Aber General Fish beruhigte sie darüber, daß das geänderte Gesetz ihr Geschäft nicht ernstlich beeinträchtigen würde, und schließlich unterzeichnete der Präsident das International Security Assistance and Arms Export Control Act von 1976–77, auch als Humphrey-Gesetz bekannt.

Das neue Gesetz hob das ein Vierteljahrhundert alte Mutual Security Act auf, das den Strom amerikanischer Waffen in die nichtkommunistischen Länder beschleunigt hatte. Es sollte «den politischen Nachdruck von der Ausweitung der Waffenexporte auf die Verstärkung der Kontrollen verlagern» und den Waffenhandel transparent machen. Der Kongreß konnte jetzt gegen jedes Waffengeschäft im Wert von mehr als 25 Millionen Dollar ein Veto einlegen. Amerikanische Militärmissionen und Zuschüsse würden verringert werden, und Regierungen, die gröblich die Menschenrechte verletzten, sollte kein Beistand geleistet werden – außer in besonderen Fällen.

Das Humphrey-Gesetz erreichte einiges und machte Waffengeschäfte öffentlich bekannt, so daß der Kongreß gezwungen war, sie zur Kenntnis zu nehmen. Aber es wirkte sich kaum auf den Umfang der Verkäufe aus, und die Rüstungsmagnaten hatten recht, wenn sie glaubten, «sie könnten damit leben». Denn die Kongreßabgeordneten waren immer starkem Druck ausgesetzt, Geschäfte durchgehen zu lassen. Selbst diejenigen, die eigentlich ganz gegen Waffenverkäufe waren, befürworteten Aufträge für ihre eigenen Staaten. Die Klausel über die Menschenrechte machte den Verkäufen an Chile und Uruguay ein Ende, aber der Iran mit seinen politischen Gefangenen und Folterknechten war ein «besonderer Fall».

Der Wettbewerb im Waffenhandel war so groß wie eh und je, sowohl zwischen den Firmen als auch zwischen den Ländern. Die amerikanischen Verkäufer konkurrierten nicht so sehr mit den Russen als vielmehr mit den Engländern und Franzosen, und die Verfasser des Humphrey-Gesetzes mußten besonders betonen, es würde «die Konkurrenzfähigkeit der Vereinigten Staaten im ausländischen Waffenhandel nicht beeinträchtigen». Immer wieder wurde das alte Argument vorgebracht, daß, wenn die Amerikaner keine Waffen verkauften, ein anderer es tun würde. Im Oktober 1975 schrieben hundert Kongreßabgeordnete unter Führung von Senator John Culver an Kissinger und protestierten gegen «die zügellose und eskalierende Art des weltweiten Dranges, neue Waffen zu erwerben»; sie betonten, eine unilaterale Maßnahme allein könne das Problem nicht lösen, und empfahlen, daß die im Waffenhandel höchst aktiven NATO-Länder eine internationale Konferenz abhalten sollten, um sich über Richtlinien für den Waffenhandel zu beraten. Aber Kissinger äußerte sich in seiner Antwort sehr skeptisch über ein internationales Abkommen. Die Vereinigten Staaten, erklärte er, hätten das Problem wiederholt in Genf angeschnitten, aber die anderen Länder hätten aus drei Gründen wenig Interesse gezeigt. Erstens seien viele Staaten der Meinung, eine Diskussion über konventionelle Waffen würde die Aufmerksamkeit von der viel dringenderen Notwendigkeit der nuklearen Abrüstung ablenken. Zweitens hätten die Entwicklungsländer etwas gegen Maßnahmen, den konventionellen Waffenhandel einzuschränken, weil sie das als eine gegen sie gerichtete Diskriminierung ansähen. Und drittens betrachten die Waffen verkaufenden Länder ihre Exporte als wesentlich im eigenen nationalen Interesse.

Wie wir in diesem Kapitel noch sehen werden, war Kissingers Skepsis gewiß einigermaßen begründet. Aber so einfach konnten sich die Vereinigten Staaten ihrer Verantwortung nicht entziehen, denn auf sie entfiel jetzt die Hälfte des Waffenhandels der Welt. Und wenn sie nicht die Initiative ergreifen, ihn einzuschränken, wird es auch kein anderer tun.

Großbritanniens unanständiges Zeug

Großbritannien war nicht in der Stimmung, seinen Waffenhandel einzuschränken, denn der Ölpreis war just während einer Wirtschaftskrise erhöht worden, die schlimmer war als jede frühere, und Waffen waren einer der wenigen Exportartikel, deren Umsatz stieg. Dieser Umsatz war winzig im Vergleich mit Amerika, aber spektakulär im Verhältnis zur übrigen Wirtschaft, denn zwischen 1972 und 1975 war er von £ 257 Millionen auf £ 600 Millionen gestiegen. Ein Viertel der gesamten britischen Rüstungsproduktion wurde exportiert, und sowohl Labour- als auch konservative Regierungen spornten ihre offiziellen Waffenhändler zu größeren Anstrengungen im Ausland an.

Zu einem großen Teil waren die Rüstungskunden dieselben wie im 19. Jahrhundert. Viele Länder, deren Potentaten Lord Armstrongs Gästebuch geziert hatten – Persien, Chile oder Siam – waren noch immer wichtige Kunden. Newcastle, das die Schlachtschiffe der Welt gebaut hatte, baute jetzt Panzer für den Nahen Osten. Die Arbeiter in Barrow-in-Furness waren immer noch darauf angewiesen, daß Vickers Kriegsschiffe, unter anderem für Lateinamerikaner, herstellte. Aber auch säuberliche neue Elektronikfirmen, die kaum jemand mit Rüstung in Verbindung brachte, waren in stillen Stadtrandsiedlungen wie Stevenage und Chelmsford entstanden. In Windsor konnte die von Raymond Brown gegründete Firma Racal Instruments ihre spektakulären Gewinne nur durch die Rüstung erzielen: 1975 entfielen 54 Prozent ihrer Produktion im Wert von £ 43 Millionen auf den Rüstungsexport, während die Abteilung für elektronische Kriegsführung von Decca in Walton-on-Thames für ungefähr £ 48 Millionen exportierte.[4] All die großen Konzerne wie EMI, ICI, General Electric oder Lucas, die für Normalverbraucher und Hausfrauen ein so vertrauenerweckendes Image haben, besitzen Rüstungsabteilungen, die ein ganz anderes Gesicht zeigen. «Wir können nicht nur Hardware anbieten», erklärt Lucas seinen Rüstungskunden, «sondern auch ein gesamtes Programm einschließlich Management-Know-how.»

Die britischen Waffenverkäufe waren so wichtig, daß das Verteidigungsministerium im Juni 1976 eine Ausstellung von militärischen Ausrüstungen in Aldershot – als Gegenstück zur Luftfahrtschau in Farnborough – veranstaltete, um dazu beizutragen, das neue Ziel der Waffenverkäufe von £ 750 Millionen jährlich zu erreichen. Es war eine gemütliche Angelegenheit mit großen Zelten und vielen Erfrischungen wie ein Sportfest oder eine Gartenbau-Ausstellung. Nach einigen gemäßigten Protesten seitens der *Campaign against the Arms Trade* ging alles friedlich vonstatten. Chieftain-Panzer waren in Reih und Glied auf dem Rasen aufgefahren, und die Frauen und Kinder von Soldaten kletterten in den Turm. Mörser und Gewehre waren auf säuberlichem Kies oder geschorenem Rasen ausgestellt wie Sportartikel in einem Laden. Eine peinliche neue Art Stacheldraht mit Namen «Stachelband Concertina» war über eine Rasenfläche gespannt und schimmerte in der Sonne wie die Beflaggung eines Vergnügungsdampfers. Nirgends konnte ich das Wort «töten» entdecken. Die Stände waren mit künstlerischen Impressionen von Schlachten im Stil von Jugend-Comics dekoriert. Vosper-Thornycroft zeigte zwei riesige Hovercrafts, die sich auch auf einen sumpfigen Strand setzen und Lastwagen und Truppen im Laufschritt ausspucken. Die Firma wolle einige davon an den Schah verkaufen, der eine Leidenschaft für Hovercraft habe, erklärte der Vosper-Mann, und wenn er sie nehme, würden vielleicht auch die Engländer welche kaufen. Auf dem Rasen stand ein großes schwarzes «Fahrzeug für innere Sicherheit», der AT 104, der gerade konstruiert worden war, um Aufrührer zu zerstreuen, mit einem Maschinengewehr bewaffnet. Auch dieses Ding hätten die Engländer noch nicht gekauft (erklärte der Verkäufer), aber ein Auslandsabsatz würde sie dazu anspornen.

Das eifrige Bemühen um ausländische Kunden war überall sichtbar; ganze Broschüren waren in arabischer Sprache gedruckt, ja selbst einige Wachsfiguren-Soldaten sahen sehr iranisch aus. Der Höhepunkt der Ausstellung waren die beiden nicht öffentlichen Tage, die ausländischen Käufern aus siebzig Staaten vorbehalten waren, in erster Linie aus nahöstlichen Ländern. Bei ihrem vielen Gerede unterstrichen die Verkäufer die Notwendigkeit, die Exportaussichten schon in Rechnung zu stellen, wenn die Waffen entworfen werden. Im Verteidigungsministerium war das Defence Sales Office jetzt offiziell vertreten im Operational Requirements Committee und im Weapons Development Committee; ja die britischen Streitkräfte wurden oft gedrängt, deshalb Waffen wie die Maritime Harrier zu akzeptieren, weil sie einen Exportmarkt haben würden.[5] Hier zeigte es sich, wer wem auf der Nase herumtanzt.

Einige wenige Politiker wehrten sich gegen die steigenden Waffenverkäufe; zu ihnen gehörten zwei stimmgewaltige Labour-Abgeordnete, Robin Cook und John Roper, und ein verständiger Konservativer, Julian Critchley, aparterweise der Abgeordnete für Aldershot. Critchley akzeptiert den Spruch: «Was für Vickers gut ist, ist auch gut für Großbritannien», aber nur zu 85 Prozent. Er fragt: «Machen wir, zusammen mit den Franzosen und den Amerikanern, nicht durch unsere Verkäufe an die reichen Ölländer im Golf den Krieg unvermeidlich?»[6] Es gibt auch eine einzigartige Bewegung unter Gewerkschaftlern bei Lucas Aerospace unter Führung von Mike Cooley, die gemeinschaftlich einen ins einzelne gehenden Plan ausgearbeitet haben, um zu zeigen, wie nach einer Kürzung des Rüstungsprogramms erfahrene Ingenieure für sozial nützliche Projekte wie medizinische Geräte, den Bau von Wohnungen mit geringem Energieverbrauch und Transportsysteme eingesetzt werden könnten – eine Initiative, die auch in anderen von der Rüstungsindustrie abhängigen Gebieten, zum Beispiel Kalifornien, Widerhall fand.[7] Aber die Mehrzahl der britischen Politiker neigt dazu, den Waffenhandel als ein notwendiges Übel anzusehen, über das sie lieber nicht sprechen.

Die britische Defence Sales Organization, die die Ausstellung in Aldershot veranstaltete, hat ihren Arbeitsbereich erweitert, seit Denis Healey sie zehn Jahre zuvor gegründet hatte. Nachfolger von Sir Ray Brown wurde 1969 ein Autoverkäufer, Lester Suffield, der fand, Waffen zu verkaufen sei dasselbe wie Autos zu verkaufen; über die moralischen Auswirkungen habe er nicht nachgedacht, erklärte er, das habe ja die Regierung schon getan, und «in einer Beziehung ist es einfacher, als Autos zu verkaufen, weil die Absatzpolitik ja vorliegt».[8] Die Waffenhändler waren jetzt im Verteidigungsministerium voll integriert, und die Generäle und Luftmarschälle betrachteten sie mit widerwilligem Respekt, denn sie waren es, die dazu beitrugen, Großbritanniens Streitkräfte zu finanzieren. Ich besuchte Sir Lester im Sommer 1976 kurz vor seiner Pensionierung (sein Nachfolger war wiederum ein Autoverkäufer, Ronald Ellis). Er war ein umgänglicher, freimütiger Mann mit einem langen, schnittigen Gesicht, besaß die übliche Begeisterung des Verkäufers. Er war sehr ungehalten über die staatlichen Kontrollen und Vorschriften. In dem steinernen Palast des Verteidigungsministeriums in Whitehall führte er mich durch die ständige Ausstellung der verkäuflichen britischen Waffen, die in einer großen, zentral gelegenen Halle, im schwarzen Herzen des Ministeriums, zur Schau gestellt werden. Hier sollten die zu Besuch kommenden Potentaten, Generäle und Admirale mit den neuen Instrumenten der Kriegführung in Versuchung geführt werden.

«Das hier nenne ich das unanständige Zeug», sagte Sir Lester lächelnd und deutete auf eine Ecke, wo Handfeuerwaffen, darunter Sterling-Maschinenpistolen, Handraketen und 81-mm-Mörser mit «maximaler Tödlichkeit», elegant auf dem Kies ausgebreitet waren wie neorealistische Skulpturen. Eine explodierende, hochexplosive Granate wurde gezeigt mit Panzerplatten daneben, in die ein 15 cm großes Loch gerissen war. Ein Diorama wie ein Ausstellungsstück in einem Naturkundemuseum zeigte ein britisches Panzerbataillon, das eine kleine Eingeborenenstadt mit verkleinerten Nachbildungen von Büschen und Bäumen einkreiste, eine Brücke, die gerade gesprengt worden war, alles überwacht von einem britischen Funksystem, das durch farbige Lampen angedeutet war. An einem Ende der Halle waren Schaustücke für die innere Sicherheit zu sehen, eine britische Spezialität seit dem Bürgerkrieg in Nordirland: da gab es Gummikugeln, Straßenkampfausrüstung und eine ferngesteuerte Kanone auf Rädern. Die Insurgentenbekämpfung war jetzt ein gutes Geschäft, und Sir Lester erwähnte, er könne sogar Labradorhunde exportieren, darauf abgerichtet, Sprengstoffe zu erschnüffeln.

Niemand im Ministerium verrät, welcher Prozentsatz der britischen Rüstungsexporte in welches Land geht, und Anfragen im Parlament werden aus Gründen der Sicherheit zurückgewiesen. Es ist nur bekanntgegeben worden, daß sich 1976 die gesamten Rüstungsexporte auf £ 700 Millionen beliefen und normalerweise ungefähr ein Drittel auf die Luftfahrt entfällt.[9] «Es wird nichts damit erreicht, wenn die Verkäufe veröffentlicht werden», sagte ein Beamter vom Verteidigungsministerium. «Es ist kein Geschäft wie andere, bei denen man Reklame machen muß, um Kunden zu gewinnen. Wir wollen unseren Kritikern unter den radikalen Politikern keine Munition liefern. Die Franzosen übertreiben immer mit ihren Verkaufszahlen. Wären die Zahlen bekannt, würde sich wahrscheinlich herausstellen, daß Großbritannien mehr Waffen exportiert als Frankreich.»

Aber es ist ganz klar, daß der Nahe Osten für Großbritannien ebenso wie für Amerika der größte Absatzmarkt ist. «Wir machen gern Geschäfte mit Leuten, die Geld haben», erklärte ein Verkäufer, «und die nicht zu pingelig sind.» Der Iran ist für die britische Rüstungsindustrie sogar noch wichtiger als für die amerikanische, denn auf ihn entfallen (so ein Gewährsmann) 60 Prozent des Absatzes. Der Schah hat mehr Chieftain-Panzer gekauft als die britische Armee, und von der staatlichen Stelle, die die Waffengeschäfte durchführt, Millbank Technical Services, wurde mir 1977 gesagt, daß der «überwiegende Teil» der Aufträge im Wert von £ 1,5 Milliarden für den Iran bestimmt sei. Aber die britischen Verkäufer haben ebenso wie die Iraner zunehmend Ärger mit den gelieferten Waffen. Die Iraner haben die Kosten und Wirkungslosigkeit der britischen Waffen ebenso wie die der amerikanischen kritisiert, aber die Lieferungen gingen weiter. Die Chieftain-Panzer, wurde mir gesagt, legen im Jahr nicht mehr als fünfzig Meilen zurück, und was die Kriegsschiffe betreffe, so werden die iranischen Matrosen seekrank, sobald sie auslaufen, auch kommen sie mit der komplizierten Ausrüstung nicht zu Rande. «Aber sie sagen immer, es sei unsere Schuld.» Als dem Schah das Geld knapp wurde, versuchte er, direkte Tauschgeschäfte zu machen und Waffen gegen Öl zu kaufen; nachdem es ihm in Amerika nicht gelungen war, wandte er sich an Großbritannien. Im November 1976 gab die British Aircraft Corporation ein gemeinsames Geschäft mit Shell bekannt, wonach sie das Rapier-Boden-Luft-Raketensystem im Wert von £ 640 Millionen liefern würde im Tausch gegen 13 000 Barrels Rohöl täglich für die nächsten achtzehn Jahre. So trat die Art des Geschäfts unverhüllter zu Tage: wir geben euch Öl, wenn ihr uns Waffen gebt.

Als ich das Ministerium verließ, war ich beladen mit drei dicken Bänden, die in Waffenhandelskreisen wohlbekannt sind: *The British Defence Equip-*

ment Catalogue. Dieser Katalog der britischen Rüstungsgüter ist ein Meisterstück des verharmlosenden Stils des Gewerbes, etwa wie die Redeweise von Sam Cummings, ohne jede Andeutung, daß irgend etwas Ungewöhnliches verkauft wird. Der Einband ist geschmückt mit den Wappen der drei Waffengattungen, und auf jeder Doppelseite findet man Photographien und Spezifikationen in eintönigem Layout von Geschützen, Jagdflugzeugen oder Kriegsschiffen. Im Vorwort heißt es, das Kriegsgerät sei «in fast allen Klimaten, Verhältnissen und geographischen Lagen getestet» worden, und es wird dem potentiellen Kunden geraten, sich mit der örtlichen britischen Botschaft in Verbindung zu setzen. Der Katalog war, wie ich entdeckte, Gegenstand des Neides amerikanischer Firmen. «Hier würde man ihn unethisch nennen», beklagte sich Mr. Simcox von Electronic Industries Associations in Washington. «Wenn wir so etwas herausbrächten, würde man uns vorwerfen, zum militärisch-industriellen Komplex zu gehören.»

Viele amerikanische Waffenverkäufer sind darüber verbittert, daß ihre europäischen Konkurrenten ihnen gegenüber im Vorteil sind durch die viel engeren Bindungen zwischen Regierung und Industrie. General Fish sagte darüber: «Ausländische Firmen, die auf diesem Gebiet arbeiten, können gewöhnlich ihre Regierungen retten, und ihre Regierungen können gewöhnlich ihre Industrie retten. Das Gegenteil trifft auf die Vereinigten Staaten zu, und mit Recht, glaube ich.» Britische und französische Waffenverkäufer, ob sie nun im Staatsdienst stehen oder nicht, haben gewiß ein vertraulicheres Verhältnis zu ihren Regierungen und Botschaften, als dies in Washington erlaubt ist. Aber die amerikanische Regierung ist bei der Förderung von Verkäufen nicht unbedingt weniger erfolgreich. Das Jahrhundertgeschäft mit der F 16 ließ erkennen, wie stark der amerikanische diplomatische Druck war, während die Northrop- und Lockheed-Papiere das Ausmaß der Unterstützung durch die Botschaften zeigen. Und es gibt kein echtes britisches Gegenstück zu der heftigen Rivalität zwischen amerikanischen Rüstungsfirmen, die jeweils von rivalisierenden Waffengattungen Schützenhilfe erhalten.

Jedenfalls sorgt die britische Vertrautheit für Geheimhaltung. Es mag sein, daß die Diplomaten und Beamten im Verteidigungsministerium die Waffengeschäfte in aller Stille überprüfen und einige sogar ablehnen, wie im Fall Chile und Südafrika. Aber das britische Parlament darf an diesen Entscheidungen nicht mitwirken und auch nicht wissen, wie sich die Exporte aufteilen. Die britische Öffentlichkeit erfährt das Ausmaß, in dem sie die Welt bewaffnet, niemals.

Das Gewissen eines Kontinents

Die europäischen Regierungen sehen sich alle demselben grundlegenden Problem gegenüber: ihre Rüstungsindustrien sind zu klein und zu zersplittert, um ihren eigenen Rüstungsbedarf zu decken, so daß sie fortgeschrittene Waffen aus Amerika importieren müssen. Und um ihre eigenen Firmen lebensfähig zu erhalten und die Kosten ihrer Einkäufe wieder hereinzuholen, sahen sie sich genötigt, an die Dritte Welt zu verkaufen. Die auf der Hand liegende Lösung wäre die Einigung Europas, die die Rüstungsindustrie autark machen und den Exportzwang beseitigen könnte. Es hat Versuche in dieser Richtung gegeben, etwa der englisch-französische Jaguar oder der englisch-deutsche Tornado. Aber das Jahrhundertgeschäft hat wieder einmal Europas politische Uneinigkeit gezeigt; und derweil half die Dritte Welt, die Kosten zu bezahlen.

Jedes Land in Europa hat seine eigenen Traditionen des Waffenhandels, die oft tief in der Geschichte verwurzelt sind, und seine eigenen Zwänge und Konflikte. Die hartnäckigsten Verkäufer von allen sind die Belgier, die seit dem Mittelalter dafür bekannt sind, als die Stadt Lüttich das Zentrum der europäischen Feuerwaffenindustrie war; so bekannt, daß Karl der Kühne von Burgund ihnen im 15. Jahrhundert die Waffenherstellung verbot, und als sie ihm trotzten, die Stadt dem Erdboden gleichmachte und ihre Bewohner niedermetzelte.[10] Im 19. Jahrhundert wurde Lüttich noch bedeutender als Sitz der belgischen Firma Fabrique Nationale d'Armes de Guerre (FN). Heute einer der aggressivsten Waffenexporteure, auf Karabiner, Maschinengewehre und Browning-Pistolen spezialisiert. Heute exportiert Belgien mehr als 90 Prozent seiner gesamten Rüstungsproduktion, und die Regierung ist ungewöhnlich großzügig mit der Erteilung von Lizenzen. FN-Karabiner haben geheimnisvollerweise den Weg in viele brisante Gegenden gefunden; sie waren die ersten Waffen, die nach Kuba gelangten, nachdem Castro an die Macht gekommen war, und sie erschienen im kongolesischen Bürgerkrieg auf beiden Seiten und im Libanon auf christlicher Seite.

In den ersten Nachkriegsjahren waren die beiden ehemaligen Feindstaaten, Deutschland und Italien, von der Rüstungsproduktion und dem Waffenhandel völlig ausgeschlossen. Doch nach der Gründung der NATO wurden beide zur Wiederaufrüstung gedrängt, und wiederum ergab sich der Zwang, Waffen zu verkaufen, um die Einkäufe zu bezahlen; je mehr sie darauf angewiesen waren, amerikanische Waffen wie den Starfighter zu kaufen, um so größer war die Versuchung, ihre alten Waffen anderswohin zu verkaufen.

In der Bundesrepublik stiegen die Waffenexporte in den sechziger Jahren, bis sie 1966 einen Wert von $ 100 Millionen erreichten. Die Waffen wurden als Teil der militärischen Hilfsprogramme weggegeben, und ein Drittel davon war überschüssiges Kriegsmaterial, das verkauft wurde, als die deutschen NATO-Truppen neu ausgerüstet wurden. Als die sozialliberale Koalition 1969 die Regierung bildete, war sie entschlossen, die Exporte einzuschränken, und der Verteidigungsminister Helmut Schmidt erklärte, er werde «keineswegs als Gehilfe der Vertriebsleiter der deutschen Industrie fungieren».[11] Aber in letzter Zeit fiel es der Bonner Regierung, auch unter Bundeskanzler Schmidt, immer schwerer, den von den Gewerkschaften unterstützten Forderungen nach Arbeitsplätzen und Exportabsatz entgegenzutreten. Ein ominöser Präzedenzfall war die Bekanntgabe des Lieferabkommens über acht Kernkraftwerke mit Brasilien, die die Möglichkeit bieten, Atomwaffen herzustellen. (Vgl. nächstes Kapitel.)

Die Italiener wurden aggressivere und skrupellosere Waffenhändler, nachdem sie vorher von diesem Erwerbszweig ausgeschlossen gewesen waren. Als Italien seine eigene Rüstungsindustrie innerhalb der NATO aufbaute, verkaufte es zuerst Schiffe und dann Flugzeuge an die Dritte Welt, damit die inländische Industrie lebensfähig wurde. Ebenso wie die Franzosen waren die Italiener bereit, sich über Embargos hinwegzusetzen, um neue Märkte zu erschließen. Die italienischen Flugzeughersteller, darunter Fiat, Macchi und Piaggio, drängten die Regierung, die Exportkontrollen zu lockern. Als Großbritannien Anfang der fünfziger Jahre ein Ausfuhrverbot gegen Ägypten erließ, verkaufte Italien britische Vampire-Jäger an Syrien, das sie an Ägypten weiterleitete. Nach dem Embargo gegen Südafrika im Jahre 1963 sahen die Italiener eine Chance, Raketen, Hubschrauber und Panzerwagen zu verkaufen, und die Firma Macchi war den Südafrikanern beim Aufbau einer eigenen Luftfahrtindustrie behilflich.

In der schlimmsten moralischen Zwickmühle befindet sich der Waffenhandel in den neutralen Ländern, die zwar in der Verteidigung autark sein wollen, aber auch ihre moralischen Grundsätze bewahren möchten. Die Schweiz ist ständig zwischen ihren kommerziellen Bedürfnissen und ihren humanitären Idealen, für die das Rote Kreuz ein Symbol ist, hin und her gerissen. Der Bundesrat des Schweizer außenpolitischen Departements sagte 1969 darüber:

«Das Problem besteht darin, einen Kompromiß zu finden zwischen den teilweise widersprüchlichen Interessen unserer Verteidigung und unseres Handels und den Anforderungen, die uns durch die Rechtsnormen der Neutralität auferlegt sind und auch als einem Land, das dem Roten Kreuz und humanitärem Wirken verpflichtet ist.»[12]

Die Schweizer Rüstungsindustrie exportiert 30 Prozent ihrer Produktion. Die größte Rüstungsfirma, Örlikon-Bührle, stellt in ihren Fabriken im Ausland mehr Waffen her als in der Schweiz. Der Schweizer Regierung widerstrebte es daher, Ausfuhrverbote gegen ihre alten Kunden zu erlassen. Indonesien wurde während seiner Auseinandersetzung mit Malaysia weiter beliefert, ebenso Indien und Pakistan. Der Druck der Industrie und die Schwäche der Kontrollen wurden im November 1968 lebhaft veranschaulicht, als sich herausstellte, daß Örlikon-Geschütze illegal nach Nigeria exportiert worden waren. Es ist gut möglich, daß die Schweizer Geschütze auf Rot-Kreuz-Flugzeuge schossen, die nach Biafra flogen, und so die innere Zerrissenheit der Schweizer symbolisierten. Bei dem nachfolgenden Skandal und Prozeß wurde schließlich offenbar, daß Örlikon-Bührle Waffen im Wert von $ 21 Millionen illegal exportiert hatte, davon für $ 12,1 Millionen an Südafrika, weitere Lieferungen waren nach Nigeria, Ägypten, Saudi-Arabien, Libanon und Malaysia gegangen – und alle rutschten durch mit dem simplen Trick, daß die «end-use-certificates» gefälscht wurden, die den Bestimmungsort garantieren sollten. Der Örlikon-Skandal hatte Gefängnisstrafen für drei Örlikon-Manager und eine Gefängnisstrafe für den Chef der Firma, die zur Bewährung ausgesetzt wurde, zur Folge. Die Öffentlichkeit reagierte mit der Forderung nach Verstaatlichung. Doch ein Sachverständigen-Ausschuß forderte zwar wirksamere Kontrollen, wies aber darauf hin, daß ein Exportverbot eine Kostensteigerung für viele Waffen um 65 Prozent mit sich bringen und die inländische Industrie gefährden würde. Örlikon blieb unangetastet, und die Exporte stiegen weiter. Auch war mittlerweile die Schweiz mit ihrem Bankgeheimnis und dem Schutz vor Untersuchungen der unentbehrliche Zufluchtshafen für Waffenhändler aus aller Welt geworden, von Lockheed und Northrop bis zu zwielichtigen Geschäftemachern und Flugzeugentführern.

Nur den Schweden gelang es trotz gelegentlicher Entgleisungen, ihre Verkäufe rigoros zu kontrollieren. Auch Schweden sah sich diesem Dilemma gegenüber, daß es bewaffnete Neutralität mit kommerzieller Lebensfähigkeit verbinden mußte, und befand sich in der Zwickmühle zwischen einer einfallsreichen Industrie und philanthropischen Idealen. Die Dichotomie, die sich so tragisch in dem brillanten, aber verwirrten Geist von Nobel zeigte, zieht sich seither durch die ganze schwedische Geschichte. Schweden hat jetzt zwei der fortgeschrittensten Rüstungsfirmen der Welt, Saab und Bofors, aber auch die eifrigste Friedens-Lobby, das Stockholmer Friedensforschungsinstitut (SIPRI), das über einmaliges Forschungs- und Dokumentationsmaterial verfügt (dem dieses Buch sehr viel verdankt). Die schwedischen Rüstungsfirmen haben, wie alle anderen auch, beharrlich Druck auf die Regierung ausgeübt, die in der Vergangenheit manchmal gefährliche Exporte genehmigte. Im Suez-Krieg von 1956 haben die Schweden zu Ägyptens Bewaffnung mit einer Bofors-AA-Kanone, Maschinenpistolen und Karabinern beigetragen, nachdem sie den Israelis bereits Mustang-Jäger geliefert hatten. Und die Firma Saab hat an viele Länder der Dritten Welt, darunter

Haiti und Brasilien, Jagdflugzeuge verkauft. Es ist immer damit zu rechnen, daß der Druck stärker wird, wenn die Kosten der wirtschaftlichen Unabhängigkeit lastender werden. Aber Schweden war zurückhaltender als andere Länder, und der Waffenhandel machte nur 0,6 Prozent der schwedischen Exporte aus, während es bei den englischen Exporten 3,1 Prozent und bei den amerikanischen Exporten 3,8 Prozent waren.[13] Die Tatsache ist einigermaßen ermutigend, daß Schweden der fortgeschrittenste Industriestaat in Europa und eine der großen Handelsnationen der Welt geworden ist, ohne daß der Waffenhandel viel dazu beitrug.

Das französische Zusammenspiel

Unter den Europäern ragten in den letzten beiden Jahrzehnten die Franzosen als die aggressivsten und erfolgreichsten Rüstungsexporteure hervor und holten die Engländer bei ihrem eher betulichen Wettlauf ein und überholen sie vielleicht sogar. Wie wir gesehen haben, glauben die amerikanischen Firmen steif und fest an französische Arglist und Bestechung und rechtfertigen damit ihre eigene Korruption. Zwar ist nicht bekannt, inwieweit der französische Erfolg auf Bestechung zurückzuführen ist, aber es steht fest, daß das sehr enge Zusammenspiel zwischen Regierung und Industrie viel beigetragen hat. Immer wieder haben französische Regierungen und hohe Beamte die Rüstungsindustrie als ein Instrument der Diplomatie und als ein Mittel angesehen, technische Fertigkeiten zu erlangen: die Speerspitze des neuen, technologischen Frankreich.

Die Wirkungen sind sichtbar in Bordeaux, der edlen Hauptstadt Aquitaniens und des Weinhandels. Der stolze Hafen mit den grauen Häuserzeilen, den langen Kaianlagen und dem Bahnhof aus dem zweiten Kaiserreich beschwört verschwundenen Glanz herauf, denn seit dem Zweiten Weltkrieg hat die Marinewerft darniedergelegen, und es gab viel Arbeitslosigkeit. Doch in der Nähe des Flughafens ändert sich das Bild – Mérignac, am Stadtrand von Bordeaux, ist heute eine Mustersiedlung –, eine Atmosphäre, die eher kalifornisch als französisch ist. Weiße Wohnblocks und Einfamilienhäuser, bunte Markisen, die in der klaren Luft leuchten; Märkte, Sportplätze und Kinderspielplätze, ein großes Einkaufszentrum. Der Hauptgrund für die Prosperität wird einem bald klar, denn neben dem Flughafen erhebt sich ein langgestrecktes, crèmefarbenes Gebäude, auf dem in großen Buchstaben zu lesen steht: AVIONS MARCEL DASSAULT. Drinnen scheinen die säuberlichen Reihen von Reißbrettern und die adretten Konstrukteure ein Jahrhundert entfernt zu sein von dem gemütlichen Schlendrian unten an den Docks.

Das Werk ist ein Schaustück nicht nur für französische Waffen, sondern für die französische Technik; von hier aus sind immer wieder neue Jäger –

Ouragans, Mystères und Mirages – in alle Welt geflogen. Seinen westlichen Konkurrenten mag die Geschäftemacherei von Dassault gewissenlos erscheinen, aber hier in Mérignac gilt Marcel Dassault nicht nur als derjenige, der einer darniederliegenden Stadt Arbeit und Brot verschafft hat; er ist auch der Meisterkonstrukteur, der wesentlich zum französischen Wirtschaftswunder beigetragen hat.

Die französischen Regierungen haben sich mit ihrem ganzen Gewicht hinter Dassault und andere Rüstungsfirmen gestellt. Wie die meisten anderen westlichen Länder hat Frankreich im breiten Kielwasser von Henry Kuss in Washington seine eigene Verkaufsorganisation stark gemacht. Die Délégation Ministérielle pour l'Armement (DMA) wurde 1965 durch eine besondere Exportabteilung erweitert, die Direction des Affaires Internationales (DIA). Sie geht diskreter vor, ist aber einflußreicher als ihre angelsächsischen Gegenstücke. Sie organisiert Militärmissionen im Ausland und Vorführungen, zum Beispiel die alle zwei Jahre stattfindende Pariser Luftfahrtschau in Le Bourget und die Waffenausstellung in Satory. Sie stellt Verbindungen her zu einem Netz quasi-staatlicher Körperschaften, für die Exportförderung.[14]

Der Chef der DIA ist stärker in die staatliche Bürokratie eingegliedert als seine ausländischen Gegenspieler, aber in Wirklichkeit ist er der wichtigste französische Waffenhändler und besitzt entscheidenden Einfluß. Der erste Chef, Louis Bonte, wurde entlassen, nachdem israelische Torpedoboote, für die die französische Regierung ein Ausfuhrverbot erlassen hatte, am Weihnachtstag 1969 von Cherbourg nach Israel auslaufen konnten. Bontes Nachfolger war General Hughes de l'Estoile, Absolvent der *Ecole polytechnique*, der seine Aufgabe aggressiv und stilvoll in Angriff nahm und mit reinem Gewissen Waffen verkaufte: «Wenn mir vorgehalten wird, ich sei ein Waffenhändler», sagte er, «dann denke ich immer daran, wenn ich einen Auftrag unterschreibe, daß ich zum Beispiel 10000 Arbeitsplätze auf drei Jahre garantieren kann. Ja, ich bin praktizierender Katholik, und ich habe nie Gewissensskrupel gehabt. Ist Ihnen aufgefallen, daß der Zenturio in der Bibel nie in einem schlechten Licht erscheint?»[15] Als die französische Protestantische Vereinigung die Waffenverkäufe kritisierte, erwiderte er darauf, daß Frankreich gerade einen Hubschrauber-Auftrag für den Libanon an die amerikanische Firma Bell verloren habe, deren Agent in Beirut der päpstliche Nuntius sei; nebenbei erwähnte er, daß auf die französischen Waffenverkäufe an das Ausland nur 6 Prozent der Todesopfer entfallen, die französische Autos im Ausland hervorrufen.[16] 1974 wurde de l'Estoile als Hauptwaffenhändler durch einen weiteren *polytechnicien*, Paul Assens, abgelöst, blieb aber weiter zuständig für den Verkauf der neuen Mirage-Jäger, der F 1, so daß er sich beim Kampf um das Jahrhundertgeschäft mit den amerikanischen Aggressoren messen konnte.

An den Waffenverkäufen an die Dritte Welt ist in Frankreich nicht viel Kritik geübt worden. Die Arbeiter denken an die übermäßig zusätzlichen Arbeitsplätze: 270000 Franzosen arbeiten für die Rüstung, ein Viertel davon für den Export. Die Gewerkschaften befürworten zwar die Verstaatlichung der Rüstungsfirmen und die Umstellung ihrer Fabriken, sind aber zurückhaltend in ihrer Verurteilung.[17] Im Januar 1976 wandte sich der Erzbischof von Paris, Kardinal Marty, in einer wortgewaltigen Predigt in Notre Dame scharf gegen den zunehmenden «Handel mit dem Tod», der eine von kollektiver Heuchelei getragene Institution werde. Die Kritik wurde kurz von der Linken aufgegriffen, aber Premierminister Jacques Chirac erklärte, in einer Zeit hoher Arbeitslosigkeit sei es besonders nützlich, daß der Rüstungsexport Arbeitsplätze sichere.[18] Das amerikanische Wettrüsten bot den französischen Waffenhändlern einen Argumentationsvorwand und eine neue Herausforderung. Ende 1976 hatten sie zweiundsiebzig Mirage F 1, ebenso modern wie die Flugzeuge der französischen Luftwaffe, an den Irak verkauft. Gleichsam eine Rache dafür, daß ihnen das Jahrhundertgeschäft entgangen war.

Das Tun und Treiben des Dassault-Imperiums war viel verborgener geblieben als das der amerikanischen Firmen. Jedoch just als die Lockheed-Skandale aller Welt bekannt wurden, gab es eine ungewöhnliche Nachricht aus Paris, ihrem Ursprung nach das ganze Gegenteil der amerikanischen Enthüllungen, so echt französisch in ihrer Mischung von Korruption, Sex, Abenteuer und Ideologie, daß es einige Zeit dauerte, bis klarwurde, daß es sich dabei um dasselbe grundlegende Problem handelte – die Verantwortlichkeit der Rüstungsfirmen.

Die Geschichte begann im Juli 1976, als ein magerer, bedrückt aussehender Mann mit einem gehetzten Blick in eine Pariser Bank ging, von einem Firmenkonto 8 Millionen Francs abhob und dann mit dem Geld verschwand. Es war Marcel Dassaults Chefbuchhalter, Henri de Vathaire, der so bemerkenswert leicht an Geld herankonnte, «le pauvre Vathaire», wie Dassault ihn nannte, denn er hatte gerade eine Zeit häuslichen Kummers hinter sich. Er hatte seine Frau tot in der Badewanne gefunden, und in seinem Schmerz hatte er sich dann mit einer Bardame eingelassen, ihrerseits eine Freundin des berüchtigten französischen Abenteurers Jean Kay, der Ruhm erlangt hatte, als er fünf Jahre zuvor versucht hatte, ein Flugzeug der Pakistan Airlines zu entführen, um Geld für Bangladesch zu erpressen. Der Chefbuchhalter de Vathaire hatte ein Dossier angelegt über einige der eher ungewöhnlichen Praktiken der Firma Dassault (wozu manche französischen Führungskräfte neigen, um sich gegen die Launen ihrer Chefs abzusichern). Unvorsichtigerweise zeigte er das Dossier seinem abenteuerlichen neuen Freund Jean Kay, der es behielt und offenbar dazu benutzte, von ihm Geld zu erpressen; und so ging de Vathaire zur Bank und verschwand dann.

Die Vorgänge blieben der Öffentlichkeit zwei Monate lang verborgen, denn Dassault wollte de Vathaire weder verklagen noch verfolgen, ein solcher Verlust konnte im breiten Schoß des Dassault-Imperiums leicht versteckt werden. Aber im September wurde die Geschichte dem *France Soir* zugespielt, der sie genüßlich brachte, doch ohne Hinweis auf den Inhalt des Dossiers. Dann gab es einige aufregende Geschehnisse: Jemand, der behauptete, Jean Kay zu sein, rief beim französischen Fernsehen an und sagte, das Geld sei den libanesischen Christen übergeben worden, damit sie Waffen kaufen könnten. Marcel Dassault erschien selbst im Fernsehen, charmant und gelassen, und erklärte, de Vathaire sei in sehr deprimierter Verfassung gewesen, das sei kein Skandal vom «Lockheed-Typ»; Dassault habe nie etwas mit Bestechungen zu tun gehabt. Dann flog de Vathaire selbst von Athen nach Paris, wurde prompt verhaftet, des «Vertrauensmißbrauchs» bezichtigt und ins Gefängnis eingeliefert.

Im nächsten Monat veröffentlichte die Zeitschrift *Le Point* dank einer weiteren Indiskretion ein Resümee von sechzehn Seiten aus de Vathaires geheimem Dossier, das einige erstaunliche Aussagen über das Geschäftsgebaren in Dassaults riesigem Imperium enthielt. Es wurde darin behauptet, daß die Flugzeugfirma Dassault andere Firmen subventioniert habe durch Zahlung überhöhter Mieten und Patentgebühren an die Dassault-Muttergesellschaft; daß die Baukosten von zehn Millionen Dollar für ein Marmorlandhaus in der Nähe von Paris, das «petit Trianon», der Flugzeugfirma als Geschäftsunkosten belastet worden seien; daß Dassault ein besonderes Team von Buchhaltern habe, die gefälschte Lohnabrechnungen aufstellen, um höhere Preise für die Flugzeuge zu rechtfertigen; daß zwei hohe Steuerbeamte regelmäßig Zahlungen erhalten, damit sie die Augen zudrücken; und daß geheime Fonds von jährlich $ 6 Millionen für Dassaults Wahlkampfausgaben und Zuwendungen an seinen Wahlkreis in der Nähe von Paris für die Anlage von Schwimmbädern und Tennisplätzen und für eine Zeitung verwendet wurden, die der ehemalige Premierminister Jacques Chirac kontrolliert.

Das Dossier, verstärkt durch ausführliche Berichterstattung linker Pariser Zeitungen, schien aufzuzeigen, daß Dassaults privater militärisch-industrieller Komplex der staatlichen Kontrolle entzogen ist. Rasch wurden Forderungen laut, die Firma zu verstaatlichen. Aber Dassault blieb die Ruhe selbst. Er erschien wieder im Fernsehen und erklärte, er habe nichts Ungesetzliches getan; was das «petit Trianon» anbelange, so könne er mit seinem Geld machen, was er wolle, «und das tut jeder, vor allem Rolls-Royce in England». Steuerexperten wiesen darauf hin, daß das Hin- und Herschieben von Geldmitteln in einem industriellen Imperium auch in anderen französischen Unternehmen ganz normal sei. Und Dassault schrieb einen Brief an die Zeitschrift *L'Express*, in dem er sagte, er sei durchaus einverstanden, daß seine Flugzeugfirma verstaatlicht werde, wenn er weiterhin Berater bleibe (wie es vierzig Jahre zuvor der Fall gewesen war, als die frühere Dassault-Firma von der französischen Volksfrontregierung verstaatlicht wurde). Nach einer hitzigen Debatte einigte sich die französische Nationalversammlung, einen Untersuchungsausschuß einzusetzen, der nicht nur Dassault, sondern (zum Ärger der Linken) die gesamte Luft- und Raumfahrtindustrie überprüfen sollte, also auch die verstaatlichte Aérospatiale in Toulouse, deren verlustbringende Unterfangen, zum Beispiel die Concorde, Dassaults Steuerhinterziehungen wie Bagatellen aussehen ließen.

Dassault und seine Mitarbeiter schienen immer noch ungerührt und über dieses Ergebnis sogar erfreut zu sein. Jetzt würde die Wahrheit über die Industrie ans Licht kommen (sagte mir einer von ihnen, nachdem die Einsetzung des Ausschusses gerade bekanntgegeben worden war): der Ausschuß werde sich darüber klarwerden, daß die verstaatlichten Firmen inkompetent und verschwenderisch seien; ihre Direktoren werden schlechter bezahlt als ihre Piloten, und «wenn wir Ingenieure wie die hätten, würden wir einen Arzt rufen». Die Entschlußfähigkeit und Initiative von Dassault beruhten darauf, daß es eine private Firma war. Dassault war bereit, sich verstaatlichen zu lassen, aber es lag wohl nicht im staatlichen Interesse.

Wenn die Franzosen ihren aggressiven Waffenverkauf weiterführen und ihre unabhängige Technologie erhalten wollten, dann bot ihnen eine freibeuterische und diskret von der Regierung unterstützte Firma – wie Krupp zu Beginn des Jahrhunderts und heute Northrop in Kalifornien – gewiß viele Vorteile. Eine private Firma war flexibler und diskreter und konnte sowohl geschützt als auch verleugnet werden. Dennoch gab es Anzeichen, daß Dassaults Blütezeit zu Ende ging. Marcel Dassault war vierundachtzig Jahre alt, und kein Nachfolger konnte seine Hartnäckigkeit haben. Die Kosten für die Aufrechterhaltung einer unabhängigen Flugzeugindustrie wurden immer größer, und für kommerzielle Projekte hielt Dassault bereits nach einem amerikanischen Partner Ausschau. Die französischen Behörden wurden immer besorgter über die mangelnde Kontrolle der Rüstungsindustrie. Im Oktober 1976 erhielt die Presse Kenntnis von einem geheimen Bericht des Finanzministeriums, in dem von Verschwendungssucht, Bestechungen und fragwürdigen Beziehungen der französischen Rüstungsindustrie bei ihren Auslandsverkäufen die Rede war.[19]

Die Abrechnung

Paris ist die Hauptstadt des europäischen Waffenhandels. Libanesische Waffenschmuggler wandten sich ebenso wie nahöstliche Regierungen an Paris, wenn sie eilig Waffen brauchten. Die meisten Waffengeschäfte sind auf die diskrete Nachsicht der französischen Regierung gegenüber freibeuterischen Händlern angewiesen. Nie wird klar, wieviel die Regierung über fragwürdige Geschäfte weiß und ob sie sie billigt. Im Zwielicht des Gewerbes lauert stets Gefahr, auch wenn die Gewinne gewaltig sind; denn ebenso wie bei Drogen oder Glücksspielen ist beim illegalen Waffenhandel das letzte Mittel brutale Gewalt. Schon 1973 war ein etwas anrüchiger libanesischer Waffenhändler, Antoine Kamouh, auf rätselhafte Weise in Paris verschwunden – wie man annimmt, im Zusammenhang mit seiner Beteiligung am britischen Waffenverkauf an Libyen. Anfang 1977 wurde einer von Kaschoggis Gehilfen, Samir Traboulsi, auf der Straße angeredet, erhielt einen Schuß in den Mund, den er überlebte; er wurde ausgeraubt. Am Weihnachtsabend 1976 wurde die spektakulärste Rache geübt: der Prinz de Broglie, einer der reichsten Männer Frankreichs, Abgeordneter und ehemaliger Staatssekretär, wurde am hellichten Tage auf offener Straße erschossen. Der Grund wurde bisher nicht bekannt; aber es sickerte durch, daß er trotz seiner beachtlichen Karriere, seines Schlosses in der Normandie und seiner erlauchten Vorfahren einen unwiderstehlichen Hang zu Geschäften mit der Unterwelt hatte. Er besaß eine Firma in Liechtenstein, die Sodetex S. A., die neben anderen anrüchigen Geschäften illegalen Waffenhandel mit arabischen Ländern betrieb. Der Überfall auf der Pariser Straße war offenbar eine Art brutaler Abrechnung.

Gegenüber den großen Machenschaften in der Rüstungsindustrie lesen sich diese Auseinandersetzungen in der Pariser Waffen-Unterwelt wie billiges Melodrama; aber sie veranschaulichen, daß diejenigen, die mit Waffen ihren Lebensunterhalt verdienen, zuweilen feststellen müssen, daß man durch Waffen umkommen kann. Die Franzosen, die mehr als jede andere Nation bemüht waren, den Waffenhandel zu ihrem diplomatischen und kommerziellen Vorteil auszunutzen, mußten feststellen, daß Waffen, seien es nun Jagdflugzeuge von Dassault oder Handfeuerwaffen, sich auf ihre eigene, sehr unsanfte Weise ihr Recht verschaffen.

Kapitel 18

Eine Welt in Waffen

Es muß eine Möglichkeit geben, von dem Berg herunterzukommen, zu de-eskalieren ... Die einzige Lösung besteht darin, uns nicht mehr Waffen für unsere Sicherheit zu geben, sondern mehr Sicherheit, damit wir weniger Waffen brauchen.

General Mosche Dayan, 25. August 1976

Tom Jones, wieder als Vorsitzender von Northrop eingesetzt, war Ende 1976 von neuem ein Held der Industrie, denn er hatte Aussicht auf noch größere Gewinne aus dem Nahen Osten. «Machen Sie sich keine Sorgen», sagte er in bezug auf die Skandale, «arbeiten Sie einfach weiter.»[1] Im Dezember hielt er vor einer Gruppe kalifornischer Bankiers einen Vortrag in seinem höchst staatsmännischen Stil: «Die Interessen einer großen Zahl von Ländern sind unauflöslich verknüpft mit den langfristigen Interessen der Vereinigten Staaten ... Und die Notwendigkeit, daß diese Länder sich verteidigen, ohne daß amerikanische Truppen entsandt werden, liegt auf der Hand. Aus diesen Gründen erkennen die Regierung und der Kongreß die Verantwortung der Vereinigten Staaten an, gewissen Ländern überall auf der Welt zuzugestehen, daß sie mit eigenen Mitteln ausreichende und angemessene Verteidigungssysteme kaufen.»[2] Er erklärte dann, daß beide politischen Parteien über ein hohes Verteidigungsbudget einig seien und daß «die Mentalität des Krisenmanagements bei uns nicht mehr vorherrscht». Aber die Rüstungsfirmen müßten richtig geleitet werden und voll verantwortlich sein (dann folgte ein deutlicher Seitenhieb auf Lockheed); gut geführte Rüstungsfirmen könnten jetzt eine höhere Kapitalverzinsung herauswirtschaften als viele andere Industriezweige – wie Northrop mit 14 Prozent im vergangenen Jahr.

Tom Jones erläuterte schwungvoll das Argument, daß das, was für Northrop gut sei, auch für die Vereinigten Staaten gut sei; die Nixon-Doktrin sei durchaus im Einklang mit den Interessen der Waffenhersteller, befreundeten Nationen müsse es erlaubt sein, zu kaufen, was sie wollen. Tom Jones' Ansicht wurde von dem Redakteur der *Aviation Week*, Robert Hotz, nachgebetet, der kein Blatt vor den Mund nahm und das Ende des Boom-Pleite-

Zyklus aus den letzten siebzehn Jahren und die Erkenntnis begrüßte, daß die «abwürgende Paragraphenreiterei» eingeschränkt werden müsse.[3] Von Kalifornien und Washington aus betrachtet, sah diese realistische Auffassung sehr überzeugend aus. Aber wie sah sie dort aus, wo die Waffen landeten?

Das Außenministerium hatte zuerst behauptet, die Bewaffnung des Iran sei aus Gründen der Sicherheit ein besonderer Fall, aber der Iran schlug ein Tempo an, dem zu folgen seine arabischen Nachbarn bald entschlossen waren. Der bei weitem reichste potentielle Kunde war Saudi-Arabien auf der anderen Seite des Persischen Golfs. Schon vor der Ölpreiserhöhung hatten die Saudis ihre Aufträge an Northrop, Lockheed und andere erhöht. Die Saudis hatten nicht, wie der Iran, eine gemeinsame Grenze mit der Sowjetunion, und bei ihrem heftigen Anti-Kommunismus war es nicht sehr wahrscheinlich, daß sie sich wegen Waffenlieferungen an die Sowjets wenden würden; sie würden nicht einmal jemanden, von dem sie wissen, daß er Kommunist ist, in ihr Land lassen. Aber Rüstungsausgaben erlangen von selbst Stoßkraft. Die Saudis wollten mit dem Iran in der Qualität, wenn auch nicht in der Quantität Schritt halten, auch sind sie viel reicher. Im Fiskaljahr 1976 beliefen sich die amerikanischen Waffenverkäufe an Saudi-Arabien auf $ 2,5 Milliarden und überstiegen vorübergehend die Verkäufe an den Iran. Prinz Sultan, der saudiarabische Verteidigungsminister, wurde von den westlichen Rüstungsfirmen und Regierungen heftig umworben. Als er im November 1976 London besuchte, wurde er von einer Ehrenwache und dem britischen Verteidigungsminister, Fred Mulley, empfangen, während die British Aircraft Corporation und Rolls-Royce ängstlich auf einen Milliarden-Dollar-Auftrag warteten.

Jede Waffenlieferung erzeugte Bedarf nach weiteren Lieferungen. Bis 1976 hatten die Saudis bereits 110 Northrop-Tiger gekauft, jetzt wollten sie 2000 Sidewinder-Raketen haben, die von den Jägern abgeschossen werden könnten, außerdem sechzehn Batterien mit Hawk-Raketen von Raytheon für ein Luftverteidigungssystem des ganzen Landes. Nun machten sich die Israelis Sorgen über diese Waffen, und die Arms Control and Disarmament Agency in Washington fragte, ob die Saudis wirklich ihre Raketen um das Fünffache vermehren müßten. Doch das Pentagon behauptete, sie seien nötig für den Fall eines Krieges mit dem Irak; und so genehmigte der Kongreß das Geschäft. Kurz darauf verlangten die Saudis 2500 Maverick-Luft-Boden-Raketen, 1000 Laser-geleitete Bomben und 1800 drahtgelenkte TOW-Raketen. Der Senat protestierte, aber Kissinger überredete ihn, 650 Raketen zu genehmigen in Anbetracht der Abhängigkeit der Vereinigten Staaten von der saudiarabischen Freundschaft.[4] Noch immer schmierte das Öl die Verkäufe.

Die Rüstungsfirmen boten höchst widersprüchliche Rechtfertigungen für ihre gewaltigen Verkäufe an die Iraner oder Araber; erstens seien die Waffen wesentlich für die Sicherheit des Westens, zweitens seien sie nicht wirklich gefährlich, denn ihre Kunden könnten mit ihnen ja gar nicht richtig umgehen. Ich sprach mit einem Verwaltungsratsmitglied von Northrop, Tom Barger, einem angesehenen früheren Präsidenten von Aramco mit großen Erfahrungen im Nahen Osten, der erklärte: «Der Schah ist gern gewappnet, und dann gelangen seine Nachbarn zu dem Schluß, sie wollen auch gewappnet sein. Sie wollen nicht wirklich Krieg führen. Aber das Problem ist, wenn man eine Menge Spielsachen hat, wie lange dauert es, bis man sie ausprobieren will?»

Ebenso wie im Iran zogen auch die saudiarabischen Waffen eine Hilfstruppe von zivilen Technikern und Ingenieuren hinter sich her und erforderten ein stärkeres amerikanisches Engagement. Die Vinnell Corporation in Kalifornien erhielt den Auftrag, die Nationalgarde auszubilden; ihre Leute waren praktisch Söldner, wurden aber wie normale kaufmännische Angestellte behandelt, sie erhielten einen zivilen Vertrag. General Fish erklärte dem Kongreß die Sache so: «Wichtig ist zu versuchen, so viele als möglich unterzubringen, damit sie nicht durchs Militär kommen müssen.»[5] Der bei weitem größte Auftragnehmer war das United States Corps of Engineers, die amerikanische Pioniertruppe, die 1976 in Saudi-Arabien über Aufträge in Höhe von fast einer Milliarde Dollar verfügte, die über militärische Projekte weit hinausgingen.[6] Die Präsenz von so vielen amerikanischen Technikern wurde in Washington wiederum als ein Schutz amerikanischer Interessen und eine Stärkung der saudiarabisch-amerikanischen Beziehungen gerechtfertigt. Aber würden die Saudis wirklich weiterhin Waffen kaufen, wenn sie sie nicht verwenden können, wie sie wollen? Während die Saudis dem Beispiel der Iraner bei ihrer Waffenkauf-Orgie folgten, nahm die Spannung zwischen den beiden großen Ölproduzenten zu, insbesondere nach der Entzweiung wegen des Ölpreises im Dezember 1976. Als sich das Öl in Waffen verwandelte, wurden die Einsätze gefährlicher.

Das saudiarabische Geld blieb keineswegs innerhalb der Landesgrenzen, und die Saudis wurden die Zahlmeister für viele ärmere arabische Staaten. Wie wir gesehen haben, bezahlten sie im Libanon für beide Seiten und eskalierten damit die Zerstörung. Beirut zeigte nur zu deutlich die zunehmende Mobilität von Waffen. Jordanien mit seiner Israel-Grenze wurde 1975 von den Saudis ein Luftabwehrsystem versprochen einschließlich Hawk-Raketen und Vulcan-Flakgeschützen im Wert von $ 350 Millionen. Der amerikanische Kongreß beanstandete, sie könnten gegen Israel eingesetzt werden, und die Rüstungsfirmen erhöhten den Gesamtpreis auf $ 800 Millionen, wogegen die Saudis Einspruch erhoben. König Hussein von Jordanien nahm dann seine Zuflucht zu dem üblichen Ritual einer Reise nach Moskau. Washington brachte prompt Besorgnis über die kommunistische Gefahr zum Ausdruck, die Saudis erklärten sich bereit, $ 540 Millionen zu bezahlen, und die Raketen wurden unter der Bedingung verkauft, daß sie fest installiert würden, so daß sie nicht zur israelischen Grenze gebracht werden könnten.

Kein Ölland war jetzt ohne moderne Waffen. Die reichen Scheichtümer rings um den Persischen Golf, die dem Iran gegenüberlagen und von Saudi-Arabien umgeben waren, kauften Jagdflugzeuge, Panzer und Schiffe, um nicht hinter ihren Nachbarn zurückzustehen. Das reichste unter ihnen, Kuwait, war entschlossen, seine Einkäufe zu verteilen, und erwarb Skyhawk-Flugzeuge von den Vereinigten Staaten, Mirage F 1 von Frankreich und Chieftain-Panzer von Großbritannien; aber was für eine Art Krieg sie sich vorstellten, war schwer zu entdecken. In Abu Dhabi feierten die Vereinigten Arabischen Emirate im Dezember 1976 ihren fünften Jahrestag mit einer Parade von Mirage-Jägern, Raketen und gepanzerten Fahrzeugen, während ihr Gebieter, Scheich Said, feierlich versprach, die arabische Sache zu unterstützen, und zur arabischen Solidarität gegen die «gemeinsame Bedrohung» durch Israel aufrief.

In Libyen hatte Oberst Gaddafi Schwierigkeiten, die modernen westlichen Waffen zu kaufen, die er haben wollte, vor allem nachdem er im arabisch-israelischen Krieg von 1973 seine Mirage-Jäger nach Ägypten geschickt hatte. 1975 kaufte er eine gewaltige Menge sowjetischer Waffen, schätzungsweise im Wert von über $ 500 Millionen, darunter 1000 Panzer und zwei Staffeln Mig 23. Es gab wenig Anzeichen dafür, daß sich daraus ein ernstliches sowjetisch-libysches Bündnis entwickeln würde, aber die Russen waren froh, die Devisen zu bekommen. Die Libyer konnten all diese Waffen kaum selbst verwenden, und die größere Gefahr bestand darin, daß Gaddafi sie weiterverkaufen würde.[7] Vom Westen bezog er nach wie vor auf Schleichwegen, soviel er konnte, und bei Waffenhändlern sprach es sich herum, daß er eine leichte Beute für große Aufträge von zweifelhaftem Wert sei. Nach dem Krieg von 1973, in dem die Israelis ein neues amerikanisches Nachtsehgerät mit Namen Star-Trons verwendet hatten, bestellten die Libyer 3000 Star-Trons bei einer Pariser Firma, die sie in Lizenz herstellte. Aber die Franzosen verboten den Export, so daß die Firma statt dessen Geräte fälschte, zu einem Bruchteil des Preises, und sie durch die Waffenhandelsfirma Atlantico in Madrid lieferte. Zwar waren die Libyer gewarnt worden, aber ein libyscher Inspektor autorisierte das Geschäft, das Geld wurde bezahlt, und der Inspektor verschwand.[8] Ein komisches Beispiel für die entscheidende Rolle, die Bestechungen spielten; vorausgesetzt, die Mittelsmänner wurden bezahlt, was machte es dann aus, wenn die Waffen nicht echt waren?

An der Front zwischen Arabern und Israelis nahmen die Waffen wieder zu. Ägypten, das immer mehr von den Saudis finanziert wurde, war entschlossen, Schritt zu halten, und wandte sich, nachdem die Russen des Landes verwiesen waren, wieder dem Westen zu. Als Kissinger die Ägypter im

Sommer 1975 zum Abschluß des Sinai-Abkommens überredete, versprach er, Kairo Waffen zu liefern. Schon im nächsten Jahr genehmigte Washington den Verkauf von sechs Lockheed-Hercules-Transportern – es waren die ersten amerikanischen Militärflugzeuge, die an Ägypten verkauft wurden. Aber die Amerikaner zogen es vor, die Europäer die Hauptlieferanten sein zu lassen, um die Israelis nicht zu verärgern, und so erteilten die Ägypter wieder große Aufträge für Jagdflugzeuge, Hubschrauber, Raketen und Hovercraft an Großbritannien und Frankreich. Bei der jährlichen Parade der ägyptischen Streitkräfte im Oktober 1976 konnte Präsident Sadat alle möglichen Waffen inspizieren, die gleichsam ein Vorbeimarsch aller bisherigen ägyptischen Bündnisse waren; da sah man alte Stalin-Panzer und Tupolow-Bomber, Sam-Raketen, französische Mirage-Jets, nagelneue anglo-französische Gazelle-Hubschrauber und britische Swingfire-Fernlenkkörper.

Und die Israelis kauften mit starker Unterstützung von Washington noch höherentwickelte Waffen. Israels Waffeneinkäufe waren von $ 574 Millionen 1972 auf $ 1,6 Milliarden 1975 gestiegen, der Anteil des amerikanischen Beistands hatte sich von 28 auf 42 Prozent erhöht.[9] Im Dezember 1975 hatte das Pentagon den Verkauf von fünfundzwanzig Eagle-Jägern (die F 15 von McDonnell Douglas) an Israel, das erste Land, das sie erhielt, genehmigt. Im amerikanischen Wahljahr drängten die Israelis auf mehr Waffen. Drei Wochen, ehe er die Wahl verlor, genehmigte Präsident Ford den Verkauf der umstrittenen «concussion bombs» an Israel: sie können einen entflammbaren Flüssigkeitsfilm verspritzen, der explodiert und Menschen zermalmt und in Stücke reißt. «Wir sehen darin nicht eine Waffe», hieß es in einem amerikanischen Armeefilm, der sie beschrieb, «sondern eine Vernichtungsvorrichtung.»[10] Im Februar 1977 hat Präsident Carter mit seiner ersten kühnen Maßnahme zur Rüstungskontrolle die Entscheidung rückgängig gemacht und die Bombe für alle ausländischen Nationen verboten.

Die Lage rief sogar in Israel Besorgnis hervor, daß ein Wettrüsten mit den Arabern die Folge sein würde, bei dem Israel nicht gewinnen könnte. General Dayan, der ehemalige Verteidigungsminister, betonte zwar, Israel müsse die nukleare Option behalten, wies aber darauf hin, daß die Waffeneskalation niemals wirkliche Sicherheit gewähren könne. Doch auf kurze Sicht fühlten sich die Israelis sicherer und waren daher weniger geneigt, ein Abkommen zu treffen. In der Waffentechnologie hatten sie den Arabern gegenüber immer noch einen Vorsprung und konnten sie besser anwenden. Sie wußten, was sie wollten, und ihre Geldmittel wurden weniger durch Korruption und Mittelsmänner verschleudert. Sie schienen noch mehr im Vorteil zu sein, weil Syrien durch seine Intervention im Libanon abgelenkt war, Ägypten sich den Vereinigten Staaten näherte und der sowjetische Einfluß schwächer wurde. Aber die Anhäufung von Waffen in den umgebenden Ländern erlangte ihre eigene

Stoßkraft und wurde zu einer starken Belastung für die Amerikaner, die ja zu einem gut Teil das israelische Arsenal bezahlten.

Das Ölgeld rief also eine langanhaltende Kettenreaktion hervor. Der Iran stand Israel wohlwollend gegenüber, war aber ein Schrittmacher für die Waffenkäufe seiner Nachbarn; und die ölerzeugenden Länder unter Führung von Saudi-Arabien hatten fast grenzenlose finanzielle Möglichkeiten und immer mehr diplomatische Druckmittel auf Washington, um mehr tödliche Waffen zu erhalten. Diplomaten und Waffenhersteller behaupteten noch immer, die Araber könnten die Waffen tatsächlich nicht anwenden und stellten keine ernsthafte Bedrohung für Israel dar. Die Arsenale in der Wüste könnten als eine weitere Lösung des Problems der Arbeitslosigkeit und Überproduktion des Westens angesehen werden. Daß sie so schnell veralten und verschleißen, könnte den Arbeitern im Westen auf Jahrzehnte hinaus Arbeit und Brot verschaffen. Aber selbst wenn man die vorschnelle Prämisse akzeptiert, daß die Waffen nicht eingesetzt werden, so könnten sie doch leicht zu einem wirtschaftlichen Zermürbungskrieg führen, den Israel nicht gewinnen würde. Der libanesische Bürgerkrieg bot Israel zwar einige Sicherheit auf kurze Sicht, war aber auch eine Warnung, daß eine örtlich begrenzte Schießerei durch den Zustrom von Waffen von allen Seiten zu einer Katastrophe ausarten kann und daß die einem Land gelieferten Waffen dann womöglich einem anderen zugute kommen.

Waffen-Kolonialismus

Der Waffen-Boom war nicht auf die ölerzeugenden Länder beschränkt, und die Lockerung der Kontrollen hatte Verkäufe an Staaten zur Folge, die es sich eigentlich nicht leisten konnten, Waffen zu kaufen. Es schien fast ein Rückfall in die Geschäftemacherei des 19. Jahrhunderts zu sein. Zwei der ältesten Widersacher von allen, Griechenland und die Türkei, boten dem Waffenhandel ähnliche Gelegenheiten wie zur Zeit von Sir Basil Zaharoff, der ja sein Vermögen damit gemacht hatte, daß er beide Seiten belieferte. Auch Lockheed war in beiden Ländern sehr rührig gewesen. In Griechenland hatte die Firma einen pensionierten Luftmarschall, Konstantin Exarhakos, als Agenten, der die Verhandlungen über den Verkauf von zwölf Hercules-Transportern führte.[11] Die griechische Junta kaufte nach 1967 viele amerikanische Waffen. Auch dabei gab es eine Menge Korruption. Nachdem die Türken 1974 auf Zypern gelandet waren, plante die Junta einen Gegenschlag, aber als sie sich daran machten, ihren Militärbedarf auszupacken, stellte sich heraus, daß Kisten, die M-16-Gewehre enthalten sollten, mit Steinen gefüllt waren.[12] Die Gewehre, so glaubte man später, waren von Offizieren nach Schwarz-Afrika verkauft worden, das militärische Fiasko trug zum Sturz der Junta bei.

In der Türkei war Lockheed stärker engagiert. Dort zahlte die Firma im Lauf weniger Jahre $ 876000 an Provisionen. 1973 verlangte ihr Agent in Ankara, Nezih M. Dural, eine Erhöhung seiner Vergütung auf monatlich $ 5000, aber Lockheed betonte, er müsse in Zukunft «wirklichen Einfluß ausüben, nicht bloß Informationen besorgen».[13] Durals große Gelegenheit kam nach der Landung der Türken auf Zypern, als die Vereinigten Staaten ein Waffenembargo gegen die Türkei erließen. Es wurde dadurch umgangen, daß die Türkei mit geheimer Billigung des State Department zwei in Italien hergestellte Staffeln Starfighter kaufte. Für eine Staffel erhielt Dural eine Provision von $ 240000. Drei Jahre später wurde er wegen Devisenschiebungen verhaftet.[14]

Die Türkei kaufte Waffen, wo immer sie konnte, zum Beispiel Northrop-Tiger über Libyen und den Iran, und U-Boote und Torpedo-Boote von der Bundesrepublik; bis 1976 hatten die Türken jährlich mehr als zwei Milliarden Dollar für die Rüstung ausgegeben – mehr als 30 Prozent ihres Budgets. Griechenland erhielt eine Menge französischer Waffen, darunter 120 AMX-Panzer und 40 Mirage F 1 (vermittelt durch den zwielichtigen Prince de Broglie). Die Griechen machten auch mit ihren alten Freunden Vickers Geschäfte, deren Vertreter ja Zaharoff gewesen war, und kauften eine ganze Panzerfabrik, um eine andere geplante Panzerfabrik «auszugleichen», die die Westdeutschen in der Türkei bauen sollten.[15] Es war das alte Spiel, nur die Einsätze waren viel höher.

Das deprimierendste Wettrüsten spielte sich jedoch zwischen den Ländern der Dritten Welt ab, die es sich am allerwenigsten leisten konnte, die Waffen statt Lebensmittel kauften und nichts für das Wohlergehen ihrer Bürger taten. Die Aufträge für amerikanische Waffen von Entwicklungsländern, die kein Öl zu verkaufen hatten, waren von $ 240 Millionen in 1972 auf $ 2,3 Milliarden in 1976 gestiegen – fast um das Zehnfache.[16] Lateinamerika war wiederum der Tummelplatz für Waffenhändler, nachdem Nixon das Embargo gelockert hatte. Brasilien bewaffnete sich jetzt stärker, nicht nur gegen Insurgenten, sondern auch gegen Nachbarländer, und Boeing, Lockheed, Hughes und Bell Helicopters zogen sämtlich daraus Nutzen. Die Rivalität zwischen Peru und Chile wurde wieder hitziger. Nachdem Peru die Tiger-Jäger verweigert worden waren, akzeptierte es ein Angebot auf sechsunddreißig sowjetische Jäger zu viel günstigeren Bedingungen, und Washington vermochte nicht ernsthaft zu protestieren in Anbetracht des Ausmaßes anderer amerikanischer Waffenverkäufe dicht an den sowjetischen Grenzen, insbesondere im Iran.[17] So diente die Aufrüstung im Nahen Osten dazu, die Aufrüstung anderswo zu rechtfertigen.

Auch Schwarz-Afrika stellte ein vielversprechenderes neues Absatzgebiet dar. Nigeria, das in großem Umfang Öl exportierte, war ein wichtiger neuer

Kunde. Auch in Ostafrika waren die schlechten Beispiele ansteckend. Uganda unter der verrückten Diktatur von Idi Amin wurde von Gaddafi in Libyen protegiert, und nach dem israelischen Stoßtruppunternehmen in Entebbe erklärte Libyen sich bereit, Uganda zwanzig Mirage-Jäger zu leihen. Aber Amin erhielt auch Lieferungen aus Großbritannien, darunter besondere Ausrüstung für die Polizei zum Kampf gegen Aufständische und Geräte zum Aufspüren geheimer Rundfunksender.[18] Kenia wiederum war besorgt über Uganda einerseits und russische Waffen in Somalia andererseits, und im Juni 1976 wandte es sich wegen Waffen an Amerika und kaufte zehn Northrop-Tiger; Zaire und Äthiopien, zwei arme Länder, machten bei der Waffenkauf-Orgie mit. Die amerikanischen Verkäufe an Schwarz-Afrika – fast alle für Zaire, Kenia und Äthiopien bestimmt – stiegen in einem Jahr um 800 Prozent. Die Tabelle auf den folgenden Seiten zeigt, in welchem Ausmaß die amerikanischen Waffenverkäufe im Laufe von sechs Jahren zunahmen; für Großbritannien und Frankreich liegen allerdings keine vergleichbaren Zahlen vor.

Es sei tragisch (bemerkte Senator Dick Clark), daß Kenia und Zaire, die beide so verzweifelt knapp an Nahrungsmitteln seien, dennoch in zunehmendem Maße an den Waffenkauf denken.[19] Die Waffen für die Dritte Welt schaffen ihre eigene Art Kolonialismus und beuten die ärmeren Länder aus, ohne daß es ausländischer Armeen oder Kolonialreiche bedürfe. Während sie den Anschein erwecken, die Souveranität zu stärken, rufen sie in Wirklichkeit neue Formen der Abhängigkeit hervor. Langsam beginnen sich einige der jungen Nationen darüber klarzuwerden. In der Vergangenheit hatten sich die meisten Entwicklungsländer beklagt, wenn die Großmächte die Waffenverkäufe einzuschränken versuchten. Sie hatten dies als ein Komplott empfunden, damit sie als Schachfigur der Supermächte schwach und schutzlos bleiben. Doch im Herbst 1976 gab es Anzeichen für einen Stimmungsumschwung bei den Vereinten Nationen. In der Debatte der Vollversammlung protestierten mehrere Staaten gegen die Ausbeutung durch Waffenverkäufe. Botschafter Dumas von Trinidad beklagte, daß die Waffenflut die Industrieländer subventioniere. Der philippinische Außenminister Carlos Romulo beschrieb, wie die Großhändler als Waffenhändler miteinander konkurrieren. Der Außenminister von Singapur (das selbst viele Waffen kauft), Sinathamdy Rajaratnam, beklagte sich mit besonderer Animosität: «Der starke Zustrom von Waffen in die Dritte Welt konfrontiert sie mit einer neuen Gefahr. Erstens und vor allem ist es eine Belastung ihrer Volkswirtschaften; aber noch wichtiger ist die Tatsache, daß dadurch eine neue Form der Abhängigkeit von den Großmächten geschaffen wird.»[20] Eine dann von Japan eingebrachte Resolution, eine Untersuchung der Waffenverkäufe vorzunehmen, wurde von Indien und anderen Ländern verhindert, die nicht

US FOREIGN MILITARY SALES AGREEMENTS 1970–6
(Value in Thousands of Dollars)

	FY 1970	FY 1971	FY 1972	FY 1973	FY 1974	FY 1975	FY 1976
Weltweit	*945 547*	*1 568 802*	*3 297 421*	*5 772 189*	*10 562 412*	*9 862 811*	*8 368 527*
Ägypten	–	–	–	–	–	–	67 271
Äthiopien	6	–	10	–	7 426	22 100	118 840
Argentinien	10 827	12 496	15 056	16 445	8 421	15 689	12 093
Australien	53 784	57 884	117 210	25 948	31 759	166 697	411 854
Bahrein	–	–	–	–	–	18	–
Belgien	4 345	2 993	4 514	6 167	11 082	738 077	6 522
Bolivien	–	44	5	37	122	795	1 134
Brasilien	2 458	17 845	32 575	14 962	71 288	27 090	10 610
Burma	7	86	268	223	118	21	82
Chile	7 523	2 898	6 252	14 977	76 001	49 324	12
China (Taiwan)	35 118	65 043	75 419	202 439	87 846	144 385	193 012
Costa Rica	–	–	34	–	–	237	*
Dänemark	6 596	15 928	13 381	10 964	21 325	367 783	23 602
Deutschland	245 022	176 908	875 751	220 285	231 436	299 682	194 221
Dominikanische Republik	–	31	16	82	31	2	39
Ecuador	20	315	4	–	–	14 960	2 099
El Salvador	–	11	*	52	388	418	728
Fiji	–	–	–	–	–	–	160
Finnland	–	1	63	–	12	1	1
Frankreich	3 402	5 979	7 455	8 543	22 504	6 131	4 429
Gabun	–	–	–	–	–	211	–
Ghana	51	*	–	–	187	16	1
Griechenland	29 171	24 535	180 176	56 825	458 121	214 595	82 981
Großbritannien	63 749	45 560	124 511	109 496	53 150	31 999	46 532
Guatemala	464	7 586	2 057	3 359	854	909	3 621
Haiti	–	–	–	–	291	84	441
Honduras	–	–	27	5 269	681	291	732
Indien	2 094	856	46	*	2 617	8 142	3 266
Indonesien	*	18	*	148	148	48 955	3 101
Iran	113 081	397 563	522 128	2 138 143	4 280 652	2 570 296	1 301 287
Irland	*	12	228	197	16	21	32
Island	–	*	436	46	–	–	–
Israel	44 416	413 518	409 871	196 102	2 468 340	863 061	919 478
Italien	36 142	23 441	76 569	64 421	47 847	44 885	24 680
Jamaika	8	9	3	7	42	74	6
Japan	21 222	10 607	42 223	51 459	58 749	29 353	34 642
Jemen	–	–	–	–	2 634	372	138 479
Jordanien	28 826	16 282	18 863	6 096	61 538	80 923	434 145
Jugoslawien	41	2	104	1 218	6	262	631
Kanada	52 167	28 617	37 248	90 353	106 985	96 839	65 752
Kolumbien	158	2 168	5 397	1 247	1 083	992	1 370
Korea	–	393	8 764	1 592	98 840	228 932	625 877

	FY 1970	FY 1971	FY 1972	FY 1973	FY 1974	FY 1975	FY 1976
Kuwait	–	–	*	53	29 001	377 812	130 617
Libanon	1 177	187	194	5 210	9 747	295	315
Liberia	–	–	–	1 315	370	449	145
Libyen	5 282	632	2 672	130	12	–	–
Luxemburg	101	85	11	638	21	25	–
Malaysia	1 837	98	40 473	1 457	1 414	4 363	2 940
Mali	5	–	48	–	–	176	–
Marokko	2 439	2 272	7 527	2 441	8 355	299 888	120 820
Mexiko	12	437	175	693	411	153	2 053
Nepal	–	11	–	60	2	–	–
Neuseeland	5 294	7 293	3 290	3 279	5 401	4 409	6 004
Nicaragua	82	674	63	134	388	607	518
Niederlande	7 465	7 038	29 214	35 522	18 986	638 904	19 639
Niger	–	–	–	–	8	–	–
Nigeria	–	–	2 409	696	4 403	2 771	1 803
Norwegen	9 652	25 522	21 173	13 297	51 285	458 953	34 868
Österreich	1 324	3 739	2 398	2 453	4 456	7 587	8 781
Oman	–	–	–	–	–	1 613	229
Pakistan	4 423	22 490	5	18 652	11 203	37 368	38 620
Panama	14	9	6	1 615	1 867	258	1 266
Paraguay	*	–	–	26	12	37	–
Peru	2 153	1 479	882	24 816	43 332	27 279	24 024
Philippinen	843	1 107	468	1 159	4 889	31 809	28 371
Portugal	1 055	1 011	2 565	382	1 677	2 263	1 705
Saudi-Arabien	44 854	14 980	459 347	1 993 537	1 906 499	1 549 944	2 502 454
Schweden	265	885	1 496	2 012	6 972	782	24 356
Schweiz	4 435	450	11 252	2 412	8 634	49 512	454 735
Senegal	–	–	4	–	–	–	–
Singapur	2 472	1 958	5 504	7 638	12 748	1 422	5 093
Spanien	25 872	108 452	22 742	60 774	151 735	57 652	79 357
Sri Lanka	–	–	*	–	–	–	–
Südafrika	1	1	2	1	–	–	–
Thailand	21 146	48	16 978	1 907	20 603	14 768	89 608
Trinidad/Tobago	85	–	–	–	–	–	–
Türkei	2 590	1 141	5 099	212 740	19 056	78 461	–
Tunesien	–	–	–	2 137	737	382	1 673
Uruguay	241	1 631	1 588	1 493	1 207	8 258	1 997
Venezuela	738	1 636	43 047	25 341	4 838	45 557	6 920
Vietnam	–	–	2	1 155	4	–	–
Zaire	54	16 111	286	700	1 383	1 723	8 781
Internationale Organisationen	38 928	17 717	39 839	99 218	18 215	32 711	35 071

The lists of figures are the value of foreign military sales agreements by fiscal year. Annual totals are adjusted for amendments, price increases, cancellation of orders or other changes as of the year the case was originally recorded.

NOTE: Totals may not add due to rounding.

Source: Defence Security Assistance Agency, September 1976.

* Less than $ 500.

wünschten, daß ihre Waffenkäufe untersucht würden. Aber die Dritte Welt wurde sich endlich der wirklichen Kosten des Wettrüstens bewußt.

Die Zauberlehrlinge

Die Waffenkäufer wollten nicht nur die höchstentwickelten Waffen haben, sondern auch eine künftige Liefergarantie. Die Regierungen der Herstellungsländer hatten immer versucht, sich die Kontrolle über zukünftige Lieferungen vorzubehalten, damit sie im Kriegsfall «Ersatzteil-Diplomatie» betreiben könnten. Aber die früheren Embargos, etwa der Vereinigten Staaten gegen Pakistan oder Frankreichs gegen Israel, hatten die Käufer um so entschlossener gemacht, ihre Handlungsfreiheit zu bewahren. Ihr letztes Ziel war, ihre Waffen selbst herzustellen, und dafür machten sie den westlichen Rüstungsfirmen höchst verlockende Angebote. In dem vergangenen Jahrhundert war nur eine Handvoll Industrieländer imstande, fortgeschrittene Kriegsschiffe, Jagdflugzeuge oder Panzer herzustellen: zuerst Großbritannien, Deutschland und Frankreich; dann die Vereinigten Staaten und Rußland, und einige wenige Länder wie die Tschechoslowakei und Belgien exportierten spezielle Waffen. Die geringe Größe dieses Exporteurklubs bot einige Hoffnung auf eventuelle Kontrolle. Doch die ehrgeizigeren Länder waren entschlossen, die Geheimnisse und Ressourcen zu erlangen. Die Rüstungsfirmen begannen, ihre Technologie zugleich mit ihren Waffen zu verkaufen – und damit letztlich ihre eigene Zukunft zu gefährden.

Alle wichtigeren Käufer im Nahen Osten wollten eigene Rüstungsfabriken haben. Der Iran traf Abkommen mit verschiedenen Firmen, darunter Vickers und Northrop, Flugzeuge und Panzer zu montieren als Zwischenstufe vor der vollen Produktion. Ägypten verhandelte mit Großbritannien und Frankreich über Rüstungsfabriken. Aber Israel mit seiner dynamischen Rüstungsindustrie errang einen großen Vorsprung vor allen anderen Ländern, um in bezug auf Waffen autark zu werden. Nach 1967 haben die Israelis, zuerst unterstützt von Dassault, eine abgeänderte Ausführung der Mirage konstruiert, die Kfir oder «junger Löwe» heißt, und schon nach sieben Jahren boten sie Kfirs zum Export an. Die Israeli Aircraft Industries (IAI) war 1976 eine der größten Firmen des Landes und beschäftigte 18000 Facharbeiter. Die Israelis lehnten es ab, mit mir über ihre Exporte zu sprechen, aber im Juni 1976 erschien eine israelische Sonderbeilage zu *Aviation Week*, mit der eine große Auswahl von Waffen angeboten wurde, von dem Shafrir-Luftkampflenkkörper (mit «beträchtlicher Kampferfahrung mit einem Gesamtvernichtungsverhältnis von etwa 60 Prozent») über Bomben, Raketen, Maschinenpistolen, Panzerabwehrkanonen bis zu Sturmgewehren. Der Kfir-Jäger, ausgerüstet mit General-Electric-Triebwerken, war zu einem sehr konkurrenzfähigen Preis ($ 4 Millionen) zu haben. Von Pentagon-Experten wird geschätzt, daß die israelischen Waffenverkäufe ab 1977 eine Milliarde Dollar jährlich einbringen – und damit dicht an die gesamten Waffenexporte von Großbritannien oder Frankreich herankommen.[21]

Die westlichen Rüstungsfirmen waren jetzt beunruhigt über diesen aggressiven neuen Konkurrenten, aber die Fachleute für Rüstungskontrolle waren noch besorgter. Denn die Israelis hatten einen viel stärkeren Anreiz, Waffen zu verkaufen, als Großbritannien und Frankreich: Sie brauchten unbedingt Exporte, um ihre inländische Industrie zu subventionieren, und sie waren bereit, an Länder wie Südafrika oder Chile zu verkaufen, gegen die ein westliches Embargo bestand. Ende 1976 machten sich Pentagon-Beamte ernstlich Sorgen, daß die Israelis amerikanische Technologie erlangen und sie dann rasch an andere Staaten weiterexportieren und damit die vom Kongreß erlassenen Beschränkungen umgehen könnten.[22] Und außerdem war Israels Industrie eine Herausforderung für andere nahöstliche Länder, es ihnen nachzumachen. Die Zauberlehrlinge lösten die Zauberer ab.

Mittlerweile ergab sich eine noch erschreckendere Gefahr durch den Export von Kernreaktoren, bei denen friedliche und kriegerische Zwecke miteinander verkettet sind. Die komplexen nuklearen Probleme gehen über den Rahmen dieses Buches hinaus, aber sie können von konventionellen Waffen nicht völlig getrennt werden. Die Herstellungsverfahren für Kernkraftwerke wie für fortgeschrittene Waffen waren zuerst nur einigen wenigen westlichen Nationen bekannt, die vielleicht zu einer Vereinbarung gelangt wären, aber die Industriellen spielten die Warnungen herunter, daß Reaktoren die Möglichkeit bieten könnten, Atombomben herzustellen. Nachdem die Kanadier einen Forschungsreaktor für Indien gebaut hatten, zeigte es sich zum erstenmal, wie leicht friedliche Verwendungszwecke in kriegerische verwandelt werden können, als die Inder im Mai 1974 mit Hilfe des vom Reaktor erzeugten Plutoniums in der Wüste von Radschasthan ihre erste Atombombe zündeten.

Enttäuscht über den Mangel an inländischen Aufträgen, waren die westlichen Firmen immer noch entschlossen, Kernreaktoren zu exportieren. Die Bundesrepublik traf ein beispielloses Abkommen mit Brasilien über die Lieferung von acht Atomkraftwerken, einer Urananreicherungsanlage, einer Brennelementefabrik sowie einer Pilotanlage zur Brennstoff-Wiederaufbereitung. Die Vereinigten Staaten hatten sowohl Israel als auch Ägypten Atomkraftwerke geliefert. Frankreich unterzeichnete Verträge mit Südafrika, dem Iran, Südkorea und Libyen. Kanada verkaufte Reaktoren an Südkorea und Argentinien, und die staatliche kanadische Firma (das kam im November 1976 heraus) hat im Zusammenhang mit diesen Atomgeschäften «Spesen» in Höhe von zehn Millionen Dollar vergütet, wovon ein Teil auf

Bankkonten in der Schweiz und in Liechtenstein gezahlt wurde.[23] Es gab also schon Reflektanten auf Schmiergelder, um das Atomgeschäft anzukurbeln.

Wieder war der Nahe Osten die gefährlichste Ecke. Von den Israelis wird angenommen, daß sie schon heute ihre eigenen Atombomben haben, und sowohl die Iraner als auch die Ägypter werden wahrscheinlich die Möglichkeit haben, sie im nächsten Jahrzehnt herzustellen. Experten glauben ja, ein nukleares Gleichgewicht wie das Gleichgewicht in Europa könnte einen sicheren Frieden bewirken, und wie Nobel oder Armstrong vorausgesagt hatten werde der Krieg schließlich so entsetzlich, daß letztlich Frieden herrschen müsse. Aber das Verhalten der Supermächte in der übrigen Welt – in Korea, Vietnam oder Kambodscha – läßt kaum erkennen, daß der Besitz von Atomwaffen auf beiden Seiten das Ausmaß konventioneller Kriege vermindern würde. Und gerade die Versuche, die Ausbreitung von Atomwaffen zu verhindern, könnten gut und gern die konventionellen Waffen vermehren; denn oft war der einfachste weg, ein Land zur Aufgabe von nuklearen Projekten zu überreden, daß über den Verkauf konventioneller Waffen verhandelt oder versprochen wurde, die Mengen zu erhöhen. So drohte Kissinger, Südkorea die Kredite für Waffenkäufe zu sperren, und versprach Pakistan Bomber, wenn sie ihre nuklearen Pläne aufgeben. Aber dieses Feilschen birgt die Möglichkeit von Erpressungen in sich, weil Länder damit drohen können, Atomkraftwerke zu kaufen, damit ihnen mehr Waffen zugestanden werden; und die größere Gefahr wird nur dadurch abgewendet, daß sich die kleinere ausbreitet.[24]

Die japanische Allergie

Im Januar 1977 traf das britische Verteidigungsministerium Vorkehrungen, ein 16000-Tonnen-Schiff, die *Lyness*, auf eine Kreuzfahrt nach Ostasien zu schicken als eine schwimmende Ausstellungshalle für Raketen, Kanonen und andere Waffen – ein Lieblingsprojekt der Defence Sales Organization, um die Exporte anzukurbeln. Der Höhepunkt der Reise der *Lyness* sollte ein Besuch im Hafen von Tokio sein, um für die Waffen Reklame zu machen. Aber der Bürgermeister von Tokio, ein prominenter Sozialist und Pazifist, war empört. Das Ersuchen wurde der Presse zugespielt, der Bürgermeister weigerte sich, das Schiff den Hafen anlaufen zu lassen, und Diplomaten erklärten, es zu empfangen würde den japanischen Grundsätzen in bezug auf Waffenverkäufe widersprechen. Die britische Botschaft brachte ihre Enttäuschung zum Ausdruck, und die *Lyness* lief nach Malaysia, den Philippinen und Thailand aus, wo Waffen offenbar willkommener waren, ohne in Japan Station zu machen. Es war lange her, daß britische Werften die japanische Kriegsflotte gebaut hatten, daß die Japaner in den dreißiger Jahren selbst die drittgrößte

Flotte der Welt gebaut hatten.

Aber es war ein Ergebnis, das sich hätte voraussagen lassen, denn die Aversion der Japaner gegen Waffenverkäufe ist wohlbekannt, und unter den Industrienationen ist Japan ein einmaliger Fall. Die nach dem Krieg in Kraft getretene Verfassung legt fest, daß «das japanische Volk auf immerdar auf den Krieg als ein souveränes Recht der Nation oder auf die Androhung oder Anwendung von Gewalt als ein Mittel, internationale Streitigkeiten beizulegen, verzichtet»; und dieser Verzicht, der zuerst von den Alliierten vorgeschrieben worden war, ist mittlerweile von dem größten Teil des japanischen Volkes und den Politikern akzeptiert worden. Der Hauptgrund für diese besondere Allergie, wie die Japaner sie nennen, ist nicht schwer auszumachen: nur die Japaner waren bisher die Opfer eines nuklearen Krieges.

Zweiunddreißig Jahre nach dem Abwurf der ersten Atombombe zeigt die blühende Stadt Hiroshima äußerlich keine Narben: sie ist neuer und sauberer und hat breitere Straßen als andere Städte. Nur eine Ruine aus der Zeit vor 1945 hat man stehengelassen – das Gerippe der alten Halle der Industrieausstellung mit den nackten Trägern des zerstörten Kuppeldaches, das sich vor den bunten Geschäften und neuen Bürohäusern als Silhouette abhebt. Der Friedenspark, dort angelegt, wo die Bombe explodierte, sieht wie jeder andere städtische Park aus, abgesehen von einem schlichten Hügel, der ein Massengrab bedeckt. Im Atom-Museum, einem strengen, niedrigen Gebäude auf Stelzen, sprechen die Ausstellungsstücke für sich selbst. Ein kreisrundes Modell zeigt die ganze Stadt kurz nach dem Angriff, dem Erdboden gleichgemacht bis auf ein paar Stahlskelette. Eine Wachsfiguren-Szene stellt brennende Kinder dar, die aus den Flammen herausrennen; die Schaukästen enthalten Stahlträger, Giebel und Tresore, die durch den Luftdruck in Stücke gerissen worden waren, und Photographien von den haarlosen, verunstalteten Kindern, die den Flammen entkamen. Der erläuternde Text ist zurückhaltend und nüchtern und gibt niemandem Schuld, es sei denn den Übeln des Krieges. Heute hat die Hälfte der japanischen Bevölkerung keine persönliche Erinnerung mehr an den Tag, an dem die Bombe abgeworfen wurde; aber jedes heranwachsende Kind weiß Bescheid über die entsetzlichen Vorgänge – den schwarzen Regen des Todes, die verstümmelten Leichen im Fluß. Wer diese Gedenkstätte verläßt, versteht, daß die Japaner eine Allergie gegen den Krieg haben.

Hiroshima, einst ein großer Militärstützpunkt mit Werften, auf denen Kriegsschiffe gebaut wurden, ist heute viel erfolgreicher als die Stadt der Firma Mazda, die in alle Länder der Welt Autos exportiert. Das anhaltende japanische Wirtschaftswunder, an dem die Rüstungsproduktion nicht beteiligt ist, hat offensichtlich die alte Anschauung widerlegt, daß kapitalistische Staaten die Kriegsproduktion brauchen, um ihre Volkswirtschaften in Gang zu halten. Während Kalifornien oder Nordost-England immer noch von Rüstungsausgaben abhängig sind, boten die Autos und Transistoren von Toyota oder Sony eine spektakulärere Expansion, und die japanische Elektronik konnte sich ohne eine große Luft- und Raumfahrtindustrie entwikkeln. Die Lieblingstheorie des Pentagon, daß Rüstungsausgaben ein Nebenprodukt abwerfen, das für den Verbraucher unschätzbar sei, erschien den Japanern viel weniger überzeugend, als sie von ausländischer Technologie und Lizenzen weniger abhängig wurden.

Es ist richtig, daß die japanische Volkswirtschaft Auftrieb erhielt durch die Kriege anderer Völker: durch den Koreakrieg und dann durch den Vietnamkrieg kam ein gewaltiger Strom amerikanischen Geldes ins Land. Ebenso wie die Bundesrepublik konnte sich Japan unter dem amerikanischen Atomschirm sicher fühlen; aber im Gegensatz zur Bundesrepublik lag Japan nicht an der Front des kalten Krieges. Sozusagen in der Sicherheit der Etappe und von einem neuen Abscheu vor dem Krieg erfüllt, konnten die japanische Dynamik und militärische Disziplin in eine brillante kommerzielle Organisation umgesetzt werden. Es war eine Flucht vor dem Geschäft mit dem Tod, die Andrew Undershaft zur Verzweiflung gebracht hätte.

Aber nach dem Ölschock von 1973 und der Hochkonjunktur der Waffenverkäufe beurteilten die Japaner ihre wirtschaftliche Zukunft weniger zuversichtlich. Sie vermochten die gewaltigen zusätzlichen Kosten ihres Öls bald mit einer großen Exportkampagne nach dem Westen auszugleichen; die Mitsui-Werften, die von der Flaute im Schiffsbau betroffen waren, stellten sich auf die Fabrikation von Fertighäusern für den Iran um. Aber konnte sich Japan gegen die nahöstlichen Ölproduzenten behaupten, ohne Waffen zu exportieren? Ich stellte diese Frage im Februar 1977 dem neuen japanischen Ministerpräsidenten, Takeo Fukuda, der gerade die Nachfolge von Miki angetreten hatte. Er erwiderte, die Volkswirtschaft sei ohne Rüstungsindustrie ganz gesund, und die Japaner seien nach wie vor ganz entschieden gegen den Export von Waffen, der immer zu einer zukünftigen militärischen Aktion führen könnte. Aber Japans Handelsbeziehungen zum Nahen Osten waren sehr schwierig mit ihrem Defizit von $ 10 Milliarden. «Um dieses Ungleichgewicht zu beheben, haben manche Länder ihre Zuflucht zum Waffenexport genommen, aber wir in Japan versuchen, Industriewerke und Anlagen für Bau-Erschließungen zu exportieren.»[25] Vielen Japanern kommt es wie eine Ironie vor, daß der Westen zwar seine Waffenexporte als ein wertvolles «Recycling» von Petrodollars rechtfertigte, aber Japans friedlichen Export von Autos und Kassetten als eine Bedrohung der westlichen Volkswirtschaften ansieht. «Hätten wir beim Wettrüsten im Nahen Osten mitgemacht», sagte ein japanischer Diplomat zu mir, «hätte sich niemand beschwert.»

Doch das Wettrüsten im Fernen Osten, dem Ausgangspunkt der Nixon-Doktrin, war für die Japaner noch beunruhigender. Der Fall von Saigon und der bevorstehende amerikanische Rückzug aus Südkorea hatten zu einer stürmischen Nachfrage geführt. Singapur, die Philippinen, Malaysia und Thailand (angespornt von seinen neuen militärischen Herrschern) – alle hatten größere Arsenale gefordert und gewöhnlich als erstes den Northrop-Tiger verlangt. Und alle mit Ausnahme der Philippinen bezahlten ihre Einkäufe.[26] Südkorea trachtete danach, in bezug auf Waffen autark zu sein, und dies war doppelt beunruhigend für die Japaner, denn um ihre Rüstungsindustrie zu subventionieren, würden die Koreaner exportieren wollen. Die japanische Schwerindustrie, unter anderem Mitsubishi und Mitsui, drängten ständig darauf, Kriegsschiffe oder große Flugzeuge zu bauen oder militärische Elektronik herzustellen, und schon war es nur ein feiner Unterschied zwischen dem Export von schweren Lastwagen und Seenotschiffen oder Militärfahrzeugen und Küstenwachbooten. Die Luft- und Raumfahrt war für die Japaner besonders verlockend, wie auch für Großbritannien und Frankreich, um durch den Einsatz ihres technischen Könnens Rohstoffe kaufen zu können. Es ärgerte sie, daß sie ihre Verkehrsflugzeuge von Amerika kaufen mußten (die Erpressung von Bestechungen mag zum Teil ein Anzeichen dieses Ärgers gewesen sein – gleichsam eine zusätzliche Besteuerung der Ausländer). Aber ohne eine Rüstungsgrundlage konnte keine florierende Luft- und Raumfahrtindustrie aufgebaut werden. Höchst alarmierend wäre es, wenn die Japaner schließlich doch gezwungen wären, sich beim Wettlauf um Rüstungsverkäufe zu beteiligen, und sich zu den schrecklichsten aller Zauberlehrlinge entwickeln würden, wobei auch das chinesische Festland wie vor fünfzig Jahren wiederum zum Tummelplatz für Waffenhändler würde.

Aber vorläufig ist die japanische Allergie ein mächtiges Hindernis, von dem erwartet werden könnte, daß es Japan ein einzigartiges Ansehen gewährt und die Gelegenheit bietet, eine führende Rolle bei der Rüstungskontrolle zu übernehmen. Japan allein ist moralisch in der Lage, andere zur Zurückhaltung aufzufordern, und es liegt in seinem kommerziellen Interesse, einen Handel einzuschränken, von dem es nicht profitieren kann. Japan ist in der Vergangenheit sehr zaghaft bei seinen diplomatischen Initiativen gewesen, eine Folge der traditionellen Introvertiertheit und Isolierung seiner Kultur, der Demoralisierung durch die Niederlage im Krieg und des starken Gefühls der Abhängigkeit von Amerika. «Niemals in der modernen Geschichte», schrieb Frank Gibney, «hat ein Land mit solchem Reichtum und so ausgedehnten Beziehungen, eine Großmacht in jeder Hinsicht, eine so piepsige internationale Stimme gehabt.»[27] Doch Ende 1976 ließ Japan erkennen, daß es sich aktiver mit der Rüstungskontrolle befaßt; es äußerte sich unverblümter bei den Vereinten Nationen und unterstützte die Reden der Führer der Dritten Welt, und im Dezember betonte der japanische Botschafter Motoo Ogiso die Notwendigkeit, «nicht auf ein Abkommen über nukleare Abrüstung zu warten, ehe man das gewaltige Ungeheuer der Rüstungen angreift, das dunkle Schatten über die Welt wirft.»

Bei dem globalen Rüstungswettstreit hat jedes Land seine eigenen Rechtfertigungen und Gegenbeschuldigungen gegen andere, die Schuld aufzuteilen ist weder einfach noch nützlich. Die Tatsache, daß Europäer und Japaner auf unterschiedliche Weise bei ihrer Verteidigung auf Amerika angewiesen sind, macht die Sache nur komplizierter. Jedes Land kann auf die Sowjetunion hinweisen, die nur darauf wartet, nachzurücken, wenn eine Position geräumt wird. Die amerikanischen Firmen werfen den französischen gewissenslose Verkaufspraktiken vor; Frankreich macht den Amerikanern die kommerzielle Vorherrschaft in Europa zum Vorwurf, während Großbritannien den Franzosen und Amerikanern übelnimmt, daß sie in ihre traditionellen Absatzmärkte eingedrungen sind. Die Bundesrepublik und Japan beobachten die Heuchelei der anderen Mächte, die von ihnen erwarten, auf ein Geschäft zu verzichten, das die anderen so eifrig betreiben. Und die Länder der Dritten Welt, die immer wieder denselben Humbug hören, beklagen sich, daß sie ausgebeutet werden, kaufen aber, was sie nur bekommen können.

Welche Initiative Japan oder andere auch ergreifen mögen, die einzig wirkungsvollen Abmachungen müssen von den beiden Supermächten veranlaßt werden und von den Vereinigten Staaten ausgehen, auf die die Hälfte des Waffenhandels der Welt entfällt. Natürlich ist die Sowjetunion für jedes dauerhafte Abkommen wichtig; aber die gegenwärtige Zunahme der westlichen Waffenverkäufe ist nicht in erster Linie eine Reaktion auf die sowjetische Bedrohung gewesen, und die Russen selbst haben einige Besorgnis über das eskalierende Wettrüsten erkennen lassen, das ihnen (etwa in Ägypten oder im Libanon) wenig diplomatischen Vorteil eingebracht hat. Einige Russen geben offen zu, daß sie sich ebenso wie die Amerikaner dem Problem gegenüber sehen, ihr eigenes Militär zu kontrollieren. «Falls die militärisch-industrielle Bestie nicht gezähmt wird», sagte Stanislaw Menschikow, ein Mitglied ihrer UN-Delegation im August 1976, «wird die Herabsetzung der Rüstungen und Militärausgaben eine Utopie bleiben.»[28]

In den letzten hundert Jahren war es immer Europa gewesen, das, weil es so dringend auf Exporte angewiesen war, den Wettlauf um Rüstungsaufträge angeführt hat. Doch in den letzten drei Jahren sind die Vereinigten Staaten weit abhängiger von Waffenverkäufen im Ausland geworden. Im Vergleich mit dieser großen amerikanischen Verkaufsmaschine, die sich auf eine fortgeschrittenere und gut organisierte Technologie stützt, wirken die europäischen Anstrengungen immer kümmerlicher. Wie groß der Zynismus und die Missetaten der Europäer auch gewesen sein mögen, die ersten Schritte zu einer erfolgreichen Einschränkung kann nur Amerika tun.

Kapitel 19

Die Herausforderung

Daß jetzt alle Länder immer größere Unsicherheit zu immer höheren Preisen kaufen, macht das Wettrüsten zu einem globalen Wahnsinn.
Alva Myrdal, 1976[1]

Das beliebteste unter all den großartigen Museen in Washington ist jetzt das Nationale Luft- und Raumfahrt-Museum, das zur Zweihundertjahrfeier eröffnet wurde. Hinter seinen strengen Steinmauern an der Mall befindet sich eine einzige riesige Halle, in der Flugzeuge, vom Spirit of St. Louis bis zum Lockheed-Starfighter und dem Northrop-Tiger, an einem Stück Himmel hängen. Schulkinder, Großmütter und Touristen fahren die Rolltreppen hinauf und hinunter und betrachten diese Zurschaustellung erstarrter Akrobatik von allen Seiten. Vom Fußboden bis zur Decke ragen die großen Raketen empor, die Minutemen und Vikings, wie Totems des Raumfahrtzeitalters. An einem Ende steht die große stählerne Spinne einer Raumfähre, durch das Fenster dahinter sieht man das Capitol. Am Ehrenplatz hängt die Apollo, an die Sojus gekoppelt, die mit ihrer grünen Zwiebelform unverkennbar russisch aussieht. Die ganze Szene suggeriert eine ekstatische Befreiung von der Schwerkraft oder Eingeschlossenheit, den Geist der amerikanischen Erfindungsgabe angesichts der Herausforderung des Weltraums. Es wäre geradezu boshaft, wollte man sich darüber beschweren, daß der größte Teil der Ausstellungsstücke zur Zerstörung bestimmt ist.

Die Luft- und Raumfahrtindustrie hat immer einen über ihre Größe hinausgehenden Einfluß gehabt und war die Speerspitze der industriellen Entwicklung, die Vorhut auf dem Weg zur Zukunft. Von Anfang an hatten die Flugzeugfirmen eine besondere Verve besessen. Die heroischen Pioniere wie Allan Lockheed oder Jack Northrop machten Teams und bürokratischen Verwaltungen Platz, aber der Schwung blieb erhalten. Bei allem Auf und Ab der Industrie gab es immer neue Welten zu erobern und neue Rekorde zu brechen.

Doch in den letzten fünf Jahren, seit der Einführung der Großraumflugzeuge und dem kostspieligen Fiasko der Concorde, waren die Zukunftsaussichten der zivilen Luftfahrt viel weniger verheißungsvoll. Das Tempo, in dem immer größere und schnellere und billigere Flugzeuge konstruiert wurden, hat sich verlangsamt, so daß viele Experten vermuten, der Flugverkehr werde in dreißig Jahren vielleicht ruhiger, sicherer und billiger, sonst aber nicht viel anders sein als der heutige. Das große Abenteuer der Landung auf dem Mond ist jetzt schon Geschichte geworden, und der Mensch muß sich nun wieder mit irdischen Problemen befassen. Deshalb ist es vielleicht recht und billig, wenn die Luft- und Raumfahrtindustrie in einem Museum so glanzvoll gefeiert wird, denn es ist nun einmal charakteristisch für Museen, daß sie jener Künste und Wissenschaften gedenken, die ihre große Zeit hinter sich haben.

Der Präzedenzfall der Eisenbahnen vor einem Jahrhundert ist immer noch stichhaltig, wenn nicht gar bedeutungsvoll. Die großen Eisenbahngesellschaften waren der gesamten Industrie voraus, erschlossen Kontinente und beschleunigten den Verkehr, und andere Technologien ergaben sich dann daraus. Doch bei der wütenden Konkurrenz, die sie sich gegenseitig machten, richteten sie sich zugrunde, der Bau-Boom nahm ein Ende, als die Eisenbahnnetze in den Industriestaaten fertiggestellt waren, und die Fahrgäste gewöhnten sich daran, mit vernünftiger Geschwindigkeit und Sicherheit zu reisen. Nach dem Ende des Eisenbahn-Booms suchten die Stahlbarone wie Krupp, Vickers und Carnegie, die in Essen, Sheffield und Pittsburg ganze Städte gebaut hatten, nach anderen Aufgaben, um ihre Auftragsbücher zu füllen; und sie fanden sie auf dem Gebiet, das höchst gewinnträchtig und technologisch fortgeschritten war – der Rüstung.

Das Ende des amerikanischen Luft- und Raumfahrt-Booms fiel ebenfalls mit der gewaltigen Expansion von Waffenverkäufen an das Ausland zusammen, hervorgerufen durch den Rückzug amerikanischer und britischer Truppen, den Zustrom von Ölgeld in den Nahen Osten und die Rezession im Westen. Es ist eine historische Tragödie, daß dieser fundamentale Wandel just zu einer Zeit eintrat, als die politische Führung in Washington am schwächsten war. Die Amerikaner und auch die Europäer begnügten sich mit der zynischsten und gefährlichsten Lösung: Nach ihrem Rückzug verkauften sie Waffen, und um ihr Öl zu bezahlen, verkauften sie weitere Waffen und unternahmen kaum einen Versuch, die Waffenlieferungen zu begrenzen. Während die kommerzielle Luftfahrt ihren Innovationshöhepunkt überschritten hatte, bot die militärische Luft- und Raumfahrt mit Cruise Missiles, Laser-Bomben und elektronischen Schlachtfeldern aufregende Möglichkeiten der Weiterentwicklung.

Der Waffenhandel hat immer seine eigenen Gebote gehabt, und das Evangelium aller Waffenhändler muß dasselbe sein wie das von Andrew Undershaft, nämlich an jeden Waffen zu verkaufen, der sie kaufen will. Die Ausweitung des unkontrollierten Freihandels damals und jetzt setzt für Waffen als den freiesten Handel von allen einen Preis aus; denn es ist das einmalige Merkmal des Waffenhandels, daß er seinen Markt rasch und fast unendlich ausweiten kann, indem er eine Seite gegen die andere ausspielt – Saudis gegen Iraner, Israelis gegen Ägypter, Griechen gegen Türken. Bei dieser besonderen Bewegungsfreiheit ist es kein Zufall, daß die Waffenhändler von Zaharoff bis zu Kodama und Kaschoggi und Prinz Bernhard immer ähnliche Charakterzüge aufwiesen, daß ihr Erfolg auf Geheimniskrämerei und Bestechung und dem wohlweislich gepflegten Ruf beruhte, sie seien Zauberkünstler. Und es ist nicht überraschend, daß so viele Agenten der Rüstungsfirmen ehemalige Nachrichtenoffiziere sind. Ihr Geschäft ist immer eine Art Spionage und versteckter Krieg und erfordert Heimlichkeit, Beziehungen auf hoher Ebene und Schweizer Bankkonten.

Welche Folgen die Entfesselung dieser Kräfte ohne wirksame Kontrolle hat, sollte hoffentlich in den Kapiteln dieses Buches deutlich geworden sein. Es dauerte einige Zeit, bis sich der Westen über das volle Ausmaß der Waffenverkäufe und den Verlust der Kontrolle klarwurde; doch durch Hearings, Proteste und Skandale begann sich die Geschichte allmählich zu offenbaren. Zwei Jahre nach der Ölkrise war die Lieferung von Waffen – zumindest in den Vereinigten Staaten – ein politisches Problem geworden; und zur Zeit des Amtsantritts von Präsident Carter war die Erkenntnis viel weiter verbreitet, daß der Export von Waffen außer Rand und Band geraten war.

Carter tritt auf

Carters Administration zog mit hoffnungerweckenden Referenzen in Washington ein. Carter selbst hatte es sich zum Ziel gesetzt, die Rüstungsverkäufe zu beschränken, und betont, Amerika müsse eher die Kornkammer der Welt als ihre Waffenkammer sein. Vizepräsident Mondale hatte erklärt, daß «Amerika nicht länger ein Arsenal der Demokratie ist; es ist einfach ein Arsenal.» Und kurz nach der Wahl wurde in New York ein sehr genauer Bericht über das Wettrüsten mit konventionellen Waffen veröffentlicht, vorgelegt von einem Gremium, dessen Vorsitzender Thornton Bradshaw von Atlantic Richfield und dessen stellvertretender Vorsitzender Cyrus Vance war, der jetzige Außenminister. Sie vertraten die Meinung, daß der Nutzen der Waffenexporte, um politischen Einfluß in der Dritten Welt zu erlangen, sehr zweifelhaft sei, daß die Lieferungen unweigerlich die Unsicherheit zwischen rivalisierenden Ländern erhöhen, daß ihr wirtschaftlicher Vorteil für die Vereinigten Staaten sehr fragwürdig sei und die Abhängigkeit von Exportmärkten für Amerikas eigene Rüstungsinteressen sehr nachteilig sein könne. Das Gremium empfahl, die wirtschaftlichen Motive für Waffenverkäufe den Erfordernissen der Außenpolitik und der nationalen Sicherheit unterzuordnen und die Verkäufe an die Dritte Welt unilateral einzuschränken.[2]

Eine noch nachdrücklichere Festlegung auf eine neue Politik war die Ernennung von Paul Warnke zum Direktor der Arms Control and Disarmament Agency und zum Leiter der amerikanischen Delegation bei den SALT-Verhandlungen mit den Russen. Warnke hatte Einfluß auf das UNA-Gremium ausgeübt und in Gesprächen mit mir vor seiner Ernennung kein Geheimnis aus seiner radikalen Einstellung gemacht. Er ist ein Jurist mit sanfter Stimme und einem Teddybär-Gesicht und erläutert die Gründe für die Rüstungskontrolle mit einer Klarheit und Intelligenz, die sie fast zu einfach klingen lassen; aber er kennt die Realitäten der Politik aus Erfahrung. Von 1966 bis 1969 hatte er im Pentagon bei dem Drängen auf Rückzug aus Vietnam eine entscheidende Rolle gespielt. Er hatte die Macht des militärisch-industriellen Komplexes erkannt, sich aber von ihm nicht einschüchtern lassen.

Warnke war entsetzt über den Verlust der Kontrolle über die Waffenverkäufe und zunehmend skeptisch über deren außenpolitische Vorteile. Durch den Verkauf von Waffen an beide Seiten, erklärte er, erlange man keine wirksame Kontrolle; und Amerika dürfe Erpressungen von Ländern, die damit drohen, von den Russen Waffen zu kaufen, nicht nachgeben. Die Nixon-Doktrin sei von Grund auf gefährlich: dort, wo die Vereinigten Staaten keine Truppen zur Verfügung stellen, sollten sie auch keine Waffen liefern. Der Boom im Waffenhandel habe in Amerika ein neues Wählerpotential hervorgebracht, das zu kontrollieren jetzt schwieriger werde. Aber Warnke betonte, daß die Bundesregierung die Macht habe, die Industrie in Schach zu halten, vorausgesetzt, sie habe den Willen dazu. Sie müsse die Aufgabe in Angriff nehmen, Industrien auf andere Produktionen umzustellen: «Es ist niemals unmöglich, nein zu sagen.» Für Warnke besteht das wesentliche Ziel darin, die herrschenden Vorstellungen vom Waffenverkauf zu revidieren; er müsse als unnötig und unerwünscht angesehen werden, solange das Gegenteil nicht bewiesen sei, und sollte nur erlaubt werden, wenn er eindeutig im Interesse der nationalen Sicherheit Amerikas liege. Die Vereinigten Staaten müßten die ersten Schritte tun, sowohl bei der Kontrolle der Waffenverkäufe als auch bei der Begrenzung des Wettrüstens mit Rußland. Wenn Amerika auf einer deutlichen Überlegenheit gegenüber den Sowjets bestehe, werde es nur «wie Affen auf der Tretmühle» immer weiterrennen.

Bei diesen Ansichten war es kaum überraschend, daß Warnkes Ernennung auf heftigen Widerstand stieß; das Amt des Direktors der Rüstungskontrolle war bisher kein sehr einflußreicher Posten gewesen, aber Warnkes Prestige und Freimütigkeit würden bewirken, daß seine Stimme in der Öffentlichkeit vernommen würde. Zuerst wurde er scharf angegriffen von Senatoren wie «Scoop» Jackson, dem «Senator für Boeing», und Sam Nunn, dem Senator für die Lockheed-Festung in Georgia; und dann auch von klügeren Köpfen wie Paul Nitze, seinem früheren Kollegen im Pentagon, der eine Lobby für ein größeres Rüstungsbudget anführte. Aber Carter bestand auf Warnkes Ernennung als «entscheidend wichtig für seine Administration», und schließlich wurde sie im März 1977 vom Senat bestätigt.

Die Regierung war also unzweideutig auf die Kontrolle der Waffenverkäufe festgelegt; aber der politische Kampf wird lang und schwer sein, denn er bedeutet eine Konfrontation mit einer der mächtigsten Industrielobbies. Das Problem der Waffenverkäufe ist eng verknüpft mit dem zentralen Problem der Verteidigung der Nation.

Im vergangenen Jahrhundert haben die europäischen Mächte ihre Rüstungsfirmen zum Export angespornt, weil er dazu beitrug, die Industrie in Friedenszeiten in Gang zu halten. Seit Krupp und Armstrong damit begannen, die Welt zu bewaffnen, haben europäische Regierungen geltend gemacht, nur durch Waffenexport könnten sie ihre Technologien weiterentwickeln und damit ihr Kriegspotential aufrechterhalten. Wie wir gesehen haben, ist dieses Argument immer wieder vorgebracht worden, sei es von Armstrongs Agent Lord Rendel im Jahre 1866, vom Kriegsminister des kaiserlichen Deutschland 1913, von Bernard Baruch 1935 oder von europäischen Waffenhändlern in den 1970er Jahren. Seit dem Zweiten Weltkrieg war Washington in erster Linie mit dem Gedanken an die zentrale Konfrontation der Supermächte und das nukleare Gleichgewicht beschäftigt, und die Verkäufe konventioneller Waffen machten ohnehin nur einen kleinen Bruchteil der gesamten Rüstungsproduktion aus. Doch in den letzten Jahren, seit der Ölkrise und dem Waffen-Boom, sind amerikanische Firmen wie Grumman und Lockheed viel stärker von Auslandsverkäufen abhängig geworden, um überleben zu können. Bei fast allen Rüstungsfirmen ist so der Exportanteil gestiegen. Die Vereinigten Staaten befinden sich jetzt annähernd in der traditionellen Lage von Großbritannien und Frankreich: damit sie es sich leisten können, sich zu bewaffnen, müssen sie die Welt bewaffnen.

Aber die Folge dieser Abhängigkeit ist nicht einfach eine Auseinandersetzung zwischen Falken und Tauben; es ergibt sich nicht daraus, daß jemand, der eine starke Verteidigungsstellung gegenüber der Sowjetunion befürwortet, deswegen für die Beibehaltung umfangreicher Waffenverkäufe sein muß. Denn sobald eine Nation ihre modernsten Waffen exportiert, selbst wenn sie sie nicht gerade an den Feind verkauft, besteht die Gefahr, daß sie ihre eigene Sicherheit untergräbt. Die Wahrscheinlichkeit, daß ein Krieg in den abgelegenen Gefahrenzonen, insbesondere im Nahen Osten, droht, ist ebenso groß wie an den zentralen Grenzen der Supermächte. Den eindringlichsten Einspruch gegen den Verkauf hochentwickelter Waffen hat nicht der Kongreß oder das Außenministerium geäußert, sondern Pentagon-Beamte, die mitansehen mußten, daß ihre fortschrittlichsten Waffen in den Nahen Osten verkauft wurden und neue Verpflichtungen und neue Gefahren hervorriefen.

Die Kontrolle der Waffenverkäufe wird immer durch die jeweiligen und engen Beziehungen zwischen Staaten kompliziert. Kurz vor Antritt seines Postens im Außenministerium schrieb Leslie Gelb: «Verkäufe sind so mit anderen Dingen verquickt, daß sie für jedes Land einzeln zu betrachten sind und die Entscheidungen auf pragmatischen Verhandlungen beruhen müssen.»[3] Die Argumente der Diplomaten können nicht unberücksichtigt bleiben: das Problem, ein Gleichgewicht im Nahen Osten zu bewahren und den westlichen Einfluß bei den Ölproduzenten zu sichern, erfordert, daß einige Waffen geliefert werden, auch wenn die Industrie keinen Druck ausübt. Aber das lawinenartige Anwachsen der Waffenverkäufe in letzter Zeit kann – wie viele Pentagon-Beamte privat zugeben – nicht irgendeiner rationalen Einschätzung des amerikanischen Sicherheitsinteresses zugeschrieben werden, ganz zu schweigen vom europäischen. Es läßt sich nur mit einer Folge von Ad-hoc-Entscheidungen, zum Beispiel Nixons Besuch beim Schah und Kissingers Abmachungen, und mit dem überwältigenden Druck seitens der Rüstungsindustrie erklären.

Stets haben die Firmen einen gewaltigen Einfluß auf das Pentagon gehabt, wie die Northrop-Unterlagen zeigen. Aber jetzt ist es ihnen häufig gelungen, direkte Beziehungen zu ausländischen Mächten herzustellen. Grumman und Northrop haben ihre eigenen Bündnisse mit dem Iran oder Saudi-Arabien geschlossen, was es für das Pentagon viel schwieriger macht, sie zu kontrollieren, falls es dies wünscht. Die Außenpolitik der Rüstungsfirmen hat ihre eigene Stoßkraft erlangt. Das erste Ziel der Kontrolle müsse sein, sagt Warnke, zu verhindern, daß Waffen, die nicht unbedingt notwendig sind, verkauft werden. Aber diese Reform kann nur durch eine drastische Reform der Beziehungen zwischen der Regierung und den Firmen erreicht werden.

Es kann nie mit Sicherheit angenommen werden, daß die Interessen der Firmen mit denen der Nation übereinstimmen, und die Moral der Verkäufer bleibt immer fragwürdig. Solange die Verkaufskanonen im Ausland miteinander konkurrieren, besteht keine Aussicht auf eine vernünftige Politik, wie einige von ihnen sogar zugeben. «Man kann doch nicht von uns erwarten, daß wir uns selbst kontrollieren», sagte ein Manager zu mir. «Nur die Regierung kann verhindern, daß die Welt eine Internationale Dodge City wird.» Ein ernüchterter ehemaliger Verkäufer stellte mir das Problem überzeugender dar: «Die Todeslieferanten unterscheiden sich in ihren Methoden nicht von

Waschmaschinen-Verkäufern; sie sind keine Sittenprediger, sie verkaufen einfach ihre Maschinen mit den Methoden, die sie anwenden können. Wenn das Pentagon die Rüstungsverkäufe kontrollieren will, muß es die Konkurrenz der Verkäufer im Ausland unterbinden. Wenn ein Land eine bestimmte Waffe haben will, sollte die Entscheidung vom Pentagon getroffen werden, nachdem in den Vereinigten Staaten selbst ein Wettbewerb stattgefunden hat – auf dieselbe Weise, wie das Pentagon seine eigenen Waffen auswählt. Dann würden die Korruption und die krummen Touren in ausländischen Hauptstädten vermieden – und eine Menge kaputter Ehen, Trunksucht und Nervenzusammenbrüche unter den Verkäufern würden verhindert.»

Doch selbst bei einer solchen Restriktion kann meiner Ansicht nach der Druck der Firmen nicht neutralisiert werden, solange sie den Anreizen der freien Marktwirtschaft unterworfen sind; denn der Zusammenhang zwischen Waffenverkäufern und Profit wird die Außenpolitik immer verzerren. Die vom Pentagon angeheizte Konkurrenz zwischen amerikanischen Firmen mag gut und gern bewirkt haben, daß die Rüstungsindustrie im Inland dynamischer und erfindungsreicher ist – wenn auch zu einem überhöhten Preis mit Kostenüberschreitungen, Sicherheitsleistungen und unwirtschaftlichen Rivalitäten zwischen Firmen und Waffengattungen. Aber sobald dem Gewinnstreben im Ausland freie Bahn gelassen wird, hat das viel weiterreichende und gefährlichere Folgen. Die mit einem einzigen Geschäft verbundenen gewaltigen Einsätze und das Netz von Agenten, Provisionen und Bestechungen können eine ganze Volkswirtschaft aus dem Gleichgewicht bringen, alles im Namen von privaten Aktionären. Das Pentagon hat ständig auf seine Verantwortung verzichtet, die Firmen zu kontrollieren, sei es durch die MAAG im Ausland oder durch die DSAA in Washington. Und es fällt einem schwer zu glauben, daß es in Zukunft dazu imstande sein wird, wenn es diesen großen Dampfdruck nicht an der Quelle zügelt.

Die Gründe für die Verstaatlichung von Rüstungsfirmen haben sich immer von den Gründen unterschieden, die sonst allgemein für eine Verstaatlichung sprechen; seit dem Ersten Weltkrieg war die Verquickung von Waffen und privaten Gewinnen auch für viele Menschen ein Ärgernis, die sich sonst kaum Gedanken über die Besitzverhältnisse in der Industrie machen. Die Auseinandersetzung ist gedämpfter gewesen, seit die Regierungen, sei es in Washington, London oder Paris, die Verantwortung für die Waffenverkäufe übernommen haben, und damit auch die moralischen Probleme der Firmen, deren Geschäfte sie verschleierten. Aber sowohl Großbritannien als auch Frankreich scheinen jetzt Schritte zu unternehmen, ihre größeren Rüstungsfirmen zu verstaatlichen; in Frankreich ist Dassaults privates Imperium unter schweren politischen Beschuß geraten, und in Großbritannien sieht die Politik der Labour-Regierung die Verstaatlichung der Flugzeugfabriken und

Schiffswerften vor. In den Vereinigten Staaten lassen die Verrenkungen des Pentagon und des Kongresses mit Garantien und Sicherheitsleistungen für Lockheed erkennen, wie weit die amerikanische Regierung gehen wird, um die Verstaatlichung zu vermeiden; aber der Preis dieser «Pentagon-Spiele» ist, daß die letzte Verantwortung abgewälzt wird.

Verstaatlichung an sich wird nicht die Lösung des Problems der Waffenverkäufe bringen; denn wie die Firmen ständig deutlich machen, bieten sie ja nicht nur Gewinne, sondern auch Arbeitsplätze. Sie können sich immer als die Vorkämpfer ganzer Gemeinden hinstellen, die sonst vom Untergang bedroht wären, und viele Gewerkschaftsführer, von denen einige (in Großbritannien und Frankreich) sehr weit links stehen, unterstützen sie rückhaltlos. Würde die Flugzeug-Abteilung von Hawker-Siddeley in England verstaatlicht, dann mag damit (wie mir ein Direktor zu bedenken gab) ein Teil des Drucks entfallen, rascher Profite wegen Waffen zu exportieren; aber die Arbeiter in den Flugzeugfabriken werden die stärkste Lobby bleiben, denn ihre Gewerkschaftsführer können ihren Einfluß direkt bei der Regierung geltend machen. In Los Angeles oder Bordeaux unterstützen die Gewerkschaften gleichermaßen eine mächtige Luft- und Raumfahrtlobby. Je höher die Arbeitslosigkeit, um so wirksamer das Argument.

In der gegenwärtigen mißlichen Lage der Luft- und Raumfahrtindustrie mag es politisch unrealistisch sein, wenn eine Regierung die Waffenverkäufe drastisch reduziert, ohne dadurch einen Ausgleich zu haben, daß sie neue Projekte in der kommerziellen Luftfahrt finanziert; und wenn auch die Ära der spektakulären Entwicklungen vorüber sein mag, so gibt es doch zukünftige Projekte, die eine staatliche Investition erfordern. Die Entwicklung eines Großraum-Überschall-Verkehrsflugzeuges ist ein Projekt, auf das viele Luft- und Raumfahrtfirmen in den achtziger Jahren hoffen; seine Finanzierung würde kostspielig und seine Nützlichkeit begrenzt sein, doch wäre ein solches Unterfangen ein geringer Preis, der bezahlt werden müßte, um die Verringerung der militärischen Verkäufe zu erreichen. Es mag noch viele andere friedliche Möglichkeiten in der Luft- und Raumfahrt geben, zum Beispiel zivile Weltraumprojekte und die Entwicklung eines Flugzeugs mit geringem Brennstoffverbrauch, die staatliche Unterstützung erforderten; und es wird angenommen, daß sogar die Entwicklung zukünftiger Überschall-Verkehrsflugzeuge für eine Firma oder ein Land zu kostspielig ist. Die drei großen amerikanischen Hersteller halten bereits Ausschau nach europäischen Partnern, mit denen sie die Kosten und die Absatzmärkte ihres nächsten Projekts teilen könnten. Diese Zusammenarbeit würde den Regierungen Gelegenheit bieten, Vereinbarungen zu treffen und die übermäßig konkurrierende Industrie zu rationalisieren; eine Interdependenz über den Atlantik hinweg könnte dazu beitragen, die halsbrecherischen Rivalitäten zu mindern, die zu vielen der schlimmsten Mißstände beim Waffenverkauf geführt haben. Wäre Dassault mit McDonnell Douglas verbunden, könnten die beiden Firmen ihre skrupellosen Waffenverkäufe weit weniger rechtfertigen.

Doch kann die Erschließung neuer Gelegenheiten in der Luft- und Raumfahrt nur eine teilweise und kurzfristige Lösung des Rüstungsproblems bieten; und viele Ingenieure sind der Meinung, daß die Luft- und Raumfahrt in einen «asymptotischen» Zustand mit sinkenden Erträgen geraten ist. Keine Politik der Rüstungskontrolle kann erfolgreich sein, wenn nicht das zugrunde liegende Problem der wirtschaftlichen Prioritäten angepackt wird. Und der Druck der Firmen, ob sie nun verstaatlicht sind oder nicht, wird dominierend bleiben, sofern die Regierungen nicht die Notwendigkeit erkennen, ihre Industrien umzustellen. Die Krise in der Luft- und Raumfahrtindustrie ist nur ein Teil eines größeren Problems, nämlich daß der Westen es versäumt, seine Arbeitskräfte und Ressourcen in konstruktive und für die Zukunft gesellschaftlich gewinnbringende Bahnen zu lenken.

Das Problem ist tief in der Geschichte verwurzelt; aber das gegenwärtige Ungleichgewicht ist in den Jahren der Zäsur 1972/73 entstanden. Das Problem ging weit über die Verlagerung des Reichtums auf die ölproduzierenden Länder und über die Welt-Rezession hinaus. Das Ölembargo und der spätere hohe Ölpreis waren eine Warnung, daß die Ära der billigen Energie, auf der ein Großteil der westlichen Industrie beruhte, zu Ende war. Natürlich konnte auf einen so fundamentalen Schock nicht sofort reagiert werden, und für Amerika mußte es zuerst einmal vordringlich sein, die Bündnisse mit den Ölerzeugern zu festigen, von denen es so abhängig geworden war. Doch die Probleme auf lange Sicht blieben fast völlig unbeachtet. Präsident Nixon hielt seine aufrüttelnde Rede über das «Projekt Unabhängigkeit» und versprach eine neue Art von Manhattan-Projekt, um andere Energiequellen zu erforschen. Aber die Krise war bald vergessen, als das Embargo aufgehoben wurde. Von dem großen Projekt hörte man nichts mehr. Statt dessen erkannten die westlichen Nationen rasch, daß Waffen eine Möglichkeit boten, das Öl zu bezahlen.

Die Folge war, daß sich die Prioritäten in der ganzen Welt allmählich änderten. Die ölerzeugenden Länder, auf diese Weise vom Westen angespornt, boten ein häßliches neues Vorbild für Entwicklungsländer: die Waffenlieferungen verstopften die Flughäfen und Häfen, während Schiffe monatelang vor Anker lagen und darauf warteten, Lebensmittel und Gebrauchsgüter löschen zu können; Krankenhäuser, Schulen und das Straßennetz blieben hoffnungslos unzulänglich und schlecht organisiert. Ein einziger Chieftain-Panzer kostet $ 400000 und somit mehr als zwanzig Traktoren; für einen Tomcat-Jäger, der heute $ 20 Millionen kostet, könnte man tausend Traktoren kaufen. 1975 betrugen die Rüstungsausgaben der Welt fast $ 300 Milliarden jährlich, und die Entwicklungsländer gaben für Waffen mehr als für die Volksgesundheit und Erziehung zusammen aus.[4]

Die mißliche Lage des Westens und die Energiekrise werden sich nicht geben; wirtschaftliche Sicherheit kann Amerika niemals dadurch erreichen, daß es rivalisierende Nationen am anderen Ende der Welt bewaffnet. Wie auf so vielen anderen Gebieten auch symbolisiert Kalifornien die mißliche Lage der Zukunft: eine Gesellschaft, die mehr als jede andere aufgebaut wurde auf der Voraussetzung, daß das billige Öl nie ein Ende nimmt, deren weit auseinanderliegende Trabantenstädte nur durch das Automobil miteinander verbunden sind, nachdem die alten Massenverkehrssysteme aufgegeben oder zerstört sind. Aber trotz einiger tapferer Versuche in der Vergangenheit ist es den Kaliforniern nicht gelungen, ihrer Energie-Falle zu entkommen. Das Schreckgespenst der Zukunft mit verfallenden Autobahnen und isolierten Trabantenstädten, die wegen der Ölknappheit nicht lebensfähig sind, bleibt bestehen; und mittlerweile sind sie mehr denn je auf die Rüstungsindustrie angewiesen, die eine so gefährliche Wohlstandsquelle gewesen ist.

Das Problem, daß sich die Prioritäten ändern und Industrien umgestellt werden müssen, kann niemals durch eine rein rationale Brille betrachtet werden. Waffen und Luft- und Raumfahrt haben immer ihren besonderen Zauber gehabt. Als ein Mittel zur Beschaffung von Arbeitsplätzen sind Waffen in Wirklichkeit im Verhältnis zur Investition ungewöhnlich verschwenderisch; sowohl die Volksgesundheit als auch die Erziehung bieten bei gleichem Kostenaufwand mehr Arbeitsplätze.[5] Aber das Aufregende an der Rüstungsindustrie und die Anziehungskraft, die sie auf den *machismo* ausübt, haben sie über ihre Nützlichkeit hinaus immer zu einem Treffer gemacht: die Arbeiter, die den B 1 bauen, behaupten die Gewerkschaften, sehen ihre Tätigkeit als lohnender und edler an, als wenn sie «Laub zusammenkehren» oder Häuser bauen würden.

Kein Politiker kann es sich leisten, die Wirkung von Waffen auf die männliche Psyche völlig außer acht zu lassen. Nicht umsonst war noch im 14. Jahrhundert im Englischen das Wort «weapon» (Kampfgerät) ein Synonym für den Penis. Die Raketen und Maschinengewehre und das sinnliche Dröhnen der Tiger haben immer noch ihren phallischen Zauber, sei es im Iran oder in Los Angeles. Es ist kein Zufall, daß die wirkungsvollsten Kämpfer gegen Waffen Frauen waren, die für diesen primitiven Nervenkitzel nicht anfällig sind, von Bertha von Suttner bis zu Alva Myrdal und den vielen aktiven jungen Frauen, die heute an der Bewegung für Rüstungskontrolle beteiligt sind. Es gibt sogar einige Männer, die behaupten, nur eine Regierung von Frauen dürfte eigentlich mit Diplomatie betraut werden.[6] Aber bis es soweit ist, kann der *machismo*-Faktor nicht völlig ausgeschlossen werden. Lockheed und Boeing werden weiterhin eine spezielle Macht über ihre Arbeitnehmer und die Wähler ausüben, und der Schah und die Scheiche werden weiterhin von ihren Erzeugnissen begeistert sein.

Es wäre absurd, würden sich die westlichen Politiker diesen primitiven Prioritäten unterwerfen oder sie als unvermeidlich hinnehmen. Der Waffenhandel erhält sich selbst am Leben. Waffen erzeugen weitere Aggressionen und sind ein Rückschritt zu internationaler Anarchie und Armut. Doch die emotionale Anziehungskraft der Luft- und Raumfahrtfirmen erfordert besondere Kühnheit und Führereigenschaften bei der Vorlage einer Alternativpolitik, die nicht als ein Rückzug auf das «Zusammenkehren von Laub» geplant werden darf, sondern eine Herausforderung an die Nation sein muß, um eine Zukunft zu erschließen, die in einer zivilisierten Umwelt wirkliche Sicherheit bieten kann.

Die Herausforderung ist da und erheischt eine starke Politik. Die Industrieländer werden sich früher oder später damit abfinden müssen, daß nicht nur die Ölreserven der Welt abnehmen, sondern daß alle Ressourcen auf tragische Weise vergeudet werden. Vor allem das Land, so daß künftige Generationen ein entsetzliches Erbe übernehmen werden. Die Stadtkerne der Metropolen im Osten der Vereinigten Staaten, die verstopften Straßen in Japan, die verseuchten Flüsse in Europa, all das sind Warnungen, daß der langanhaltende Verbrauchsboom des Westens in eine Sackgasse gerät; und um diese Probleme zu lösen, bedarf es eines viel größeren Unternehmungsgeistes und einer höheren Technologie, als die Rüstungsindustrie je erforderte. Das Projekt Unabhängigkeit, wäre es ernstlich geplant und durchgeführt worden, bot alle Möglichkeiten für einen wirklichen Richtungswechsel, und das Ziel der nationalen Autarkie kann durchaus bei der Öffentlichkeit Anklang finden. Die Tatsache, daß ein ehemaliger Verteidigungsminister, James Schlesinger, jetzt in Washington mit dem Energieproblem befaßt ist, mag ermutigend sein. Doch die wahre Führung kann nur von ganz oben kommen, und das Ausmaß des Problems verlangt eine Neuorientierung vom Ausmaß des Rooseveltschen New Deal.

Die Aussichten

Was immer die Vereinigten Staaten versuchen oder erreichen mögen, auf lange Sicht muß sich die Beschränkung der Waffenverkäufe auf ein internationales Abkommen stützen. Und dafür sind die Aussichten vorläufig nicht ermutigend. Immer mehr Staaten beteiligen sich an dem für jedermann zugänglichen Wettbewerb, junge Länder wie Israel schaffen sich ihre eigene Rüstungsindustrie. Versuche, Embargos zu erlassen, werden ständig von anderen Staaten vereitelt. Der Refrain wiederholt sich wie ein Klagelied: «Wenn wir keine Waffen verkaufen, wird es ein anderer tun.»

Aber diese Ausrede, das wurde schon oft betont, war für den Sklavenhandel erfunden worden; und die Parallele zwischen dem Sklavenhandel und dem Waffenhandel bietet Grund zur Hoffnung. Anfang des 19. Jahrhunderts sahen die Verteidiger die Sklaverei als wesentlich für das Freihandelssystem und die Volkswirtschaften in Europa und Amerika an; aber Großbritannien, das sich einst daran bereichert hatte, beharrte auf der langen und schwierigen Blockade des Handels und konnte als die beherrschende Weltmacht allein die internationale Abschaffung erreichen. Der Brüsseler Akt von 1890 zur Unterdrückung des afrikanischen Sklavenhandels war nicht nur ein Sieg über die Sklaverei, sondern auch über den Waffenhandel in Afrika. So wie Großbritannien damals sind die Vereinigten Staaten heute die einzige Macht, die erfolgreich die Führung übernehmen kann; als Hauptbeteiligter können sich die USA nicht damit herausreden, daß andere Länder den Waffenhandel immer noch fortsetzen werden.

Gewiß sind Großbritannien und Frankreich aggressive Waffenverkäufer, und ihre Volkswirtschaften sind noch stärker auf Exporte angewiesen als die amerikanische; und bereitwillig werden sie ihren Handel auch nicht aufgeben. Aber die amerikanische Waffentechnologie, besonders in der Luft- und Raumfahrt, ist immer überragender geworden, und sogar Dassault fällt es jetzt schwerer, mit ihr zu konkurrieren. Ein Großteil des britischen und französischen Geschäfts ließ sich nur mit stillschweigender Duldung oder mit Zustimmung von Washington bewerkstelligen. Im Nahen Osten sind die Vereinigten Staaten der Hauptlieferant geworden; und auch in Ägypten kamen die Europäer nur zum Zuge, weil sich die Amerikaner aus diplomatischen Gründen heraushalten wollten. Die Vereinigten Staaten haben nach wie vor beträchtlichen Einfluß auf ihre Verbündeten.

Seit Beginn der sechziger Jahre, als McNamara und Henry Kuss ihre Pentagon-Verkaufsmaschine in Betrieb nahmen, haben die Vereinigten Staaten beim Waffenverkauf ein ungeheures Tempo angeschlagen, und die anderen Länder sahen sich gezwungen, mit ihren eigenen staatlichen Verkaufsorganisationen mitzuziehen. In Westeuropa waren die hohen Kosten für den Ankauf amerikanischer Waffen der Anreiz und Vorwand, Waffen an die Entwicklungsländer zu verkaufen, die somit dazu beigetragen haben, die NATO zu finanzieren. Ein Großteil der Schuld haben sich die Europäer selbst zuzuschreiben: ihre mißliche Lage kann letztlich nur behoben werden, wenn sie sich untereinander einigen würden, um eine eigene, lebensfähige Industrie zu schaffen. Doch derweil können die Vereinigten Staaten – wie der UNA-Bericht betont – zur Erleichterung der Lage beitragen, indem sie einen zweiseitigen Austausch für NATO-Waffen statt einer Einbahnstraße zulassen. Gegenwärtig sei, wie Sir Ray Brown klagt, «die eine Fahrbahn zehnmal länger als die andere». Doch die Zubilligung besserer Möglichkeiten für europäische Exporte nach Amerika könnte gekoppelt werden mit strengen Einschränkungen der europäischen Exporte an die Dritte Welt. Die Kosten für die Bewaffnung der NATO müssen innerhalb der NATO aufgebracht werden, und man hätte nie zulassen dürfen, daß sie der Dritten Welt aufgehalst werden.

Natürlich kann keine dauerhafte Handelseinschränkung erreicht werden ohne eine Absprache zwischen den Supermächten. Denn ob in Europa oder anderswo, ein gut Teil des Waffenhandels mit der Dritten Welt und der Waffenhilfe war ein Nebenprodukt der zentralen Konfrontation. Aber wenn man in den fünfziger Jahren noch annehmen konnte, daß man durch die Bereitstellung von Waffen diplomatischen Einfluß gewinnt, so ist das heute sehr viel ungewisser. Beide Supermächte mußten feststellen, daß ihre Waffenverkäufe Enttäuschungen mit sich brachten; Rußland erfuhr das in Ägypten, die Vereinigten Staaten in Indien. Je mehr beide Seiten dazu übergingen, Waffen zu verkaufen, statt sie zu verschenken, um so ungewisser war es, ob sie damit ihre politischen Ziele erreichen würden; Staatsstreiche, Revolutionen oder Weiterverkauf der Waffen können den ursprünglichen Zweck immer umstoßen. Die sowjetischen Satellitenstaaten sind darauf aus, Waffen zu verkaufen, sei es an die Christen oder das weiße Südafrika, um mit dem Erlös ihre eigenen Waffen aus Rußland zu bezahlen, aber was sie damit erreichen, widerspricht der sowjetischen Politik. Die Arsenale im Libanon oder die Waffenkammern von Sam Cummings bezeugen, wie verräterisch Waffen sind.

Bei diesem allgemeinen Verlust der Kontrolle, in dieser internationalen Dodge City, kann keine Großmacht den Sieg davontragen. Wie in den Jahren vor dem Ersten Weltkrieg ist das zentrale Gleichgewicht ständig gefährdet durch die Verkäufe von Waffen an Dritte, die getätigt werden, um die Kosten zu decken. Aber die wirtschaftlichen Vorteile der Exporte sind winzig im Vergleich mit den Kosten eines Dritten Weltkrieges.

Waffenhändler sind mit höchst pessimistischen Ansichten von der menschlichen Natur immer sehr gut gefahren. «Sie werden den Handel nie unter Kontrolle bekommen, wenn Sie die Mentalität der Menschen nicht ändern können», erklärte mir ein Lockheed-Manager. Und Sam Cummings gefällt sich in der Rolle des düsteren Propheten, der einen Überblick über die Torheit der Welt gibt. Doch wird diese manichäische Auffassung durch die Geschichte des Gewerbes eigentlich nicht erhärtet. Das starke Ansteigen der Waffenverkäufe, das mit dem gegenwärtigen Boom seinen Höhepunkt erreicht, kann nicht einer plötzlichen neuen Kriegstreiberei zugeschrieben werden; vielmehr waren es in erster Linie wirtschaftliche Zwänge, die den Strom amerikanischer Waffen in den Nahen Osten diktierten. Das Ausmaß des Wettrüstens hätte anders sein können, wenn Nixon zum Schah nein gesagt hätte. Die Allgemeinheit war gar nicht nach ihrer Ansicht gefragt worden; einige wenige Menschen hatten die Entscheidungen getroffen, die dann, als sie viel später öffentlich bekannt wurden, allgemeine Besorgnis erregten.

Der Waffenhandel hat immer behauptet, er betreibe ein Geschäft wie jedes andere ohne eine besondere moralische Verantwortung. Die Komplexität der modernen Waffen erleichtert es, ihren letzten Zweck zu vergessen. Die Beteiligung von Regierungen hat die Waffenhändler ermutigt, etwaige Zweifel abzuschieben; aber die Regierungen verheimlichen bewußt das volle Ausmaß und die Konsequenzen des Handels, weil sie fürchten, die öffentliche Meinung und «linke Extremisten» hellhörig zu machen. Doch trotz des alten Zaubers der Waffen kann eine informierte öffentliche Meinung oft klüger und moralischer sein als Regierungen, die im dunkeln agieren.

Die Probleme der Rüstung mögen komplexer und ihre Kontrolle schwieriger sein, als der Laie auf den ersten Blick meint; aber der normale Staatsbürger hat recht, wenn er glaubt, daß sich der Handel mit Waffen ebenso wie der mit Drogen oder Sklaven von jedem anderen Handel unterscheidet. Je informierter und engagierter die Öffentlichkeit ist, um so größer sind die Aussichten, eine vernünftigere Welt zu schaffen.

Anmerkungen

Kapitel 1

1 BBC-Fernseh-Interview, Midweek programme, 2. Juli 1975
2 Vgl. International Herald Tribune, 29. November 1976
3 George Thayer, *The War Business*, London, 1970
4 Vgl. Kapitel 16
5 Vgl. Joseph Fitchett in *The Observer*, 18. Juli 1976
6 Cummings' Bericht wurde später durch den offiziellen, am 10. November 1976 zur Veröffentlichung freigegebenen Pentagon-Bericht bestätigt.

Kapitel 2

1 Vgl. Erik Bergengren, *Alfred Nobel*, London 1962, S. 189
2 H. Schuck und R. Sohlman, *The Life of Alfred Nobel*, London 1929, S. 86
3 Bergengren, S. 86. Vgl. auch W. J. Reader, *Imperial Chemical Industries, a History*, Bd. 1, London 1970
4 H. Schuck u. a., *Nobel, The Man and his Prize*, Amsterdam 1962, S. 36
5 Bergengren, S. 71
6 Bergengren, S. 9
7 Bergengren, S. 194
8 Bergengren S. 89
9 William Manchester, *The Arms of Krupp*, London 1969, S. 282
10 J. D. Scott, *Vickers, A History*, London 1962, S. 80
11 Louis Crompton, *Shaw the Dramatist*, London 1971, S. 115. Er weist darauf hin, daß in dem handschriftlichen Konzept von *Major Barbara* Undershaft sich brüstet, daß er ein neues Gewehr an die schwedische, italienische und deutsche Regierung verkaufte – genau wie Nobel seine Patente verkaufte. Auch Michael

Holroyd, dem anerkannten Shaw-Biographen, bin ich für seine Bemerkungen zu diesem Vergleich dankbar.

12 *The Illustrated Exhibitor*, London 1851, S. 480

13 Alfred Krupp, *Briefe*, Hrsg. W. Berdrow, Berlin 1928

14 Alfred Krupp an Alexander von Humboldt, *Briefe*, S. 160

15 Francis McCallagh, *Syndicates for War*, S. 6 (World Peace Foundation Pamphlets Series 2 part 3)

16 Reichstagsdebatte, 18. April 1913

17 Scott, S. 31

18 *The Personal Papers of Lord Rendel*, Hrsg. F. E. Hamer, London 1931, S. 277

19 Ibid. S. 277

20 Ibid. S. 280

21 Unveröffentlichter Briefwechsel zwischen Sir William Armstrong und Hugh Childers, MP, 21.–28. Februar 1970; im Besitz des jetzigen Lord Armstrong, dem ich zu Dank verbunden bin.

22 Vgl. David Dougan, *The Great Gunmaker*, Newcastle 1970, S. 68–69

23 Scott, S. 41

24 Sir Hiram S. Maxim, *My Life*, London 1915. Vgl. auch Hiram Percy Maxim, *A Genius in the Family*, New York, 1936

25 Maxim, S. 182

26 Hilaire Belloc, *The Modern Traveller*, 1898

27 Maxim, S. 258

28 ibid. S. 213

29 ibid. S. 313

30 Interview mit Rosita Forbes, London, *Sunday Chronicle*, 29. November 1936

31 ibid.

32 Royal Commission, 1935–36, Minutes, S. 360, Q 1994

33 Scott, S. 80

34 *The Times*, London, 28. November 1936

35 Robert Neumann, *Zaharoff: the Armaments King*, London 1938, S. 158

36 Clive Trebilcock, *The British Armaments Industry 1890–1914* aus Geoffrey Best und Andrew Wheatcroft, *War, Economy and the Military Mind*, London 1976, S. 93

37 Scott, S. 81

38 F. W. Hirst, *The Political Economy of the War*, London 1915, S. 98

39 Royal Commission 1935–36, Minutes S. 155. Außerdem *Japan Times Weekly*, 10. Juli 1976

40 Trebilcock, S. 94

41 Royal Commission 1935–36, Minutes S. 388, Q 2347 und Report, Command 5292, 1936, S. 36. Vgl. auch Lockheed-Aussagen, insbesondere Kapitel 10.

42 Donald McCormick, *Pedlar of Death*, London 1965, S. 87

43 Forbes-Interview, 29. November 1936

44 A. J. Sylvester, *The Real Lloyd George*, London 1947, S. 170

45 *The Times*, London, 28. November 1936

46 McCormick, S. 122

Kapitel 3

1 Sir Charles Craven, Geschäftsführer von Vickers in 1936, sagte vor der Königlichen Kommission, die die private Waffenherstellung untersuchte, aus, daß Loewe «noch Direktor der Deutsche Waffen- und Munitionsfabriken und einer anderen Firma in Deutschland war, deren Namen ich nicht lesen kann, während er bei Vickers war» (Minutes S. 377 Q 2234).
2 F. Harrison: *A History of Newcastle upon Tyne*, Whitley Bay 1913, S. 230 und 264
3 H. C. Engelbrecht und F. C. Hanighen: *The Merchants of Death*, London 1934, S. 143
4 Royal Commission 1935–36, Minutes S. 724–25, 748–51. Aussage von Sir Maurice Hankey und Aktennotiz der Admiralität.
5 Joseph Frazier Wall: *Andrew Carnegie*, New York 1970, S. 645
6 a. a. O. S. 648
7 *Autobiography of Andrew Carnegie*, London 1920, S. 351
8 Wall, S. 898
9 a. a. O. S. 928
10 a. a. O. S. 928
11 siehe *Autobiography of Andrew Carnegie*
12 Laut Aussage von Sir Maurice Hankey im Jahre 1936 waren tatsächlich nur 13 der 234 türkischen Kanonen britisch, und Hankey meinte, wenn Großbritannien mehr geliefert hätte, wäre die Türkei vielleicht auf der britischen Seite gewesen (vgl. Royal Commission 1935–36, Minutes S. 618). Aber das Vorhandensein britischer Kanonen auf der türkischen Seite wirkte sich politisch stark aus. Vgl. nächstes Kapitel.
13 Royal Commission 1935–36, Minutes S. 596, Q 4335
14 Trebilcock, S. 89–105
15 Maxim, S. 213
16 Dougan, S. 69

Kapitel 4

1 Royal Commission (Königliche Kommission zur Untersuchung der privaten Waffenherstellung und des Waffenhandels 1935–36, Annexe III, S. 742. Außerdem *Life and Letters of Lord Wester Wemyss*, London 1935, S. 405–408. Die Admiralität behauptete später, das Memorandum sei von Lord Wester nicht gebilligt worden, aber seine Witwe bestritt das nachdrücklich.
2 Lord Grey of Fallodon: *Twenty-Five Years 1892–1916*, London 1925, S. 52
3 Royal Commission 1935–36, Minutes S. 544, Q 3989.
4 ibid. S. 340, Annexe H.
5 Sir John Simon im Unterhaus, 8. November 1934
6 J. D. Scott: *Vickers, A History*, London 1962, S. 144
7 Sir William Haley: *John Meade Falkner*. In Transactions of the Royal Society of Literature, Bd. 30 (Neue Serie) London, 1960
8 Oder, wie Haley sich ausdrückte: «Es gibt Hinweise, daß er nicht der hervorragendste Vorsitzende ist.»

9 Scott, S. 189
10 Royal Commission 1935–36, Minutes, S. 66 Q 542
11 1932 hatte Frankreich Großbritannien als Hauptexporteur mit 29 Prozent gegen 22 Prozent überholt; werden indes die britischen Lieferungen an das Empire einbezogen, bleibt Großbritannien mit 30 Prozent an der Spitze. (Vgl. Royal Commission 1935–36, Hankey-Memorandum, S. 648 und Statistisches Jahrbuch des Völkerbunds, 1934).
12 Royal Commission 1935–36, Minutes S. 360, Q 2001–2006
13 ICI behauptet, das nicht ausgenutzt zu haben. Vgl. Royal Commission 1935–36, Minutes S. 451, Q 2687.
14 Ibid., S. 5 Q 2. Vgl. auch Philip Noel-Baker: *The Private Manufacture of Armaments*, London 1936, S. 363
15 Royal Commission 1935–36, Minutes S. 67 Q 548
16 *New Statesman*, 7. März 1931, S. 55
17 John E. Wiltz: *In Search of Peace*, The Senate Munitions Inquiry 1934–36, Louisiana State University Press 1963, S. 29
18 *Chicago Daily News*, 3.–5. August 1933
19 *The Memoirs of Cordell Hull*, London 1948, Bd. I, S. 398
20 Wiltz, S. 93
21 *Hull Memoirs*, Bd. I, S. 399
22 Tatsächlich wurde sich die Administration jetzt darüber klar, daß ein Embargo Italien mehr Schaden zufügen würde als Äthiopien, das sowieso kein Geld hatte, um im Ausland Waffen zu kaufen. Vgl. Hull, S. 414. Die Sorge um Äthiopien war also weniger groß, als es den Anschein hatte.
23 «Während so mancher sanftmütige Pazifist, sei es in England oder Frankreich, in Deutschland oder Amerika, der sich oft als aufrichtigen Bewunderer des russischen kommunistischen Experiments bezeichnet, danach trachtet, die Schrecken des Krieges durch das Verbot von Giftgas oder Luftbombardements zu mindern, behaupten die drei Vereinigten Russischen Gesellschaften – die Gesellschaft für Hilfeleistung bei der Verteidigung, die Freunde der Luftfahrt und Chemie und die Freunde der Luftflotte –, fünf Millionen Mitglieder zu haben, unter denen sie Kenntnisse über Aeronautik und chemische Kriegführung zu verbreiten suchen sowie praktische Fertigkeit im Umgang mit Gewehren und Gasmasken.» Barbara Wootton: *Plan or No Plan*, London 1934, S. 234.
24 Unterhaus, 8. November 1934
25 Royal Commission 1935–36, Minutes, S. 536, Q 3866
26 Ibid. S. 347, Q 1843
27 Ibid. S. 362, Q 2030
38 Ibid. S. 358, Q 1958–1962
29 Ibid. S. 392, Q 2435–2440
30 Ibid. S. 395, Q 2494
31 Ibid. S. 322, Q 1670–1672
32 Ibid. S. 703, Q 4899
33 Ibid. S. 688, Q 4854
34 Ibid. S. 723, Abs. 59

35 Ibid. S. 713, Q 5010
36 Royal Commission Report 1936, Command 5292, S. 36
37 Sir Winston Churchill: *Der Zweite Weltkrieg*, 1. Bd. *Der Sturm zieht auf*, Bern 1948, S. 235
38 Vgl. nächstes Kapitel
39 *New Statesman*, 7. August 1943
40 Scott, S. 297

Kapitel 5

1 Dwight D. Eisenhower: *Waging Peace*, New York 1965, S. 615
2 David D. Hartfield: *Los Angeles Aeronautics, 1920–29*, Northrop Institute of Technology 1973, S. 11–19 und 32–4
3 Harold Mansfield: *Vision, the Story of Boeing*, New York 1966, S. 20–59
4 Of Men and Stars: *A History of the Lockheed Aircraft Corporation*, Burbank, März 1957–Januar 1958
5 *Of Men and Stars*, Kap. IV, Juni 1957
6 Wirtschaftsbericht des Präsidenten, 1960
7 Winston Churchill: *The Second World War*, Vol. 6 *Triumph and Tragedy*, London 1954, S. 553
8 Dean Acheson: *Present at the Creation*, New York 1970, S. 163
9 Mansfield, S. 152
10 *Flight Plan for Tomorrow*, Santa Monica, Douglas Aircraft Company, 1966, S. 49
11 Carey McWilliams: *California, the Great Exception*, Santa Monica 1976, S. 344
12 W. W. Rostow: *The United States in the World Arena*, New York 1960, S. 232
13 *Of Men and Stars*, Kap. IX, Januar 1958
14 Mansfield, S. 206
15 Ibid. S. 282
16 James R. Kurth: *Why We Buy the Weapons We Do, Foreign Policy Magazine*, Sommer 1973
17 *Waging Peace*, S. 616
18 Bernard Brodie: *War and Politics*, New York 1973, S. 290–96
19 *Waging Peace*, S. 615
20 Michael Howard: *War in European History*, Oxford 1976, S. 135
21 Bezüglich Vickers' Nachkriegsprobleme Vgl. J. D. Scott: Vickers, A History, S. 301–52
22 Vgl. Kapitel 8
23 Vgl. den Plowden-Bericht über die britische Flugzeugindustrie, London 1965, Command 2853
24 John L. Sutton und Geoffrey Kemp: *Arms to Developing Countries 1945–65*, London 1966, Diagramme 1 und 2
25 «Einige britische Verkäufer glaubten, ihre Erzeugnisse seien ein Geschenk Gottes für Menschen zweiter Klasse, und leider zeigte sich diese Einstellung bei ihren Verhandlungen mit den Kunden.» Richard Worcester: *Roots of British Air Policy*, London 1966, S. 20

26 Sutton und Kemp, S. 29–30
27 Marcel Dassault: *Le Talisman*, Paris 1973
28 Robert Perry: *A Dassault Dossier*, Santa Monica 1973
29 «Aussi invulnérable aux coups de l'adversaire que le mirage est insaisissable pour le voyageur du désert», *Le Talisman*, S. 94
30 Ein Bericht über die Irrungen und Wirrungen der Auslandsbeziehungen von Dassault findet sich bei Jack Gee: *Mirage – Warplane for the World*, London 1971
31 Vgl. Kapitel 2

Kapitel 6

1 Multinational Hearings, Teil 14, S. 380
2 Gespräch mit dem Autor, 18. Mai 1976
3 Sehr lebendig beschreibt George Thayer die Einsetzung von ILN und Henry Kuss in *The War Business*, London 1970, S. 152–57
4 Vortrag vor der American Ordnance Association, 20. Oktober 1966
5 John Stanley und Maurice Pearton: *The International Trade in Arms*, London 1972, S. 88–89
6 Northrop Papers: Meuser an Tom Jones, 10. August 1974
7 *Vrij Nederland*-Interview von J. van Tijn, 24. Januar 1976
8 Franz Josef Strauß: *The decision to go with the Starfighter*. In *Those Wonderful Men in the Cactus Starfighter Squadron*, Los Angeles 1976, S. 15
9 Bericht des «Dreierausschusses» (Donner-Bericht), Den Haag, 26. August 1976, engl. Übers. Kap. 3, S. 9
10 Donner-Bericht, Kap. 2, S. 3
11 Der Donner-Bericht betont, daß «Herr Meuser, ein sehr wichtiger Zeuge, nicht bereit war, Einblick in seine Bücher zu gewähren.» (Kap. 1, S. 4)
12 Donner-Bericht Kap. 2, S. 13
13 *Time Magazine*, 22. November 1963
14 *Those Wonderful Men*, S. 29
15 Donner-Bericht, Anhang A
16 Donner-Bericht, Kap. 3, S. 117
17 Multinational Hearings, Teil 12, S. 371
18 Ibid. Teil 14, S. 378
19 Ibid. Teil 14, S. 380–82 (Kotchians Aussage)
20 Ibid. S. 383
21 Lockheed Papers: Smith an Valentine, 28. März 1969
22 Multinational Hearings, Teil 14, S. 52–53
23 Ibid. S. 23–27
24 Ibid. S. 379
25 Lockheed Papers: Orwat an Egan, 9. Juli 1973
26 *International Herald Tribune*, 12. Februar 1976
27 Vgl. S. 130
28 Donner-Bericht, Kap. 2, S. 13–15
29 Ibid. Kap. 2, S. 15–17

Kapitel 7

1 Multinational Hearings, Teil 12, S. 149
2 Vgl. zum Beispiel *Newsweek*, 18. November 1963
3 Northrop Papers: Gespräch Ernst und Ernst mit Tom Jones am 26. Juni 1974. Northrop Executive Committee: Special Report, 16. Juli 1975, S. 45
4 Northrop Papers, 26. Juni 1974
5 *The Times*, London, 3. September 1976
6 Bericht des «Dreierausschusses» (Donner-Bericht, Den Haag, 26. August 1976, Engl. Übers. Kap. 3, S. 15.) Der Ausschuß bezeichnet Quarles fälschlich als Verteidigungsminister im Jahr 1958, doch war er da bereits zurückgetreten.
7 Northrop Special Report, S. 14
8 Vgl. Kapitel 15
9 Northrop Special Report, S. 14–16. Northrop Papers: Tom Jones an E. R. Crim, September 1974
10 Donner-Bericht, Kap. 3, S. 16
11 Northrop Special Report, S. 14
12 Brief von Courtlandt Gross an den Autor, 29. September 1976. Vgl. auch Multinational Hearings, Teil 12, S. 176
13 Northrop Papers: Partons an Jones, 27. September 1971
14 Ibid. Tom Jones an E. R. Crim, September 1974
15 Vgl. Kapitel 15
16 Multinational Hearings, Teil 12, S. 153, 171
17 Ibid. S. 585
18 Ibid. S. 154
19 Northrop Special Report, S. 7
20 Multinational Hearings, Teil 12, S. 594. Special Report S. 9. Lockheed hatte jede Ähnlichkeit heftig bestritten. Vgl. *Washington Post*, 10. Juni 1975
21 Multinational Hearings, Teil 12, S. 625. Northrop Special Report S. 9–11
22 Multinational Hearings, Teil 12, S. 597
23 Vgl. den Bericht von Joseph P. Albright in *New York Times Magazine*, 8. Februar 1976
24 Northrop Special Report, S. 8
25 Multinational Hearings, Teil 12, S. 199–238. Special Report S. 36
26 *New York Times*, 24. Januar 1976
27 Northrop Special Report, S. 50
28 *New York Times Magazine*, 8. Februar 1976. Multinational Hearings, Teil 12, S. 466
29 Ibid. S. 511, 495
30 Hearings des Ervin-Ausschusses 1974, S. 2108
31 Multinational Hearings, Teil 12, S. 150–151

Kapitel 8

1 Command 2853, London HMSO, 1965
2 Unterhaus, 25. Januar 1966

3 Ibid. 19. Mai 1966
4 Edwards: Gespräch mit dem Autor, 7. Juli 1976
5 Vgl. Kapitel 14
6 Gespräch mit Edwards
7 John Stonehouse: *Death of an Idealist*, London 1975, S. 48, 49
8 Ibid. S. 50
9 *The Times*, London, 2. Juli 1976
10 Multinational Hearings, Teil 12, S. 693, 697
11 Ibid. S. 691
12 US Senatsausschuß für auswärtige Beziehungen, 1967: Waffenverkäufe in den Nahen Osten und an südasiatische Länder, S. 10
13 Stonehouse, S. 53
14 Unterhaus, 11. Mai 1966
15 Vgl. Kapitel 17
16 Unterhaus, 11. Mai 1966
17 George Brown: *In My Way*, London 1971, S. 171
18 Ibid. S. 174. Vgl. auch Harold Wilson: *The Labour Government 1964–1970*, London, S. 470–76
19 Unterhaus, 19. Dezember 1967
20 Unterhaus, 3. März 1971
21 Vgl. Anti-Apartheid-Bewegung: *Marconi Arms Apartheid*, April 1976, S. 2
22 *Johannesburg Star*, 13. Dezember 1976

Kapitel 9

1 Aussage vor dem Senatsausschuß für auswärtige Beziehungen (Unterausschuß Naher Osten und Südasien), 13. April 1967
2 *The Arms Trade and the Third World*, Stockholm SIPRI, 1971, S. 506
3 Jack Gee: *Mirage – Warplane for the World*, London 1971, S. 109
4 *Arms Trade and the Third World*, S. 506
5 SIPRI Jahrbuch 1976, S. 62–3

Kapitel 10

1 Multinational Hearings, Teil 12, S. 367
2 George Thayer: *The War Business*, London 1970, S. 171–173
3 Senatsausschuß für auswärtige Beziehungen: Hearings Naher Osten und Südostasien, 14. März 1967, S. 110
4 Vgl. Thayer, S. 178–182
5 Hearings Naher Osten und Südostasien, 1967, S. 3
6 *The Arms Trade and the Third World*, Stockholm SIPRI 1971, S. 461
7 Multinational Hearings, Teil 12, S. 358, 938
8 Ibid. S. 958
9 Ibid. S. 984–988

10 Ibid. S. 978
11 *Arms Trade and the Third World*, S. 458–59
12 Multinational Hearings, Teil 12, S. 1144–48
13 Vgl. Kapitel 2
14 John L. Sutton und Geoffrey Kemp: *Arms to Developing Countries 1945–1965*, Institute for Strategic Studies, London, Oktober 1966, S. 30
15 Multinational Hearings, Teil 14, S. 919–932. Vgl. auch Michael Jensen in: New York Times, 1. Juli 1975
16 Vgl. Aviation Week, 8. Oktober 1973 und 8. Juli 1974 sowie Michael T. Klare in: NACLA's Latin America Report, März 1975; außerdem SIPRI: *The Arms Trade and the Third World*, S. 685–691
17 Juan de Dris in *New York Times*, 14. Oktober 1974

Kapitel 11

1 Multinational Hearings, Teil 12, S. 353
2 Ibid. S. 1003
3 Lockheed Papers: Otsea an Hausman, 4. September 1967
4 Multinational Hearings, Teil 12, S. 353
5 Haughtons Verteidigung: vgl. Multinational Hearings, Teil 12, S. 347–71
6 *Al Ahram*, 3. November 1972
7 Northrop Papers: Rogin an Gates, 28. Januar 1971
8 Ibid. Macleod an Watts, 31. Juli 1971
9 Multinational Hearings, Teil 12, S. 181
10 Gespräch mit dem Autor, 16. Februar 1976
11 Multinational Hearings, Teil 12, S. 1088
12 Northrop Papers: Aktennotiz von Manny Gonzales, 13. August 1973
13 Repräsentantenhaus: Ausschuß für internationale Beziehungen. Hearings über den Persischen Golf, 24. Juni 1975
14 Vgl. Kapitel 4
15 Vortrag über «Agenten-Vergütungen im Nahen Osten» von Joseph K. Hoenig, gehalten am 11. Juni 1974 im Army-Navy Club in Washington D. C.
16 Gespräch mit Jim Hoagland, 14. September 1975
17 Vgl. Kapitel 4

Kapitel 12

1 Vgl. *Los Angeles Times*, Wirtschafts- und Finanzbeilage Teil VIII, 16. Mai 1976
2 Was leider nicht stimmt: es ist eine Kopie aus einem New Yorker Stadthaus.
3 Bernard Shaw: Major Barbara, Akt III
4 Tom Jones: The Virtues of Diversity in *Los Angeles Times*, 9. Juli 1967
5 *The Magazine of Wall Street*, 10. September 1968
6 Congressional Record, 24. März 1969
7 Eine ausführliche Darstellung dieser Spiele findet sich bei Ernest Fitzgerald: *The High Priests of Waste*, New York, 1972. Außerdem Richard J. Barnet: *Der amerikanische Rüstungswahn oder Die Ökonomie des Todes*, Reinbek, 1971. Ich

bin beiden zu Dank verpflichtet.
8 Fitzgerald, S. 311
9 Multinational Hearings, Teil 12, S. 344

Kapitel 13

1 In diesem Kapitel habe ich mich auf die Unterlagen und Zeugenaussagen gestützt, die der Church-Ausschuß (Multinational Hearings, Teil 14) zur Verfügung gestellt hat, sowie auf die Interviews von Carl Kotchian mit *Asahi Evening News* (21.–27. August 1976), die später in erweiterter Form in seinen von Asahi Shimbun in Tokio veröffentlichten Memoiren erschienen. Kotchians Darstellung wird im wesentlichen durch das Plädoyer des Staatsanwalts im Tanaka-Prozeß (27. Januar 1977) bestätigt und ergänzt. Doch habe ich auch aus Gesprächen mit Carl Kotchian in Los Angeles und mit verschiedenen Gewährsleuten in Tokio Nutzen gezogen.
2 Vgl. Kapitel 2
3 Nicht zu verwechseln mit dem Northrop-Tiger.
4 *International Herald Tribune*, 3. April 1976
5 Kotchian: *Lockheed Sales Mission*, Kapitel 3
6 Multinational Hearings, Teil 15. Cheathams Erklärung wurde von Grumman bestritten, aber er hatte unter Eid ausgesagt.
7 Kotchian, Kapitel 4
8 Laut Plädoyer des Staatsanwalts, Tanaka-Prozeß, 27. Januar 1977
9 Ibid.
10 Kotchian, Kapitel 2
11 Plädoyer des Staatsanwalts, 27. Januar 1977
12 *Asahi Evening News*, 24. August 1976
13 Ibid. 27. August 1976
14 Plädoyer des Staatsanwalts im Hashimoto-Prozeß, 31. Januar 1976
15 *Asahi Evening News*, 25. August 1976
16 Vgl. Tad Szulc in *New Republic magazine*, 10. April 1976
17 *Japan Times Weekly*, 26. Juni 1976

Kapitel 14

1 Aerospace Industries Association of Amerika: Aerospace Facts and Figures, 1975–76. Siehe Grafik folgende Seite
2 Vgl. Michael T. Klare in *Society*, Sept.–Okt. 1974
3 S. Stanley Katz (Unterstaatssekretär für Wirtschaftspolitik und Forschung im Handelsministerium) in *National Defence*, Mai–Juni 1976
4 Vgl. Anthony Sampson, *Die sieben Schwestern*, Reinbeck 1976, S. 122
5 Theodore C. Sorensen: *Kennedy*, London 1965, S. 547, 628. Vgl. auch Arthur M. Schlesinger: *A Thousand Days*, London 1965, S. 329.
6 *Mission for My Country*, London 1961
7 Vgl. Kapitel 8 und 11
8 Interview über Welt in Aktion, Granada-Fernsehen, 23. Juni 1975

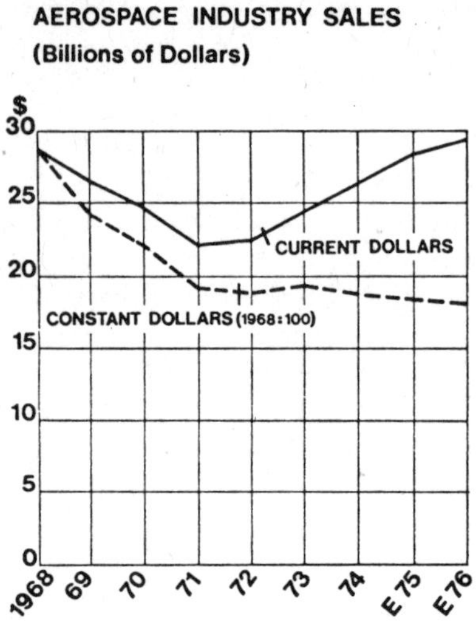

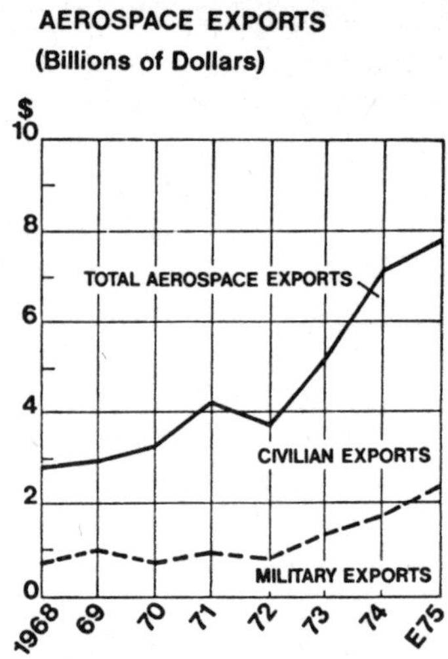

E = ESTIMATE	E = ESTIMATE
Source: Aerospace Industries Assoc.	Source: Dept. of Commerce

9 Multinational Hearings, Teil 12, S. 696
10 Ibid. S. 694–99
11 Henry Kuss vom Pentagon erklärte, der Schah «hat keinen Zweifel daran gelassen, daß er, wenn die Vereinigten Staaten nicht bereit oder imstande seien, seinen Militärbedarf zu decken, entschlossen sei, sich anderswo zu besorgen, was er brauche.» (Senatsausschuß für auswärtige Beziehungen: Nahost- und Südasien-Hearings, März 1967)
12 Multinational Hearings, Teil 12, S. 721–31
13 Ibid. S. 714
14 *Management Today* (London), Februar 1976
15 Multinational Hearings, Aussage von Colin Jupp, 13. September 1976
16 Senatsbericht: US Militäry Sales to Iran, Washington, Juli 1976, S. 41
17 *Washington Post*, 2. August 1976
18 Ibid. 14. September 1976
19 Multinational Hearings, 10. September 1976
20 *New York Times*, 15. und 23. Februar 1976
21 *Washington Post*, 30. September 1976
22 *New York Times*, 23. Februar 1976
23 *The Military Balance 1975–76*, The International Institute for Strategic Studies, London
24 Gespräch mit dem Autor, St. Moritz, Februar 1975
25 *Washington Post*, 7. August 1976
26 Vgl. nächstes Kapitel
27 *New York Times*, 30. August 1976
28 Vgl. Bob Woodward in *Washington Post*, 2. Januar 1977

Kapitel 15

1 *Le Monde*, 5. Mai 1973. Vgl. auch Kapitel 17
2 Multinational Hearings, Teil 12, S. 591
3 Vgl. *The Times*, London, 3. September 1976 und *Newsweek*, 3. September 1976
4 Multinational Hearings, Teil 12, S. 671. Vgl. auch Kap. 7
5 Northrop Papers: Stehlin an Tom Jones, 23. Januar 1973
6 Ingemar Dörfer: *System 37 Viggen*, Oslo 1973, S. 77, 143
7 *Le Monde*, 14. Februar 1976
8 Ibid. 8. November 1974
9 Ibid.
10 Vgl. Kapitel 3
11 *Jane's All the World's Aircraft*, London 1975–76, S. 341–42
12 *Business Week*, 3. Mai 1976
13 *Aviation Week*, 24. März 1975
14 Ibid. 7. April 1975
15 *Newsweek*, 16. Juni 1975
16 *Aviation Week*, 25. Oktober 1976
17 *Forbes Magazine*, 15. Dezember 1976
18 Stellungnahme zur Affäre Dassault im französischen Fernsehen am 8. September 1976
19 Die französische Autobusgesellschaft RATP wurde später nur zur Hälfte für diesen tödlichen Unfall verantwortlich gemacht mit der Begründung, es lasse sich nicht feststellen, warum Stehlin plötzlich vor dem Autobus stehengeblieben sei. Wegen seines «anomalen Verhaltens» erhielt seine Witwe nur eine Entschädigung von $ 45 000. Vgl. *Aviation Week*, 6. Dezember 1976.

Kapitel 16

1 *New York Times Magazine*, 26. September 1976
2 Select Committee on Presidential Campaign Activities of 1972 (Ervin-Ausschuß) Hearings Buch 5, S. 2125
3 *New York Times Magazine*, 26. September 1976
4 *Sunday Telegraph*, London, 7. September 1975
5 Brief von Henry Kissinger an den Justizminister, 28. November 1975
6 Vgl. Kapitel 6
7 29. Januar 1977
8 Vortrag auf der Harvard East Asia Conference, 15. Oktober 1976
9 Über die Diskussionen der Bankiers berichtet William M. Carley ausführlich in einem Artikel im *Wall Street Journal*, 8. April 1976
10 Vgl. Lloyd N. Cutler in *Foreign Policy magazine*, Herbst 1976, S. 162

Kapitel 17

1 Electronic-Industries-Association-Jahresversammlung in San Francisco, 9. Oktober 1975
2 Aussage vor dem Unterausschuß für Auslandshilfe des Senatsausschusses für auswärtige Beziehungen, 5. April 1976
3 Ausschuß für internationale Beziehungen des Repräsentantenhauses, 24. Juni 1975
4 Vgl. Schätzungen von Greene & Co. in *The Economist*, 3. Juli 1976
5 Vgl. Robin Cook: *Britain and the Arms Trade*, Internationale Abteilung der Labour Party, 1976
6 Unterhaus, 8. Juli 1975. *The Spectator*, 5. Februar 1977
7 Lucas Aerospace Combine – Betriebsratsausschuß: Corporate Plan, Januar 1976. Vgl. auch *The Engineer*, 5. Februar 1976
8 Interview im BBC-Fernsehen-«Midweek»-Programm, 2. Juli 1975
9 Parlamentarische Anfrage von Robin Cook MP, 22. Oktober 1976
10 Vgl. George Thayer: *The War Business*, London 1969, S. 23
11 SIPRI: *The Arms Trade with the Third World*, S. 304
12 Ibid. S. 347
13 Vgl. Ingemar Dörfer: *System 37 Viggen*, Oslo 1973, S. 45
14 Vgl. John Stanley und Maurice Pearton: *The International Trade in Arms*, London 1972, S. 94–97
15 *Vision magazine*, Paris, Mai 1975
16 *Le Monde*, 5. Mai 1973
17 Interview mit Michel Marcholac von Christine Ockrent im französischen Fernsehen, 28. Januar 1977
18 *New York Times*, 25. Januar 1976
19 *International Herald Tribune*, 8. Oktober 1976

Kapitel 18

1 *Newsweek*, 31. Januar 1977
2 *Aviation Week*, 3. Januar 1977
3 Ibid. 6. Dezember 1976
4 *New York Times*. 1. August, 28.–29. September 1976
5 Aussage vor dem Ausschuß über internationale Beziehungen des Repräsentantenhauses, 20. März 1975
6 *New York Times*, 28. September 1976
7 *Washington Post*, 26. Mai 1976
8 *Le Monde*, 25. Dezember 1976
9 Erklärung von David Kochaw, Wirtschaftsberater im israelischen Verteidigungsministerium, 1976
10 *International Herald Tribune*, 14. Oktober 1976
11 Vgl. David Tonge in *The Guardian*, London, 27. Oktober 1976. Ernest Hauser

behauptete in seinem Tagebuch, Lockheed habe während des Junta-Regimes an einen griechischen General eine halbe Million Dollar bezahlt, doch wurde das von einem griechischen Gericht im Oktober 1976 nicht bestätigt.

12 *Washington Post*, 28. August 1974
13 Multinational Hearings, Teil 14, S. 384–87, 87–97
14 *The Times*, London, 12. Januar 1977
15 Vgl. David Tonge in *The Observer*, 12. Oktober 1976
16 Vgl. Emma Rothschild in *New York Review of Books*, 20. Januar 1977
17 Vgl. Juan de Dris in *New York Times*, 14. Oktober 1976
18 *The Guardian*, London, 27. September 1976
19 *Washington Post*, 13. September 1976
20 Vgl. *New York Times*, 5. Oktober 1976 und Debatte der Vereinten Nationen.
21 *Aviation Week*, 13. Dezember 1976
22 Ibid.
23 *The Times*, London, 30. November 1976
24 Leslie Gelb: «Waffenverkäufe» in *Foreign Policy magazine*, Winter 1976–77
25 Gespräch mit dem Ministerpräsidenten; vgl. *Japan Times*, 3. Februar 1977
26 *Japan Times*, 29. Januar 1977
27 Frank Gibney: *Japan, the Fragile Superpower*, Tokio 1975, S. 323
28 Interview im BBC-Rundfunk, 7. Mai 1976

Kapitel 19

1 Alva Myrdal: The Game of Disarmament, New York 1976, S. 7
2 UNA-USA National Policy Panel on Conventional Arms Control: *Controlling the Conventional Arms Race*, New York, 1976
3 *Foreign Policy magazine*, Winter 1976–77
4 World Military and Social Expenditures 1976. Leesburg, Virginia, WMSE Publications, 1976, S. 5–6
5 *Controlling the Conventional Arms Race*, S. 74
6 «Heute sind unsere phallischen Spielsachen zu gefährlich geworden, als daß man sie dulden könnte. Ich sehe wenig Hoffnung für eine friedliche Welt, bis die Männer von dem Bereich der Außenpolitik ferngehalten werden und alle Entscheidungen über internationale Beziehungen den Frauen, möglichst verheirateten, vorbehalten bleiben.» W. H. Auden: *A Certain World*, London 1971, S. 299

Namenregister

Abboud, Robert 268
Abdullah, Prinz Chalid Bin 181, 187 f
Acheson, Dean 93, Anm. Kap. 5/8
Adams, Charles Francis 46
Addison, Christopher 81
Addison, Percy 76
Agnew, Spiro T. 134, 240
Albini, Admiral 46
Albright, Joseph P. A. Anm. Kap. 7/23
Allaun, Frank 150
Allen, Bill 94, 97, 99
Allen, Jimmy 138, 145
Allen, Richard 221
Allen, Sir Thomas 84
Alne, ‹Dave› 190 f, 279
Amin, Idi 303
Andreotti, Giulio 265
Angell, Sir Norman 62
Aramiya, José 228
Armstrong, Sir William (später Lord Armstrong) 40, 45 f, 51, 67, 282, 316, Anm. Kap. 2/21
Arnold, Sir Edwin 50
Arthur, Chester Alan 61
Assens, Paul 291
Attlee, Clement (später Earl Attlee) 80
Auden, W. H. Anm. Kap. 19/6

Bach, Franz 142
Bacon, Sir Reginald 83
Baldwin, Stanley (später Earl Baldwin) 83
Barger, Tom 298
Barnet, Richard J. Anm. Kap. 12/7
Barnett, Joel 272
Baruch, Bernard 77 f, 316
Belloc, Hilaire 49, 66, Anm. Kap. 2/26
Benn, Anthony Wedgwood 151
de Bénouville, General 107, 253 f
Berdrow, William Anm. Kap. 2/13
Bergengren, Erik, Anm. Kap. 2/1, 2/3, 2/5, 2/6, 2/7, 2/8
Bernhard, Prinz der Niederlande 116 f, 122, 124 f, 129 f, 132 f, 138 f, 151, 184, 189, 215, 218 f, 235, 250, 253, 260, 264 f, 269, 274, 314
Best, Geoffrey Anm. Kap. 2/36
Bierwirth, John 239, 243
Bismarck, Herbert von 52
Bismarck, Otto von 41, 43
Blandford, Russell 143 f
Blériot, Louis 105
Bloch, Adolphe 105
Boeing, Bill 90, 94, 97
Boeynants, Paul Vanden 253, 257
Boissier, Gérard 184
Bonsang, Jean-Pierre 119
Bonte, Louis 291
Botterman, Jan 252
Boyd-Carpenter, John (später Lord Boyd-Carpenter) 160
Bradshaw, Thornton 314
Breschnew, Leonid Iljitsch 171
Briand, Aristide 57
Brockway, Fenner (später Lord Brockway) 79
Brodie, Bernard Anm. Kap. 5/18
Broglie, Louis Prinz de 295, 302
Brown, George (später Lord George-Brown) 159 f, Anm. Kap. 8/17
Brown, Sir Raymond 150 f, 155, 282, 284, 323 f

Bundy, McGeorge 112
Burgener, Clair 204
Burke, Yvonne 204
Butler, Nicholas Murray 62

Caillard, Sir Vincent 54
Cannon, Howard 144
Carley, William M. Anm. Kap. 16/9
Carnegie, Andrew 60 f, 66, Anm. Kap. 3/7, Anm. Kap. 3/11
Carse, Henry R. 76 f, 110
Carter, Jimmy 34, 300, 316
Castillo-Armas, Carlos 28 f
Cecil, Lord Hugh 80 f
Cecil of Chelwood, Lord 73
Chaffee, John 240
Chahram, Prinz 244
Chamberlain, Sir Austen 39
Chamoun, Camille 22
Chamoun, Dany 22 f, 32
Chaplin, Syd 89
Cheatham, Thomas 221, Anm. Kap. 13/6
Childers, Hugh 47, Anm. Kap. 2/21
Chirac, Jacques 252 f, 292 f
Chruschtschow, Nikita S. 235
Church, Frank 231, 244, 258, 261 f, 266, 268
Churchill, Sir Winston Spencer 93, 234, Anm. Kap. 4/37, 5/7
Clark, Dick 77, 136, 303
Clemenceau, Georges 55, 69
Cleveland, Stephen Grover 61
Clutter, John (Jack) 219, 225, 227 f
Colson, Charles 240
Conley, Bill 270 f
Connally, John 211
Cook, Robin 283, Anm. Kap. 17/5, 17/9
Cooley, Mike 283
Cooper, Duff 73
Coudert, Gebrüder 131
Cranston, Senator 212
Craven, Sir Charles 71, 76, 81 f, 110, 112, 192, Anm. Kap. 3/1
Crim, E. R. Anm. Kap. 7/9, 7/14
Critchley, Julian 283
Crompton, Louis Anm. Kap. 2/11
Crowdy, Dame Rachel 80, 84
Culver, John 281
Cummings, Sam 26 f, 102, 164, 174, 235, 286, 324, Anm. Kap. 1/6
Curtiss, Glen 88 f
Cutler, Lloyd N. Anm. Kap. 16/10

Daladier, Edouard 105
Dankert, Piet 252 f
Dassault, Marcel 105 f, 165, 253 f, 258, 291 f, Anm. Kap. 5/27
Davidson, Jack 270
Davies, Emil 74
Dayan, Moshe 296, 300
Deak, Nicholas 228
De Francis, Frank 142 f, 250, 260
De Mille, Cecil B. 89
Detzer, Dorothy 75
Donner, A. M. 264
Dörfer, Ingemar Anm. Kap. 15/6, 17/13
Dougan, David Anm. Kap. 2/22, 3/16
Douglas, Donald 89, 94, 208
Dreyfus, Louis 192
Dris, Juan de Anm. Kap. 10/17, 18/17
Dulles, Allen 119
Dumas, Botschafter 303
Dunant, Henri 39
Dural, Nezih M. 302

Earhart, Amelia 90
Edivio, General 179
Edward VII., König von Großbritannien 63, 66
Edwards, Don 204
Edwards, Geoffrey 152 f, 182, Anm. Kap. 8/4, 8/6
Egan Anm. Kap. 6/25
Eisenhower, Dwight D. 88, 99 f, Anm. Kap. 5/1
Elliot, Al 221, 227 f
Ellis, Ronald 284
Engelbrecht, Helmuth C. 75, 79, Anm. Kap. 3/3
Erhard, Ludwig 127
Ervin, Sam 259
Estoile, Hugues de l' 249, 291
Evans, Llewellyn 239
Exarhakos, Konstantin 301

Fahd, Prinz von Saudi-Arabien 182
Faisal, Ibn Abd Al Asis Ibn Saud 153, 155, 181, 187 f, 236 f
Falkner, John Meade 71, Anm. Kap. 4/7
Fish, Howard M. 240, 276 f, 280, 286, 298
Fitchett, Joseph Anm. Kap. 1/5
Fitzgerald, Ernest 210; Anm. Kap. 12/7, 12/8
Forbes, Rosita 54 f, Anm. Kap. 2/30, 2/31, 2/43
Ford, Gerald 256, 280, 300

Frank-Fahle, Günther 122
Friedrich Wilhelm, dt. Kronprinz 47
Froriep, Andreas 142
Fujii, Konteradmiral 53
Fukuda, Takeo 267, 308
Fukuda, Taro 217, 219, 225, 227 f, 267
Fulbright, James William 174

Gaddafi, Moamar El 27, 299, 303
Galbraith, J. K. 174, 210
Gallois, General 108
Garfield, James Abraham 61
Gates, Bob 188, Anm. Kap. 11/7
Gaulle, Charles de 105 f, 141, 159, 167, 169, 186
Gee, Jack Anm. Kap. 5/30, 9/3
Gelb, Leslie 317, Anm. Kap. 18/24
Genda, Minoru 218
Georg V., König von Großbritannien 77
Gerritsen, Teengs 189
Gibbs, Sir Philip 80 f
Gibney, Frank 309, Anm. Kap. 18/27
Gideon, General 178
Giscard d'Estaing, Valéry 253
Gladstone, John Hall 47
Goldwater, Barry jr. 204
Gonzales, Manny 190 f, Anm. Kap. 11/12
Gore, George 144
Goschen, Lord 46
Grey of Falloden, Lord 68, Anm. Kap. 4/2
Gross, Courtlandt 118, 121, 126, 128, 134, 140, 156, Anm. Kap. 7/12
Gross, Robert 91, 93 f, 99, 115, 117 f, 121, 124 f, 129, 137 f, 147, 216
Grumman, LeRoy 238, Anm. Kap. 13/6
Gui, Luigi 265
Gunther, John 75

Haack, Robert 269 f
Halbach, Gustav Krupp von (siehe unter Krupp)
Haldeman, Bob 240
Haley, Sir William Anm. Kap. 4/7, 4/8
Hamer, F. E. Anm. Kap. 2/18, 2/19, 2/20
Hamilton, Lee 279
Hanighen, Frank C. 75, Anm. Kap. 3/3
Hankey, Sir Maurice (später Lord Hankey) 65, 83 f, Anm. Kap. 3/4, 3/12, 4/11
Harrison, F. Anm. Kap. 3/2
Harrison, William Henry 61 f
Hartfield, David D. Anm. Kap. 5/2
Harvey, Mayward August 58
Haschim, General 188 f
Hashimoto, Minister 226
Hassan, König von Marokko 186
Hassel, Kai-Uwe von 126
Hastings, Stephen 160
Hatoyama, Ichiro 216
Haughton, Daniel 96, 121, 124 f, 128, 147, 173, 183, 184 f, 201, 206, 210 f, 213 f, 226 f, 262 f, 268 f, 271 f, Anm. Kap. 11/5
Hauser, Ernest 125 f, 264 f, Anm. Kap. 18/11
Hausman Anm. Kap. 11/3
Hayden, Tom 204
Haykal, Mohammed 186
Healey, Denis 118, 148 f, 155, 157, 160, 284
Heath, Edward 160 f, 223 f, 230
Heereingen, Josias von 44, 108
Helms, Richard 247
Hess, Eddy 142
Hirst, F. W. Anm. Kap. 2/38
Hiss, Alger 76
Hitler, Adolf 79, 85 f, 91, 105
Hiyama, Hiro 222 f, 267
Hoagland, Jim Anm. Kap. 11/16
Hodgson, Jim 266, 268
Hoenig, Joseph K. 190, 192, Anm. Kap. 11/15
Holcombe, Jim 190
Holroyd, Michael Anm. Kap. 2/11
Hotz, Robert 296 f
Howard, Michael 100, Anm. Kap. 5/20
Hughes, Emrys 150
Hughes, Howard 89, 199
Hull, Cordell 75, 78 f, Anm. Kap. 4/19, 4/21, 4/22
Hull, Ken 216 f, 219
Humboldt, Alexander von Anm. Kap. 2/14
Humphrey, Hubert 241, 280
Hussein, König von Jordanien 19, 182, 186, 298

Ibn Saud, König von Saudi-Arabien 182
Iron, Bethlehem 61
Itoh, Hiroshi 229

Jackson, Dennis 224
Jackson, Henry (‹Scoop›) 98, 315

Jefferson, Thomas 88
Jenkins, Roy 148, 153
Jensen, Michael Anm. Kap. 10/15
Johnson, Kelly 120
Johnson, Lyndon B. 186, 235, 237
Jonas, Frank S. 68, 76 f, 113
Jones, Thomas V. 118, 136 f, 187 f, 206 f, 231, 235, 237, 246, 249 f, 258 f, 271 f, 296, Anm. Kap. 6/6, 7/3, 7/9, 7/13, 7/14, 12/4, 15/5
Jordan, Amos 280
Jordan, David Starr 62
Julian, «Oberst» Hubert 21
Juliana, Königin der Niederlande 116
Juliani, Gerald B. 183
Jupp, Colin 239 f, Anm. Kap. 14/15

Kaiser, Henry J. 92
Kalmbach, Herbert 145, 259
Kamouh, Antoine 156, 295
Kaschoggi, Adnan 55, 154, 157, 181 f, 184 f, 215, 260, 263, 273 f, 314
Katayama, Shig 229
Katz, S. Stanley Anm. Kap. 14/3
Kay, Jean 23, 292 f
Kemp, Geoffrey Anm. Kap. 5/24, 5/26, 10/14
Kennedy, Edward 280
Kennedy, John F. 112, 235
Khatami, General 236, 240, 242
Kiesinger, Kurt Georg 237, 250
Kindelberger, Jim («Dutch») 92, 99, 208
Kishi, Nobusuke 216, 218
Kissinger, Henry 39, 171, 220, 232 f, 240, 242, 244, 264, 281, 297, 306, 317, Anm. Kap. 16/5
Kitchen, Jeffrey 175
Klare, Michael T. Anm. Kap. 10/16, 14/2
Kochaw, David Anm. Kap. 18/9
Kodama, Yoshio 215 f, 222 f, 225 f, 228, 230, 266 f, 269, 274, 314
Kotchian, Carl 128 f, 132 f, 177, 213 f, 217, 219 f, 263 f, 267 f, 271, Anm. Kap. 6/19, 13/1, 13/5, 13/7, 13/10
Krupp, Alfred 40 f, 51, 64 f, 108, 110, 112, 150, 316, Anm. Kap. 2/13, 2/14
Krupp von Bohlen und Halbach, Gustav 44, 85 f
Kühnle, Heinz 132
Kurth, James R. Anm. Kap. 5/16
Kuss, Henry 110 f, 137, 149 f, 155 f, 173 f, 232, 291, 323, Anm. Kap. 6/3, 14/11

Langland, William
Lavi, Houshang 242, 244
Lawrence, Sir Herbert 72, 81
Lefebvre d' Ovidio, Antonio 130 f, 218, 265
Leggett, Robert 204
Lehmann-Russbuldt, O. 79
Leinhäuser, Günther 21
Leone, Giovanni 130
Levi, Edward H. 264
Levinson, Jerome 261
Liebknecht, Karl 45
Lilienthal, David 93
Lindbergh, Charles Augustus 91
Little, Arthur D. 206
Lloyd George, David (später Earl Lloyd-George) 54 f, 69, 81
Lockheed (Loughead), Allan 90 f, 312
Lockheed (Loughead), Malcolm 90
Loewe, Siegmund 57
Lyon, Alex 160

MacDonald, Ramsey 69
Macleod Anm. Kap. 11/8
Macmillan, Harold 120
Mahvi, Abolfath 247
Manchester, William Anm. Kap. 2/9
Mansfield, Oberst 239 f
Mansfield, Harold Anm. Kap. 5/3, 5/9, 5/14, 5/15
Marcholac, Michel Anm. Kap. 17/17
Marty, François 292
Marubeni 230
Maxim, Hiram Percy 49 f, Anm. Kap. 2/24
Maxim, Sir Hiram S. 49 f, 59, 65, 110, Anm. Kap. 2/24, 2/25, 2/27, 2/28, 2/29, 3/15
McCallagh, Francis Anm. Kap. 2/15
McCormick, Donald Anm. Kap. 2/42, 2/46
McDonnell, Jim («Mr. Mac») 92, 208
McGovern, George 233
McNamara, Robert 111, 113, 146, 149 f, 154 f, 173, 179, 232, 239, 255, 323
McWilliams Carey Anm. Kap. 5/11
Mertins, Gerhard 30, 174
Meuser, Fred 115 f, 124 f,

133, 139, 177, 215, 264, Anm. Kap. 6/6, 6/11
Miki, Tadeo 266 f, 308
Mileikowsky, Curt 251 f
Millar, Richard 261
Minshall, Bill 144
Mommsen, Ernst Wolf 132, 250
Mondale, Walter F. 314
Moos, Malcolm 99
Morgan, J. Pierpont 78, 195
Mossadegh, Mohammad 228, 234, 236
Mulley, Fred 153, 297
Mulliner, Direktor 59
Murray, Gilbert 40
Murray, Nicholas 62
Mussolini, Benito 78 f, 85
Myers, W. G. 177
Myrdal, Alva 312, 321, Anm. Kap. 19/1

Nasser, Gamal Abd el 152, 166, 169, 170
Nehemkis, Peter 272
Neumann, Robert Anm. Kap. 2/35
Nichols, Beverley 79
Nitze, Paul 112, 316
Nixon, Richard Milhous 96, 145, 186, 206, 211 f, 214, 219 f, 223 f, 230 f, 240, 259 f, 266 f, 317, 320, 324 f
Nobel, Alfred 35 f, 40, 49, 59 f, 64, 66, 94
Noble, Sir Andrew 71
Noel-Baker, Philip 81, Anm. Kap. 4/14
Northrop, Jack 90, 136 f, 312
Nunn, Sam 316
Nye, Gerald P. 75, 77 f, 88, 259

Oba, Tetsua 219
Ockrent, Christine Anm. Kap. 17/17
Oestrich, Herman 106
Ogiso, Motoo 310
Okubo, Toshiharu 222, 226, 228 f
Onishi, Admiral 215
Orara, Buddy 178
Orwat, Norman 132, Anm. Kap. 6/25
Osano, Kenji 222 f, 228, 230
Otsea, Gene 184, Anm. Kap. 11/3

Packard, David 211, 232
Pahlawi, Mohammad Resa Schah, Kaiser des Iran 16, 47, 174, 177, 187, 197, 234 f, 247 f, 250, 279 f, 283, 285, 298, 317, 322, 324, Anm. Kap. 14/11
Pantschulischew, Reitergeneral 125
Parker, Michael 119, 270
Parsons, Geoffrey 139, 141
Payrow, N. 239
Pearton, Maurice Anm. Kap. 6/5, 17/14
Percy, Senator 212, 263, 269
Perreault, Bill 270
Perry, Robert Anm. Kap. 5/28
Pharaon, Gaith 153
Plowden, Lord 149
Pochna, John 186
Pollitt, Harry 74
Pompidou, Georges 169
Proxmire, Senator 210 f

Quarles, Donald A. 139, Anm. Kap. 7/6

Rahman, Abdul, Prinz von Saudi-Arabien 153
Rajaratnam, Sinathamdy 303
Reader, W. J. Anm. Kap. 2/3
Reasoner, Harry 14
Rebozo, Bebe 186
Reid, Whitelaw 63
Rendel, James 45
Rendel, Stuart (später Lord Rendel) 46 f, 316
Rice, Isaac 57
Rickover, Admiral 212
Ridings, Ned 177
Rivers, Mendel 143
Robbins, Harold 194
Robinson, William 191
Rockefeller, David 155
Rockefeller, John D. 37
Rogers, William 264
Rogin, Grant 187, Anm. Kap. 11/7
Romulo, Carlos 303
Roosevelt, Franklyn Delano 73, 75, 77 f, 92
Roosevelt, Kermit (Kim) 153 f, 187, 190, 235 f, 244
Roosevelt, Theodore 39, 63
Root, Elihu 62
Roper, John 283
Rostow, Walt 96, Anm. Kap. 5/12
Rothschild, Emma Anm. Kap. 18/16
Rumsfeld, Donald 257
Rusk, Dean 113
Russell, Richard 96, 98, 145, 209

Sadat, Anwar as 170 f, 194, 300
Said, Scheich 299
Sampson, Anthony Anm. Kap. 14/4
Saud, König von Saudi-Arabien 182 f
Savy, Bill 138, 145, 260
Schah von Persien siehe

Pahlawi, Mohammad Resa
Schlesinger, Arthur M. 322, Anm. Kap. 14/5
Schlesinger, James 144 f, 254 f
Schmidt, Helmut 118, 250, 288
Schneider 51
Schuck, H. v. Anm. Kap. 2/2, 2/4
Scott, J. D. Anm. Kap. 2/10, 2/17, 2/23, 2/33, 2/37, 4/6, 4/9, 4/40, 5/21
Seamans, Robert 240
Seillière, Bankier 43
Shaw, George Bernard 39 f, 66, Anm. Kap. 12/3
Shaw, Norman 48
Shearer, William G. 73 f
Shelley, Percy Bysshe 35, 38
Simcot 286
Simon, Sir John (später Lord Simon) 80, Anm. Kap. 4/5
Simon, William 233
Sinclair, Upton 79
Sisco, Joseph 240
Slade, Bill 177
Smith, Sir Raymond 13
Smith, Roger Bixby 125, 130 f, 133 f, 265, Anm. Kap. 6/21
Sohlman, Ragnar 37, Anm. Kap. 2/2
Sorensen, Theodore C. 235, Anm. Kap. 14/5
Spear, Lawrence Y. 76 f
Spence 27
Spencer, Herbert 212
Spender, J. A. 80
Spender, Stephen 13
Sporkin, Stanley 259 f, 272
Stanley, John Anm. Kap. 6/5, 17/14
Stead, W. T. 62
Stehlin, Paul 141, 250, 253 f, 258, 262, Anm. Kap. 15/5
Stein, Jules 200
Steinhoff, Johannes 126
Steinrücke, Christian 132
Stewart, Michael 160
Stokes, Sir Donald (später Lord Stokes) 150, 150
Stone, C. A. 61
Stonehouse, John 148, 153 f, Anm. Kap. 8/7, 8/8, 8/13
Strauß, Franz Josef 122 f, 129, 265, Anm. Kap. 6/8
Suffield, Sir Lester 284
Suharto, Präsident 177
Suheir, General 189
Sukarno, Achmed 177, 197, 229
Sultan, Prinz von Saudi-Arabien 153 f, 156, 181 f, 184, 188, 191, 297
Sutpher, Henry R. 76
Suttner, Bertha von, Baronin 38 f, 62 f, 321
Sutton, John L. Anm. Kap. 5/24, 5/26, 10/14
Swartz, Edwin 176
Sylvester, A. J. 55, Anm. Kap. 2/44
Symington, Stuart 98, 174 f
Szulc, Tad Anm. Kap. 13/16

Tanaka, Kakuei 220 f, 230, 266 f
Tanassi, Mario 265
Thayer, George 22, Anm. Kap. 1/3, 6/3, 10/2, 10/4, 17/10
Tijn, J. van Anm. Kap. 6/7
Tindemans, Leo 256
Tojo, General 215
Tonge, David Anm. Kap. 18/11, 18/15
Toom, Willem den 250
Toufanian, Hassan 240, 242, 244, 247
Traboulsi, Samir 295
Trebilcock, Clive 66, Anm. Kap. 2/36, 2/40, 3/14
Trimble, Robert E. 190 f
Trujillo y Molina, Héctor Bienvenido 29
Tschiang Kai-shek 31 f, 73
Tshombé, Moïse 21
Turki, Prinz von Saudi-Arabien 188
Tuttle, Holmes 145

Ulbricht, Walter 168

Valentine Anm. Kap. 6/21
Vance, Cyrus 314
Vandenberg, Arthur Hendrick 75, 77
Vathaire, Henri de 23, 292 f
Vesco, Robert 186 f
Vickers, Douglas 71
Vickers, Edward 49
Villafranca, Herzogin von 52
Violette, Richard 190, 277
Visser, S. H. 139
Vredeling, Henk 253, 256

Wakasa, Tokuji 224, 226
Wall, Joseph Frazier Anm. Kap. 3/5, 3/6, 3/8, 3/9, 3/10
Warnke, Paul 315 f
Warren, Earl 96
Watts Anm. Kap. 11/8
Webster, Clarence 77

Weisbrod, Hubert 115 f, 125, 142
Wemyss, Lord Wester 68, Anm. Kap. 4/1
West, Sir Glyn 72
Wheatcroft, Andrew Anm. Kap. 2/36
Whipple, Gerry 204
Whitaker, Ben 160
White, Sir William 58
Whitney, W. C. 61
Wilder, Don 130
Wilhelm II., dt. Kaiser 63 f
Wilhelmina, Königin der Niederlande 117
Wilson, Bob 204
Wilson, Harold 148 f, 158, 160 f, 232, Anm. Kap. 8/18
Wilson, Woodrow 69, 75
Wiltz, John E. Anm. Kap. 4/17, 4/20
Wolseley, Lord 49
Woodward, Bob Anm. Kap. 14/28
Wooton, Barbara (später Baronin Wootton) 80, Anm. Kap. 4/23
Worcester, Richard Anm. Kap. 5/25
Wright, Gebrüder 104 f
Wyman, Gene 145

Yamamoto, Gombei Graf 53

Zaharoff, Basil (später Sir Basil) 28, 40, 49 f, 59, 64 f, 72, 79, 112, 115, 150 f, 185, 217, 301 f, 314
Zerfas, Dan 190